天

Borderless

下

天 下 ， 在 乎 正 义 和 你

天

Borderless

下

法律文化研究文丛

案例、故事与明清时期的司法文化

（修订版）

徐忠明——著

法律出版社 LAW PRESS·CHINA
北京

图书在版编目(CIP)数据

案例、故事与明清时期的司法文化 / 徐忠明著. --
2版（修订本）. -- 北京：法律出版社, 2021
（法律文化研究文丛）
ISBN 978-7-5197-5811-0

Ⅰ. ①案… Ⅱ. ①徐… Ⅲ. ①法制史 – 研究 – 中国 –
明清时代 Ⅳ. ①D929.4

中国版本图书馆CIP数据核字(2021)第153339号

案例、故事与明清时期的司法文化（修订版）
ANLI、GUSHI YU MINGQING SHIQI DE SIFA WENHUA（XIUDINGBAN）

作　　者：徐忠明
责任编辑：高　山　曲　杰
装帧设计：贾丹丹
出版发行：法律出版社
编辑统筹：学术·对外出版分社
责任校对：王晓萍
责任印制：陶　松
经　　销：新华书店
开　　本：A5
印　　张：15.125
字　　数：307千
版　　本：2021年10月第2版
印　　次：2021年10月第1次印刷
印　　刷：中煤（北京）印务有限公司
书　　号：ISBN 978-7-5197-5811-0
定　　价：78.00元

销售电话：010-83938349　客服电话：010-83938350　咨询电话：010-63939796
地　　址：北京市丰台区莲花池西里7号(100073)
网　　址：www.lawpress.com.cn
投稿邮箱：info@lawpress.com.cn
举报盗版邮箱：jbwq@lawpress.com.cn
凡购买本社图书，如有印装错误，我社负责退换。电话：010-83938349

本书封面图选自于《乾隆南巡图》（清代）徐扬绘

作者简介

徐忠明

1960 年 12 月生，上海人，现为中山大学法学院教授、博士生导师，兼任华东政法大学“经天学者”荣誉教授，教育部长江学者特聘教授。出版著作《包公故事：一个考察中国法律文化的视角》（中国政法大学出版社 2002 年版）、《众声喧哗：明清法律文化的复调叙事》（清华大学出版社 2007 年版，商务印书馆 2021 年版）、《情感、循吏与明清时期司法实践》（上海三联书店 2009 年版，2014 年版，译林出版社 2019 年版）、《明镜高悬：中国法律文化的多维观照》（广西师范大学出版社 2014 年版）等 10 余部，发表学术论文百余篇。

主编者言

《法律文化研究文丛》自 1996 年始，先后由中国政法大学出版社和广西师范大学出版社出版，收有海内外学者专著、文集、译著约二十种，内容涉及法律理论、法律史、比较法、法律社会学、法律人类学等诸多领域。如今，这套丛书转由法律出版社出版，编者不改初衷，将通过本丛书的编撰，继续坚持批评和反思的学术立场，倡导和推动法律的跨学科研究，为深入探究和理解中国法律与社会的历史、文化和现实，改善中国的法学研究，推进中国的法治事业，略尽绵薄。

梁治平

己亥年冬月

自　序

自2002年出版《包公故事：一个考察中国法律文化的视角》起，我之研习中国法制史的主要兴趣包括，一是借助各种边缘史料，解读帝制时期庶民百姓的法观念、法意识以及日常法律生活；二是运用判牍、档案、律例典章以及官员传记日记，探讨明清时期的司法制度与司法实践。其实，《包公故事：一个考察中国法律文化的视角》已蕴含了上述课题，即包公形象的民间文化表达，包公文学讲述的司法故事。2006年出版的本书稿第一版，是我研治明清司法的论文集。藉写修订版“自序”的机会，我想谈谈自己研习明清司法的大致路径。

20余年来，明清司法制度及其实践，可谓中国法制史研究的热点，学界已刊布了很多学术论著，涉及以下论题：（1）司法制度和司法实践的整体研究。（2）法源性质、裁判依据以及法律推理。（3）“法律职业”群体，特别是讼师。（4）律学和司法官员的知识结构。（5）民间诉讼风气、纠纷解决以及诉讼策略。将它们整合起来，可勾勒出明清司法的大致轮廓、官民互动的基本方式。而我自己的思考和研究，也涉及这些方面。

从明清司法来看，律例典章构筑了司法制度的框架与程序，官场惯例更多是形塑了司法实践的微观情境与操作技术；诉讼两造的身份构成和行动策略，也在一定程度上影响了司法场域微观情境的形成。可以说，司法制度既是一种静态结构，又是一个动态过程。只有在结构与过程之间，在框架与情境之中，我们才能刻画明清司法的具体实践，分析司法官员的决策行为。

孟子说："徒法不能以自行。"要想理解明清司法实践，必须考察司法实践的行动者，特别是司法官员。因为他们的决策行为，不仅受到了制度框架（程序法和实体法）的约束，而且受到了官场惯例与待审案件（两造身份、诉讼类型、行动策略、特殊情节）的影响。更为重要的是，他们还会受到自己性情的深刻影响。所谓性情，不只是指个人与生俱来的性格特征，亦指他们在社会化过程中渐次养成的信念偏好。具有不同性情的司法官员，无疑会有不同的行为方式，进而作出不同的司法决策。至于情境和性情，究竟哪个因素影响更大，视乎具体的人与事。有些人更多受性情的支配，有些人更多受情境的制约，而有些人则介乎两者之间。据此，考察司法官员的性格、情感、信念，是我们深入研究司法实践的重要环节。10年前，我撰写《情感、循吏与明清时期司法实践》一书，就是尝试解释司法官员的情感和信念，对裁判产生了什么样的影响。

唐宋以降，科举取士成为帝制中国考选官员的支配性制度。设计科举制度的主要意图或目的是：其一，皇帝以提供官职来笼络士人，使他们为皇帝所用；并且，诱导他们在帝国意识形态体系中进行自我规训，从而认同以皇权为中心的"家国天下"秩序的正当性与合理性。其二，设计以儒家经典为知识基础的考试科目，使士人饱读经典，践行其中蕴含的仁政德治、忠君爱民、薄赋轻徭这类政治话语，成为品格高洁、具有道义担当的帝国官员。这是一种道德人格的养成途径，却牺牲了治理国家的技术能力。不过，一旦出仕为官，他们必须面对“临民治事”的烦琐杂务，特别是司法工作。这时，研读律学书籍、积累司法经验，可谓帝国官员的当务之急，否则，就不可能胜任这项工作。考察科举背景下帝国官员的法律知识和司法能力，是研究司法实践不可或缺的另一环节。换句话说，为了理解帝国官员的司法实践，必须探究他们法律知识（律例学、判牍学、断狱学）的来源、特点与运用。我收入《传播与阅读：明清法律知识史》（与杜金合著）的若干论文，就涉及这方面的内容。

只有搞清楚上述问题，我们才能解释明清司法的制度结构、行动者、裁判的决策过程及其效果，以及它们之间错综复杂的相互关系。从目前的研究成果来看，学界虽然对司法制度的结构与程序，已有比较全面的宏观把握；但是，对司法实践微观操作的诸多细节，仍未充分了解。美国汉学家孔飞力的《叫魂》和史景迁的《皇帝与秀才》这两本书，虽然为读者呈现了清代司法决策的很多细节，但它们研究的都是非常规、政治性的案件，至于常规案件的决策情形如何，我们仍然所知甚少。有鉴于此，很有必要对常规案件进行个案深描，以揭示其操作技艺。在《谁是真凶？清代命案的政治法律分析》（与杜金合著）中，我们做了这方面的初步探讨。通过个案深描与整体研究的互补，可以加深我们对明清司法的全面理解。

巧妇难为无米之炊。好的手艺和好的食材兼备，方有美味佳肴。同样道理，要想推进明清司法研究，除了进一步挖掘史料，还要锤炼研究的方法和理论。

由史料来讲，司法研究，档案文书固然具有基础价值，但我们仍要牢记，档案是在程序控制、公文格式、案件流程，乃至各方利益交涉妥协过程中制作出来的，并不一定能够反映司法实践的全部真相；特别是某些非常规案件，其中的隐情，更是扑朔迷离，仅靠档案往往难得真相。换一个角度说，研究司法制度及其实践，很有必要全面了解制度构造、诉讼程序及其实践者的社会文化语境，然而档案未必能够提供这一方面的信息。这时，就必须借助于其他史料，我们才能进入并且理解这种语境。

说到理论与方法，尤其是产生于西方的社会科学理论与方法，有些学者就会疑虑重重，生怕因理论先行或方法优先而产生对史料的误读误解、对待研问题作出生硬的解释。这种担心很有道理。但我们应该看到，它们也有一定的中立性、客观性、工具性，若运用得当，其学术价值不可忽视。方法与理论，还有一种功能，不是拿来直接套用，而是激发研究者发现问题、提出问题、分析问题、解释问题的想象力与可能性。比如，通过比较方法，可以发现明清司法的独特面貌；运用博弈论，可以解释民众诉讼的策略选择；借助决策理论，可以分析承审官员在作出裁判决策时可能考虑的复杂因素，以及可能产生的预期效果；运用经济学的“沉没成本”概念，似乎可以解释“缠讼”现象或行为。除了运用既有的方法与理论，还要认真考虑在研究过程中提出行之有效的方法与理论，以期更好解释明清时期的司法制度与司法实践。

虽然法史学应当以史料为基础，但是没有方法与理论的自觉和创新，法史学的解释功能和现代意义，很难自动呈现；毕竟，法史学不能以爬梳史料、呈现史实为满足。如果缺乏必要的方法与理论，在纷繁复杂、无限绵延的历史事实中，法史学者也就难以在事件与事件制造者之间、在制度与行动者之间做出具有关联性和因果性的解释。

明清司法（制度和实践）研究，通过学者们的持续努力，已经挖掘、整理、出版了数量可观的史料，积累了颇为丰硕的学术成果，并且提出了一些具有理论意义的概念工具和分析框架。不过，我们还有很长的路要走。收入本书稿的九篇文章，是我近年来围绕明清司法所做的点滴思考。野人献芹，不揣谫陋，尚祈方家批评指教是幸！

是为序。

中山大学康乐园寓所

2019 年 6 月 6 日

目　录

— 第一编　法律修辞与文学故事 —

— 第二编　程序构造与司法文化 —

— 第三编　民间诉讼与官方裁判 —

第一编

法律修辞与文学故事

虚构与真实：明清时期司法档案的修辞策略*

——以《天启崇祯年间潘氏不平鸣稿》为中心的考察

在明清中国的律例规定和司法文书中，我们时常读到“虚钱实契”的字样，这意味着当时存在纸面价格与实际价格彼此“背离”的现象。这种现象，对于我们思考史学研究方法颇有启示意义。换言之，对于我们所要研究的历史来说，也有一种纸面表述的历史与实际存在的历史相互脱节的情形。由此，就产生了历史学家难以把握的“真实历史”与“虚构历史”之间纠缠不清的困扰。在研究清代司法实践时，黄宗智敏锐地发现了文本中的法律与实践中的法律彼此“背离”的现象，从而提出“表达与实践”这对概念。[1] 在黄宗智的研究中，所谓“表达”是指清代律例的规定，所谓“实践”乃是司法实践体现出来的真情实况。然而笔者想指出的是，那些指导司法实践的官箴手册和记录司法实践的判牍档案，同样是一种表达，它们反映出来的司法实践，也有

---

* 原载《法学家》2005 年第 5 期。

[1] 代表性的作品，参见［美］黄宗智：《民事审判与民间调解：清代的表达与实践》，中国社会科学出版社 1998 年版。黄宗智的这一概念，在中国法律史学界产生了广泛的影响。文献甚多，不便枚举。

一个“真实”与“虚构”的问题值得我们认真对待。顺着这一思路，我们可以回到被誉为第一手材料的司法档案上来。如果我们细心体察司法档案的记载方法与修辞技巧，也就不难发现其中存在不少“虚构”的成分。当然，这是历史学家早已发现的隐藏在司法档案里的秘密。[1] 对于笔者来讲，关键问题不是司法档案是否存在“虚构”的现象，而是收入司法档案中的法律文书为何产生“虚构”的问题。

就笔者阅读的明清时期的司法档案来看，其中不乏“虚构”的成分。但是，这些存在“虚构”因素的法律文书，事实上也有“真实”的一面。由此看来，所谓“真实”与“虚构”，无非历史学家根据不同的研究视角和研究对象而获得的认知。易言之，它们之间的差异仅有相对的意义，而无绝对的界线，关键是要看我们研究什么，又怎么来研究。

本书尝试以明末天启崇祯年间（1621~1644年）徽州府休宁县《天启崇祯年间潘氏不平鸣稿》[2]（以下简称《不平鸣稿》）为中心来思考这一问题。也就是说，本书打算以《不平鸣稿》为依据，通过考察和分析明清时期的司法档案中的“虚构”成分来揭示这种“虚构”与司法制度之间的内在关联，进而阐明产生“虚构”的深层原因，最后考掘出镶嵌于“虚构”中间的作者“真实”动机和目的。通过这一研究，本书还想提醒中国法律史

---

[1] 这方面富有启发和理论意义的研究成果，参见［美］娜塔莉·泽蒙·戴维斯：《档案中的虚构——十六世纪法国司法档案中的赦罪故事》，杨逸鸿译，麦田出版社2001年版。

[2] 稿本原件藏于南京大学历史系资料室，编号“屯”2026，注：潘氏讼词等稿。现承韩秀桃博士赠阅复制文本，特此感谢。关于《天启崇祯年间潘氏不平鸣稿》的介绍和初步研究，参见韩秀桃：《明清徽州的民间纠纷及其解决》，安徽大学出版社2004年版，第93~124页。

学者认真思考这样一个具有方法论意义的问题：司法档案并非只是一种单纯的记录，而是一种动机复杂而又充满张力的叙述。

一、虚构事实：民间的诉讼策略

阅读明清时期的诉讼文书，我们可以发现一个非常有趣的现象：原被两造提交衙门的诉讼文书往往是满纸“虚构”。也许，俗话“无谎不成状”“十告九诬”即是此诉讼现象的绝妙概括。[1] 暑期酷热，百无聊赖，笔者遂将《不平鸣稿》拿来翻检消遣，结果发现，其中也有不少诉讼文书充满夸张虚构的成分。从《不平鸣稿》的记载来看，这起延宕六年之久，经过三次诉讼的案件，实际上并不复杂。也就是说，本案所争“标的”乃是一幅价值25两纹银的庄地。只是，按照徽州的习俗，在转移庄地时，庄仆必须听从新主的役使；然而，出卖庄地的旧主潘氏不准仆人听从新主余氏的役使。由此，这起“六年三讼”的案件就爆发了。[2] 其间，潘余两姓也曾发生斗殴的事情。正是斗殴事件的发生，导致了诉讼文书的虚构成分的凸显。如果不做仔细的辨析，不与其他法律文书进行必要的对勘，那么，三百余年之后我们再来阅读

[1] 对于“谎状”问题，笔者曾有初步的讨论。参见徐忠明：《明清诉讼：官方的态度与民间的策略》，载《社会科学论坛》2004年第10期。

[2] 参见《不平鸣稿》编者余显功的序言。

这份编于崇祯十年（1637 年）的诉讼案卷，[1] 说实在的，真会以为当年确实发生了残酷血腥的械斗事件和人命案件。可是通读之后，我们唯有一声叹息，原来只是虚惊一场！

为了便于比较，我们先看本案的原告余绩提交衙门的第一份告词：

> 万历十五年，契买潘应乾、潘玄寿庄仆程长文、长节等，人历三代，册过四轮，生居身屋，死葬身山，向应主无疑。邓芝可审。讵本村十虎三彪，恶党潘榭、文浩等，霸据一方，害人无算。旧年，潘宥将火佃卖身，恶索酒食不遂，触威，刑禁长文等不许拜年应役。仆畏私刑，敢于叛逆。胡宁证有此大变情急。诸讨临审，开单上告。

通观这份告词，大抵还算平实，可是已有“十虎三彪”“霸据一方”“恶党”这类夸张虚构的措辞。试想，如果余氏一姓确实是自称的“良善”弱民，而潘氏一族果真是“十虎三彪”“霸

---

[1] 虽然这份诉讼案卷的标题是《不平鸣稿》，实际上是原告余显功编撰的。顺便指出，关于编撰这份案卷之目的，从余显功所作的“序”来看，不外有三：其一，记录潘余两姓争讼的经过；其二，保留官府裁决和潘余两姓合议解决纠纷的结论，作为确定新的法律关系的凭据；其三，劝诫子孙应该从中吸取教训，尽量避免诉讼。通过“六年三讼”的艰辛诉讼，余氏家族似乎已经感到了诉讼的无谓和有害。据此，韩秀桃认为：“在潘、余两姓的诉讼实践中，我们看到或者推断出的并不是什么‘喜讼’‘健讼’的倾向，相反倒是‘厌讼’‘贱讼’的情结不时闪现在前述的诉讼文书中。”韩秀桃：《明清徽州的民间纠纷及其解决》，安徽大学出版社 2004 年版，第 121 页。果真如此吗？笔者的回答是，非也。细细审读和体会“序”的意图，固然不无劝诫子孙避免诉讼的微旨，因而说是“厌讼”或“贱讼”并无不可；但是我们也应看到，这是经过“六年三讼”之后得到的教训，颇有“早知今日何必当初”的意味。无论如何，这一不屈不挠的悲壮漫长的诉讼过程本身恰恰可以说明，至少，在明代，在徽州，人们很有德国法学家耶林那种“为权利而斗争”的心态和勇气。

据一方”的“恶党”，那么潘余两姓怎么可能进行如此频繁的交易？[1] 我们完全可以推断，所谓“十虎三彪”“霸据一方”“恶党”的叙述，属于虚构之词，诋毁之言。值得指出的是，这份告词对于争讼事实的陈述倒是不甚明晰。比如，告词以“为请讨叛逆事”做诉讼理由，显然是指庄仆叛逆，不听役使，但其直接指控的对象却是潘槲等人如何强横，如何“刑禁”庄仆程长文、程长节等人不让应役；相反，由于“仆畏私刑”，才不得已而做出了“叛逆”的行为。倘若这样的话，庄仆倒是有点可怜。但是，从后面的诉词来看，情况并非如此，庄仆确实参与了潘氏和余氏之间的纠纷，甚至参与了斗殴。

不过，由于告词（起诉书）和诉词（答辩书）受到“状式”的限制，所以篇幅和内容一般都较简短精练。[2] 就此而言，即便作者有意夸张虚构，囿于篇幅也很难奏效。据此，上引余绩的诉讼文书，也就写得比较朴实，夸张虚构也不算十分严重。顺便指出，明清时期帝国衙门规定的诉状格式的内容包括：其一，只准一事一告，不得数事并告；其二，只许如实陈述案件的基本事实，不得虚构，禁止“架词设讼”即指此；其三，限制被告人数，严禁牵连旁人，以免拖累；其四，罗列各种禁止告状的情形，以期减轻讼累。[3] 但是，这种“状式”的限制，也有非常

---

[1] 就《不平鸣稿》所收的契约来看，余姓购买潘姓土地、庄仆的很多。尤其我们值得注意的是，即使在产生纠纷和诉讼过程中，两姓之间的交易也没有完全停止。这里不便一一罗列，参见《不平鸣稿》的附录。当然，我们也可以说，同族未必真能做到一致对外，同仇敌忾，因此两姓之间仍有可能继续交易。

[2] 从《不平鸣稿》来看，并没有提到诉讼文书的字数限制，但那时肯定已有关于“状式”的规定。例如，天启四年（1624年）二月十八日《余绩等本县投到词》末尾小注即有“状式被告只许五名”的字样。关于清代诉讼文书的字数限制的讨论，参见韩秀桃：《明清徽州的民间纠纷及其解决》，安徽大学出版社2004年版，第210~211页。

[3] 所谓“讼累”，既包括对百姓的拖累，也包括对官府的拖累。

明显的弊端。比如，二三百字的篇幅难免导致诉讼文书不能畅所欲言的遗憾；[1] 再如，各种“告状不准事项”的规定，也会产生压抑诉讼的后果。

虽然告词的字数有限，不过后续诉讼文书的篇幅则无如此严格的制约。因此，原被两造仍可以通过“补词”进一步申述冤情。在这种情况下，诉讼文书的夸张虚构乃至无关案情的“游辞废句”也就随之凸显。在明清时期的诉讼语境中，这种被笔者视作“游辞废句”的诉词修辞，另有一种特殊的道德意义。我们来看《余绩等本县投到词》的修辞：

> 身等良民，纯一无伪，告词句句真情，开款事事真实，一字涉虚，万死无辞。切闻款安百姓，先除恶人；款除恶人，先要执法。昔仲尼仁圣，曾诛少正卯；舜德好生，必不宥四凶。今天台公慈明果，岂容十虎三彪，盟势滔天，比蛇山而凶甚。群凶乌合，犹蚁聚以作屯。自古草寇，起于结党，及党不除，渐成大逆。按恶罪不止徒流，查骗赃奚啻千百。单开二十九款，大略举其所知。被害冤民，吞声忍气，谁敢出首闻官！乡评长者，皮里春秋，那有正色厉颜！身虽不避斧钺，祸来无可奈何。恳乞执法明刑，严惩逆仆叛主之罪；验契查册，深究虎彪作乱之条。盟党在一日，地方受苦一日；盟党早除一日，地方早沾恩一日。一怒而苏万

[1] 笔者所读到的资料甚至规定：词状不得超过144个字，就是旨在抑制“架词设讼”的弊病。康熙年间的黄六鸿所著《福惠全书》卷11“词讼”即说：“考定代书，所以杜谎词也。而状式不立，旁有喜唆、惯讼之人，巧设虚局，并瞒代书；或代书虽据事以书，不限定字格，枝词蔓语，反滋缠绕，故状刊格眼三行，以一百四十四字为率。”引据官箴书集成编纂委员会编：《官箴书集成》（第3册），黄山书社1997年影印版，第327页。

姓，小民望切云霓。粘单投到。

现代读者看到这样的词状，难免感到惊讶。这是因为，通篇《投到词》（原告提交衙门表示接受审判的文书）几乎没有叙述纠纷事实的蛛丝马迹，而是一份诉诸道义和情感的控诉檄文。这就难怪日本的中国法律史学者寺田浩明会说：中国古人之所以诉讼，是因为原被两造相互指责对方的“不法不当”或者“恶言恶行”的行为，而不是捍卫特定化的“权利”的举动。[1] 如果从诉词的修辞来理解，寺田浩明的观点不仅能够成立，而且很有价值。但是，这种充满道德意味和情感色彩的修辞，基本上是为了“耸动”帝国官僚而采取的诉讼策略，以期产生一种震撼人心的力量——修辞的效果。与此相关，鉴于帝国政府向来秉承“精兵简政”与“薄赋轻徭”的原则，因而导致州县衙门的人手短缺、经费不足，[2] 再加“德治”和“息讼”的影响，往往采取“抓大放小”的司法政策，以便减轻衙门的诉讼压力。据此，那些被帝国官僚视为“细故”的民事纠纷的法律文书，如果真的“平铺直叙”而不做任何“添油加醋”的修饰，显然不能引起司法官员的重视，并且受理这类“细故”诉讼。但问题是，既然原被两造决意通过诉讼来解决纠纷，那么，他们真正关心的焦点问题还是

---

[1] 参见［日］寺田浩明：《权利与冤抑——清代听讼和民众的民事法秩序》，载滋贺秀三等：《明清时期的民事审判与民间契约》，王亚新等编译，法律出版社 1998 年版，第 214~222 页。这种藉修辞技巧来增强诉讼文书的道德力量的做法，显然与中华帝国一贯秉承的“德治”传统有关。换言之，明清时期的民众用道德来修饰诉讼文书，也可谓是投其所好——迎合帝国官方标榜的意识形态之所好。

[2] 对此问题的讨论很多，这里不便枚举。总体研究，参见瞿同祖：《清代地方政府》，法律出版社 2003 年版；［美］曾小萍：《州县官的银两》，黄建中译，中国人民大学出版社 2005 年版。

纠纷涉及的利益本身。就本案而言，即潘余两姓关于交易的土地和附随的仆人。在笔者看来，道德修辞裹挟的是利益，或者干脆就说，乃是“权利”本身。[1] 如果套用黄宗智的说法，这也是一种“表达与实践”的关系。故而，上引诉讼文书具有双重的叙述结构，表层是“冤抑”的道德和情感的渲染，而其深层则是“利益”或者“权利”的诉求。

更为关键的是，这份《投到词》指控被告“按恶罪不止徒流，查骗赃奚啻千百。单开二十九款，大略举其所知”。究竟是什么罪名呢？并不清楚。无疑，这种所谓的“指控”，似乎只是为了增强这份《投到词》承载的伸冤的道义和情感力量罢了，案件事实反而不是作者关注的根本问题。这是不是因为作者不懂法律呢？非也。在另一份余显功的《投到词》中，作者指出了两个非常关键的问题：其一，援引“产卖五年以上，律禁告争”的条文；[2] 其二，提请司法官员查考“契册并证”（交易契约和黄册之类）的证据。最值得注意的是，在余显功提交徽州府理刑厅的《投到词》（这是《不平鸣稿》所收最长的一篇诉讼文书）中，作者不仅援引了上述法律，而且提供了庄地买卖与仆役关系的“徽俗”依据，从而有力地支持了自己的诉讼请求。由此可见，上引《投到词》的道义诉求，乃是为了“耸动”帝国官僚而采取的诉讼策略，以便占据诉讼过程中的有利位置，而非不懂法律。退一步说，即使在诉讼开始时原被两造不懂律例，却有可能

[1] 参见徐忠明：《权利与伸冤：传统中国诉讼意识的解释》，载《中山大学学报》2004 年第 4 期。

[2] 所引条文，在原告诉讼文书中反复出现。参见《大明律》附录《问刑条例》所载“典卖田宅条例”之规定：“告争家财田产，但系五年之上，并虽未及五年，验有亲族写立分书已定，出卖文约是实者，断令照旧管业，不许重分再赎。告词立案不行。”《大明律》，怀效锋点校，法律出版社 1999 年版，第 372 页。

得到讼师的幕后襄助；经由多年的诉讼实践，则更有可能逐步掌握与诉讼相关的律例，诚所谓“久病成医”者是也。

值得指出的是，以往学者总是指责传统中国社会的小民百姓乃是一群氓民，不仅愚昧软弱，而且毫无法律意识。但是，从上述诉讼文书来看，这种观点似乎与明清社会的真情实况相去甚远。因为在诉讼文书中，我们不仅看到了民间百姓高超的诉讼智慧和策略，而且也发现了民众强烈的诉讼热情和勇气。在《不平鸣稿》“序”中，虽有“邻里相和，切勿相讼”这种事后的沉痛劝诫，然而在《告占潘塘边坟山冤帖》中，我们也能读到余希圣非常强烈的诉讼决心和勇气。他说：面对被告的恃强凌弱，依势横行；藐视法纪，恣肆猖狂以及侵犯“祖坟”之事，余某感到“难甘束手待毙”，从而决意“当控告于抚按，赴阙刎颈何辞”！剔除其中道德性、情感性的话语，这是一份“捍卫权利”的宣言，也是法律意识的体现。[1]

在中华帝国时代的诉讼实践中，如果意欲虚构和夸张案件的事实，最好的办法乃是“制造”人命事端。易言之，就是指控对方“制造”人命案件。在潘余两姓的争讼案件中，也是如此。我们来看天启四年（1624年）二月二十日“批准”的余显功告词：

本月初一日，兄余绩具请讨叛逆状，告十虎三彪潘佛保、

[1] 从学术研究的角度来看，民间百姓的诉讼问题向来是评判法律意识与权利观念的一个关键指标，尽管不是唯一指标。这方面的讨论，参见［日］川岛武宜：《现代化与法》，王志安、渠涛译，中国政法大学出版社1994年版，第132~212页。与此针锋相对的观点，参见［日］大木雅夫：《东西方的法观念比较》，华夏、战宪斌译，北京大学出版社2004年版，第76~164页。也见参见［荷兰］埃哈德·布兰肯伯格：《作为法律文化指标的民事诉讼率》，袁开宇译，载［意］D. 奈尔肯编：《比较法律文化论》，高鸿钧、沈明译，清华大学出版社2003年版，第63~99页。

潘榭等。差查，行拘，触威。十九日，统党潘勃、潘梓、潘应槚等百余人，执械拥家，擒打男妇，抄掳首饰，家财一空。兄绩、侄二哥、男希贤，三命遭杀，投里。胡继海、邓芝、汪洋等证。男危不能起，兄侄头脑遍体重伤。恳准亲验，保辜追赃，剿彪虎凶杀，正典刑。粘单上告。

在稍后余显功的禀词中，除了上述事实，还进一步提到“杀伤妇张、陈、吴、劭、王、何、刘氏七命”这一令人震惊的情节。但是我们很快发现，这是原告虚构出来的情节。根据值日医生徐应新所写的《医生结状》报告，“验得：余绩顶心肿破一口，斜长五分，血糊；左太阳红紫色；脊心青肿。又验得：余二哥左额颅皮破，红肿；右肋微红色；左手上臂紫肿”。我们完全可以推断，实际上，余绩和余二哥的伤势并不严重。对余希贤的伤势，同一报告只字未提，也不见其他资料提及，看来也不是什么了不起的伤势。在《不平鸣稿》里，我们没有见到七名妇女的验伤报告。难道是县官疏忽了这一重要情节？笔者认为不是。另据后来知县侯国安的《看语》所载，也仅认定：“其两相詈殴，各有验伤，则以斗殴论可也。应乾、余绩、显辅、潘镀，各杖。”[1] 当然，余姓一直认为初审裁决不公，因为休宁县知县侯国安接受了潘氏的贿赂，故而作出了有利于潘氏的裁决。[2] 但是，余显功提出的“三命遭杀”与“杀伤七命”的指控，无论如

[1] 关于“斗殴”的处罚，参见《大明律》卷二十《刑律三·斗殴》，怀效锋点校，法律出版社1999年版，第159~160页。

[2] 只要我们检视一下《不平鸣稿》余显功所作之“序”，即可知道。对此，其他文书也曾反复提到。例如，天启四年（1624年）八月十六日余显功《投到词》就说：“豪恃钱神，灭法重贿，欺骗官钱。”以致“侯爷判赎，将身印契附卷，身屈无伸。”所谓“侯爷”，就是知县侯国安。类此说法，这里没有必要一一罗列。

何也是原告的虚构之词，夸张之言。

上述讨论涉及“虚构”词状的三个层面：其一，诉说己方的良善和无辜；其二，凸显对方的强横与凶恶；其三，夸大案件的事实和情节。显然，作者试图用这种叙述策略与修辞技巧来赢得司法官员的同情和重视，最终作出有利于自己的裁决。

此外，为了进一步达到这一目的，原被两造还会不失时机地向帝国官僚送上“过誉”的称颂。我们来看余显功《请给本府执照》这份诉讼文书的话：

> 天台公慈明果，廷中无不白之冤；宽厚和平，境内有安全之乐。兆民称庆，寒遇阳春；六邑沾恩，旱逢甘雨。深山穷谷之中，无隐弗达；妇人孺子之情，无微不照。奈何有虞之世，尚有四凶；嘉禾之内，犹生黄稗；不尽芟除，终防善政。

写下这些颂扬知府老爷的溢美之词以后，作者马上笔锋一转，在陈述案情时，痛斥潘氏如何“杀掠男妇，十命遭伤”的罪恶以及“豪恃神钱夺法，嘱托废公”的行径，导致“县断取赎”的不公裁决；最后，作者诉诸律例、契约、黄册，乞求知府老爷秉公审断。这份诉讼文书，不仅逻辑严谨，而且措辞有力。面对这种情况，那些饱读圣贤之书，并且一贯标榜“礼教·德治”与“仁政·爱民”的帝国官僚，难道不会产生些许同情？难道不会感到丝毫压力？难道可以听任民间不公继续下去而不予及时纠正？事实上，这些问题都是诉讼文书的作者企图达到的目的。但是，通观《不平鸣稿》所收的全部文书，我们已然发现，经过

“六年三讼”的漫长而又艰辛的历程，余氏最终还是没有获得满意的裁决——笔者认为，根据事实和法律，余氏应该赢得这场诉讼。后来的裁决，仅在初审基础上稍作调整而已。在这种情况下，潘余两姓唯有通过“和解”的方式才能了结争讼。与此相对，官府所做的事情，只是确认潘余两姓的“息讼合同”罢了。[1] 据此，我们可以断定，上述溢美之词所说的，并非徽州府治理下的真情实况，而是一种虚美。这类“溢美”之词，不过是想表达既然承审官员仁慈宽厚、明察果决，那就应该作出与此德行相符的公正裁判。

在此，我们可以看出，这起“六年三讼”的案件实实在在是帝国衙门“逼”出来的。笔者始终认为，如若初审官员能够明察秋毫、依法判案，那么后来的“二讼”也就可以避免。退一步讲，如若第二次审理的官员能够及时纠正初审官员的裁决，那么最后“一讼”同样可以避免。就此而言，所谓百姓“健讼”和“嚣讼”，乃是迫于官府不能妥当解决纠纷而不得已采取的诉讼行动；与此相对，所谓民众“厌讼”与“贱讼”，则是经历了漫长

---

[1] 顺便指出，虽然“六年三讼”［从天启四年（1624年）二月到崇祯二年（1629年）十一月］是原告自己的看法，但潘余两姓最终签订《息讼合同》，一直要到崇祯十年（1637年）三月二十五日，前后相距15年；换言之，这起纠纷的真正解决，实际上花费了15年的时间。另外，在本案中，原被两造由于发生纠纷而提交官府裁决；可是，官府又未能很好地解决纠纷，从而出现了纠纷在官民之间“推来推去”的现象，所谓“六年三讼”即是如此。与此同时，又有民间人士参与“处息”的调解活动。更为有趣的是，尽管官府已经作出了裁决，但民间仍在进行调解。这一程序似乎表明，如果没有两造的息讼意愿，即使官府已有裁决，也难以真正奏效。或者是，民间可以不理官府已经作出的裁决，而重新进行调解；并且，民间调解的效力可以否定官府的裁决。就本案的“息讼合同”来看，它与官府的裁决刚好相反；也就是说，它改变了裁决的内容。可是，这份“息讼合同”又被提交官府加以确认。这种“息讼合同”，具有修改或强化官方裁判的功能，并且发挥着使官方裁判具有合意性和正当性的作用。笔者认为，这一过程，似乎远较黄宗智的“第三领域”来得复杂。

而又艰辛（花费时间、钱财、精力、乃至感情）的诉讼之后，纠纷依然未能得到解决，于是乎而采取“贱讼”和“厌讼”的态度。说到底，这是一种“惧讼”的心理与态度。[1] 这意味着，若要理解民间百姓的诉讼态度，那就必须将其置于当时的诉讼实践的语境之中；否则，我们也就难以解释“健讼”“贱讼”“惧讼”这些看似矛盾却并存的话语产生的原因。

总而言之，诉讼两造之所以要“虚构”案件的事实和情节，是因为想以此“打动”司法官员，博取他们的同情；也是为了“耸动”司法官员，以此引起他们的重视。这一做法的背后，乃是非常宽广的制度语境和极其浓厚的道德氛围。

二、剪裁事实：官方的裁决技术

为了讨论问题的便利，前面没有征引被告的诉词。不过，根据诉讼的普遍规律，原被两造乃是“针尖对麦芒”的关系，因而诉词一般都会针对告词进行驳斥，其中增添“虚构”之词也是必然之事；或者说，与告词一样，虚构也是诉词固有的特色。

在本节中，笔者尝试讨论一下官方诉讼文书的“虚构”问题。之所以说“尝试”，是因为笔者手头很少掌握成套的案卷资料，可以将帝国官僚制作的诉讼文书（主要是指裁判文书）与原被两造提交的告词、诉词、招供以及其他证据材料（包括证人证言、契约、户籍黄册、鱼鳞图册等）进行卓有成效的比勘，借以

[1] 对这一问题的较为详尽的讨论，参见徐忠明：《从明清小说看中国古人的诉讼观念》，载氏著：《法学与文学之间》，中国政法大学出版社 2000 年版，第 102~116 页。

发现官方诉讼文书对待审案件的事实和情节究竟做了哪些裁剪——增添、替换、删除和修饰。[1] 另外，由于这一问题尚未引起中国法律史学者的关注，可资参考的学术论著基本上是一片空白，因此本书的讨论只能是尝试性的。

这里，还有一个棘手问题必须稍作解释。笔者用“虚构”来做本编第一部分题目，难免使人产生一种“无中生有”的感觉，因为“虚构”的核心意思乃指“凭想象造出来”。[2] 由此人们不禁要问：难道帝制时期的司法官员可以“凭想象来制造”案件的事实和情节吗？这不就是“莫须有的罪名”和“欲加之罪何患无辞”所说的情形吗？但是，我们知道，这些成语、俗谚揭露的是帝制中国司法的腐败与黑暗，是非常态的司法状况。故而在本节中，凡是通过剪裁（增添、替换、删除、修饰）的技术来“编制”（从而也改变了）待审案件的事实和情节的情形，笔者都把它们视为“虚构”。这是因为，通过剪裁技术编制出来的事实与情节，最终造成了待审案件的“失真”或“不实”。与此同时，也导致了案件裁决上的错误，乃至成为民间“健讼”或“惧讼”的一个原因。

---

[1] 笔者所翻检的明清判牍不少，但是，在这些资料中我们很难看出司法官员究竟在什么地方裁剪了待审案件的事实和情节，因为它们基本上是帝国官员单声道的独白，而没有原始的告词、诉词、供述，以及其他证据可资比较和参证；即使还保留了相应的若干素材，但也是经过司法官员编制的东西，而这种编制往往会改变原始资料的信息和意义。笔者所翻检过的出版的判牍汇编包括：（明）李清：《折狱新语》，吉林人民出版社 1989 年版；四川省档案馆编：《清代巴县档案汇编》，档案出版社 1991 年版；陈全伦等编：《徐公谚词》，齐鲁书社 2001 年版；（明）颜俊彦：《盟水斋存牍》，中国政法大学出版社 2002 年版；（清）祝庆祺等编：《刑案汇览》（三编），北京古籍出版社 2004 年版。另外，王策来编著《杨乃武与小白菜案真情披露》（检察出版社 2002 年版）收罗了比较完整的案卷资料，可以作为考察这一问题的很好范本，参见该书第 19～109 页。笔者所翻检过的判牍文书当然不止这些，只是查找不便，故而不拟枚举。

[2] 参见《现代汉语词典》，商务印书馆 1983 年版，第 1300 页。

做了这番解释之后，我们回头再来考察一下《不平鸣稿》所收的裁决文书。先看休宁县知县侯国安的《初审看语》对案件事实的描述：

> 审得（1）潘应榊等公共之地税、佃仆已入公祠用，潘应乾安得独卖？而余氏安得谋买哉？私相授受，均任其失矣。合断原价二十五两给余，地税、佃户仍归之潘可也。（2）至田，原系余显辅买之潘镀，已交四两，尚欠八两交未明晰。余宜给八两价与潘，潘以契还余，则不清之筭可剖矣。其两相詈殴，各有验伤，则以斗殴论可也。应乾、余绩、显辅、潘镀，各杖。（编号乃笔者所加）

据此，我们可以发现，侯国安的《初审看语》所认定的案件事实与余氏的告词、潘应乾的卖地契约有很大的差距，而与潘氏的诉词和投到词比较接近。具体说来，符合编号（1）卖主潘应乾和价格25两纹银的交易契约，在《不平鸣稿》中唯有万历十五年（1587年）的一笔。但问题是：这笔交易是否属于潘应乾盗卖？在《潘榊本县诉词》中，被告声称："先年伊祖谋买，告责退回，券照并证。万历二十年，支裔各分火佃，地税尽归宗祠。"由于我们没有见到相关的证据，因而也不清楚这一辩解是否能够成立。另外，截至初审判词出来，余氏始终坚持此乃合法交易，所谓"人历三代，册遇四轮"即指此。值得我们进一步追问的是：如果这笔交易真是盗卖谋买，何以三十多年来潘氏一直默无一语呢？事实上，这恰恰是后来余氏和司法官员的疑问。编号

（2）的交易，在《余绩本县告词》和《潘槲本县诉词》中，原被两造都曾提到，它也是引起争讼的直接起因，只是措辞含糊不清。根据《余绩本县告词》所谓“旧年”的提示，我们推断这笔交易是天启三年进行的；而《潘槲本县诉词》则有“族逆潘祯、潘乾盗卖”一句，查考《不平鸣稿》署名潘祯卖地的契约，唯有一份属于万历四十八年（1620年）五月五日的契约，价格是六两五钱白银，而且特别标明“其银契当日两相交付足讫，别不立领札”。那么，编号（2）的交易事实究竟如何呢？在初审资料中，乃是一笔糊涂账。当然，对身处其间的两造来说，这样的事实认定也许已经足够清楚。但是在三百余年之后的我们看来，可谓事实不清，证据不足。这就引出了一个非常重要的问题：什么是历史的事实？或者说，什么是历史的真相？就上述分析而言，我们似乎已经勾勒出了一种具有交叉结构的三重历史事实：其一，潘余两姓的地税交易和这起纠纷的事实，它们已经模糊不清了；其二，知县侯国安所做《看语》表达出来的事实，同样不甚清晰；其三，侯国安裁决案件的事实。进一步讲，经由侯国安操作的《看语》这把“奥康姆的剃刀”（把复杂的事情说简单）的裁剪，作为历史事实的交易真相与纠纷过程，已经基本上被“剃”掉了。如今我们所能见到的案件，只是一星半点的非常模糊的图像。易言之，如果没有其他诉讼文书的帮助，我们根本无法了解这起案件（地税交易和纠纷过程）的事实真相。就此而言，我们对本案的历史认知受到了侯国安的制约，这也使笔者想起了杜赞奇的“复线历史”的观念。[1] 但是，本案透露出来的历史意蕴要比“复线历史”观念的内涵更为复杂。

但问题是，初审官员侯国安为什么会将裁决建基于如此模糊不清的事实上。笔者推测，理由可能有四：其一，由于两造提供的证据本身的简约和不足，事实似乎也是这样；其二，因为侯国安收受贿赂，不便（也不愿）彻查案件的证据，有意遗漏某些关键的证据，以致本案证据不足、事实不清，从而给自己的裁决留下回旋的余地；其三，在帝制中国的司法实践中，这种断狱风格乃是普遍现象，本案只是其中的一个例证而已；其四，由于民事纠纷属于州县“自理”的权限范围，或者说是“外结”案件，没有程序上的外在压力，因而凭借知县的权威做出简单的“看语”乃是理所当然的事情。

随着诉讼的展开，案件真相渐渐地浮出了水面。请看《军厅李公结语》的叙述：

> 审得潘应乾因葬亲贫苦，将伊分内东亭坦屋仆程长文等卖与余显功父，得钱二十五两。此万历十五年事也。近因潘镀谓系公仆，不令听其使唤。两相嚷殴，告之该县。县以应

[1] 美国历史学家杜赞奇提出“复线历史”或者“分叉历史”（bifurcated history）的观念，意图瓦解和取代以往那种“线性历史”（linear history）的观念。所谓“复线历史”的观念，乃是旨在强调历史叙述在传递扩散于时间与空间中的过去时，它会根据当前的需要来选择和利用散失的历史，以期揭示现在是如何决定过去的，亦即揭示历史与现实之间的互动关系。与此同时，由于历史话语形成之后也会制约我们对历史现实的认识，故而“复线历史”也希望找回被历史叙述裁剪掉的历史现实。参见［美］杜赞奇：《从民族国家拯救历史：民族主义话语与中国现代史研究》，王宪明译，社会科学文献出版社 2003 年版。当然，对杜赞奇的“复线历史”观念学者也有不同的看法。参见李猛：《拯救谁的历史?》，载《二十一世纪》1998 年 10 月号；吴飞：《“分叉历史”中的“大写历史”》，载复旦大学历史系编：《近代中国的国家形象与国家认同》，上海古籍出版社 2003 年版，第 321~328 页。

乾之仆只一，而其分之属众。族者尚多，断令应乾备价赎回，以息两争。此正理也，亦最妥也。而显功因三十余年为其所有，且仆之父母俱葬己山，不甘而告于台台。即应乾亦哭谓：己之屋仆卖与显功已久，一也；今贫难于赎，二也；前款卖身，承显功好情买而救己，坚不肯赎，三也；且己之余股尽付公祠，只此尚恃强而争，四也。镀等则口必欲还此公仆为止。嚣嚣忿忿，各不相下。合断应乾如贫，众亦争此义气，在乾名下出十两，众名下断公出十五两，仍加银十两，共三十五两，以赎此约。若人心不齐，暂听显功役使，银足方发人可也。若潘氏不顺理而以强相殴相夺，则罪反大矣。仍各杖之，余取纸。如长文等违抗，以名分正之；又如潘镀等违抗不肯赎，只推之应乾，则必应乾有银交显功领取，则发人可也。[1]

[1] 值得指出的是，前引李一凤所作的《结语》对处罚问题唯有“仍各杖之，余取纸”的表述，而并没有具体说明如何处罚。事实上，这种表述在明清判牍中非常普遍，同样是晚明判牍汇编的李清《折狱新语》和颜俊彦《盟水斋存牍》等，都是如此。以致韩秀桃认为：“不论是薄杖、杖责、杖儆、杖警、杖示，还是拟杖、稍杖、枷杖，都没有说明杖的具体数字。所以，对于杖儆和杖刑的使用，与其说是一种刑罚处罚，不如说是官府所表达的一种态度——对占理的一方的支持和对无理一方的训诫。”参见前揭韩秀桃：《明清徽州的民间纠纷及其解决》，安徽大学出版社 2014 年版，第 168 页。以前，笔者也有这种想法。但是，在“本府执照”里，余显功则说：“审得潘应乾因葬亲贫苦云云，参完。一议得潘镀、潘应乾、余显功、程积德所犯俱合依不应得为而为，事理重者律杖八十，俱有《大诰》，减等，各杖七十。俱民，审潘镀、余显功有力，各照例折纳米价；程积德稍有力，照例折纳工价；潘应乾无力，照例依律的决。合侯关堂听候发落，追价完日，施行。一照出潘镀、潘应乾、余显功各告纸二钱五分，程积德民纸一钱二分五厘，并潘镀、余显功各米价银三两五钱，程积德工价银一两三钱五分，俱追贮库，听候本府项下作正支销。”这是对上引“仍各杖之，余取纸”的精确解释。由此可知，在各种判语里反复出现的“杖儆”之类的表达，确实不是“训诫”那么宽仁的，而是实实在在的，也是一丝不苟的惩罚。写到这里，笔者不禁想进一步追问：在明清时期的司法实践中，是否存在“一式两份”而内容详略不同的判词？或者，所谓“议得”是否属于一种口语形式的堂谕？对此，笔者尚无其他确凿的证据，所以这是需要我们深入研究的课题。

必须承认，从余显功不服侯国安《初审看语》而上诉军厅到这份《结语》出来，其间所有的证据，包括被告的《潘镀供状》在内，都支持了余显功的上诉事由，而《结语》概括的案件事实也与相关证据一致。再加上有“卖产五年以上，不准回赎”条例的依据，军厅李一凤所做的《结语》应该推翻《初审看语》的裁决，直接判令余显功依旧管业。但是，除了增加十两回赎银子之外，基本上维持了《初审看语》的意见。其理由是，李一凤认为侯国安“断令应乾备价赎回，以息两争。此正理也，亦最妥也。”但在余显功看来，李一凤如此断案，只是“款全本县曲断体面”[1] 而采取的办法。由此可见，此乃“官官相护”所致。

这种状况维持了三年，由于潘铠和潘洛父子再次霸阻仆役不让应役，余显功就在崇祯元年再次告到知府颉鹏手里。实际上，案件转批给了知县朱陛。由于朱陛的《参语》只是维持军厅的裁决，也没有陈述新的事实，这里不做讨论可也。但是，案件事实仍然朦胧不清。这是因为，被告提出了新的证据。在《潘铠本县诉词》中，被告提出：所争地税早于万历十二年就已尽行卖入潘氏宗祠。他接着说：“逆恶潘应乾十二年卖尽，万历二十年伊父余胜佑权充册书，亲笔税单有据，妄踵前辙，结逆诡提万历十五年虚价立契，栽收容税……”如果这一证据确凿有效，那么潘应乾盗卖和余胜佑谋买之罪即可成立。朱陛为何只字不提呢？如果想要继续维持原来的裁决，确认这一证据不是非常关键吗？这种“删除”（无论有意抑或无意）又意味着什么呢？反过来问：潘氏为何在以前两次诉讼中也不提这一重要事实呢？可谓疑窦重

［1］ 参见（明）余显功：《不平鸣稿》“序”。

重。这里，我们暂且把它搁在一边，先看后面的故事。

对朱陛的裁决，余显功还是不服，遂将案件告到屯院，又转批给徽州府理刑厅鲁元宠审理。我们不妨来看鲁元宠《参语》的陈述：

> 余显功与潘洛邻居也。潘之族有应乾者，曾于万历十五年因父故将得分东亭坦庄屋并佃仆程积德，卖与显功父，得价二十五两，为葬殓费，已经管业。迨天启四年，两姓因隙成讼。潘姓始有盗卖之说，谓应乾先于十二年间将前产仆卖入祠堂，据其户册，历历可按。然使应乾果先卖入宗祠也，又不知何以隔三十余年而始发？觅故老凋谢，俱无可证。独今潘氏既买应乾之产，归入祠堂公用，亦是义举，不必细问孰先孰后，所当听其复还旧业，此府县屡审即增价到三十五两而给令潘氏面赎也。但府县断于应乾名下追十两，众人名下追二十五两，固是正理，而应乾贫至卖产卖仆，后犹欲其处办十两原价，则此价终无可期，讼亦何时结局。应乾所以匿不到官也。夫潘族所争者非徒应乾，愤为祖宗吐气，则何必更向应乾索十两以滋多事哉。合将三十五两尽于众人追给显功，完价之日，交业遵守。其仆程积德在显功处有年，且父亦葬显功山上，一旦归潘，遽无旧主之谊，情属难堪，责逐使两无所适，则二主之气俱平。显功抗断，潘洛霸仆，并杖。

根据余显功《不平鸣稿》“序”所说“三年六讼，至此息矣”。我们知道，这是最后一份裁决文书。[1] 与前面的相关文书相比，它对案件事实的陈述，也应该是最具权威性的。确实，在分析案件事实时，鲁元宠提到了一个关键问题：“潘姓始有盗卖之说，谓应乾先于十二年间将前产仆卖入祠堂，据其户册，历历可按。然使应乾果先卖入宗祠也，又不知何以隔三十余年而始发？觅故老凋谢，俱无可证。”但是，有些模棱两可的是，既说“据其户册，历历可按”，又讲“故老凋谢，俱无可证”。毫无疑问，所谓“故老凋谢，俱无可证”是指可以充当证人的“故老”已经死了，因此也就无法证明当年是否有过“卖入宗祠”的事情。如果真是这样的话，那么“历历可按”的户册，就是唯一现存的证据。值得追问的是：如果只是被告的口头陈述，那么鲁公完全可以不予理睬，可是他又提了这么一个关键性的问题；与此相反，如果已有“户册”提交衙门，那么结果只有二种，要么其得到证实而被采用，要么遭到证否而被抛弃。[2] 但是，鲁元宠却做了“省略”，笔锋一转写道：“潘氏既买应乾之产，归入祠堂公用，亦是义举，不必细问孰先孰后，所当听其复还旧业。”这一转变非常突然，但很巧妙。这位司法官员“扔掉”案件事实而谈起道德来了，所谓“义举”即一证。

---

[1] 在《不平鸣稿》还有一份《朱公参语》，这是另一案件的裁决。不过，这份参语是对民间“和解合同”的官方确认，所谓“生员吴福大、汪士鳌告息，应准和议”即这个意思。

[2] 当然，现代读者（实际上，本案的原告和主审官员也是如此）可以这么设想：其一，就整个诉讼过程来看，被告最后提出“户册可据”的说法显然没有根据；其二，经过三十余年之后，被告方才提出所争地税的“权利主张”本身，也可以反证“户册”可能有诈。但是，我们同样可以这么说，因为潘余两姓过去的关系一直不错，所以潘氏尽管明知存在“盗卖谋买”的事情，也听之任之；而今，由于两家关系破裂，因而旧账新算，或者更准确地说是旧账新账一起算，只有这样，才能以此加强诉讼的砝码和力度；而且，一旦赢得诉讼，也更解气。实际上，余显功所作《不平鸣稿》之序确实说过：潘镀与余辅“素为刎颈之交。一旦因财失义，遂成刖足之仇”。在这种情况下，我们可以说本案的事实真相确实不是很清楚。

这使笔者想起了唐德刚对中华帝国司法风格的有趣描述和评论。他说：

> 可是我们传统中国人（古印度人也是一样）最瞧不起所谓“写蓝格子的”“绍兴师爷”和“狗头讼师”。我们的“仲尼之徒”一向是注重“为政以德”的。毫无法理常识的“青天大老爷”动不动就来他个“五经断狱”。断得好的，则天理、国法、人情、良心俱在其中；断得不好的，则来他个“和尚打伞”，无法（发）无天，满口革命大道理，事实上则连最起码的逻辑也没有了。[1]

虽然唐德刚评论的是帝制时期的司法官员裁决案件的逻辑问题，而且措辞也不免有些夸张。但事实上，从宋代《名公书判清明集》收录的不少判牍来看，它们在逻辑上还是比较严谨的；清代的《刑案汇览》更是如此。[2] 不过在本案中，我们确确实实

---

[1] 《胡适口述自传》，唐德刚译注，华东师范大学出版社 1993 年版，第 112 页。

[2] 有关明清时期的法律推理的研究，参见邱澎生：《真相大白？——明清刑案中的法律推理》，载熊秉真编：《让证据说话——中国篇》，台北，麦田出版公司 2001 年版，第 135~198 页；王志强：《清代刑部的法律推理》，载王志强《法律多元视角下的清代国家法》，北京大学出版社 2003 年版，第 68~123 页；王志强：《清代成案的效力和其运用中的论证方式》，载王志强：《法律多元视角下的清代国家法》，北京大学出版社 2003 年版，第 68~123 页；郑志华：《试评情理法融会贯通的传统价值追求——对清代刑案裁判论证正当性的剖析》，载叶孝信、郭建主编：《中国法律史研究》，学林出版社 2003 年版，第 273~320 页。笔者想指出的是，尽管帝制中国的法律逻辑不如西方那么严谨，也不那么讲究，但是也非毫无逻辑可言。此外，在讨论这一问题时，我们尚须注意：第一，鉴于民事案件和刑事案件的不同类别，在法律逻辑上的要求也不一样，前者比较随意，后者相对严谨。第二，即使同属刑事案件，实际做法也有不同，笞杖案件比较宽松；但如果是命盗重案，由于“审转”程序的制约，对法律推理的要求就比较高。第三，不同审级之间也有差异，如果是州县衙门的“外结”案件，相对随意一些；如果是刑部“复核”的案件，那么就来不得半点马虎。据此，我们不宜笼统地说，古典中国的裁决不讲法律，也不讲逻辑。

发现了连关键事实也被置之不顾的情形。无论如何，强调与压抑某些证据，皆有某种特殊的用意。

综上所述，就本案事实而言，尽管随着诉讼的推进渐渐地清晰了起来，然而始终未能审得水落石出，更谈不上真相大白。究其原因，不外有二：其一，为了顾全初审官员侯国安的“受贿曲断”的体面，后来的司法官员只好将错就错，勉强调定潘余两姓的争讼。其二，基于道德上的考量，也基于“息讼”的理由，始终不愿探明案件的事实真相。

结　语

上面，笔者以明末徽州府休宁县的诉讼案卷《不平鸣稿》为素材，简要讨论了明清时期的司法档案反映的“真实”与“虚构”问题；与此同时，也稍稍涉及相关的文化语境和诉讼策略问题。但是，就司法档案的“虚构”而言，尚有招供记录与裁决制作的其他“虚构”的技术问题，本部分没有进行深入的分析。另外，笔者觉得唐代以后流传不息的“骈文”的判牍文书，实际上也存在非常特殊的“虚构”问题。这是因为，在这种判牍文书中，由于作者大肆援引典故，所以，也必然会产生一种典故与待审案件的事实叙述之间的互文效果——形成一种具有“镶嵌”特征的复合文本。换言之，所引典故与待审案件的事实的彼此交错，相互折叠，从而构成一种“镶嵌式的”文本特征，进而导致意义上的相互引申。须知，语言是表达的工具，也是意义的载体，典故又有自身的故事出处，一旦用来叙述或者“编织”待审案件的事实，那么典故承载的事实就会与待审案件的事实交织起来，这时，在典故的“虚构”[1] 与案件的“真实”之间，就会形成彼此折叠的效果，由此产生一种“真真假假”或者“虚虚实实”的叙事效果。在笔者看来，以援引典故为特色的骈文判词，作为一种司法文书的写作技术，实在很不相宜，因为它会扰乱读者（判牍的受众）对于案件真相的理解。[2]

说到民间诉讼中的“虚构”案件事实，人们肯定会问：帝制政府不是竭力规劝民众“息讼”吗？不是规定“告状必须指陈事实”吗？不是禁止“架词设讼”吗？不是实行“诬告反坐”吗？不是严禁讼师“教唆词讼”吗？既然如此，为何具有“架词设讼”和“诬告”意味的“虚构”案件事实之风这么盛行呢？实在令人费解！撇开其他原因不谈，笔者认为，最为关键的原因就是，在司法实践中，帝国官僚对于“架词设讼”乃至“诬告”的行为，只要没有产生危害后果，实际上并没有给予什么严厉的惩罚，最多只是杖刑而已。由此可见，由于“架词设讼”和“诬告”的成本不高，所以也就难以禁止。[3] 倒过来讲，因为民间诉讼的起因常常无足轻重，在帝国官僚眼里，更是鸡毛蒜皮的

---

[1] 对待审案件来说，典故承载的事实完全可以视作虚构。

[2] 从传统中国的“读鞫”制度来看，这种不时援引典故的判牍，对于读者来讲可谓是一场灾难。因为在裁判文书的读者中，原被两造是最为重要的利害关系者，可他们绝大多数是文盲，即使粗通文墨，恐怕也难以真正理解这种“典故万花筒式”的判牍。在笔者看来，如此风格的裁判文书基本上是文人官僚为了满足自己的文学偏好而非两造利益而制作的，具有很强的精英意识。实际上，在英美法系的裁判文书中，我们也能读到某些颇有“考据癖”的案例援引与想过“学术瘾”的铺张论证，似乎也不全是为写给诉讼两造看的。无论古今，司法文书的写作应该强调文字通俗，表述简洁，论证到位即可。

[3] 如果“诬告”产生了严重的危害后果，如导致被诬告者的死亡；或者“诬告”经由审转程序进入刑部的权力范围，如被诬告者及其亲属的上诉；这时，按照法律来定罪量刑也就成了关键问题。参见祝庆祺等编：《刑案汇览》卷四十七、卷四十八《诬告》，北京古籍出版社 2004 年版，第 1712~1806 页。

"细故"，所以倘若"如实"陈述两造的纠纷事实，恐怕不能引起司法官员的重视，也不足以打动他们久惯官场因而多少变得有些麻木的感情。在这种情况下，不采取"虚构"案件的事实和情节的手段，行吗！故而，把小事说成大事，将婚姻田土纠纷说成命盗案件，可以说是小民百姓不得已而为之的诉讼策略。再从帝国衙门的实际情况来看，由于人手短缺和经费紧张，不把那些"细故"案件拒之门外，又将怎么应付可能蜂拥而至的民间诉讼？[1]此乃明清时期司法实践中的一个令人困惑的问题。

通过上述分析，笔者想进一步提请研究中国法律史的学者注意以下三个具有理论意义的问题：其一，档案固然属于第一手材料，固然值得历史学家给予充分的信赖，但是，我们对于历史档案中的"虚构"因素，也要保持应有的敏感和警觉。其二，在特定的时间与空间中，历史固然真实地存在过，然而，历史叙述的结构却是异常复杂的。在历史话语外，仍有许多有待我们去挖掘、去解释的东西；甚至那些已经消逝了的历史真相，永远也无法被历史学家揭示出来。也就是说，我们的历史认知不可避免地受到了历史话语以及历史学家生存境遇的制约。就此而言，所谓一切历史都是思想史或者当代史的说法仍有学术价值。其三，历

[1] 汪辉祖曾说："与绅民约：月三旬，旬十日，以七日听讼，以二日校赋，以一日手办详稿；校赋之日，亦兼听讼。官固不敢怠也，尔等若遵期完课，则少费校赋之精力，即多留听讼之工夫。"（清）汪辉祖、蒯德模：《病榻梦痕录·双节堂庸训·吴中判牍》，梁文生、李雅旺校注，江西人民出版社2012年版，第63页。即使对一位勤政的知县来说，听讼占去的时间实在不少。作为对比，在《龙图公案》卷六《夺伞破伞》中，包公这样说道："五分银物，亦来打搅，衙门一处虽设十个官，亦理不得许多事。"（北京群众出版社1999年版，第170页）由此可见，如果什么案件都得受理，衙门可谓管不胜管。对此，康熙也有类似的说法。参见［英］S. 斯普林克尔：《清代法制导论》，张守东译，中国政法大学出版社2000年版，第94页。［法］达维德：《当代主要法律体系》，漆竹生译，上海译文出版社1984年版，第487页注释［2］。

史档案中有虚构，而文学虚构中也有真实，因此，我们必须重新思考历史与文学之间的关系。另外，在特定语境中，无论是历史虚构抑或是文学虚构，它们本身都是特定时间与空间中的特定群体的某种情感、心态、思想和观念的表达，它们就是真实的历史叙述。

总而言之，本部分只可看作一篇极不完整的关于明清时期司法档案中的“虚构”与“真实”问题的初步研究报告。当然，笔者也不想对《不平鸣稿》进行“过度”的解释。因此，凡是超出《不平鸣稿》资料范围的其他问题，唯有留待将来再做讨论了。

制造冤狱：对错斩崔宁案的司法社会学解释*

宋人话本《错斩崔宁》乃中国古代白话“公案”小说之佳构。对于这部作品，胡适先生1928年所作《〈宋人话本八种〉序》已有定评。[1] 这个话本，尚有其他相类的故事；[2] 也与后来梨园所演著名戏曲《十五贯》颇有渊源关系，且被附会在著名清官况钟之名下，遂妇孺皆知。为了下文讨论的方便，笔者很有必要对其故事梗概做一简要的描述。

算是偷懒，我权且把《春在堂随笔》卷十的概括摘录如下：

> 南宋临安有刘贵者，字君荐，妻王氏，妾陈氏。一日，携其妻往祝妻父寿。妻父王翁，以其贫也，予钱十五贯，使营什一，留女而遣婿先归。途遇其友，同饮而醉。及

---

* 原载《法学评论》2000年第2期，原文题为《从话本〈错斩崔宁〉看中国古代司法》。此处略有改动。

[1] 参见胡适：《〈宋人话本八种〉序》，载黄保定、季维龙编：《胡适书评序跋集》，岳麓书社1987年版，第201~214页。关于中国古典“公案”小说之总体研究，参见黄岩柏：《中国公案小说史》，辽宁人民出版社1991年版；孟犁野：《中国公案小说艺术发展史》，警官教育出版社1996年版；曹亦冰：《侠义公案小说史》，浙江古籍出版社1998年版；苗怀明：《中国古代公案小说史论》，南京大学出版社2005年版；杨绪容：《百家公案研究》，上海古籍出版社2005年版。

[2] 譬如《双熊梦》即一例，参见谭正璧编：《三言两拍资料》（下），上海古籍出版社1980年版，第540~542页。

归，妾见所负钱，问其故。刘贵醉后，戏之曰："吾因家贫不能共活，已赁汝于人矣。此赁钱也。明日，当送汝去。"言已，就枕。既入睡乡，妾思告知其父母，乃至邻人朱三老家，告以故，且寄宿矣。黎明即行。而刘贵固熟睡未醒，有贼入其家，窃其钱。刘警觉，起而追之。适地下有斧，贼即取斧斫刘，杀之，尽负钱去。次日，邻人见其门久而不启，入视，得状。朱三老乃言夜间其妾借宿事，因共追寻。妾行路未半，力疲少憩。有崔宁者，自城中卖丝，亦得钱十五贯，与之同憩。追者至，并要之归，闻于官。谓崔与妾有奸，杀其夫，窃资偕亡也，竟尸于市。后其妻以夫死家贫，其父王翁使人迎之归。途遇大雨，避入林中，为盗所得，据为妻。偶言及数年前曾为贼入人家，杀其主人，得钱十五贯。妻乃知杀其夫者即此盗也，乘间出告临安府。事乃白，杀盗，没其家资，以半给其妻。妻遂入尼庵以终。[1]

毫无疑问，《春在堂随笔》对于"错斩崔宁"的故事情节做了很好的概括，但是，对于崔宁被"错斩"的原因，则无恰当的解释。这是非常令人遗憾的事情。好在明人冯梦龙所编《醒世恒言》卷三十三《十五贯戏言成巧祸》描述的也是同一故事。[2]因此，笔者将根据冯梦龙小说对崔宁被"错斩"之原因的叙述，进行一番司法社会学的分析和解读。需要说明的是，故事涉

[1] 俞樾：《春在堂随笔》，朝华出版社 2017 年版，转引自谭正璧编：《三言两拍资料》（下），上海古籍出版社 1980 年版，第 539 页。

[2] （明）冯梦龙编：《醒世恒言》卷三十三《十五贯戏言成巧祸》注明"宋本作《错斩崔宁》"字样，可见《醒世恒言》之渊源所自（阳羡生校点，上海古籍出版社 2012 年版，第 599 页）。当然，这个故事也能反映明代的司法状况。

及的法律问题甚多，在这里不便一一加以分析与诠释。[1]

从故事表层来看，崔宁被“错斩”真是一个意外的“巧祸”。此“祸”之“巧”，一则是源于“弃儒经商”而又“本钱消折”的刘贵，醉酒戏言“典卖小妾陈氏”的缘故。我们知道，在中国古典代社会里，赤贫人家“典卖”妻子、儿女实乃寻常之事，[2]况且十五贯钱明明白白摆在那儿，也就难怪陈氏对此“戏言”深信不疑。二则是缘于陈氏在回娘家的路上，遇见贩丝的年轻男子崔宁。似乎可以想象，值此天色蒙蒙，大清老早时节，孤男寡女同行同憩，事有可疑；与此同时，崔宁携带贩丝所得，恰好也是十五贯钱，一文不多一文不少。面对此情此境，将会引起中国古人何种“可能”的推测呢？在小说中，死者刘贵的妻子王氏与左邻右舍的“理所当然”或曰似乎“合情合理”的想法就是：

> 那大娘子道：“我的父亲昨日明明把十五贯钱与他驮来作本，赡养妻小，他岂有哄你说是典来身价之理？这是你两日独自在家，勾搭上了人，又见家中好生不济，无心守耐，又见了十五贯钱，一时见财起意，杀死丈夫，劫了钱，又使见识，往邻舍家借宿一夜，却与汉子通同计较，一处逃走。现今你跟着一个男子同走，却有何理说，抵赖得过！”

---

[1] 譬如，关于邻舍和地方捉拿罪犯、司法程序、定罪量刑与执行等等，这里不拟一一予以检讨。此外，关于小说体现的法律理念问题的简要讨论，可以参见［日］小野四平：《中国近代白话短篇小说研究》，施小炜等译，上海古籍出版社 1997 年版，第 47~49 页。关于小说的思想和艺术问题的分析，参见孟犁野：《中国公案小说艺术发展史》，警官教育出版社 1996 年版，第 30~41 页。

[2] 关于明清时期“典妻”问题的详尽讨论，参见［日］岸本美绪：《妻可卖否？——明清时代的卖妻、典妻习惯》，李季桦译，载陈秋坤、洪丽完主编：《契约文书与社会生活（1600—1900）》，台北，“中央”研究院台湾史研究所筹备处 2001 年版，第 225~263 页。

众人（笔者按：左邻右舍）齐发起喊来道："是天网恢恢，疏而不漏。你却与小娘子杀了人，拐了钱财，盗了妇女，同往他乡……"[1]

一旦有了这种"不假思索"，并且看似"合情合理"的判断，[2] 这桩人命案件在他们的心目中，也就实实在在构成了

[1] 本文征引冯梦龙《三言两拍》文字，均据上海古籍出版社1992年版。再者，以下凡引《十五贯戏言成巧祸》文字，为了节约篇幅，一律不再注明出处，而以"小说写道"及"在小说中"表示。

[2] 这一看似"合情合理"的推断，可能与中国古人"连类"式的思维方式不无关系；而这，实际并非严格意义上的"逻辑"推理。在这桩公案中，它仅是"联想"判断，缺乏许多证据方面的锁链与严格的逻辑推理。由此，不禁使笔者想起唐德刚先生在《胡适口述自传译注》中曾经说过的，关于中西法律与逻辑关系的话语。他说："……'名学'在我国古代只萌个芽，始终没有开花结果，发展成西方哲学的'逻辑学'。……东西逻辑学发展之有如此差异，笔者个人总觉得是东西两方对'法'的观念不同的滋长有以致之。'法律'是最讲逻辑的，因而个个律师都是逻辑专家，而律师在西方社会里的地位——从古希腊罗马到今日的英美法苏——那还了得！可是我们传统中国人（古印度人也是一样）最瞧不起所谓'写蓝格子的''绍兴师爷'。我们的'仲尼之徒'一向是注重'为政以德'的。毫无法理常识的'青天大老爷'动不动就来他个'五经断狱'。断得好的，则天理、国法、人情、良心俱在其中；断得不好的，则来他个'和尚打伞'，无法（发）无天，满口革命大道理，事实上则连最起码的逻辑也没有了。"还说："西方就适得其反了。西方的律师，诉讼起来，管他天理、人情、良心，只要逻辑不差，在国法上自有'胜诉'。因而他们的逻辑，也就愈发展愈细密了。"详见耿云志、李国彤编：《胡适传记作品全编》（第一卷下册），东方出版中心1999年版，第121~122页。说来，此话或许有些夸张，也与笔者所讨论的问题不尽一样，不过道理还是相通的。唐德刚先生进而指出，"胡（适）先生那时就说中国古文有一种含混的传统，所以对科学研究和法律叙述都有妨碍。……西方白人的蟹行文，文法结构一定要严密；意思表达一定要确切，一个逗点也错不得；其原因便是他们好讼成性，有玩弄法律的传统，因而在他们的文字里说一只猫便是一只猫，不像我们一开口便是'小猫三只四只'了。……我国人最反对打官司。孔子说：'必也使无讼乎！''听樵断讼'一直又被认为是至高无上的美德。大家不上法庭打官司，所以我们文字也就没有法律的锻炼；写起文章来，麇鹿三两只，童子七八人，大家也就马马虎虎了。人家又不同你打官司，写那样清楚干嘛"？唐德刚：《胡适杂忆》（增订本），华东师范大学出版社1999年版，第150~151页。也许唐德刚先生的这段评论有点"极端"的味道，不过依然值得我们认真思考。而事实上，在研究中国古典法律文化时，我们对此问题一直没有足够地重视。

“奸夫淫妇，赃证现在”的铁案。

后来，这桩谋财害命的“公事”被告到了官府。知府老爷又是怎样审理的呢？小说写得清清楚楚，府尹大人也是根据这种似乎“合情合理”的“前见”进行审理，并且作出死刑判决的。我们来看他那既振振有辞，又不容辩解的审案言语。小说写道：

> 那府尹喝道：“胡说！这十五贯钱，分明是他丈人与女婿的，你却说是典你的身价，眼见得没巴臂的说话了。况且妇人家，如何黑夜行走？定是脱身之计。这桩事须不是你一个妇人家做的，一定有奸夫帮你谋财害命，你却从实说来。”
>
> 府尹大怒喝道：“胡说！世间不信有这等巧事！他家失去了十五贯钱，你却卖的丝恰好也是十五贯钱，这分明是支吾的说话了。况且他妻莫爱，他马莫骑，你既与那妇人没甚首尾，却如何与他同行共宿？你这等顽皮赖骨，不打如何肯招？”

由此可见，知府老爷非但不听陈氏与崔宁的供述，而且认定自己的“推断”是毫无疑问的。换句话说，正是由于府尹确信这一“推断”是板上钉钉的，故而丝毫不容也听不进两位被告的供述和解释。可怜！他们陷入即使“浑身是口，也难分说”的困境。可恨！知府老爷“不肯推详，含糊了事，却将二姐与那崔宁，朦胧偿命”。可悲！崔宁与陈氏，一个“不合奸骗人妻，谋财害命，依律处斩”；另一个“不合通同奸夫，杀死亲夫，大逆不道，凌迟示众”。接下来的，便是“当下读了招状，大牢内取出二人来，当厅判一个斩字，一个剐字，押赴市曹，行刑示众”

了结这一谋财害命的公事。这种“蓄成见而预定罪”[1] 的惯用做法，在中国古典司法实践中，不知造成几多冤假错案。就此而言，我们当然可以说知府老爷如此断案，确实草率马虎，也与“虚中听审”的司法理念相违背。但是，我们似乎也应该采取“换位思考”的方式，设身处地来替知府想想。毕竟，十五贯青钱摆在那儿，更有孤男寡女同行同憩的特殊情节，这在男女两性禁忌非常严格的中国古代，尤其令人怀疑。在某种程度上，我们也可以说，知府的“推理”非但不是毫无根据，甚至可谓“合情合理”，他说两名被告的辩解是“支吾”，也非虚妄。真是司法场域的特殊情境（十五贯钱、孤男寡女同行同憩、左邻右舍和刘贵妻子的证词、知府的前见），导致了这桩“巧祸”的发生。

对于导致崔宁与陈氏错案冤狱之原因，小说还从两个方面做了分辨：第一，倘若崔宁与陈氏果真谋财害命，那就应该连夜逃走他乡才对，如何会去邻舍人家借宿一宵？因此，小说认为“这段冤枉，仔细可以推详出来”。第二，问题的关键，实乃“问官糊涂，只图了事，不想捶楚之下，何求不得”！作者这一“马后炮式”的分析，当然是很有道理的。

但是，如果我们将此案件置于中国古代的社会结构与司法制度的具体“语境”当中予以考察的话，就可以发现，死者妻子、左邻右舍、承审本案的知府，他们的推断确实也是有“道理”的；面对命盗案件，即便知府采取刑讯逼供的折狱方法，同样也

[1] 钱锺书：《管锥编》（第一册），中华书局1986年版，第333页。

是“合法”的。[1] 我们在古典中国的司法案例与公案故事中，可以举出很多的证据。[2] 而且，就古典中国的审判实践与法律规定而言，刑讯逼供乃是确保案件最终得以作出判决的重要保障；相反，如果没有被告的自供罪状，即使已有其他证据，案件一般依然不能了结。[3] 这样一来，刑讯逼供也就无可避免。[4] 换句话说，在中国古典社会里，刑讯逼供的必要性、合理性、合法性就在于此。对笔者来说，这桩错案冤狱的形成，更有深层的原因在矣。

现在，我们来对造成这桩错案冤狱的深层原因试做检讨。

首先，在古典中国这样一个所谓“乡土社会”里，无论城市还是乡村，人们都被置于严格的户籍系统之中，受到“什伍”组织（保甲、里甲）的严密控制。经过“什伍”编制的邻舍，承担互相监督与连带的法律责任。[5] 换句话说，如果邻舍之间有人违

---

[1] 如果将此案作为宋代的故事，拷讯属于合法。参见《宋刑统》卷二十九《断狱律》，“不合拷讯者取众证为定”条，薛梅卿点校，法律出版社 1999 年版，第 536~545 页。如果将此案视为明代的故事，拷讯同样合法。参见《大明律》卷二十八《刑律》，“老幼不拷讯”条，怀效锋点校，法律出版社 1999 年版，第 215~216 页。

[2] 这是笔者近来阅读中国古典案例，特别是“公案”小说、戏曲等获得的一个初步印象。关于这个问题的具体研究有俟来日，这里只好从略。

[3] 日本著名的中国法律史学者滋贺秀三指出：“口供与证据不是一回事，断罪原则上以口供为凭，仅例外地——承认不承认这个例外依时代而不同——才允许根据不是口供的证据来断罪。这就是中国人的思考样式。”［日］滋贺秀三：《中国法文化的考察》，王亚新译，载滋贺秀三等：《明清时期的民事审判与民间契约》，王亚新等编译，法律出版社 1998 年版，第 10 页。

[4] 在中国古典法律制度中，拷讯的历史颇为悠久。至少在西周，法律对此已经有所规定。譬如《礼记・月令》所谓“仲春之月……毋肆掠，止狱讼”似乎表明，在“仲春”以外的其他时间里，刑讯是可以的。参见杨天宇撰：《礼记译注》，上海古籍出版社 2004 年版，第 177~178 页，当然需要指出的是，就法律而言，秦汉以降的法律往往规定：拷讯是有条件的、是有限制的。

[5] 在古典中国，虽然各个王朝的法律对此问题的规定不尽相同；但是，自从商鞅变法以来，它的基本框架及其政治意图，则是大体一致的。

法犯罪，知情的他人，不仅承担从速举报的义务，而且成为案件的干连证人。如此一来，如何设法摆脱案件的干系，乃是邻舍首要考虑的问题；因此，他们也就必然希望尽快把具有“嫌疑”的案犯扭送到官府审断，以便从中脱身。如果案犯不能被及时捉获，官府自然责无旁贷；不过，邻舍和地方，也有协助寻拿人犯之义务，甚至会被拘拿到官府候审。由此可见，一旦邻舍发生命盗重案，就会搞得人心惶惶，弄得鸡飞狗跳，从而打乱人们正常的生活秩序。当然，就中国古典法律而言，诬告平人必须承担“反坐”的法律责任，甚至举告“不实”也同样应该承担法律责任。然而，由于官府希望尽快捉获罪犯，因此，在扭送罪犯嫌疑的过程中，这一规定并没得到很好的执行。[1] 进而，在古典中国的司法实践中，更有所谓“无谎不成状”的说法。这就是讲，状子必须写得足以“打动”官吏，否则不予受理。为此，人们更是冒着“诬告”之风险，在状子中添油加醋。[2] 而两造不惜重金聘用讼师之目的，恐怕就在于此。尽管古人总是痛诋讼师“架词设讼”乃至“虚捏词状”等恶行，然而，这恰恰又是诉讼之必须。就此看来，讼师还真有点“可怜”甚至“冤枉”，无意之中

[1] 但是，就实际情形而言，诬告一般不会受到官府的制裁。检阅《盟水斋存牍》（明代颜俊彦著，中国政法大学古籍研究所整理点校，中国政法大学出版社 2002 年版）所收有关诬告的案件，其中大多没有按照法律作出裁决，而是一杖了之。当然，如果诬告导致其他重案的发生，那么由于审转程序的介入，依法裁决才会成为司法官员必须认真对待的事情。参见（清）祝庆祺等编：《刑案汇览》（三编）卷四十六、四十七，北京古籍出版社 2004 年版，第 1690~1806 页。

[2] 对此问题的详尽讨论，参见［日］夫马进：《明清时代的讼师与诉讼制度》，载［日］滋贺秀三等：《明清时期的民事审判与民间契约》，王亚新等编译，法律出版社 1998 年版，第 404~407 页及有关注释。即使仅从词状写作之“技巧”角度着眼，它对于案件是否能够获得官府“批准”，同样至关重要。近来，笔者在阅读清代安和《七尸八命》（法律出版社 1998 年版）一书时发现：其中，施智伯为梁天来写的几份词状，情词颇为急切，从而对此问题很有感慨。虽然是小说家言，但亦有参考之价值。

背了挨骂的“黑锅”。

现在，我们回到小说中来。当时，死者的邻舍朱三老就对崔宁说：

> 你若真个不去，叫起地方有杀人贼在此，烦为一捉，不然，须要连累我们。你这里地方也不得清净。

由此可见，为了避免所谓“连累我地方邻里打没头官司”，尽快摆脱可能面临的困境，邻舍只得急急乎乎“不问情由”捉获崔宁与陈氏，并且“口口声声咬他二人。府尹也巴不得了结这段公案”。也许，对古典中国的统治当局来说，为了社会整体的秩序与安宁，只好牺牲局部的利益，容忍可能出现的错案冤狱。或许，对于统治当局来说，尽管他们也想避免错案冤狱的发生，可是，能否及时抓获治下发生的命盗犯罪与他们的考成密不可分；据此，将嫌疑案犯迅速拘拿到案进行审判，与司法官员的前程息息相关。在笔者看来，这种制度安排本身就很有可能造成错案冤狱的出现。这是他们始料未及的事情。

其次，从中国古典政治理念来看，早在先秦时期就已出现所谓的“民本”与“德治”的思想，而且认为国家的基础在于人民的认可与拥戴；一旦统治阶级失去民众的认可与拥戴，即便“天命”政权也会覆亡，改朝换代。相传“民可以载舟，也可以覆舟”，讲的就是这个道理。另外，对统治当局来说，所谓“修身·齐家·治国·平天下”的说法，必须做到“爱民如子”，故而，官府与民众拟比父母与子女。这些政治话语，尽管读来并非没有亲切感与温情感，但是，在现实政治领域里，官府与民众往往成为相互对立的双方，并且官府对于民众的支配权力甚巨。就司法审判而言，这种官民上下之间悬隔的差距，也就成了错案冤狱产生的一个关键原因。这是因为，官吏拟比父母，而对中国古代伦理准则来讲，天下没有不是的父母；父母惩戒责罚子女，乃是理所当然的权力与职责。与此相反的是，子女只有顺从父母的义务，这是“孝道”所系。这种社会伦理与政治伦理的准则，极易造成官吏的刚愎自用和自以为是；与此同时，也极易导致对民众申辩权利的无端剥夺。

我们只要读读小说的描述，就可见一斑。当刘贵小妾陈氏与崔宁供述事实时，府尹不仅斥为“胡说”，而且还要“大怒”。如此一来，要得案件之真情实况，要使案情之水落石出，也就平白添上一层障碍。加以官吏是大人是老爷，两造是小人是蚁民。官吏甚至还以“苦虫”呼之，俗话所谓“人是苦虫，不打不招”是也。案犯非人耶？官府既以“非人”看待两造，一到公堂必非好人；因此，官司而曰“打”殆非偶然。[1] 再者，官府老爷高高在上把案问，平民百姓跪在堂下来受审。大堂之中，公案之上，而在“明镜高悬”匾额之下，法官大人当然是威风凛凛，而匍匐下跪的小民百姓自然是诚惶诚恐。更有一层，你看那公案之上的“惊堂木”，你看那法堂两边摆着森森可怖的刑具，你看那

[1] 清人程世爵《笑林广记》卷之三《听讼异同》对“打官司”有一很好的解释，文曰，官老爷听讼“无是非，无曲直，曰：‘打而已矣。’无天理，无人情，曰：‘痛打而已矣。’故民不曰‘审官司’，而曰‘打官司’，官司而名之曰‘打’，真不成为官司也”。参见（清）游戏主人、（清）程世爵：《笑林广记》，团结出版社 1996 年版，第 267 页。

手执刑杖两边排开的衙役，你听那一阵一阵叫着的“喝堂威”……如此阵势，小民百姓安得从容诉说？哪能从容对答？[1]在这一法律权力运作的场景中，一种权力的支配与被支配的关系得以形成，国家法律的“威严”得以张扬，小民百姓的“畏服”得以显示。这就难怪有人谴责：

> 你看他把惊堂木一拍，好不惊人！不要等到开口，人已被他吓昏了。[2]
>
> 凡官府坐堂，这些衙役就要大呼小叫的。名叫“喝堂威”，把那犯人吓昏了，就可以胡乱认供了……[3]

当然，对士人和官僚来说，他们不仅可以站着受审，而且官府对他们也是“以礼相待”客客气气的，更是不得施加刑杖的；一旦革去功名和官职，那就照样下跪，照样挨打。

再次，就古典中国的司法制度来考察，对于婚姻田土钱债纠纷，州县官员一般可以自行审结，称为“自理”词讼。对于这类案件，上司衙门一般不会予以干涉，故而审理起来相对随意，乃

[1] 有关的分析，参见徐忠明：《包公杂剧与元代法律文化的初步研究》，载《南京大学法律评论》1996年秋季号、1997年春季号。
[2] （清）李伯元：《活地狱》，上海书店1994年版，第2页。
[3] （清）刘鄂：《老残游记》，齐鲁书社1981年版，第221页。

至置法律于不顾也无伤大雅，[1] 不关考成大计。当然，不服判决的两造，也可继续“上诉”——如果可以把它称为“上诉”的话。对于那些所谓的“命盗重案”的审理，一则法律规定甚是严格，不容轻忽；二则事关地方官吏考成，涉及官吏前途，不可等闲视之。如此规定的好处是显而易见的：一来是加快了案件审理的效率，以免久拖不决；二来是加强了官吏的审判职责，以免出现错案冤狱。但是，如果我们换一个角度来检视，也可从中发现，这样一种制度安排本身，往往也会导致错案冤狱的产生。根本原因在于，一旦官吏只图尽快了事，此乃司法程序的严格要求；再者，一旦官吏为了博取“能干”的美誉，它与考成息息相关，结果，就会导致官吏置两造身家性命于不顾。

---

［1］在谈到清朝的民事审判时，黄宗智先生认为：对那些提交官府解决的民事诉讼案件，州县官吏总是毫不犹豫地按照《大清律例》来判决。参见［美］黄宗智：《民事审判与民间调解：清代的表达与实践》，中国社会科学出版社 1998 年版，第 12~13 页、第 76~107 页。对此问题学界颇有争议，这里不便展开讨论。支持黄宗智意见的观点，参见何勤华：《清代法律渊源考》，载《中国社会科学》2001 年第 2 期；李孝猛：《中国十九世纪基层司法文化研究——以〈汝东判语〉文本为中心》，载朱晓喆主编：《华东法律评论》2003 年第 2 卷，法律出版社 2003 年版，第 271~324 页；反对黄宗智观点的成果，参见［日］滋贺秀三：《清代诉讼制度之民事法源的概括性考察——情、理、法》，载［日］滋贺秀三等：《明清时期的民事审判与民间契约》，王亚新等编译，法律出版社 1998 年版，第 19~96 页；参见［日］滋贺秀三：《清代诉讼制度之法源的考察——作为法源的习惯》，载［日］滋贺秀三等：《明清时期的民事审判与民间契约》，王亚新等编译，法律出版社 1998 年版，第 19~96 页；［日］寺田浩明：《中国清代的民事诉讼与“法之构筑”——以〈淡新档案〉的一个事例作为素材》，载易继明主编：《私法》第 3 辑第 2 卷，北京大学出版社 2004 年版，第 304~326 页；［日］寺田浩明：《关于清代听讼制度所见“自相矛盾”现象的理解》，载易继明主编：《私法》第 4 辑第 2 卷，北京大学出版社 2004 年版，第 431~461 页。对日本学者之间争论的介绍，参见［日］寺田浩明：《日本的清代司法制度研究与对“法”的理解》，载滋贺秀三等：《明清时期的民事审判与民间契约》，王亚新等编译，法律出版社 1998 年版，第 112~138 页。对近来日美两国学者争论的介绍，参见［日］寺田浩明：《清代民事审判：性质及意义——日美两国学者之间的争论》，载《北大法律评论》编委会：《北大法律评论》第 1 卷第 2 辑，法律出版社 1999 年版，第 603~617 页；易平：《日美学者关于清代民事审判制度的争论》，载《中外法学》1999 年第 3 期。

在小说中，刘贵的邻舍跪称知府审案“委是青天”所为，而知府老爷“只图了事”而不顾其他。恰好，由此造成崔宁与陈氏被“错斩”的悲惨结局。尽管刘贵的妻子王氏在发现真凶之后认为当初“问官不肯推详，含糊了事，朦胧偿命”。可是，前任府尹审判此案的结果与他们的推断，恰恰是完全一致的。在笔者看来，就小说描写来说，原审知府未必真的只图“省事”并且“糊涂”不堪。就中国古代司法的制度语境来看，对命盗重案使用拷讯获取两造的自供罪状，也是理所当然的事情；何况古典中国的所谓“法官”并非法律专家，他们乃是辞赋文章的行家里手，而恰好是临民听讼的外行。关键问题就出在这里。当然，在古典中国这样一个社会关系比较简单的社会里，如果这些辞赋文章的专家，在为民父母后如能像清代名幕汪辉祖那样尽心吏事公务，研习法律条例，从关心民瘼的角度来虚心听讼折狱，也能减少错案冤狱的产生。[1] 但是，这是一种很高的为官境界，并非人人肯为。

最后，中国古典法律规定：定罪必须依据众证。[2] 故而，邻舍等干连证人的证词也就至关重要；这桩冤假错案的形成，就是因为这些证词。其实，我们可以一问：有谁看见刘贵被杀？知府大人没问，却相信邻舍的证词。又是谁下手杀死刘贵？府尹老爷也不关心，只是“朦胧”指控“奸夫奸妇谋财害命”。在今天，这些简单的问题，完全可以通过司法检验技术予以解决。比如，检验在杀人凶器上留下的指纹。这样，这桩传诵千年的错案冤狱，也许就此避免。回过头来看，既然这一问题没有解决，知

---

[1] 汪辉祖的有关言论，我们只要读一读他的《佐治药言》《续佐治药言》《学治臆说》《学治续说》《学治说赘》诸书，可见一斑。

[2] 这在《唐律疏议》以来的中国古代法典中均有类似的规定，不予俱引。

府大人何以定罪量刑了呢？一个可能的解释是：在中国古典司法实践中，往往要以得到被告的“自供”口词作为认罪的终极根据。之所以如此，是因为，它是官府判决的“合法”依据和“道德”前提。换句话说，这是罪犯自己对于犯罪事实的“认可”。如此，判决的合理性与正当性也就无可怀疑。通俗地讲，不是官府对被告进行定罪量刑，而是被告对自己犯罪的认可。如此，问题也就成了不是官府冤枉“好人”，而是被告确有罪责，应当受到惩罚。

但问题是：对于没有犯罪的被告来说，他们不予认罪自然没有问题，而对于真正的罪犯来讲，他们往往也会紧咬钢牙，死不认罪。如之奈何？刑讯逼供乃是当然的选择，也是合法的选择。小说写道：

> 府尹大怒喝道：“你这等顽皮赖骨，不打如何肯招？”当下众人将崔宁与小娘子，死去活来，拷打一顿。那边王老员外与女儿并一干邻佑人等，口口声声咬他二人。府尹也巴不得了结这段公案。拷讯一回，可怜崔宁和小娘子，受刑不过，只得屈招了……

诚所谓“任你铜浇兼铁铸，管教磨骨与扬灰”，[1] 即指此，而所谓“不招不成，只好招了再说”，[2] 也是由此造成。当然，偶尔也会撞到死不认罪的“硬汉”。

[1]（清）李伯元：《活地狱》，上海书店1994年版，第69页。
[2] 李敖《招了再说》是一篇很有意思的批判文字，值得一读。参见李敖：《中国性命研究》，中国友谊出版公司1993年版，第369～372页。

榜掠之下，对于没有犯罪的被告虽然可能侥幸不死，可是，拷讯的痛楚比诸刑罚并不好受。而对于真正的罪犯，一旦死不认罪却有可能逃脱刑罚的制裁。钱锺书先生《管锥编》摘引古罗马修辞学著作的所谓“严刑之下，能忍痛者不吐实，而不能忍痛者吐不实”。[1] 正是指此。无论古今，这都是一个可悲的结局。不过，笔者也常常如此作想：假如从来就没有刑讯逼供这种制度安排，那么在中国古典社会（其他国家亦然）里，案件将会如何审理？如果中国古人真的一味根据所谓“与其杀不辜，宁失不经”[2] 的信条来审理案件，就古典中国社会的刑事侦查技术而言，恐怕“漏网之鱼”一定不少。进而，假如“漏网之鱼”确实很多，那么“杀人者死，伤人及盗抵罪”[3] 的“自然正义”原则又将怎样实现？在中国古人眼里，这也是至关重要的原则与信仰，也可以说是法律的核心价值。因为，在中国古人看来，错案冤狱虽有可能导致“天谴”与“人怨”的后果，然而“杀人者不死”与“伤人者不刑”，同样也会造成“冤抑”不得平息的结果。这是一个悖论，一种无奈。故而，在古典中国的司法技术手段下，刑讯逼供是否也有某种“合理性”与“正当性”呢？据此，我们在对中国古代法律制度进行挑剔和批判的同时，恐怕也

[1] 钱锺书：《管锥编》（第一册），中华书局 1986 年版，第 333 页。

[2] 有的学者认为，这条原则早在夏朝已经有了。参见张晋藩主编：《中国法制史》，群众出版社 1991 年版，第 49 页。

[3] （汉）司马迁：《史记·高祖本纪》第二册卷八，中华书局 1998 年版，第 362 页。

应看到当时司法技术手段的固有限制。[1] 尽管南宋已有宋慈《洗冤集录》这样精详的刑事检验手册，但它毕竟是农业社会技术和检验的积累。而这一点，往往被人们所忽略。需要声明的是，笔者不是要为古典中国的刑讯逼供制度进行什么辩护，只是提出一种可能的解释视角。

上述四点，是笔者对于崔宁被“错斩”原因的简单分析与解释。笔者以为，这一分析与解释同样可以推及中国古代的其他错案冤狱。当然，笔者希望通过这一分析达到以下两个目的：其一，挖掘中国法律史的史料；其二，丰富人们思考中国法律史的方法。

---

[1] 例如，《包公案》卷一《咬舌扣喉》记有一桩“强奸杀人”公事（《包公案》，冯不异校点，宝文堂书店出版1985年版，第16~22页）。这个案件告到官府之后，小说写道“当时，知县即行相验。只见那妇人尸，喉管血凝，口中血出，阴户流精”。在案发当时，并不知道谁是杀人凶手；但是，由于死者陈氏的家仆程二的妻子春香与张茂七通奸，左邻右舍遂指控张茂七奸杀陈氏；而真正的凶手是死者丈夫吕如芳的朋友朱弘史，是包公在“发梦”的时候死者陈氏的冤魂“告状”，从而发现的。显然，如果根据现代的刑事侦查技术，只要检验一下死者阴户的精液与口中的舌头，完全可以排除嫌疑犯张茂七，尽管真正的凶手并非能够及时抓获归案。可在那时，人们却认为：“老爷是青天，既一事真，百事也是真了。”正是在此“想当然”的联想判断之下，冤案发生了。这样的故事，在中国古代司法实践与有关文学描写中是非常普遍的，值得认真思考和研究。由此可见，对于诸如此类的强奸杀人公事，官府不能不及时拘捕、及时审理；然而，又因为缺乏相应的侦查技术手段，只好凭借人们习以为常的思维方式解决问题。这与中国古代这样一种“熟人”社会结构相关，因为在这种社会里，一旦案件发生，人们首先在左邻右舍的“熟人”中寻找疑犯。而在种种迹象表明有“可能”作案时，这种“想当然”的思维方式就发挥作用了；加上拷讯逼供，错案冤狱往往容易发生。也有学者提及科学技术与刑讯逼供之间的关联问题，其中认为“反映了传统社会司法黑暗的刑讯逼供或冤屈事件，实际上更多是在一个科学技术不发达的时代很容易发生的一种悲剧”。参见苏力：《法律与科技问题法理学重构》，载《中国社会科学》1999年第5期。

犯罪与刑罚：包公故事的法律文化解读*

一般来讲，法律作为一种调整社会关系的行为准则，它的分类逻辑与社会关系的逻辑之间，有非常密切的联系。据笔者看来，最为理想的法典编撰思路，当然是与社会关系的逻辑保持协调一致。譬如从近代以来欧洲大陆法系来考察，法律有公法与私法；公法又有宪法、刑法、行政法、诉讼法等，私法也有民法、商法之类的区别；其中，每一个部门法还要根据调整的社会关系的主次轻重加以分门别类的编纂，就是这一思路的经典模式。就中国古代而言，从李悝编撰《法经》以降，[1] 虽然法典（律典）的编撰往往以“王者之政”为基点；但是，同样体现了根据调整的社会关系的主次轻重进行分类的特点，以《唐律》为例，这一特点非常鲜明。[2] 明清律典按照“吏·户·礼·兵·刑·工”的国家权力结构的编撰方法，充分体现了法律实现帝国“管理”

---

* 原载《现代法学》2002 年第 3 期，原文题为《解读包公故事中的罪与罚》。

[1] 夏商周三代的法典结构，根据现存的一鳞半爪的资料记载，它们是按照刑罚轻重节次编纂而成的。所谓“五刑之属三千”云云，不外是根据“五刑”之轻重编辑相应的案例和条文而已。

[2] 笔者认为，《唐律》乃是按照帝国的“政治·社会”的结构编撰而成的律典。譬如，卫禁、职制、户婚这样的编排秩序，非常典型地勾勒了帝国的政治结构和社会基础。有关的分析，参见徐忠明：《唐朝法律的特点及其历史地位》，载陈鹏生主编：《中国法制通史》第四卷《隋唐》，法律出版社 1999 年版，第 693~701 页。

和“惩罚”的思想特点；与此同时，也反映出“皇帝→官僚→百姓”与“礼仪→攘外→安内”的帝国治理模式。这一治理模式背后蕴含的治理技术，就是如何运用“罪与罚”，此乃中国古代一以贯之的传统。

那么，司法判牍的编撰情形如何呢？由于手头资料缺乏，本文仅凭寓目过的若干材料略做推测。就司法判牍文书的编撰来看，根据不同的需要，判牍汇编涉及的法律问题，当然也会有所不同。唐代张鷟《龙筋凤髓判》乃是按照官僚体制的结构编排的判牍汇编，它的视角着眼于政治上层，判牍内容也基本上局限于行政事务以及相关违法案件。[1] 白居易“百道（甲乙）判”[2] 的结构不甚清楚，它所涉及的社会问题与法律问题似乎要比《龙筋凤髓判》更广泛一些。南宋《名公书判清明集》乃是以民事（户婚）案件为主体的判词汇编，与《宋刑统》的结构也颇为相似。[3] 清代祝庆祺、鲍书芸、潘文舫和徐谏荃等人编撰的《刑案汇览》正续三编，则是以刑事案件为基本内容，它们的编撰体例与《大清律例》的分类基本对应，只是由于某些案件没有发生或者不甚重要而有所省略。[4] 有些收入官员“文集”的判牍汇编，往往涉及各色各样的案件。值得注意的是，一部搜罗各种案件的判牍汇编，总是按照案件涉及的社会关系或者犯罪轻重进行

---

[1] 参见（唐）张鷟：《龙筋凤髓判校注》，田涛、郭成伟校注，中国政法大学出版社 1996 年版。

[2] 参见（唐）白居易：《白居易集》卷四十九、卷五十，岳麓书社 1992 年版，第 733～769 页。

[3] 参见《名公书判清明集》，中华书局 1987 年版。

[4] 参见［美］布迪、莫里斯：《中华帝国的法律》，朱勇译，江苏人民出版社 1993 年版，第 141～147 页。

编排;[1] 当然，也有一些根据其他方式予以编撰的判牍。[2] 然而，这些判牍的编撰方法是否也有规律可寻呢？一则由于资料所限，一则因为尚未进行专门研究，目前难以回答。但是阅读这些判牍，我们可以发现，贯穿其中的不外乎是“罪与罚”的基本精神。

一、包公断狱故事概况

顺着上面的分析思路，我们勾勒一下包公故事的编集方式和案件分布的大体情形。先说明代公案小说专集，它们主要用两种方法来编撰：一是按照案件性质加以分类排列；二是根据回目或者卷次予以编集。[3] 从包公故事来看，乃是按照回目和卷次进行编撰的法律故事。采取这种编纂方式，可能是为了增强案件的故事性和可读性。因为，如果按照“人命·奸情·盗贼·争

[1] 明代李新《折狱新语》（吉林人民出版社 1989 年版）就是根据社会关系与案件轻重编辑而成。

[2] 明代颜俊彦《盟水斋存牍》（中国政法大学出版社 2002 年版）是按照公牍文书进行编排，而明代张肯堂《罃辞》（明崇祯年间原刊本，载屈万里主编：《明代史籍汇刊》，台北，学生书局 1970 年影印版，感谢童光政教授提供这份资料）乃是根据涉案人犯姓名加以编撰。

[3] 根据案件性质分类的有：（1）余象斗《廉明公案》（群众出版社 1999 年版）；（2）余象斗《诸司公案》（载古本小说集成委员会编：《古本小说集成》，上海古籍出版社 1994 年版）；（3）吴迁《新民公案》（时代文艺出版社 2003 年版）；（4）葛天民《明镜公案》（载《古本小说集成》第 4 辑第 20 册）；（5）宁静子《详刑公案》（载《古本小说集成》第 1 辑第 66 册）；（6）陈玉秀《律条公案》（载《古本小说集成》第 4 辑第 21 册）；（7）佚名《详情公案》（载《古本小说集成》第 4 辑第 20 册）。按照回目或者卷次编集的有：（1）安遇时《百家公案》（群众出版社 1999 年版）；（2）李春芳《海刚峰先生居官公案》（载《古本小说集成》第 3 辑第 18 册），（3）佚名《神明公案》（载《古本小说集成》第 5 辑第 2 册）；（4）佚名《龙图公案》（群众出版社 1999 年版）。这是笔者所见到的明代公案小说专集的编撰情况，清虚子《名公案断法林灼见》没有见到。实际上，这些作品已经基本囊括流传至今的明代公案小说专集。

占……”这样的方式编撰，似乎公牍习气太过浓厚。譬如，余象斗《廉明公案》即是一例。根据学者统计，全书105个故事，其中64个故事属于毫无情节可言的状词、诉词、判词的汇编，占了全书的60%有多。[1] 再如，李春芳《海刚峰公案》也是如此。当然，是否具有故事性与可读性，并不是完全取决于这种编撰形式，更为重要的是作者的写作意图和文学能力。另外，尽管公案小说专集也有少量民事纠纷的故事，然而主体部分还是刑事案件。再讲包公断狱故事，其中涉及的法律问题似乎更加单一，几乎全是刑事案件。明代公案小说专集固不例外，即便其他包公断狱故事的作品——诸如话本、戏曲、说唱词话、中篇小说、长篇公案侠义小说，亦是如此。为了证明这一事实，笔者对本部分涉及的包公断狱故事做了初步统计（见表1）。[2]

---

[1] 参见陈大康：《明代小说史》，上海文艺出版社2000年版，第397页。

[2] 需要说明的是：其一，说唱词话《包待制出身传》有一故事与《百家公案》第81回基本相同；另外《包待制陈州粜米记》先后写了4个案件，加上其他6个故事涉及的案件，共计11例。其二，如果从故事完整性的角度来看，《百家公案》并无“百家”可言，譬如，第80~81回，第93~94回就不完整；如果从案件独立性的角度来看，把它们分开叙述，有时勉强可行，第80~81回可以视为两个案件；而有时却不妥，第93~94回如果分开叙述，第93回也就不能当作公案故事，而且与包公毫无关系。进而，就回目“断潘秀误害花羞”而言，根本就是文不对题。再者，既然“误害”人命，惩罚也就必不可少；第94回“潘秀免罪放回宁家”里的所谓“免罪”，究竟是有罪而“免”抑或是原本就无罪呢？并不十分清楚。如果因奸情而致死人命，一免了之，可乎！当然，这一情节，可能是受到了话本《闹樊楼多情周胜仙》结局的影响。参见程毅中辑注：《宋元小说家话本集》（下），齐鲁书社2000年版，第800页。文曰：“薛孔目醒来大惊，改拟范二郎打鬼，与人命不同，事属怪异，宜迳行释放。包大尹看了，都依拟。”然而在话本里，范二郎与周胜仙尽管相互爱慕，但是并无奸情。在《百家公案》中，潘秀与花羞已有交欢之事。其三，在重复的故事里，有些完全相同，有些属于相似，在此无法一一比较分析，似乎也无这个必要。鉴于这些情况，在此只能说是一个初步的统计。总体而言，上表所列，还是可以接受的统计数字。

表 1　包公故事统计

单位：个

话本	戏曲	说唱	百家	龙图	五鼠	清风	万花	五虎	三侠	总数	重复	剩余
3	23	11	100	100	1	4	4	5	20	271	86	185

需要说明的是：表 1 中的话本是指宋代话本，戏曲包括元明清的杂剧、南戏、传奇和京剧，百家、龙图、五鼠、清风、万花、五虎和三侠都是相应小说名称的简称。

进而，本部分根据下面的统计原则：首先，剔除话本、戏曲、说唱词话、小说专集重复出现的案件故事；其次，剔除描述灵怪和阴司这类近乎荒诞的案件故事；[1] 最后，以《百家公案》为中心，如果与《百家公案》没有重复的话，补充《龙图公案》和其他包公故事，不再考虑故事出现的时间先后。这一统计结果，令笔者感到非常惊讶：第一，刑事案件共有 148 例，刚好占 80%。第二，纯粹的民事案件 5 例，仅占 3%不到。[2] 兹将有关刑事案件的详情统计如下，民事案件暂时不予讨论（见表 2、表 3 和表 4）。

---

[1] 如果我们换一角度考虑问题，那么，这些故事也是一种民间文化心理与民间宗教意识的反映。只是，从法律文化的角度来看，把它们看作断狱故事，可能不太合适。在讨论其他问题时，本部分还会涉及这些故事。

[2] 比较难以归类的是《合同文字》，单就“名称”来看，似乎属于民事案件；但是，仔细考究起来，依然属于刑事案件。譬如，描写这一故事最早的话本这样写道，李社长对安住说：“孩儿，明日去开封府包府尹处告理被晚伯母、亲伯父打伤事。”参见程毅中辑注：《宋元小说家话本集》（上），齐鲁书社 2000 年版，第 348 页。由此可见，它是以“伤害”名义告状的案件。元代杂剧延续这一套路，然而有一情节不同，就是伯母骗取了安住的合同文字，所以告状的原因多了一个：“谁打破你头来?”与“谁拿了你的合同文书来”？吴白匋主编：《古代包公戏选》，黄山书社 1994 年版，第 257 页。《百家公案》第二十七回“判刘氏合同文字”也只说伯父“依了妻言，手拿块砖，将安住打破了头，重伤出血，倒于地上”。李社长对安住说：“明日去开封府包公处告理，被晚伯母、新（忠明按：当为“亲”字）伯父打伤事情。”（明）安遇时编集：《百家公案》，石雷校点，群众出版社 1999 年版，第 82 ~ 83 页。这一讲法与话本相同，也是以“伤害”名义告状的案件。

表 2 《百家公案》中的犯罪与刑罚

编号	回次	犯罪人与行为	被害人与后果	罪名	刑罚
1	5	参政夺妻行贿；右丞专权受贿	妓妪女儿自缢，庠生悲痛而死	人命	参政死刑，儿子充军；右丞罢职
2	6	富商嫡妻毒酒杀人	妾和二子死亡	杀人	凌迟
3	8	奸夫误杀奸妇	富家庠生之妻死亡	杀人	死刑
4	9	奸夫盗窃奸妇之夫银子	中产商人	通奸盗窃	男两罪俱罚，杖一百，徒三年，追回银子；女去衣受杖，与夫判合
5	10	庠生骗奸	庠生妻子自缢	人命	死刑
6	11	某男盗窃客商布匹	弃儒就贾	盗窃	充军，布匹追回
7	15	某男骗骡	富裕地主和仆人	诈骗	杖七十，骡追回；仆人处事不当，量情责罚
8	16	两名男子劫财	富商	抢劫	捆打斩首，财产追回
9	18	八旬老人与族房寡妇通奸		通奸	各杖一百，放回
10	19	两名光棍诈骗谷子	富人	诈骗	摆站五年，追回谷子
11	20	和尚骗婚	女子自缢	人命	凌迟，家产没官
12	21	樵夫兄弟谋财杀人	布商	杀人	斩首示众

续表

编号	回次	犯罪人与行为	被害人与后果	罪名	刑罚
13	22	书生图奸杀人	秀才妻子和丫头	杀人	绞刑，为妻子立牌坊
14	23	学吏谋财杀人	官宦的财物和丫头	杀人	拷打斩首，审官配流
15	24	知县停妻与尚书女儿结婚	知县原配妻子	停妻	充军，原配与知县复婚
16	25	举人与王婆合谋骗婚	监生与妻子	骗婚	举人充军，王婆斩首
17	26	状元停妻，派遣手下杀妻	妻子死而复活	杀人	免死充军，手下充军
18	27	农民骗取合同，伤人	侄子	伤害	免责，侄子孝义加封县尹
19	28	富人谋财占妻杀人未遂	解当富商子媳	杀人	斩首，妻子充军，财物追回，家产充赏
20	30	提刑夫人打死小妾	原为妓女	杀人	折徒二千贯，提刑留任
21	32	商人兄弟二人谋财杀人	商人	杀人	斩首，银子归官
22	34	两名酒务官吏不法贪赃	瀛州百姓	贪污	一人罢职，一人杖杀
23	36	艄公通奸、劫财杀死奸妇	富商与妻子	杀人	斩刑，无辜和尚放还
24	37	仕宦妻子杀人	继子	杀人	徒刑

续表

编号	回次	犯罪人与行为	被害人与后果	罪名	刑罚
25	38	商人谋财杀人	商人侥倖活命	杀人	远恶州郡充军
26	39	商人妻子和奸夫谋杀亲夫	商人侥倖活命	杀人	奸妇斩首；奸夫臀杖一百，配二千里
27	42	三名屠夫抢劫伤人	富农媳妇	抢劫	斩刑，首饰给还
28	45	两名和尚强奸未遂	狱卒女儿因而自杀	人命	斩首，同寺和尚充军
29	46	四名布商谋财杀人	布商	杀人	首犯处决，从犯充军
30	47	都监儿子杀人逼婚	书生	杀人	儿子刑讯致死，都监罢职，从犯厨子充军
31	48	皇亲夺妻杀人	织造工匠满门	杀人	斩刑
32	49	国舅夺妻杀人	秀才和妻子	杀人	一个斩刑，一个赦免
33	50	家仆与艄公劫财谋杀主人	富家子弟	杀人	艄公斩刑，追回财物
34	52	主母与家仆通奸谋杀夫主	富家子弟	杀人	斩刑
35	53	屠夫谋杀丈夫，骗婚妻子	屠夫与妻子	杀人	斩首；旌表妻子为义妇
36	54	甲官贿赂御史，意图处死与女儿私奔的乙官儿子	乙官儿子	受财枉法	御史罢职，甲官罚钞五千缗，男女成婚

续表

编号	回次	犯罪人与行为	被害人与后果	罪名	刑罚
37	55	盐商叔侄三人谋财杀人	盐商	杀人	偿命，赃银一半赏给告人
38	56	和尚骗婚	富人妻子	骗婚	决杖远配，妻子断归娘家
39	57	富人贿赂按抚，要求处死与未婚儿媳私通的男子	官宦儿子下狱，富家儿媳自缢复活	受财枉法	富人罚钞五百缗，按抚罢职，男女成婚
40	59	长者义子冒功成为驸马，残害义弟	长者儿子	冒功残害	死刑，儿子授职县尉，长者修起义坊旌表
41	60	贫人劫财杀人	富人	杀人	偿命，财产给还富人妻子
42	61	窃贼杀人，死者侄子诬告	农家媳妇，公公	杀人	窃贼斩罪，侄子决杖
43	62	书生与姑娘私会	书生自尽	人命	救活书生，与姑娘判合
44	63	牙侩谋财害命	和尚	杀人	远戍充军，追回家财千贯
45	64	牙侩与奸妇谋杀亲夫	富农侥倖活命	杀人	死刑
46	65	富人争财，诬告堂兄杀人	堂兄也是富人	诬告	杖一百充军，审官罢职
47	66	府吏调奸杀人	富人妻子	杀人	府吏死刑，另一奸妇决配

续表

编号	回次	犯罪人与行为	被害人与后果	罪名	刑罚
48	67	甲仆杀人，乙某诬告主母	富家仆人，主母	杀人	甲仆死刑，乙某充军
49	68	客商谋杀女甲，劫掠女乙；女乙兄长诬告小叔强奸女乙；审官盗尸作证	女甲，富人妻子女乙和弟弟	杀人掠人诬告	两名客商死刑；审官罢职；盗尸作证的审官处死，女乙兄长决配
50	69	书生甲贿赂胥吏陷害书生乙，官宦子弟谋杀书生乙	书生乙死亡，乙妻自缢被救	陷害杀人	书生甲决配远方充军，官宦子弟处死
51	70	家仆诬告主人杀人	富人	诬告	决配远恶充军
52	71	贫人兄弟衔恨杀人	富人养子	杀人	死刑
53	72	茶房和渡夫兄弟敲诈	包公和随从	敲诈	茶房刺配，渡夫酷刑处死
54	73	皇亲粜米贪污、私酒索骗	陈州百姓	贪污	斩首
55	74	太监代表太后贿赂御史	皇帝	受贿	御史和太监斩首
56	75	刘妃和太监合谋陷害李妃，谋杀太子	李妃和太子（皇帝）	宫廷政治	刘妃（太后）绞刑，太监锅烹
57	76	通奸谋杀亲夫	丈夫	杀人	奸妇斩刑，奸夫充军
58	77	通奸谋杀亲夫	丈夫	杀人	死刑
59	78	屠夫劫财杀人；富人诬告未婚女婿，贿赂府尹谋害	死者丫头，未婚女婿	杀人受贿	屠夫斩刑，府尹决配三千里，男女成婚

续表

编号	回次	犯罪人与行为	被害人与后果	罪名	刑罚
60	79	一名男子杀人	身份不明	杀人	斩首
61	81	转运受贿	其他官吏	受贿	罢职
62	82	包公儿子贪污	百姓	贪污	包公自劾，皇帝免罪
63	83	偏妃僭用皇后仪仗		礼仪	罚黄金百两
64	84	庄人诬人盗牛，吊打他们	包公和随从	诬陷	充军
65	85	衙内强抢民女和其他恶行	民女和他人	奸占	衙内斩刑，知县杖责罢职
66	87	陶工兄弟谋财杀人	富商	杀人	斩刑，银子追回
67	90	推官夫人打死小妾	原为官妓	杀人	杖一百，发配同州路
68	91	农民盗割牛舌	牛主，耕牛	伤牛	枷号一月
69	92	势要强抢人妻，三度杀人	士人，他人	杀人	斩首
70	94	仆人发冢致死主人女儿	富家女儿被误杀	发冢	仆人斩首
71	96	客店主人谋杀客人	客人	杀人	处死
72	97	教师过失杀人	侍童	杀人	死刑
73	98	团练夫人虐待小妾	小妾自缢而死	人命	编管，团练罚铜钱五百贯

注：（1）灵怪案件不予统计；

（2）有些案件涉及诬告，由于没有作出处罚，也不统计。

表 3　《龙图公案》中的犯罪与刑罚

编号	篇序	犯罪人与行为	被害人与后果	罪名	刑罚
1	1	秀才通奸，和尚强奸杀人	屠夫女儿	杀人	和尚死刑，秀才免罚
2	2	和尚拐骗强奸，杀人未遂	秀才妻子和秀才	杀人	枭首，寺庙僧人充军
3	3	道士强奸，媳妇父亲诬告	富人媳妇自杀	人命	填命，父亲诬告死罪之刑
4	4	尚书公子强奸杀人，死者女仆与邻居通奸	秀才妻子	杀人通奸	公子死刑，奸夫淫妇流刑
5	7	两名艄公劫财杀人，经纪介绍店主收买赃物	举人主仆	杀人	枭首，店主和经纪决配
6	8	商人打骂小妾，店主妻子与棍徒通奸逃走，妻子父亲诬告店主	小妾自杀，店主被告下狱	杀人通奸诬告	妻子当官嫁卖，棍徒徒刑，父亲反坐诬告
7	9	两名船户劫财杀人	仆人死，商人活	杀人	斩首，赃物追回
8	10	渡子劫财杀人	商人	杀人	填命，家产没官
9	27	丈夫叫三人去调戏妻子	其中一人被杀，妻子自刎	人命	丈夫斩刑，其余二人杖责三十，妻子旌奖贞烈
10	28	商人通奸，官宦杀人灭口	官宦妻子和丫鬟	杀人	商人死刑，官宦罢职不叙
11	31	和尚调戏杀人	富人妻子	杀人	斩首

续表

编号	篇序	犯罪人与行为	被害人与后果	罪名	刑罚
12	55	光棍强夺他人雨伞	男子	夺财	责打十板，赔偿银子一钱
13	69	艄公劫财杀人	商人	杀人	死刑
14	70	五名惯贼盗窃银子	缎商	盗窃	责打三十，徒三年
15	79	嫂诬婶与夫通奸	婶自缢，夫死罪	人命	嫂死刑，夫释放
16	80	翁与媳通奸，误奸女儿	女儿自缢	人命	翁自缢，媳死刑
17	81	惯贼劫财杀人，死者表兄诬告牙人谋害	布商，牙人	杀人	没提处罚，惯贼妻子嫁卖，表兄诬告免拟
18	82	惯贼兄弟二人劫财杀人	两名商人	杀人	死刑
19	83	富家子弟纠集二人轮奸妇女	商人妻子	轮奸	三人死刑
20	84	某人骗奸骗银	女子自缢	人命	拷讯致死
21	85	两名漆匠与裁缝妻媳通奸，杀害裁缝(属于谋杀亲夫)	裁缝	通奸杀人	漆匠斩刑，妻凌迟，媳绞刑
22	86	三个和尚拐骗两个女子，谋杀生员	女子获救，生员逃脱	拐骗谋杀	和尚重责，两个配给生员
23	87	光棍争占他人妻子	一对夫妻	争占	重责四十，塞外充军
24	88	仆人盗鹅	鹅主	盗窃	仆人重责二十

续表

编号	篇序	犯罪人与行为	被害人与后果	罪名	刑罚
25	89	三个和尚杀人，拐骗妇女	妇女、丈夫、婆婆	杀人	不提处罚，妇女送还娘家
26	90	三个和尚杀人，拐骗妇女	妇女、父母	杀人	枭首，妇女送还原籍
27	91	强盗五十余人明火抢劫	富户	抢劫	死刑，赃物给还原主
28	92	屠夫杀人	富家子弟	杀人	死刑
29	95	土豪先后两次栽赃诬告盗窃	青年男子	诬告	先杖责二十，后反坐徒刑
30	96	一女通奸逃往，女翁诬告	其中的一个奸夫	奸拐	女嫁卖，翁罚赎，奸夫徒
31	97	官宦子弟劫财杀人	石匠亲戚	杀人	死刑
32	98	两名光棍强奸女子未遂，诬告女子卖奸脱骗银子	一对夫妻	强奸	光棍死刑，知县断狱失错罚俸，女子旌奖
33	100	和尚强奸妻子，谋杀丈夫	妻自缢，夫逃脱	人命	枭首，其他和尚杖刑还俗

注：与《百家公案》相同的案件，灵怪案件，案件涉及诬告但是没有处罚的案件，不予统计。

表 4　其他包公故事中的犯罪与刑罚

编号	出处	犯罪人与行为	被害人与后果	罪名	刑罚
1	话	奸夫淫妇谋杀亲夫	押司	杀人	死刑

续表

编号	出处	犯罪人与行为	被害人与后果	罪名	刑罚
2	杂	兄弟三人为父复仇杀人	兄弟父亲，皇亲	杀人	免罚，旌奖三人和母亲
3	杂	势要强抢民妻	银匠妻，孔目妻	霸妻	斩首，两家团圆
4	杂	权豪霸妻，杀人，夺宝	秀才夫妻，姆姆	杀人	斩首，被害之人各有旌奖
5	杂	权豪赈济贪污，打死平民	平民	杀人	枭首
6	杂	财主妻子与府衙令史通奸，谋杀亲夫，霸产，诬告；知府贪赃枉法	丈夫财主死亡，小妾	通奸杀人受贿	奸夫淫妇凌迟，家产付与财主之妾和子；知府革职；证人配流，公人充军
7	杂	虞侯杀人，小二致死人命	奸妇之夫，女子	杀人	死刑
8	杂	婶婶勒死侄子，县官错判	侄子，侄子之母亲	杀人	死刑，县官杖一百罢职
9	杂	义弟杀义嫂	义兄之妻	杀人	凌迟，后来可能平反
10	杂	势要杀夫霸妻	秀才一家三口	杀人	死刑
11	南	淫妇奸夫杀人，反诬丈夫	丫鬟，屠夫小叔	杀人	凌迟
12	传	宰相逼婚，女儿虐待状元夫人，仆人挑唆	状元夫妇	逼婚伤害	宰相罢职，女儿罚作奴婢，仆人斩刑

续表

编号	出处	犯罪人与行为	被害人与后果	罪名	刑罚
13	京	权相陷害大臣，追杀家小	御史父子，侍郎	政治	权相自缢，权相儿子枭首
14	京	妃子与太监和兄长谋害皇后，诬陷国舅行刺皇帝	皇后，国舅父子	宫廷纠纷	太监和兄长凌迟，妃子死于冤鬼，国舅等人升赏
15	京	屠夫杀人劫财，死者父亲诬告未婚女婿	女儿和女婿，两人复活	杀人	屠夫死刑
16	京	猎户劫财杀人，林主剥衣移尸免祸，樵夫杀驴卖肉	商人，猎户之妻	杀人	猎户死刑，林主和樵夫免罚，樵夫女儿救父旌奖
17	唱	店主杀人盗宝	秀才复活	杀人	店主满门抄斩
18	清	伙计劫财杀人，强奸杀人	木商夫妇	杀人	枭首
19	万	有人争斗误杀人命	尚书之女婿	杀人	免责
20	万	王爷企图行刺	尚书	杀人	免责
21	万	备守妻子报复诬告边将非法杀夫，兄长御史贿赂太师	边塞将领	诬告	妻子戮尸，御史和调查官吏斩首，边将免议
22	将	王爷杀死西夏刺客	王爷	杀人	无罪
23	将	王爷语言冲撞皇帝	皇帝	欺君	斩刑，因功减为三年徒刑

续表

编号	出处	犯罪人与行为	被害人与后果	罪名	刑罚
24	将	太师私通西夏，又与尚书等人陷害王爷	皇帝，王爷	谋叛	太师枭首，尚书斩首，太师女儿妃子绞刑
25	将	总兵陷害王爷，弃城投敌	皇帝，王爷	谋叛	总兵碎剐，妻子斩首
26	侠	木匠劫财杀人	和尚	杀人	没有提及处罚
27	侠	甲女与甲男通奸谋杀亲夫，甲男妻子与乙男通奸	甲女丈夫	杀人 通奸	甲女凌迟，甲男斩刑；甲男妻子官卖，乙男杖责
28	侠	货郎妻子通奸谋杀亲夫	丈夫	杀人	妻子凌迟，奸夫斩刑
29	侠	管家谋杀表弟，长工谋杀堂弟，屠夫谋杀他人丫鬟	表弟，堂弟，丫鬟	杀人	三人斩刑
30	侠	道士贿赂母亲与甲女通奸，母亲又将乙女调包嫁给某男	某男	通奸 悔婚	母亲和甲女发付教坊司，道士充军，赃银偿还某男
31	侠	权豪杀夫抢妻	夫妇复活	杀人	死刑
32	侠	夫妇谋财杀人	死者复活	杀人	夫死刑，妻绞监候
33	侠	太监复仇谋杀未遂	太监	谋杀	没有提及刑罚
34	侠	太守贿赂太师	皇帝	贿赂	没有提及刑罚
35	侠	某男帮打，误杀人命	权豪强抢民女	误杀	误伤人命，抵命

续表

编号	出处	犯罪人与行为	被害人与后果	罪名	刑罚
36	侠	某男冒充包公侄子沿途勒索	知县	诈骗	死刑
37	侠	恶霸杀人，强抢民女	百姓	杀人	按律拟刑，没有提及刑罚
38	侠	某甲报复绑架	包公侄子	绑架	首犯死刑，其余绞监候
39	侠	某甲杀人，奸淫妇女	百姓	杀人	斩刑
40	侠	宫廷总管盗窃皇冠，依附反王，儿子强抢民女	皇帝，百姓	谋反	二人死刑
41	侠	水贼杀人未遂	太守和他人	杀人	首犯死刑，从犯充军

注：（1）与《百家公案》和《龙图公案》完全重复的故事，不予统计。

（2）出处栏目中的“话”是指话本，“杂”是指杂剧，“南”是指南戏，“传”是指传奇，“京”是指京剧，“唱”是指成化说唱词话，“清”是指《清风闸》中的故事，“万”是指《万花楼》中的故事，“将”是指《五虎将》中的故事，“侠”是指《三侠五义》中的故事。

（3）有些案情特别复杂的故事，在这里只取核心内容。

由此可见，包公听讼断狱故事，突出的也是“罪与罚”的价值取向。正是基于这一原因，本部分在讨论包公故事中的法律问题时，标举“罪与罚”这个题目。除此之外，这一安排也有先“实体法”后“程序法”的技术考虑。值得我们思考的是：在现实社会生活中，纠纷无论如何不会出现民事纠纷与刑事犯罪之间比例如此悬殊的情形。[1] 那么，何以包公故事特别强调“罪与罚”这一主题呢？笔者的初步意见是：其一，在中国古代这样一个泛刑或者惩罚社会里，许多现代法律文化看来属于民事纠纷的案件，往往被当作刑事案件来看待和处理。这不仅是一个法律规定的事实问题，而且也是一个法律规定背后蕴藏的思想观念问题。其二，尽管民事纠纷的数量事实上并不少，可是它们作为州县自理案件，每每难以引起人们的关注，也就是说它们的吸引力和可读性不强。凡此两点，都与中国古代法律文化有关。其三，包公故事毕竟是文学作品，并且宋元以降渐次通过商业渠道得以广泛传播，因此如何激发读者的阅读（消费）兴趣，乃是作者和书商必须充分考虑的问题。据此，相对而言，刑事犯罪比诸鸡零狗碎的民事细故，显然来得更为刺激，来得更有读者。就本部分研究的角度来看，或许更为重要。事实上，描述清官为民请命和揭露司法腐败的故事，虽然不无社会批判和民众抗议的旨趣，但是作为一种写作策略，也是不可忽略的因素。其四，有些故事的最终结局尽管是暴力杀人等，然而起因却是民事纠纷——诸如口角、婚姻和债权债务纠纷。用现在的法律术语来说，就是“民转刑”的案件。

二、刑事案件的类型

表 2、表 3、表 4 中所列“罪名”栏目显示，所有这些刑事犯

[1] 这方面的统计数字很少，而笔者本人眼下也无时间、精力进行资料调查和整理统计。黄宗智在分析清代民事审判时指出：“档案资料显示，民事案件事实上占了州县法庭承办案件的三分之一。”黄宗智：《民事审判与民间调解：清代的表达与实践》，中国社会科学出版社 1998 年版，第 11 页。虽然这一数字讲的是清代的情况，对于宋元明三朝的司法实践也许并不完全适用，但是笔者还是认为，这个数字不无参考价值。

罪，涉及“杀人”（包括谋杀未遂）案件的有86例，涉及“人命”（自杀）案件的有12例，共计98例；占了总数的66%以上。涉及财产案件：谋财害命28例，贪污受贿12例，谋占家产4例，盗窃4例，[1] 诈骗4例，抢劫3例；[2] 总共55例，占了总

[1] 需要解释一下的是，在盗窃案件里，本部分将《龙图公案》卷九“青粪”一案也罗列其中。然而，这个案件究竟是否构成盗窃罪？值得分析。本案盗窃之财物是一只鹅，价值甚微。按照现代法律规定，盗窃数额没有达到一定标准的行为，并不构成盗窃罪，而仅仅是盗窃行为。那么，在中国古代法律语境里，究竟应该如何认定呢？我们知道，在“秦简”中，如果盗采他人桑叶价值不满一钱，处以“罚徭三旬”的刑罚。参见《睡虎地秦墓竹简》，文物出版社1978年版，第154页。秦代法律如此规定，可能是秉承法家“重刑轻罪”思想的一个结果，也是为了实现制裁“盗心”之目的。譬如，董说《七国考》引据东汉桓谭《新论》在叙述李悝《法经》时指出：“窥宫者膑，拾遗者刖，曰：为盗心焉。”关于《法经》的具体记述，参见（明）董说：《七国考》卷十二《魏刑法》，中华书局1956年版，第366~367页。由此可见，在法律思想观念上，如此规定，乃是意图取得“治心”的效果。“青粪”一案出自《南史》卷七十《列传》第六十“循吏”的记载：傅琰为阴山县令，“二野父争鸡，琰各问何以食鸡，一人云粟，一人云豆。乃破鸡得粟，罪言豆者”。参见（唐）李延寿：《南史》，中华书局2000年版，第1140页。后来，五代和凝和𡵆父子《疑狱集》卷上与南宋郑克《折狱龟鉴》卷六均予著录。这个“罪”字，当作“罚”解，见于《疑狱集》（中国书店2018年版，第14~15页）和《折狱龟鉴》（郑克编撰：《折狱龟鉴译注》，刘俊文译注，上海古籍出版社1988年版，第365页）。《龙图公案》乃谓“责二十板”（佚名：《龙图公案》，群众出版社1999年版，第271页）。根据《大明律》卷十八“窃盗”之规定：“凡窃盗已行而不得财，笞五十，免刺。但得财者，以一主为重，并赃论罪。”（怀效锋点校，法律出版社1999年版，第141页）由此可见，并无盗窃数额底线的标准；而且，即使没有得财，也要笞五十。在这个意义上讲，把它列为刑事案件乃是合适的归类。

[2] 在“抢劫”案件中，也有一个故事需要稍作说明。《龙图公案》卷六“夺伞破伞”一案是否符合“抢劫”的法律要求，也有不同的理解。本事见于应劭《风俗通义》（王利器：《风俗通义校注》，中华书局2010年版，第589页）。《疑狱集》卷上“薛宣追听”记有，“前汉时有一人持一缣入市，遇雨以缣自覆，后一人至求庇荫，因授与缣一头。雨霁当别，因争云：‘是我缣。’太守薛宣，命吏各断一半，使人追听之，一曰‘君之恩。’缣主乃称冤不已。宣知其状，拷问乃伏”。（同前书，第15~16页）郑克《折狱龟鉴》卷六也有转述（同前书，第350页）。《龙图公案》的叙述略有不同：一是由缣变伞，二是求庇荫者乃是光棍，三是明确提及光棍“夺伞在手”，四是包公把光棍打了十板，追银赔偿（前揭《龙图公案》，第170页）。尽管财物价值不高，但是，光棍的行为显然属于抢劫。根据《大明律》卷十八“白昼抢夺”的规定：“凡白昼抢夺人财物者，杖一百，徒三年。计赃重者，加窃盗罪二等。伤人者，斩。为从，各减一等。”（同前书，第141页）本案显然符合这一规定。值得注意的是，本案

数的36%有余。涉及“奸非”（强奸和通奸）案件的有38例，占总数的25%有多。需要说明的是，有些人命（杀人和自杀）案件的起因，乃是“通奸”和“强奸”等。这些案件构成以上表格所列刑事案件主体部分，其他零星案件，这里不再予以一一计算。

这一故事编集特点透露出来的情形与中国古代违法犯罪和司法审判的实态，肯定存在不小的差距——仅是指各类案件数量的比例，而非案件性质；然而，也或多或少反映出中国古代细民百姓对于法律的一种想像。之所以如此，据笔者看来，首先，作为描写清官包公的司法故事，蕴含其间的是冤抑的释放与平反。造成冤抑的原因如下：其一是受到他人的不公正对待，诸如无辜遭到侵害——轻者被詈骂殴打，重者被剥夺生命。[1] 其二是受到司法官吏不公正审判，无罪判成有罪，轻罪判成重罪；或者相

与前案的“罚”与《大明律》的规定出入甚大。在笔者看来，根本原因在于：一是两案涉及的财物价值毕竟不高，而且也无其他情节；二是《大明律》的量刑毕竟偏重，实施起来恐怕困难不小；三是故事突出的是包公听讼断狱的智慧（傅琰和薛宣的故事也是如此）；四是即便真的司法审判，笔者相信，如果遇到这类案件，法官也是难以依法断案的；五是在现实生活中，这类“盗鹅”和“夺伞”尽管可能诉诸官府，是否会被接受也是一个问题。《龙图公案》说得非常清楚：“五分银物，亦来打搅，衙门一处虽设十个官，亦理不得许多事。”（群众出版社1999年版，第170页）鉴于中国传统衙门向来奉行“精兵简政”的体制原则，以“无讼”“息讼”为宗旨的道德教化原则，故而，包公所言倒是一句千真万确的大实话。

[1] 被人谋杀，当然是一种最为严重的“冤”。然而引人瞩目的是，自杀引起的命案不少。在这12起案件中，10起死者是女性，2起为男性。更令人注意的是，女性自杀全部是因为“性”——骗婚和诬陷通奸，其实也是因为“性”（贞节）受到侵犯，充分体现了中国传统礼教贞节观念对于女性的强大压力，为了维护贞节名誉，不惜以生命为代价。在笔者看来，这种“冤”比诸一般杀人案件更能体现冤抑的悲剧气氛。原因在于宋儒那句“饿死事极小，失节事极大”（《二程遗书》卷二十二下“伊川先生语八下”，上海古籍出版社2000年版，第356页）的著名教条，原本是一个道德世界的“应然”问题，现在确确实实成为一个经验世界“实然”问题。这一解说，参见叶秀山：《说“诚”》，载赵汀阳主编：《论证》（第2辑），广西师范大学出版社2002年版，第7页。这是一个值得深入解读的社会制度与法律文化问题。关于自杀问题的研究，参见［法］杜尔凯姆：《自杀论》，钟旭辉等译，浙江人民出版社1988年版。

反，有罪判成无罪，重罪判成轻罪，造成所谓冤案。[1] 据此，一旦事关人命案件，其中的冤抑必然深重，祈求或渴望释放与平反冤抑的愿望，也就必然强烈。这样一来，清官包公那种为民请命的精神与不畏权贵的品格，方能凸显出来。其次，对于中国古人来说，人命关乎“天意”，关乎“天德”，所谓“人命关天”和“天地人三才”，即最为简洁明了的表述。在儒家思想里，如何安顿生命，不仅构成核心问题，而且，还要把它置于“天意”和“天德”的语境下进行思考。儒家经典《易传》将“生”提升到“天地之大德”[2] 的境界。故而使人蒙冤，不仅产生人冤，而且还会导致天怒。在一个标榜以“敬天保民”为政权（皇权）基础的社会里，缓解人冤天怒，平衡天道秩序和社会秩序，乃是司法官员不可旁贷的责任。[3] 因此，在包公断狱故事中，那些无靠无援的细民百姓选择人命案件进行描述叙写，可谓是别有深意。再次，尽管《尚书·泰誓》记有“民之所欲，天必从之”与“天视自我民视，天听自我民听”[4] 这样一种政治理想的堂皇表述，但是“天与民”之间毕竟关系悬绝，或者说中间尚悬隔着一个皇权（天子）——所谓“奉天承运”就是这一关系的表达。故而民冤是否能够得到及时而适当的释放和平反，完全仰仗皇帝的

---

[1] 详细的讨论，留待后面展开。需要说明的是，笔者把第一层次的冤抑的解决，称为冤抑的释放；第二层次的冤抑的解决，称为冤抑的平反。

[2] 参见《周易译注》“系辞下”，周振甫译注，中华书局 1991 年版，第 256 页。

[3] 关于“天道”观念与中国古代法律之关系的分析，参见梁治平：《寻求自然秩序中的和谐》，中国政法大学出版社 1997 年版，第 326~350 页；朱勇：《中国古代法律的自然主义特征》，载《中国社会科学》1991 年第 5 期；徐忠明：《“天人合一”与中国古代法律观念》，载韩延龙主编：《法律史论集》（第 1 卷），法律出版社 1998 年版，第 341~372 页。

[4] （汉）孔安国传、（唐）孔颖达正义：《尚书正义》“泰誓”，上海古籍出版社 2008 年，第 406 页、第 412 页。

圣明和恩惠。体现皇帝圣明的理想途经有三：一是制定“替天行道”或“仰承天意，俯合民情”的法律；二是选拔能够担当这一重任的官僚，毕竟“徒法不足以自行”，良法美意必须有人落实，才有实际价值；三是皇帝亲自听讼折狱和颁降恩赦。不过，这仅仅是一种理想的制度设计，它的实现有赖政治的清明；然而，现实并非如此美满。[1] 最后，既然皇帝并非一贯圣明，政治也非总是清明；那么，比例如此之高的人命案件，显然反映了帝国治理的深层问题；把希望寄托在青天包公上，更是讽刺了帝国政治的普遍黑暗。[2] 在这个意义上，包公断狱故事具有双重意义：一者，作为老天之恩德与皇帝之圣明的使者包公，与政治腐败形成了强烈对比，这些故事也就成了一种批判的话语；二者，尽管“天意”渺茫，甚至产生了“天道”信仰动摇的情形，但是，毕竟没有完全消失，这些故事也就成了希望的话语。

包公故事涉及财产的各类犯罪案件，数量也很多。这一情形又意味着什么呢？众所周知，中国古代正统的儒家思想要求人们

[1] 譬如，关汉卿所作《感天动地窦娥冤》这部著名杂剧，反映的不仅是“整个时代的沈沈悲哀”，而且是“天道信仰的动摇”。参见颜天佑：《从天道观念的转变看窦娥冤》，载颜天佑：《元杂剧八论》，台北，文史哲出版社 1996 年版，第 2~3 页。这是一种命运的力量，也是这部“悲剧”之所以感人的原因。

[2] 首先，“青天”与“清官”两个用语的意涵虽然互有关联，但是并不完全等同。所谓“青天”，其意涵是“朗朗乾坤”和“明镜高悬”，从而与“幽暗”及“覆盆”正相反对，凸显的是官吏明察秋毫的才能，以及释放和平反“冤抑”的功能。而所谓“清官”，尽管也有“清澈明朗”的意思，然而其所强调的是“清廉”。当然，中国古人也有“廉生明”的说法。在笔者看来，这是一种说法而已。清官可能清廉，不过并不一定明察。后面将要分析的《奇冤报》就有这样的描写。其中，叙写知府常静安不仅为官清正、两袖清风、勤谨教民、与民分忧，而且能律法治民；但是，听讼断狱却是一误再误，可以说是“清廉”而不“明察”的典型。故事的具体描写，参见刘烈茂等主编：《车王府曲本菁华·宋卷》，中山大学出版社 1991 年版，第 322~566 页；有关的评论，参见佘芄琥：《〈奇冤报〉与清官戏》，载刘烈茂、郭精锐等著：《车王府曲本研究》，广东人民出版社 2000 年版，第 331~341 页。其次，这里的“黑暗”与“青天”适成对照，故而是一种批判性的话语表达。

“重义轻利”。孔子那句“君子喻于义，小人喻于利”[1] 的名言，成了中国古代读书君子的高尚理想信条。孔子毕竟是圣人，不至于徒言理想而不顾实际。他说：“富与贵，是人之所欲也；”相反，“贫与贱，是人之所恶也”。[2] 还说：“富而可求也，虽执鞭之士，吾亦为之。”[3] 关键在于，必须“见利思义”[4] 而不能“见利忘义”。况且，国家治理的基础就是民众的富裕。故而孔子明白指出：在民众“既庶”之后，还要“富之”；在民众“既富”之后，还要“教之”。[5] 只有这样，才能收到教化的效果。孔子的这一教诲，因为“顺从人欲”而显得比较朴实，也比较可行；然而，中国古代的帝皇将相，是否真的秉承了孔子所谓的民众“既庶”之后，必须“富之”的理想，实难一言以决之。尽管薄赋轻摇的言述和措施历代都有，不过横征暴敛也为史书不绝，乃至产生“武器批判”（民众造反）的局面。而且，小民百姓的生活水准，似乎一直比较艰难，甚而每况愈下。宋代之后，虽然社会经济的发展不算缓慢，譬如商品经济的发展颇为迅速；可是，由于人地矛盾日趋（尤其明代后期开始）紧

[1] 《论语译注》，杨伯峻译注，中华书局 1980 年版，第 39 页。另外，关于孔子“重义轻利”思想的详细分析，参见赵靖主编：《中国经济思想通史》（第 1 卷），北京大学出版社 1991 年版，第 79~112 页。

[2] 杨伯峻译注：《论语译注》，中华书局 1980 年版，第 36 页。

[3] 杨伯峻译注：《论语译注》，中华书局 1980 年版，第 69 页。

[4] 杨伯峻译注：《论语译注》，中华书局 1980 年版，第 149 页。

[5] 杨伯峻译注：《论语译注》，中华书局 1980 年版，第 137 页。

张，导致小民百姓生活的压力不断增强。[1] 面对匮乏的物质资源，真要做到“见利思义”恐非易事。这些公案故事凸显出来的信息告诉我们，在现实生活中，恐怕更多的是“见利忘义”而非“见利思义”。美国学者布迪和莫里斯在分析《刑案汇览》所收录的百姓由于摘取三个梨子被杀案件时写道：这种案件的发生，反映出来的百姓生活境遇乃是物质极度匮乏；因此在中国农民眼里，每一粒谷子都是珍贵的。[2]《龙图公案》描写的“夺伞”和“偷鹅”案件，与这一情形非常相似。从某种程度上讲，为了谋取财物而去杀人，显然与物质生活匮乏有关。当然，在这里并非说谋财害命正当，也并非说物质富裕之后就没有这类案件了；而仅是试图证明，物质匮乏无疑是导致这类案件发生的一个重要原因。另外，仔细分析这些故事，我们可以发现，原因也并非全都出于物质匮乏。对此，我们从上面表格所列的案犯身份的简单介绍中可以看出，其中有些属于官吏的贪污受贿案件。

说到贵族和官吏的贪污受贿，表格所列的有 12 例，占刑事案件的 8%略多一些。贪污情节最为恶劣、民愤最大的乃是著名杂剧《陈州粜米》所写的权豪势要刘衙内和杨金吾两人，利用赈济

[1] 根据学者的估算，北宋朝廷登记的人口已经超过二千万户，似乎可以说明全国人口约有一亿。到了 1800 年前后，中国人口已经达到 3 亿；随之而来的是，生活水准日趋恶化，仅维持在糊口的水平。参见［美］何炳棣：《1368—1953 中国人口研究》，葛剑雄译，上海古籍出版社 1989 年版，第 223 页、第 262~263 页。还有学者指出：大约明朝开始，农村劳力过剩几乎已经是一般的情形。参见［美］赵冈、陈钟毅：《中国经济制度史论》，台北，联经出版事业公司 1986 年版，第 116~117 页。尽管农村家庭副业吸纳了这些过剩人口，但是，游离于社会的人口也不少。这样一来，对于帝国的社会治理必然产生压力。

[2] ［美］布迪、莫里斯：《中华帝国的法律》，朱勇译，江苏人民出版社 1993 年版，第 225 页。

灾民的机会，硬抬国家赈济粮食价格，掺入糠土，从而中饱私囊；[1] 行贿案件身份最高的则是，各类包公故事中多次出现的“审郭槐案”即“狸猫换太子”，其中皇后贿赂主审御史；[2] 行贿数额最大的当推《万花楼》第四十回描写的身为国丈和太师的庞洪，收受御史之妹、备守之妻沈氏四万银子；[3] 另有一些案件也叙写了官吏贪赃枉法的故事。作为讲述清官包公断狱的故事，描写其他官吏的贪污受贿，不仅是一种必要的反衬和烘托，以便凸现包公清廉无私的品格；而且，更为重要的是，描写贪官污吏，乃是为了揭示产生民冤的原因，诉说祈盼政治清明的希望。譬如，杂剧《陈州粜米》所写的权豪势要贪污杀人，其所激起的民冤，即非个别案件的弱势一方，而是一州灾民；再如，说唱词话《陈州粜米记》则描写了百十余名地方老人进京告状——金銮殿告御状。[4] 由此可见，民冤很深，民愤极大。其他一些叙述利用财富权势贿赂司法官员，嘱托陷害他人的故事，也是旨在暴露冤案产生的原因。面对这种冤案，清官包公出场予以平反，就有非常重要的政治意义与社会意义。清官故事之所以经久不衰，就是平民百姓因含冤蒙屈而不得释放和平反；作为一种心理补偿，构筑清官包公的形象，也就成了他们的希望、梦想、信仰的反映——朗朗乾坤，能够安居乐业，没有赋税徭役的追索之苦，没有覆盆蒙冤之屈。另外，如果把这些故事与“见利思

[1] 参见吴白匋主编：《古代包公戏选》，黄山书社 1994 年版，第 109～151 页。

[2] 这个故事的源流颇为复杂，在此无法详述。参见胡适：《〈三侠五义〉序》，载姜义华主编：《胡适学术文集》（下），中华书局 1998 年版，第 1038～1063 页；孙楷第：《包公案与包公案故事》，载孙楷第：《沧州后集》，中华书局 1985 年版，第 103～125 页。

[3] 具体的描写，参见（清）李雨堂：《万花楼》，华夏出版社 1995 年版，第 171～174 页。

[4] 参见《明成化说唱词话丛刊》，朱一玄校点，中州古籍出版社 1997 年版，第 126～127 页。

义”和“义以生利”[1]的道德原则对勘，那么，我们也就可以发现，作为“学而优则仕”的读书君子，其实并没有秉承孔子的谆谆教诲。换句话说，意识形态话语与士人官僚的内心信念、帝国政治实践之间有不小的背离，也与细民百姓关于政治清明的想像有很大的差距。这种局面之所以出现，原因就在于根本性的制度结构，亦即与中国古代社会“权力与财产”的制度安排深有关系。[2]正是基于这种“权力支配财产”的总体格局，贪污受贿也就很难遏制。针对这一现象，王亚南先生干脆认为：中国古代官僚的政治生活就是贪污生活；一部二十四史就是一部贪污史。[3]在笔者看来，如果“一部二十四史”真被写成“一部贪污史”的话，那么，传统史学倒有颇为强烈的自我批判意识。对于这种说法，我们自然不必过于当真；但是，多少也揭示了贪污腐败之严重。[4]

包公断狱故事涉及比较多的还有一类案件，就是“奸非”（和奸与强奸）犯罪，它们占总数的25%以上。明代以前“奸非”案件的司法审判情况，至今尚未见到相关的统计分析。[5]

---

[1] 《春秋左传注》“成公二年”，杨伯峻译注，中华书局1990年版，第788页。

[2] 事实上，中国古代贵族官僚利用权力“掠夺”财富，乃是一个积渐而成的痼疾沉疴。对此，马克思曾经指出：中世纪乃是一个“权力统治财产”的时代。那时“通过任意征税、没收、特权、官僚制度、加于工商业的干扰等办法来捉弄财产”。参见《马克思恩格斯选集》（第4卷），人民出版社1972年版，第330页。对于这个问题，秦晖和金雁也曾反复评论。参见秦晖、金雁：《田园诗与狂想曲——关中模式与前近代社会的再认识》，中央编译出版社1996年版，第14~15页、第98~99页、第120~121页；等等。

[3] 参见王亚南：《中国官僚政治研究》，中国社会科学出版社1981年版，第117~118页。

[4] 有关贪污原因的分析，参见徐忠明：《试论中国古代廉政法制及其成败原因》，载《学术研究》1999年第1期。

[5] 明代李新《折狱新语》（吉林人民出版社1989年版）共有10个门类211个案件，其中标明“淫奸”的有33个案件，占了不到16%。

作为比较，我们只得简单参考一下学者对于清代司法档案有关“奸非”案件的研究成果。郭松义在《伦理与生活》一书中指出：根据美国黄宗智教授《民事审判与民间调解：清代的表达与实践》所说，清代的民事案件，可以归为土地、债务、婚姻、继承四大类，其中婚姻类案件占到总数的22%（从巴县、宝坻、淡新三家档案中抽样统计得出）。按照笔者对有关案例的接触，在婚姻类中，因通奸引起纠纷的，估计占了一半到2/3，即22%中的50%～75%。又根据笔者对中国第一历史档案馆所藏“婚姻奸情类”档案数量统计，乾隆年间，各省区每年上报朝廷批决的婚姻奸情类命案要案，平均在800件左右。在这800件里，因通奸而引发的约为250～530件。通奸与奸杀案件的频发，也能看出当时男女通奸属于社会上经常可见的、不可忽视的事实。[1] 这一情形，可以与包公故事的描写相互印证。

总之，“奸非”案件在中国古代社会似乎属于常见案件，这一研究结果与我们的常识颇有距离。因为，常识总是告诉人们，中国传统社会特重“男女两性之大防”的礼教，故而“奸非”案件应该不至频繁发生。然而，这些包公断狱故事显示出来的情况恰好相反。对于这一判断，说老实话，笔者并没有多少把握。这是因为，按照现代学者的估计，到了本部分分析的占据包公故事绝大多数的《百家公案》和《龙图公案》编成的万历年间，中国的人口已有一亿五千多万。及至乾隆年间，中国的人口已达三亿。[2] 面对如此庞大的人口数量，通过分析这些“奸非”

[1] 参见郭松义：《伦理与生活：清代的婚姻关系》，商务印书馆2000年版，第527页。黄宗智教授有关婚姻案件的讨论，参见《民事审判与民间调解：清代的表达与实践》，中国社会科学出版社1998年版，第91～96页。

[2] 何炳棣：《1368—1953中国人口研究》，葛剑雄译，上海古籍出版社1989年版，第223页、第262页。

案件，我们似乎难以得出一般性的结论。另外，收入刑部档案和其他判牍文书的案件，或许只是实际发生的“奸非”案件的极少部分；而与人命无关的“通奸”案件，很有可能通过“私了”途经解决掉了，根本不可能通过司法档案来了解。对于本部分讨论的包公故事而言，这一数字也许表达的只是编者和读者对于“奸非”现象的想象；在某种程度上，也折射出了普通民众的“情色”欲望。要之，这些故事所反映的情形，可能要比档案来得更有社会意义，也有可能刚好相反。然而，顺着前面提出的分析思路，笔者还是要问，何以“奸非”案件占了如此之高的比例呢？个中原因，值得我们深入检讨。

远的姑且不说，至少《礼记》已经涉及“妇道”的若干原则；[1] 秦朝向称礼教淡薄，然而对于男女两性的规约并不松懈。秦始皇三十七年（公元前210年）会稽石刻之所谓“饰省宣义，有子而嫁，倍死不贞；防隔内外，禁止淫佚，男女洁诚”[2]的记载，即为例证。东汉以降，对于女性的“规训”（discipline）更是广受重视，诸如刘向《列女传》，班昭《女诫》等，这类撰述后来层出不穷，成为规训女子的精神枷锁。[3] 北宋晚期伊始，缠足之风渐次流行。[4] 据笔者看来，女性之缠足，虽然不乏

[1] 参见孟昭华等：《中国婚姻与婚姻管理史》，中国社会出版社1992年版，第96~98页。

[2] 《史记》卷六《秦始皇本纪》。

[3] 参见孟昭华等：《中国婚姻与婚姻管理史》，中国社会出版社1992年版，第102~108页；夏晓虹：《古典新义：晚清人对经典的解说——以班昭与〈女诫〉为中心》，载刘东主编：《中国学术》（第2辑），商务印书馆2000年版，第82~103页；吕美颐：《中国历史上的女性群体》，载周积明、宋德金主编：《中国社会史论》（上卷），湖北教育出版社2000年版，第569~624页；高世瑜：《中国古代妇女社会地位的两重性》，载周积明、宋德金主编：《中国社会史论》（上卷），湖北教育出版社2000年版，第569~624页。

[4] 关于“缠足”习俗起源的说法很多，笔者不想于此纠缠不息，姑从清代学者俞正燮的考证。参见（清）俞正燮：《癸巳类稿》卷十三《书〈旧唐书·舆服志〉后》，涂小马等点校，辽宁教育出版社2001年版，第443~450页。

审美和性爱的意味,[1] 但也是一种对于女性之肉体进行规训的策略与手段。因而缠足的深层意涵，就是约束。许慎《说文解字·系部》释“约”为“缠束”即是例证。[2] 其中的意念，也可以与“闺女”联系起来思考。及至程氏提出“饿死事小，失节事大”的教条，官方和民间士人更是推波助澜。[3] 随之，这一

[1] 亦可参见吴存存：《明清社会性爱风气》，人民文学出版社 2000 年版，第 227~261 页。其实“足”本身就是一种“性”崇拜的对象。英国学者科特纳（Cutner）认为，全世界人都将脚与性器官联系起来。参见［英］科特纳：《性崇拜》，方智弘译，湖南文艺出版社 1988 年版，第 103~105 页。

[2] 这与西方文化中的“束腰”可以进行比较阅读。达维斯（*Davies*）指出：“束腰限制和阻止了身体的积极运动，事实上显示出妇女的生理被迫从属和依赖于男性。”Davies, “Corsets and conception: fashion and demographic trends in the nineteenth century”, *Comparative Studies in Society and History* 24, 1982, p. 616.［英］特纳：《身体与社会》，马海量、赵国新译，春风文艺出版社 2000 年版，第 285 页。也有学者提出这样的疑问：缠足的妇女是否变得更易管束，更守规矩呢？这是一个很难证实的问题。参见康正果：《身体和情欲》，上海文艺出版社 2001 年版，第 37 页。这个问题问得非常机巧。历史上的许多事情，我们都可以提出类似的疑问。在笔者看来，缠足对于女性的管束不仅是肉体上的，更为重要的是精神上的。这种为了满足男性的“性爱”和“审美”趣味而缠足的习俗，其实也是制度，更是一种依附男性、取悦男性的象征。

[3] 董家遵《历代节烈妇女的统计》（载鲍家麟主编：《中国妇女史论集》，稻乡出版社 1988 年版）列有“唐宋元明清诸朝节妇烈女对照表”：

朝代	统治年限/年	节妇数/人	烈女数/人	节烈合计/人	倍数
隋唐	326	32	29	61	1
两宋	319	152	122	274	4.49
元	162	359	383	742	12.16
明	276	27,141	8688	35,829	587.36
清初	82	9482	2841	12,323	202.02

注：（1）宋代以后的节妇烈女的倍数，均以隋唐为参照。

（2）清初特指入关（1644 年）之后到雍正三年（1725 年）《古今图书集成》修成的时间。段塔丽：《唐代妇女地位研究》，人民出版社 2000 年版，第 300 页。另外，高世瑜的统计数字有所差异。他说：“搜罗较全的《古今图书集成》闺节、闺烈两部中记载的节妇烈女，先秦时代有 13 人，汉代有 42 人，唐代有 53 人，宋代有 282 人，元代有 700 余人，明代达近 36000 人，清代也有 12000 余人。”高世瑜：《中国古代妇女社会地位的两重性》，载周积明、宋德金主编：《中国社会史论》（上卷），湖北教育出版社 2000 年版，第 609 页。

观念“似乎”深入人心。[1] 上面也曾提及，在包公故事里，妇女因各种“性”侵犯而自杀的案件共有10例。这一现象与“节烈”观念的广泛影响，显然具有密切的关系。然而，上述“奸非”案件故事透露出来的信息和意义，似乎与此不同。这一悖论格局的存在，意味着在“礼教”与“淫欲”之间的极度紧张。事实上，在作为文化大传统的宋明理学意识形态笼罩下的时代，也是中国古代市民阶层的文化小传统包括“情色”文学的勃兴时期。[2] 我们可以设想，真正能够遵奉“饿死事小，失节事大”这一信条的妇女，主要是出自士人官宦和富裕农商之家。反之，迫于生存的压力，下层社会的妇女再婚之事，并不少见。[3] 据此，我们还可以补充说，至少，在城市平民和乡野农民的思想观念中，“两性”伦理或者禁忌，并非人们想象的那么牢不可破。根据郭松义的统计，通奸案件男女双方基本上是社会底层阶级——诸如自耕农、手艺人、佃农雇工、小商小贩、兵丁衙役、奴仆奴婢、孤寡人家、乞丐逃犯，占了81%左右。[4] 在本部分

[1] 清代桐城派文人方苞曾说：“饿死事小，失节事大之言，则村农市儿皆耳熟焉。自是以后，为男子者，率以妇人之失节为羞而憎且贱之，此妇人之所以自矜奋欤。呜呼，自秦皇帝设禁令，历代守之，而所化尚希；程子一言，乃震动乎宇宙，而有关于百世以下之人纪若此!”（清）方苞：《方苞集》，上海古籍出版社1983年版，第105~106页。

[2] 有关的研究，参见江晓原：《性张力下的中国人》，上海人民出版社1995年版；康正果：《重审风月鉴：性与中国古典文学》，辽宁教育出版社1998年版；吴存存：《明清社会性爱风气》，人民大学出版社2000年版。

[3] 明代以前妇女再婚的情况，由于资料缺乏，不得其详。关于清代妇女再婚的讨论，参见郭松义：《伦理与生活》，商务印书馆2000年版，第436~478页；王跃生：《十八世纪中国婚姻家庭研究：建立在1781年-1791年个案基础上的分析》，法律出版社2000年版，第82~125页。

[4] 郭松义：《伦理与生活》，商务印书馆2000年版，第534~536页。但是，从绝对人口比例来看，这些社会底层阶级的“通奸”案件与绅衿地主阶层的“通奸”案件约略相同。这是值得我们注意的现象。

讨论的包公故事中，通奸双方的身份大抵也是如此。[1] 从法律的角度来看，通奸之罪，唐宋是无夫者徒一年半，有夫者徒二年；元代是无夫者杖七十七，有夫者杖八十七；明清是无夫者杖八十，有夫者杖九十。强奸之罪，唐宋是无夫者徒二年，有夫者徒二年半；元代是无夫者杖一百七，有夫者死，未成者减一等；明清是绞监候，未成者杖一百，流三千里。[2] 不难看出，通奸罪的量刑有所减轻，强奸罪则所有加重，而且幅度较大。或许，这是明清时代“通奸”案件增加的一个重要原因？也就是说，由于犯奸现象严重了，因此律例惩罚也随之加重了。然而，值得指出的是，唐宋“性”的伦理和禁忌比诸明清来得开放，为何“通奸”的量刑反而要重呢？我们如何解释这一颇具悖论的问题呢？换句话说，在“性”问题上，法律、礼教与社会风尚究竟具有一种怎样的关系？总体而言，唐宋时期关于“性”的礼教尚松，法律却严；明清时期关于“性”的礼教极严，法律却松。个中原因，真

[1] 在这 148 例刑事案件中，称得上“私情”和“通奸”的案件共有 23 例，占总数的 15%以上。其中奸夫身份包括：商人、牙侩、艄公、农民、工匠、家仆、秀才、令史、棍徒等；奸妇身份包括：商人妻、农民妻、富家妻、屠夫女、店主妻、庠生妻、吏员妻、官员女、庠生婢等。

[2] 参见《唐律疏议》卷二十六《奸》，刘俊文点校，中华书局 1983 年版，第 493 页；《宋刑统》卷二十六《诸色犯奸》，薛梅卿点校，法律出版社 1999 年版，第 478 页；《大元通制条格》附录《元史・刑法志》“奸非”，郭成伟点校，法律出版社 2000 年版，第 412 页；《大明律》卷二十五《犯奸》，怀效锋点校，法律出版社 1999 年版，第 197 页；《大清律例》卷三十三《犯奸》，田涛、郑秦点校，法律出版社 1999 年版，第 521 页。顺便指出，“有夫奸”量刑之所以比“无夫奸”重，原因一如黄宗智教授所说：“一个已婚女子犯奸乃是双重犯罪：她既触犯了有关合法的性关系的法律，又违背了婚约。”黄宗智：《民事审判与民间调解：清代的表达与实践》，中国社会科学出版 1998 年版，第 95 页。

是百思不得其解。[1]

需要指出的是，作为市民读物的包公断狱故事，其中搜罗数量不菲的“奸非”案件，虽然与宋明以来社会变迁的实态和国家法律的规定颇有关系，但是，它与明代逐步繁盛的情色文学也有关系。譬如，浦琳《清风闸》描写强氏与小继性交的细节，与情色文学的风格就有相似的地方。[2] 当然，这是笔者目前所见的唯一一部如此渲染“情色”现象的包公小说。

三、关于犯罪与量刑的评估

在上面简要地讨论了包公故事中的主要案件类型之后，我们再来考察一下这些故事中的“量刑”问题。也许有人会问，作为文学叙事的包公断狱故事，毕竟与司法判牍不同，考究其中的量刑问题，似有把文学当历史的嫌疑。不过，笔者始终相信，中国古代的公案故事并非空穴来风，也非只是毫无根据的胡编乱造。此外，这些故事尽管粗糙不文，但是，它们似乎出自以往的司法判牍和有关的历史记载。据笔者看来，要将数量不菲的告状、诉状、判词编得煞有其事，若无可资利用的材料，恐非易事；即便

---

[1] 尽管“百思不得其解”，笔者还是试做如下推测：在唐宋时期，正是由于“性”伦理和禁忌比较松弛，所以才需要国家运用严厉的法律予以整肃；也许，这是因为，那时的官方和士人官僚阶层已经感到必须整肃“性”秩序。在明清时期，鉴于“饿死事小，失节事大”这样的“性”伦理已经成为一种社会常识，从而导致国家“撤下黑脸，换上红脸”，利用社会力量调整“性”秩序。另外，国家还通过旌奖贞节的手段从正面来诱导一种新的“性”秩序的建立，从而发挥礼教的规训作用。在这个意义上，国家法律之所以对“通奸”的量刑有所减轻，并非意味着对“性”治理的放松，而仅是“性”治理的策略转换。换一个角度来考察，或许是因为国家法律的锋芒直接指向颠覆政治统治与社会控制的所谓“盗贼帑项钱粮之事”，从而对于“风俗典礼教化之事”稍加宽待，以期取得惩罚与规训之间的平衡。

[2] 参见（清）浦琳：《清风闸》，北京师范大学出版社 1992 年版，第 5 回、第 6 回。

胡编乱造，也有一个为何如此编造的问题。据此，笔者不避烦琐，参照法律，做一考述和解说。

先说“人命”案件。前面已经做过统计，包公断狱故事中的刑事案件约有 148 例，其中涉及人命的案件有 100 例。由于案件情节各有不同，为使分析比较精确，如表 5 所示。

表 5　包公故事“人命”案件情节

单位：例

命案总数	谋杀（已死）	谋杀亲夫	谋杀（未死·未遂）	致死人命	过杀和误杀
100	60	10（未死 2 例）	14（含 2 例未死）	12	4

需要说明的是：其一，由于案件多数属于明朝的包公故事，为了避免在解释量刑问题时行文过于繁琐枝蔓，本部分参酌《大明律》做出相应的评析和解说；如果涉及其他朝代的包公故事，则以那时的法律作为参照。其二，对于案件故事没有叙述的情节，我们在征引法律条文时也予省略。其三，谋杀未死或者未遂，只是一个较为勉强的分类；这是因为，有些案件出现“死而复活”的奇怪现象。下面，笔者试做如下分析。

根据《大明律》卷十九“谋杀人”条规定：“凡谋杀人，造意者，斩；从而加功者，绞；不加功者，杖一百，流三千里。杀讫乃坐。若伤而不死，造意者，绞；从而加功者，杖一百，流三千里；不加功者，杖一百，徒三年。若谋而已行，未曾伤人者，杖一百，徒三年；为从者，各杖一百。……若因而得财者，同强盗，不分首从论，皆斩。”[1] 参照上表“刑罚”栏目可

[1] 《大明律》，怀效锋点校，法律出版社 1999 年版，第 150 页。《大清律例》卷二十六，“谋杀人”条略同，不予俱引。参见《大清律例》，田涛、郑秦点校，法律出版社 1999 年版，第 420~421 页。

知：在这60例杀人案件中，明确提到斩刑和枭首的约有23例；仅笼统提到死刑、偿命、处死、填命的约有20例；凌迟3例；按律拟刑1例；绞刑1例；徒刑1例；远戍充军1例；折徒罚钞1例；杖一百配流1例；罢职1例；免除刑罚2例；没有提到刑罚4例；拷讯致死1例。这一约略的整理表明，至少前面43个案件的量刑与法律的规定基本吻合。[1]

值得稍事分析的是以下几个案件：第一，凌迟处死的3例当中，属于表2《百家公案》编号2的案件，情节特别严重，嫡妻谋杀丈夫的小妾和2个儿子；若以《大明律》卷十九“杀一家三人”的罪情论处，便是凌迟处死。[2] 属于表4“其他包公故事”编号9的案件，由于故事没有最终的结局，这个判决只是初审的

[1] 之所以说“基本”相同，这是因为，第一，这一分析基本上忽略了这些包公故事出现的不同朝代法律规定的具体差异。第二，也没有考虑各个朝代不同时期法律的变化和差异，诸如《大明律》《大明令》《问刑条例》等。第三，这些故事毕竟来源复杂，譬如有些源自先秦时代的故事，也有汉魏以来的故事，尽管它们已经经过后人的改编，但一一坐实恐怕不尽妥当。笔者只是意图说明：这些故事或许并非胡编乱造，而是各有所本；即使“因文生事”，仍受到了法律文化语境的制约。另外，笔者试图解答“中国古代民间百姓的法律知识状况与法律意识究竟如何？”这样一个学者不甚措意的问题。

[2] 参见《大明律》卷十九“杀一家三人”条，怀效锋点校，法律出版社1999年版，第152页；《大清律例》卷二十六“杀一家三人”，田涛、郑秦点校，法律出版社1999年版，第426~427页。当然，本案涉及身份问题，情况比较特殊，法律也无相应的规定。然而根据《大明律》卷十九“谋杀祖父母父母”条，“尊长谋杀卑幼已死，依照故杀论处”，第151页。当条注明根据“斗殴”条款的尊长故杀卑幼论处。再据“妻妾与夫亲属相殴”条之规定，殴打至死，绞刑。又据卷二十“妻妾殴夫”条，“妻殴打妾至死，绞刑”。同书，第156页。鉴于一次谋杀三人，处以凌迟应该不过分。这样的解释可能并不妥当，因为这种特殊的类型案件，在中国古代（明清时期）肯定必须经过皇帝方能决断；故而，实际处罚恐非一定。

判决，而且并非包公作出。[1] 最后一例，属于表4“其他包公故事”编号11的案件，情节同样比较特殊。其实，这个案件带有“谋杀亲夫”的特殊情节，与一般“谋杀亲夫”案件不同，它是假官府之力来实施这一计划——奸夫乃是府衙的令史。据此，如果按照“谋杀亲夫”的条款，凌迟处死也是恰当的刑罚。[2]

第二，按律拟罪一例，应当视为依法量刑。不赘。

第三，徒刑一例见于表2《百家公案》编号24，属于身份犯罪，亦即继母杀死继子。根据《大明律》卷十九“谋杀祖父母父母”条规定，父母谋杀孙子，依照故杀论处；卷二十“殴祖父母父母”条规定：故杀子孙，杖六十，徒一年。免于处罚的一例，是杂剧《蝴蝶梦》的故事，情节非常特殊：一是死者乃是势豪恶霸；二是属于复仇杀人；三是奖励孝义。对于凡人之间的同类犯罪，元代法律规定：“诸人杀死其父，子殴之死者，不坐，仍于杀父者之家，征烧埋银五十两。”[3] 据此，包公免罚王氏兄弟，完全合法。然而值得指出的是，本案死者葛彪是“国戚皇亲，金枝玉叶”的“权豪势要之家”。[4] 另据学者研究，这类

---

[1] 这是杂剧《鲠直张千替杀妻》的案件，按照《元史·刑法志》记载，法律出版社1999年版，杀人处以死刑，征烧埋银五十两。参见邱汉平编：《历代刑法志》，群众出版社1988年版，第469页。另见《大元通制条格》，郭成伟点校，法律出版社2000年版，第435页。当然，本案的情节也比较特殊，一是从身份上讲张千属于义弟杀死义嫂；二是义嫂具有杀夫（张千的义兄）的企图；三是义嫂具有引诱张千“通奸”的情节；四是，张千杀人完全出于义愤。总体而言，这是一个无法较真的案件，而且，如果我们根据故事情节推断，包公后来应该作出免于处罚的判决。在笔者看来，这个杂剧的核心乃是宣扬一种道义伦理，主要不是法律的准确适用，或者说，这体现的乃是张扬道义与法律之间的紧张。

[2] 这是南戏《小孙屠》的故事。根据元代法律规定：如果奸妇奸夫共谋杀夫，皆处死刑；如果奸妇首谋，凌迟处死，奸夫按照一般谋杀条款论处。参见《大元通制条格》，郭成伟点校，法律出版社2000年版，第415页。此外，本案还有杀死丫鬟、谋害夫弟的情节，也是必须予以考虑的量刑情节。

[3] 《元史·刑法志》，载邱汉平编：《历代刑法志》，商务印书馆2017年版，第470页。另见《大元通制条格》，郭成伟点校，法律出版社2000年版，第436页。

[4] 吴白匋主编：《古代包公戏选》，黄山书社1994年版，第7~8页。

权豪势要乃蒙古人或者色目人的一个象征。[1] 他们杀人，按照元代法律规定，根本不必偿命。[2] 另外一例见于表4“其他包公故事”编号22，属于杀死刺客的案件，无罪释放也无不妥。远戍充军一例，是表2《百家公案》编号44所述的案件，可能属于酌情处理的范畴；因为案发之时与谋杀之时已经相距20多年。在明代法律中，笔者没有找到因为“时效”而可以减轻刑罚的规定。折徒罚钞一例见于表2《百家公案》编号20的案件，参照《大明律》卷二十“妻妾殴夫”条规定：夫殴打妻至死者，绞；妻殴打妾至死者，适用夫殴打妻致死的条款，亦绞。然而《百家公案》第三十回说是“圣旨颁下”，[3] 因此，不必按照法律予以评判；且已时隔11年。与这个案件类似的是杖一百配流一例，见于表2《百家公案》编号67的案件，也是出自圣旨。[4] 罢职不叙一

[1] 参见郑振铎：《元代“公案剧”产生的原因及其特质》，载郑振铎：《郑振铎文集》(第5卷)，人民文学出版社1988年版，第474页。这类“权豪势要”与元代杂剧中的“衙内”每每互用。参见朱东润：《说“衙内”》，载朱东润：《中国文学论集·卷二》，中华书局1983年版，第350~359页；另见郭英德等：《也说“衙内”》，载《广西师范大学学报》1985年第1期；郭英德：《元杂剧与元代社会》，北京师范大学出版社1996年版，第33~39页。他们也是元代法律常常提及的人物，譬如《大元通制条格》卷三，“诸王驸马权豪势要……”《大元通制条格》，郭成伟点校，法律出版社2000年版，第26页。

[2] 《元史·刑法志》载曰：“诸蒙古人因争及乘醉殴死汉人者，断罚出征，并全征烧埋银。”邱汉平编：《历代刑法志》，群众出版社1988年版，第470页。另见《大元通制条格》，郭成伟点校，法律出版社2000年版，第436页。在《蝴蝶梦》里，葛彪也说：“我是个权豪势要之家，打死人不偿命。”作者叙写包公救下王氏兄弟，也是通过曲折的叙事手法，折射出他“不畏权贵”的精神风貌。

[3] 参见（明）安遇时编集，《百家公案》，石雷校点，群众出版社1999年版，第97页。

[4] 参见（明）安遇时编集，《百家公案》，石雷校点，群众出版社1999年版，第295页。值得注意的是，这似乎是一个“过失杀妾”的案件。小说写道：“将妾殴打，一时闷绝而死。”根据《大明律》卷二十“妻妾殴夫”条之规定：“妻殴伤妾，与夫殴妻同罪。过失杀者，各勿论。”“其夫殴妻，非折伤以上，减凡人二等”。《大明律》，怀效锋点校，法律出版社1999年版，第165页。如果这样的话，小说所写的量刑可能偏重。但是，对照小说的口气，似乎属于减轻处罚的情形。如果这样的话，应该是按照“殴打致死”的规定量刑；据此，应该处以绞刑。鉴于文字表述不够清晰，这里无法进行详细地解说。

例，见于表 3《龙图公案》编号 10 的案件，根据《大明律》卷二十“妻妾殴夫”条规定，夫殴打至死妻，绞刑。按照《大明律》卷二十“奴婢殴家长”条规定，家长杀死无罪奴婢，杖六十，徒一年。本案的特殊之处在于：一是妻子与商人通奸，二是案犯属于官僚，品级不详。再据《大明律》卷十九“杀死奸夫”条规定：如果妻妾与人通奸，登时杀死，勿论。如果属于“非登时杀死”的情形，那么，根据《问刑条例》刑律二“杀死奸夫条例”规定，可以“比照夜无故入人家”的条款适用。这一条款规定：事后杀死，杖一百，徒三年。[1] 进而适用《大明律》卷一“二罪俱发以重论”这个现代刑法称为“重罪吸收轻罪”的原则，实际执行的刑罚，应该是杖一百，徒三年。按照卷一“文武官犯私罪”规定，杖一百，罢职不叙。[2] 由此可见，本案量刑显然偏轻。

还有 5 例：4 例没有提到刑罚，1 例拷讯致死。不再赘述。

谋杀亲夫的案件共有 10 例，其中 2 例具有未遂性质。根据《大明律》卷十九“杀死奸夫”条规定：“其妻、妾因奸同谋，杀死亲夫者，凌迟处死，奸夫处斩。若奸夫自杀其夫者，奸妇虽不知情，绞。”[3] 根据上表“刑罚”栏目，我们可以发现：奸妇凌迟，奸夫斩刑 3 例；男女凌迟 1 例；男女死刑和斩刑 4 例；奸妇斩刑，奸夫充军或者杖配 2 例。

前面 3 例与法律规定合辙，不赘。奸夫淫妇凌迟 1 例，属于南戏《小孙屠》的故事，根据元代法律规定：如果奸妇奸夫共谋

[1] 参见《大明律》，怀效锋点校，法律出版社 1999 年版，第 146 页、第 416 页。

[2] 参见《大明律》，怀效锋点校，法律出版社 1999 年版，第 5 页、第 15 页。

[3] 参见《大明律》，怀效锋点校，法律出版社 1999 年版，第 152 页。《大清律例》卷二十六“杀死奸夫”之规定略同，参见《大清律例》，田涛、郑秦点校，法律出版社 1999 年版，第 424 页。

杀夫，皆处死刑；如果奸妇首谋，凌迟处死，奸夫按照一般谋杀条款论处。[1] 本案还有杀死丫鬟、谋害夫弟的情节，也是必须考虑的量刑情节。

第一例斩刑见于表2《百家公案》编号34的案件，量刑与法律规定不合。在本案中，奸妇有“谋”的情节，理应凌迟处死。奸夫也有“谋”的情节，斩刑应无问题；但是，奸夫的身份是“家人”，亦即奴仆。根据《大明律》卷十九“谋杀祖父母父母”条规定，奴婢、雇工人谋杀家长，与子孙谋杀祖父母、父母同罪；已杀，凌迟处死。据此，本案量刑不够精确。第二例死刑乃是表2《百家公案》编号45的案件，小说用了“皆抵死罪”[2]四字。我们可以做出两种理解：一是依律抵罪，亦即奸妇凌迟，奸夫斩刑；如果这样的话，判决与法律规定合辙；二是普通死刑。然而，本案亲夫未死。按照明代雷梦麟的解释：只有杀讫，才能适用前引条款；如果“谋而已行，各依谋杀本条坐之”。[3] 那么，按照《大明律》卷十九“谋杀祖父母父母”本条之规定：妻谋杀夫已行未死，斩刑。参照小说的描写，奸夫把亲夫推入山颠窟窿，一般而言非死无疑。这个情节，似乎要比“已行未伤”严重，况且尚有通奸的情节。第三例死刑属于《百家公案》编号58的案件，没有提到“通奸”的事情。在这里，作为“通奸谋杀亲夫”案件，是与前一案件（著名的双钉案）比较得出的判断。无论如何，妻子谋杀丈夫，都是凌迟处死。本案与法

[1] 参见《大元通制条格》，郭成伟点校，法律出版社2000年版，第415页。

[2] (明) 安遇时编集：《百家公案》第64回，石雷校点，群众出版社1999年版，第225页。

[3] (明) 雷梦麟撰：《读律琐言》卷十九，怀效锋、李俊点校，法律出版社2000年版，第348页。

律规定也不吻合。第四例乃是表4“其他包公故事”编号1的案件，出自宋代话本《三现身》，小说只提“问成死罪”。[1] 根据《宋刑统》卷十七“谋杀”条规定：妻谋杀夫，斩刑；不知奸夫谋杀亲夫之情节，绞刑。凡人谋杀，也是斩刑。[2] 在清代小说《清风闸》中，奸妇凌迟一百二十块处死，奸夫枭首示众。[3] 与《大清律例》卷二十六“杀死奸夫”条之规定非常合辙。这一量刑细节的修改值得注意，它表明了作者对于法律问题既非毫不关心，也非茫然无知。或许可以这么讲，作者对于法律问题不仅非常关注，而且也具备相应的知识。

一例奸妇斩刑，奸夫臀杖一百，配二千里，乃是表2《百家公案》编号26的案件。本案亲夫未死——属于故事的编造，奸夫将亲夫推入一口深井，得到乌龟的拯救。[4] 这是“报应”思想的反映。按照《大明律》卷十九“谋杀祖父母父母”条规定：妻谋杀夫已行未死，斩刑。对照案情与法条，量刑大抵适宜。另外一例见于《百家公案》编号57的案件，奸妇斩刑，与法律不合。奸夫“发配极恶军州当军”，小说的解释是“奸人妻小，因致人死”。[5] 据此，奸夫似乎没有参与谋杀亲夫，如果比照奸妇的同类情节，即由“凌迟”减为“绞刑”这一情形来看，奸夫从“斩刑”减为“充军”似乎也有道理。然而，究竟应该如何量刑呢？尚待推敲。

---

[1] 参见程毅中辑注：《宋元小说家话本集》（上），齐鲁书社2000年版，第68页。
[2] 参见《宋刑统》，薛梅卿点校，法律出版社1999年版，第310页，第312页。
[3] 参见浦琳：《清风闸》第32回，北京师范大学出版社1992年版，第139页。
[4] 参见（明）安遇时编集：《百家公案》第39回，石雷校点，群众出版社1999年版，第119页。
[5] 参见（明）安遇时编集：《百家公案》第26回，石雷校点，群众出版社1999年版，第79页。

杀人未死未遂的14例案件，其中2例在“通奸谋杀亲夫”案件中已经讨论，不赘。

第一例见于表2《百家公案》编号17，属于夫谋杀妻的案件。根据《大明律》卷二十“妻妾殴夫”条规定：丈夫当得绞刑。[1] 另据《大明律》卷十九“谋杀人”条规定：从犯亦处绞刑。[2] 值得注意的是，本案的两个特殊情形：一是死者复活；二是圣旨裁决。[3] 鉴于圣裁，其结果是，主犯和从犯皆被免死充军。第二例乃是表2《百家公案》编号19谋财、占妻、杀人的案件，按照《大明律》卷十九“谋杀人”条规定：凡是造意谋杀他人，斩刑。本案被害人未死，但是杀人意在谋财、占妻。根据《大明律》卷十八“强盗”条规定：强盗得财，不分首从皆斩。[4] 再据《大明律》卷六“强占良家妻女”条规定：强占良家妻女，绞刑。[5] 本案罪犯被处斩刑，应该说并无不妥。当然，本案罪犯妻子也被发付边远配军。这一处罚不知何据？族刑连坐，知情不报抑或同谋共犯？按照法律，这几款罪名均无家族连坐的刑罚。[6] 而且根据《大明律》卷一“亲属相为容隐”条规定：知情不报，也是妻子的权利；只有谋反以上的犯罪，方才

---

[1] 参见《大明律》，怀效锋点校，法律出版社1999年版，第165页。

[2] 《大明律》，怀效锋点校，法律出版社1999年版，第150页。

[3] 参见（明）安遇时编集：《百家公案》第76回，石雷校点，群众出版社1999年版，第268页。

[4] 《大明律》，怀效锋点校，法律出版社1999年版，第140页。

[5] 《大明律》，怀效锋点校，法律出版社1999年版，第63页。

[6] 事实上，中国古代的族刑连坐，到了《唐律疏议》制定之时，范围已经缩小为以下五款：谋反、大逆、谋叛、杀一家非死罪三人及造畜蛊毒。具体分析，参见［日］西田太一郎：《中国刑法史研究》，段秋关译，北京大学出版社1985年版，第159~162页。虽然《大明律》量刑比诸《唐律》有所加重，但是适用范围略有扩大，譬如《大明律》卷二“奸党”也适用家族连坐，所谓“妻子为奴，财产入官”。参见《大明律》，怀效锋点校，法律出版社1999年版，第34页。相关的讨论和法律规定，参见杨一凡：《明初重典考》，湖南人民出版社1984年版，第15~18页。

不得容隐。[1] 至于“同谋共犯”，更是小说没有提到的事情。第三例见于《百家公案》编号25“谋财害命”的案件，如果根据“强盗”规定：斩刑。然而依照“谋杀人”条规定：罪不至死。不过，本案也是旨在劫财杀人，与强盗同罪。况且，本条重者，依照本条论处，斩刑无疑。值得注意的是，小说在解释判决理由时写道：谋财害命，本合处死；但是客商未死，减一等，决配极恶州郡充军。[2] 这里，人命之存否？乃是量刑的关键因素。第四例乃是《龙图公案》编号2强奸妻子、谋杀丈夫的案件。根据《大明律》卷二十五“犯奸”条规定：强奸，绞刑。另外，本案罪犯是和尚，根据同卷“居丧及僧道犯奸”条规定：比照凡人加重二等量刑。[3] 一如小说所谓“枭首何疑”。况且，还有谋杀情节。其他和尚共犯，发配远卫充军。第五例乃是《龙图公案》编号22的故事，和尚谋杀秀才未遂；另有强占良家妻女的犯罪，但是，没有提及奸淫之事。更加重要的是，本案只说包公“重责”和尚，[4] 量刑偏轻。这可能是因为，谋杀未曾伤人，杖一百，徒三年；强占良家妻女的主体，乃是豪势之人，而且必须占为妻妾或奸淫，似乎不便适用。[5] 如果按照《大明律》卷十八“略人略卖人”条规定：略诱良人，杖一百，流三千里。[6]

---

[1] 参见《大明律》，怀效锋点校，法律出版社1999年版，第18页。

[2] 参见（明）安遇时编集：《百家公案》第38回，石雷校点，群众出版社1999年版，第117页。

[3] 参见《大明律》，怀效锋点校，法律出版社1999年版，第199~200页。

[4] 参见佚名：《龙图公案》卷九《桶上得穴》，群众出版社1999年版，第266页。

[5] 当然，这种“豪势之人”是否一如“八议”之类那么具体明确？笔者没有把握如此断定。这可能是一个抽象的主体。适用这一条款的关键，恐怕是“占为妻妾”或者“奸淫”两点，雷梦麟说：“又‘奸’字句绝，虽不占为妻、妾，但奸亦坐。”（明）雷梦麟撰：《读律琐言》，怀效锋、李俊点校，法律出版社2000年版，第157页。

[6] 参见《大明律》，怀效锋点校，法律出版社1999年版，第144页。

本案显然属于量刑不当。第六例属于《龙图公案》编号33和尚因奸致死人命和谋杀未遂的案件。因奸致使妇女自缢，似乎可以适用《大明律》卷十九“威逼人致死”条规定：斩刑。[1] 谋杀丈夫未遂，却是包公解救的缘故。小说作出“逼奸陷命，律应枭首”[2] 的判决，与法律规定合辙。第七例乃是“其他包公故事”编号15京剧《普天乐》的案件。这是一个谋杀人命、兼有图财情节的案件，只是由于后来包公救活死者——这是包公的神话叙事，故而放在这里讨论。根据《大清律例》“谋杀人”条所附条例规定：得财而杀死人命，斩立决。《普天乐》将罪犯“三绞毙命”，[3] 与法律规定略有差异。第八例见于“其他包公故事”编号17说唱词话《张文贵传》的案件。按照《大明律》卷十九“谋杀人”条规定：“因而得财，同强盗，不分首从论，皆斩。”说唱词话：君王宣敕，满门斩刑。[4] 当然，死者张文贵也被包公救活。第九例乃是表4“其他包公故事”编号31，即清代《三侠五义》的案件。按照《大清律例》卷二十六“威逼人致死”与同卷“谋杀人”两款规定：当得斩刑。小说乃用“虎头铡”处死罪犯。这是文学修辞性质的夸张写法，然而量刑与法律规定并无实质性的出入。第十例见于“其他包公故事”编号32的故事，属于谋财害命。根据《大清律例》卷二十六“谋杀人”条规定：斩刑。小说乃用“狗头铡”处死罪犯。[5] 这同样是文学修辞的描

---

[1] 参见《大明律》，怀效锋点校，法律出版社1999年版，第157页。对于这一条款，雷梦麟做了精辟的解释。参见雷梦麟：《读律琐言》，怀效锋、李俊点校，法律出版社2000年版，第361~363页。

[2] 参见《龙图公案》卷十《三官经》，群众出版社1999年版，第310页。

[3] 刘烈茂等主编：《车王府曲本菁华·隋唐宋卷》，中山大学出版社1993年版，第670页。

[4] 《明成化说唱词话丛刊》，朱一玄校点，中州古籍出版社1997年版，第248页。

[5] 上述两例，参见（清）石玉昆：《三侠五义》，华夏出版社1994年版，第133页。

写。第十一例乃是“其他包公故事”编号33的故事，结果不明，不赘。第十二例属于“其他包公故事”编号41的案件，案犯除了谋杀太守，还参与了其他违法犯罪活动。按照《大清律例》卷二十六“谋杀制使及本管长官”条规定：谋杀已行未伤，杖一百，流三千里。小说的判决则是：包公将主犯鋹于铡下，从犯充军。[1]

下面，我们再来解读“致死人命”（自杀）的12例案件。其中，除了表2《百家公案》编号43的故事，尽管作为人命案件告官，但是，结果却是死者复活，判合成婚，也不涉及量刑问题。另有一例见于《百家公案》编号73，乃是虐待致死人命的案件。小说写道：“吴氏每日频频打骂，惜惜忍气不过，一日自缢而死。”[2] 这是一起身份犯罪，吴氏是妻，惜惜是妾。根据《大明律》卷二十“妻妾殴夫”条规定：夫殴打妻至死，绞刑；妻殴打妾至死，比照前款，绞刑。但是，本案并非殴打致死。另外，妻殴打妾，过失杀死，勿论。惜惜自缢，显然轻于过失杀死。小说定为“逼犯而死，本合偿命”。又据《大明律》卷十九“威逼人致死”条规定：“凡因事威逼人致死，杖一百。”不过是否适用这一条款，尚有问题。雷梦麟指出：妻妾之于丈夫，凡事不得自专，根本就谈不上“威逼”两字。[3] 妾之于妻，同样不得自专，也就没有“威逼”的事因。即使“威逼致死”，也是杖责一百；偿命显然不妥。当然，本案鉴于妻妾关系，吴氏“编管邻近

[1] 石玉昆：《三侠五义》，第404页。

[2] （明）安遇时编集：《百家公案》第98回，石雷校点，群众出版社1999年版，第313页。

[3] 参见（明）雷梦麟撰：《读律琐言》，怀效锋、李俊点校，法律出版社2000年版，第362页。

军州居止”。[1] 由此可见，量刑并不妥帖。还有一例属于《百家公案》编号1，乃是参政强占良民妻女、贿赂右丞的案件。根据《问刑条例》“强占良家妻女”条规定：“凡强夺良人妻女卖与他人为妻妾，及投献王府并勋戚势豪之家者，俱比照强夺良家妻女占为妻妾，绞罪，奏请定夺。”[2] 这一规定，本案似乎可以适用。另外，本案情节要比法律规定严重得多，致死夫妻二人性命。在小说里，参政死罪，儿子连坐充军，右丞受贿罢职。[3]

其他9例，属于“性”侵犯导致女性“羞愤”自杀的案件。其中，3例属于强奸，2例乃是冒充丈夫，实施“骗奸”之犯罪，具有“强奸”的性质；还有4例，情况比较特殊。检阅《大明律》卷二十五“犯奸”条款，没有关于“因奸致死”的规定。比较切近的法律，似乎是《大明律》卷十九“威逼人致死”当中“若因奸、盗而威逼人致死者，斩”的一款。前面5例与法律的“量刑”规定基本吻合，这里就不再展开解说了。[4]

所谓“情况”比较特殊，是指：第一例见于《百家公案》编号11的案件，乃是和尚窃取某女的绣鞋，致使丈夫休妻；和尚还俗，骗娶该名女子。某女得知情由，自缢身亡。包公把和尚凌迟处死，不知适用哪一条款。如果按照“强奸”论处的话，凡人强

[1] （明）安遇时编集：《百家公案》，石雷校点，群众出版社1999年版，第314页。

[2] 《大明律》附录《问刑条例》，怀效锋点校，法律出版社1999年版，第373页。

[3] 判处参政死罪与法律规定比较适宜，但是，儿子连坐充军却没有法律根据。值得注意的是，小说反映出来“抵命”的观念。文中写道：“然一人之死，不足以偿二命，又问其子充军。”前揭《百家公案》，第15页。

[4] 二例骗奸属于表2《百家公案》编号5第10回与表3《龙图公案》编号20第84回的案件，包公将罪犯拷讯致死。三例强奸的案件，分别见于《百家公案》编号28第45回，《龙图公案》编号3第3篇，编号33第100篇。除了一例拷讯致死，其他四例罪犯全都处死。

奸，绞刑；和尚强奸加重二等。[1] 从绞刑到凌迟，可以视为二等；但是，根据《大明律》卷一“加减罪例”条没有这样的加等原则。[2] 遇到这种法律空白或漏洞的情形，明代的刑部肯定会有一番争议，然后，将案件提交皇帝裁夺。第二例乃是《龙图公案》编号 9 的故事，是说丈夫为了考验妻子的贞节，唆使三人前往强奸，结果妻子杀死其中一人，然后自杀。本案或许可以适用《大明律》卷十九“威逼人致死”条规定：因奸威逼致死人命，斩刑。但是，本案的造意者是丈夫，而实施者是他人，情节非常特殊。丈夫殴打妻子至死，只得绞刑；至于过失杀死，勿论。然而小说写道：包公将丈夫处以斩刑，其他二人杖责三十。[3] 遍检《大明律》，笔者没有找到适宜的条款，唯有存疑待考。第三例见于《龙图公案》编号 15 的案件，乃是妒妇怀疑丈夫与弟媳通奸，致使弟媳羞愤自缢而死。在小说中，包公作出“合以威逼拟绞”[4] 的裁判。查考《大明律》，适用这一条款比较贴切。但是，根据《大明律》规定：只有威逼期亲尊长致死，才处绞刑。[5] 与本案的身份稍有差异。按照卷二十五“诬执翁奸”条规定：弟妇诬执夫兄欺奸，斩刑。这一条款似乎也可以适用，不过妻子诬执丈夫与弟妇通奸，量刑可能更重。但是，情节也有不同。当然，作为比照适用，似无不可。第四例是《龙图公案》编号 16 的故事。本案所说，是翁媳通奸，致使翁误

---

[1] 参见《大明律》，怀效锋点校，法律出版社 1999 年版，第 199 页。

[2] 参见《大明律》，怀效锋点校，法律出版社 1999 年版，第 20 页。

[3] 参见（明）安遇时编集：《龙图公案》卷三《试假反试真》，石雷校点，群众出版社 1999 年版，第 92 页。

[4] 参见（明）安遇时编集：《龙图公案》卷八《箕帚带入》，石雷校点，群众出版社 1999 年版，第 241 页。

[5] 参见《大明律》，怀效锋点校，法律出版社 1999 年版，第 157 页。

奸女——父女相奸。女自缢，翁也自缢。包公拟判儿媳死刑。[1] 依照《大明律》卷二十“亲属相奸”条规定：翁媳通奸，皆斩。这里，儿媳致使父亲误奸女儿，情节更重。

最后，我们讨论一下“过失”和“误杀”的4例。关于“过失”杀人一例，乃是《百家公案》编号72的案件。小说写道：西宾先生遗失银盆，怀疑学斋童仆所窃，在勘问时“不觉失手打死”。[2] 根据这一供词，先生本无杀人故意，可以定为过失。又依律学家雷梦麟的解释：“过失杀伤人者，耳目之所不及，思虑之所不到，原其心非杀伤人之心也，即其事非杀伤人之事也，但其人由我而死伤，故准斗杀死伤科罪。”[3] 再者，根据《大明律》卷十九“斗殴及故杀人”条规定：斗殴杀人，绞刑。[4] 包公所作的判决，乃是“逼打人致死，合该偿命”。[5] 本案量刑颇为准确。[6] 第一例“误杀”见于《百家公案》编号70的叙述，出于认知错误——将“甲”视作“乙”的案件。[7] 我们考究《大明律》卷十九“戏杀误杀过失杀伤人”条律文，没有找到与本案情节相应的规定。包公所作的判决，乃是将误杀人者潘秀

[1] 参见（明）佚名：《龙图公案》卷八《房门谁开》，群众出版社1999年版，第243页。

[2] 参见（明）安遇时编集：《百家公案》第97回，石雷校点，群众出版社1999年版，第311页。

[3] 参见（明）雷梦麟：《读律琐言》，怀效锋、李俊点校，法律出版社2000年版，第356页。关于中国古代“过失”概念的讨论，参见（日）西田太一郎：《中国刑法史研究》，段秋关译，北京大学出版社1985年版，第92~118页。

[4] 《大明律》，怀效锋点校，法律出版社1999年版，第153页。

[5] （明）安遇时编集：《百家公案》，石雷校点，第312页。

[6] 当然，根据《大明律》卷十九“戏杀误杀过失杀伤人”条规定：过失杀伤人命的罪犯，可以“依律收赎，给付其家”。本条注释，赎资给付被杀伤之家，作为茔葬及医药之资。《大明律》，怀效锋点校，第154页。

[7] “误”的意涵，颇为复杂。参见西田太一郎：《中国刑法史研究》，段秋共译，北京大学出版社1985年版，第103~109页。

无罪释放，而将发冢者（仆人李辛）斩首。从法理角度来看，可谓得当。但是毕竟是致死人命的案件，故而必须予以平衡。那么，处死仆人的依据是什么呢？根据《大明律》卷十八“发冢”条规定：开棺见尸，绞刑。[1] 本案李辛开棺致令潘秀误杀花羞，处以斩刑，并不为过。何况，李辛还有将花羞背回家中结为夫妻的特殊情节。另据《大明律》卷二十五“奴及雇工人奸家长妻”条规定，也是处斩刑。足见，本案判决颇为得当。在日常生活中，这种死后复活，又被他人误作鬼魂杀死的情形，恐怕非常罕见。第二例“误杀”乃是“其他包公故事”编号 19 的案件，包公定为“误杀人命”结案。[2] 这是包公“殉私枉法”的一例。按照小说的叙述，本案应该是“斗殴误杀人命”的案件；又据《大清律例》卷二十六“戏杀误杀过失杀伤人”条与“斗殴及故杀人”条规定：罪犯当得绞刑。[3] 包公却将罪犯无罪释放。第三例“误杀”，属于“其他包公故事”编号 35《三侠五义》第四十四与四十五回的叙述。参照前引两款规定，包公断作误杀人命，罪犯抵死，[4] 非常准确。

再说其他案件。除了上述 98 例“人命”案件，尚有 50 例属于其他性质的案件。这里不便逐一予以考察，笔者选择一些传统社会比较常见的案件进行解读。[5]

关于“通奸”案件的“量刑”评估。上面已经讨论过的“通

[1] 参见《大明律》，怀效锋点校，法律出版社 1999 年版，第 145 页。

[2] 参见（清）李雨堂：《万花楼》，第 8 回，华夏出版社 1995 年版，第 39 页。

[3] 参见《大清律例》，田涛、郑秦点校，第 433 页，第 430 页。

[4] 参见（清）石玉昆：《三侠五义》，华夏出版社 1994 年版，第 210 页。

[5] 譬如，有些案件涉及宫廷政治的纷争和阴谋，官僚之间的倾轧和陷害，虽然在包公故事中都以司法审判的面貌出现，但是，解决总是涉及法律以外的诸多因素。对于这些案件，笔者暂时不予讨论。

奸谋杀亲夫”案件，这里不再重复。根据《大明律》卷二十五“犯奸”条规定：和奸，杖八十；有夫，杖九十。和奸、刁奸，男女同罪。奸妇听从本夫嫁卖，本夫愿留，准许。如果嫁卖与奸夫，奸夫、本夫，各杖八十，妇人离异归宗，财物入官。[1] 在7例“通奸”案件中，第一例属于《百家公案》编号4的案件，涉及奸夫盗窃本夫16两银子，属于通奸和窃盗两罪俱罚的案件。男犯通奸，杖八十；窃盗不满二十贯，杖八十。[2] 结合卷一“二罪俱发以重论”条规定，[3] 男犯当得杖八十。包公判作杖一百，徒三年。女犯去衣受杖，本夫领回，[4] 与法律不合。第二例乃是《百家公案》编号9的故事。说是一个八旬老人与族房寡妇通奸，男女各杖一百；老人放回，寡妇别嫁。[5] 本案男女服制亲疏不明，然而，从“族房”两字来看，亲属关系比较疏远。根据《大明律》卷二十五“亲属相奸”条规定：“凡奸同宗无服之亲及无服亲之妻者，各杖一百。”本案“量刑”非常精确。第三例见于《龙图公案》编号4的案件，乃是奴婢与良人通奸，按照《大明律》卷二十五“良贱相奸”条规定：良人杖八十，奴婢杖九十。但是，本案涉及奴婢主母被人强奸杀死，故而男女发遣问流。[6] 这一案件的判决，显然属于量刑偏重。第四例也是《龙

[1] 《大明律》，怀效锋点校，法律出版社1999年版，第197页；《大清律例》卷三十三《犯奸》，田涛、郑秦点校，法律出版社1999年版，第521页。

[2] 参见《大明律》卷十八《窃盗》，怀效锋点校，法律出版社1999年版，第142页。

[3] 参见《大明律》卷一，怀效锋点校，法律出版社1999年版，第15页。

[4] 前揭《百家公案》第9回，群众出版社1999年版，第28页。所谓“去衣受杖”，也是宋元以来的刑罚传统。具体的讨论，参见包振远、马季凡：《中国历代酷刑实录》，中国社会出版社1998年版，第352~358页。至于“去衣受杖”的原因，清代《福惠全书》卷十九《和奸》有一非常堂皇的解释：“奸妇去衣受刑，以其不知耻而耻之也；娼妓留衣受刑，以其无耻而不屑知之也。”转引自李敖：《且从青史看青楼》，中国华侨出版社1993年版，第103页。

[5] 参见安遇时编集：《百家公案》，第18回，石雷校点，群众出版社1999年版，第55页。

[6] 参见（明）佚名：《龙图公案》卷一《咬舌扣喉》，群众出版社1999年版，第18页。

图公案》编号6的故事，包公拟判奸妇当官嫁卖，财礼给付本夫收领；奸夫不仅与逃妇通奸，而且拐逃卖淫，当得徒刑。与这一情节相似的是《大明律》卷十八“略人略卖人”条规定：男犯当得杖七十，徒一年半。[1] 如果这样的话，女犯当得杖六十，徒一年。根据《大明律》卷六“出妻”条规定：妻背夫逃往，杖一百，从夫嫁卖。[2] 小说写得比较笼统，不过与法律大抵吻合。第六例出自“其他包公故事”编号27《三侠五义》的案件，奸妇当官嫁卖，奸夫杖责四十。[3] 本案的量刑偏轻。第七例见于“其他包公故事”编号30的叙述，按照《大清律例》卷三十三“纵容妻妾犯奸”条规定：纵容女儿与他人通奸，母亲、女儿、奸夫各杖九十。[4] 本案奸夫是道士，又据同卷“居丧及僧道犯奸”条规定：加重二等。[5] 因此，道士当得杖六十，徒一年的刑罚。值得注意的是，本案母亲尚有“妄冒为婚”的情节。再据《大清律例》卷十“男女婚姻”条规定：女家妄冒，主婚人杖八十，追还财礼。[6] 小说的判决却是：“将她母女每人拶了一拶，发在教坊司：母为虔婆，暗合了贪财卖奸之意；女为娼妓，又随了依门卖俏之心。”赃银提到，偿了男方五十两银子；奸夫远边充军。[7] 这一判决与法律规定既有吻合的地方，也些差异的地方。另外，发付“教坊司为娼妓”的处罚不知有何依

[1] 参见《大明律》，怀效锋点校，法律出版社1999年版，第144~145页。
[2] 参见《大明律》，怀效锋点校，法律出版社1999年版，第65页。
[3] 参见（清）石玉昆：《三侠五义》，第5回，华夏出版社1994年版，第32页。
[4] 参见《大清律例》，田涛、郑秦点校，法律出版社1999年版，第523页。
[5] 参见《大清律例》，田涛、郑秦点校，法律出版社1999年版，第527页。
[6] 参见《大清律例》，田涛、郑秦点校，法律出版社1999年版，第204页。
[7] 参见石玉昆：《三侠五义》第22回，长春出版社2018年版，第109页。

据，[1] 抑或出于小说作者的虚构？而且，这一描写颇有报复的意味，一如早期的“宫刑”制度。不同之处在于：前者所要表达的是，既然不知羞耻，那就干脆“依门卖俏”，从事没有廉耻的勾当；而后者意欲表达的则是，既然无耻犯淫，那就割去“犯淫之具”而不得遂其心愿。一正一反，都是制度化报复的反映。由此可见，道德教化固然重要，但是，一旦教化失灵，那么惩罚也就成了唯一的手段。也可以看出，教化的底线或者后盾，唯有刑罚。笔者觉得，这种过于关注教化功能的想法，也是中国古代法律“泛刑”的原因之一。如此一来，道德固有的“自觉自律”的品格，反而被忽略，乃至被排斥。故而，像“丑陋的中国人”这种说法，就是道德与刑罚这一不当关系的产物。

关于“窃盗”的量刑评估。按照《大明律》卷十八“窃盗”条规定：“凡窃盗已行而不得财，笞五十，免刺。但得财者，以一主为重，并赃论罪。为从者，各减一等。”[2] 第一例见于前表2《百家公案》编号4的案件，已经说过，不再赘述。第二例乃是前表2《百家公案》编号6的故事，赃物布匹三担。不太清楚的是，三担布匹所值几何？本案的刑罚是发配远边充军。如果仅按照窃盗赃物价值推算，至少也要一百二十贯。不过，尚有一个

[1] 中国古代的“官妓”制度何时出现，不太清楚。李敖认为，春秋时期齐国管仲设置“女闾”乃是中国官妓之始。参见李敖：《中国性命研究》，中国友谊出版公司1993年版，第146页。作为京师管理官妓的教坊司，笔者也没有做过查考，不知起于何时。至少，隋唐时期官妓，属于教坊司掌管。这一制度一直延续到清代。然而，清代京师教坊司的官妓，经过顺治皇帝二次的取缔，已经不再存在；只有地方官妓继续存在，譬如，山西、陕西的“乐户”即著名的例证。到了雍正时期，政府更是着力取缔官妓，当然“私妓”依然存在。参见徐昌、杨海：《妓女史》，上海文艺出版社1995年版，第25~81页。根据学者的这些研究，对勘《三侠五义》的这一描写，笔者要问：所谓将母女发付教坊司为娼不知何据。

[2] 参见《大明律》，怀效锋点校，法律出版社1999年版，第140页。《大清律例》，田涛、郑秦点校，法律出版社1999年版，第391页。

情节必须予以注意：即小说特别强调，以惩治罪犯来“平息害民”[1]。本案的量刑，显然已经考虑这一情节。第三例出自前表3《龙图公案》编号14的案件，罪犯乃是一帮二十余人的惯贼。本案的直接赃物是十两银子，外加包公为了抓获窃贼，充当“诱饵”的数两银子。最后的量刑，则是三个窃贼，杖三十，拟徒三年。[2] 由于小说的叙述不太清晰——譬如，累计盗窃价值多少。故而，最终的量刑是否得当也就无法考量。第四例属于前表3《龙图公案》编号24的“盗鹅”案件，一只鹅的价值肯定不足一贯；因此，包公将被告打二十板，[3] 权作惩戒，乃是比较适宜的裁断。值得指出的是，关于“盗鹅”之类的罪犯，明代法律尚有专门条款规定：“凡盗马、牛、驴、骡、猪、羊、鸡、犬、鹅、鸭者，并计赃，以窃盗论。”[4] 也许有人会说，既然“计赃”论罚，似无必要专条规定。如此规定，恰好反映出了中国古代农业社会的法律特色，值得我们注意。

关于“诈骗”的量刑评估。根据《大明律》卷十八“诈欺官私取财”条规定：用计诈欺官私财物，并赃准窃盗论，免刺。[5] 在包公故事中，比较典型的“诈骗”案件共有二例。第一例见于前表2《百家公案》编号7的案件，赃物骡马一匹，不知价值几何。被告杖责七十，前骡（被告用来诈骗的瘦骡）没官。这一处

---

[1] 参见（明）安遇时编集：《百家公案》，石雷校点，群众出版社1999年版，第35页。

[2] 根据《大明律》卷十八“窃盗”条规定：窃盗价值一贯以下，杖六十。由此可见，没有杖（或者笞）三十的“量刑”幅度。徒三年，附加的杖刑是一百，而不是三十；适用这一幅度的刑罚，是赃物价值九十贯。需要指出的是，尽管中国古代法律对于笞杖数量的规定甚为具体，可以一一计算，但是，司法官员具有“自由裁量”的权力。基于这一考虑，也许我们不必“斤斤计较”。

[3] 参见（明）佚名：《龙图公案》卷九《青粪》，群众出版社1999年版，第271页。

[4] 《大明律》，怀效锋点校，法律出版社1999年版，第142页。

[5] 参见《大明律》，怀效锋点校，法律出版社1999年版，第144页。

罚比较适宜。[1] 第二例乃是前表2《百家公案》编号10的案件，诈取富户谷物一仓二十余车，价值银子十两；又从包公那里诈取二十余车，也以银子十两计算的话，一共二十两银子。主犯摆站五年，从犯摆站三年。[2] 根据《问刑条例·名例》中的"五刑"条规定：杂犯死罪折换摆站五年，摆站三年按照原来徒刑年限论罚。[3] 又据《大明律》卷十八"窃盗"条规定：三犯窃盗，一体处绞。但是，三犯窃盗属于"真犯死罪"。[4] 小说如此判决，乃是类比推理的结果。不过，这一判决与法律大体合辙。[5]

关于"抢劫"的量刑评估。按照《大明律》卷十八"强盗"

---

[1] 参见（明）安遇时编集：《百家公案》第15回，石雷校点，群众出版社1999年版，第47页。根据"窃盗"条规定：一贯以上，十贯以下，杖七十。怀效锋点校：《大明律》，法律出版社1999年版，第142页。值得注意的是：本案原告之仆人（马骡在他手里被骗），也被"量情责罚"。这一处罚颇为离奇，全出自包公的"自由裁量"，理由乃是"不合与之试马"。这种责罚是否符合《大明律》卷二十六"不应为"条的要求呢？本条律文规定："凡不应得为而为之者，笞四十；谓律令无条，理不可为者。事理重者，杖八十。"《大明律》，怀效锋点校，法律出版社1999年版，第205页。它恰恰体现出中国古代"泛刑"的特点。这里，教化与刑罚之间的界线已经模糊。笞杖，原本属于"教化"的手段。譬如《唐律疏议》卷一"五刑"释曰："笞者，击也，又训为耻。言人有小愆，法须惩诫，故加捶挞以耻之。……《书》云'扑作教刑'，即其义也。"又说："《说文》云'杖者持也'，而可以击人者欤？《家语》云'舜之事父，小杖则受，大杖则走'。《国语》云'薄刑用鞭扑'。《书》云'鞭作官刑'。犹今之杖刑者也。"《唐律疏议》，刘俊文点校，中华书局1983年版，第3~4页。由此可见，在中国古代法律中，笞杖既是教化，也是刑罚；两者之间原本没有什么清晰的界线。

[2] 参见（明）安遇时编集：《百家公案》第19回，石雷校点，群众出版社1999年版，第57页。

[3] 参见《大明律》，怀效锋点校，法律出版社1999年版，第339页。

[4] 参见《真犯杂犯死罪例》，载《大明律》，怀效锋点校，法律出版社1999年版，第286页。

[5] 从《百家公案》第19回第57页的描写来看，罪犯拷得谷物上千有余——笔者认为，单位应该是"石"字。由此可见，数额非常巨大。那么，谷物千石折换银两或者钞贯究竟多少呢？这要参照当时当地的粮价。众所周知，现存《百家公案》最早的刻本是万历二十二年（1594年）朱氏与耕堂刊本，显然，实际成书还要早些。这样，我们必须查考万历二十二年前后的谷价；由于故事发生的地点是许州，因此，我们还要分析当地的谷价。但是，作为小说，如此"坐实"的考据，恐怕不大合适。另外，又据《大明律》规定：窃盗一百二十贯，罪止杖一百，流三千里。据此，诈骗数额再大，似乎也无死刑；只有三犯窃盗，才得绞刑，这是累犯加重的原则。参见《大明律》，怀效锋点校，法律出版社1999年版，第141页。

条规定："凡强盗已行，而不得财者，皆杖一百，流三千里。但得财者，不分首从，皆斩。"[1] 除了谋财害命之外，比较切近"强盗"的案件，尚有以下三例。第一例见于前表2《百家公案》编号8的故事，乃是二人持刀强盗客商银两万余，罪犯斩首。[2] 第二例出自前表2《百家公案》编号27的案件，三个屠夫持刀强盗一名妇女的首饰，并且砍下左手；罪犯斩刑。[3] 第三例乃是表3《龙图公案》编号27的故事，说是一伙强盗五十余人明火执仗，强盗富户财物；拟成大辟，秋后处决。[4] 另有一例与《大明律》卷十八"白昼抢夺"条类似。本条律文："凡白昼抢夺人财物者，杖一百，徒三年。计赃重者，加窃盗罪二等。"[5] 本案乃是表3《龙图公案》编号12的著名故事——《夺伞破伞》，赃物价值是五分银子，包公责打案犯十板。[6] 本条法律没有提及赃物的价值，但含义仍非常清楚，只要实施"白昼抢夺"的行为，即使没有得财，也要处以杖一百，徒三年的刑罚。[7] 据此，本案的量刑显然偏轻。个中原因，乃是法定量刑的起点过重。另外，虽然这类犯罪的"构成要件"（这是一个现代法律术语）重在行为本身的性质，而非财物；不过，在一个物质匮乏的社会里，有无"得财"依然是一个至关重要的量刑尺度。

上面，对于包公故事描写的一百多个案件涉及的"罪与罚"

---

[1]《大明律》，怀效锋点校，法律出版社1999年版，第140页。

[2] 参见（明）安遇时编集：《百家公案》第16回，石雷校点，群众出版社1999年版，第50页。

[3] 参见（明）安遇时编集：《百家公案》第42回，石雷校点，群众出版社1999年版，第128页。

[4] 参见（明）佚名：《龙图公案》卷十《铜钱插壁》，群众出版社1999年版，第278页。

[5]《大明律》，怀效锋点校，法律出版社1999年版，第141页。

[6] 参见（明）佚名：《龙图公案》卷六，群众出版社1999年版，第171页。

[7] 雷梦麟的解释也是这个意思。他说："此不计赃者，盖白昼公行，不畏人知，恶其近于强也。"雷梦麟：《读律琐言》，法律出版社2000年版，第320页。可见"白昼抢夺"与"强盗"颇为接近，类似于现代刑法中的"抢劫"与"抢夺"两罪。

问题，进行了概括的分析和解说，特别关注了它们与相关法律之间的关系。通过这一讨论，我们可以发现，这些故事对于“罪与罚”的描写，基本符合当时的法律规定。这意味着，它们并非完全出自下层文人的向壁虚构或胡编乱造，而是具有颇为可靠的资料来源。[1] 这也表明，它们的作者或编者，是比较重视对于法律

[1] 就此而言，笔者比较同意郑振铎先生的意见：这类故事的根源，大多出自口头或者文告、判牍。他在谈到“话本公案故事”时，还说：“这些，都是常见的案件，都是社会上所有的真实的新闻，都是保存于判牍、公文里的故事，而被说话人取来加以渲染而成小说的。除了说新闻，或给听众以故事的怡悦之外，很少有别的目的，很少有别的动机。”前揭郑振铎：《元代“公案剧”产生的原因及其特质》，载郑振铎：《郑振铎文集》（第5卷），人民文学出版社1988年版，第466页，第472页。在此分析的包公故事，为了吸引读者，它们的故事情节可能有所渲染，有些甚至近乎离奇荒诞。但是，故事蕴含的法律问题，大约很难随意改动。据此，笔者不大同意胡适先生的如下看法。在讨论《龙图公案》时，胡适先生指出：“其中的地理、历史、制度，都是信口开河，鄙陋可笑。”前揭《〈三侠五义〉序》，载姜义华主编：《胡适学术文集·中国文学史》（下），中华书局1998年版，第1042页。如果硬是“坐实”历史上的时间、地点、人物、制度，那么他的判断也许很有道理。即以法律制度而言，关于司法程序的描写，确实存在“信口开河”的地方，有些故事更属荒唐；但是，就故事涉及的其他法律问题，譬如“罪与罚”问题来看，未必就如胡适先生所谓的“信口开河”。何以如此呢？第一，案件审判程序涉及诸多环节——人命案件更是如此，在一个短小的公案故事中，往往难以处理这些复杂的细节；而且，这些故事本身也是意不在此。因为，作为“法官”的包公，主要是地方官员，故而，如果这些案件都要叙述完整的司法程序，包公形象将被彻底淹没。其实，许多故事也明确提及“圣旨”下来这样的司法程序。第二，由于这些公案故事来自判牍，一般而言，它们不会涉及具体的司法程度；也就是说，它们仅叙述案件的侦破、事实与判决，就足够了。即使真实的判牍文书，除了简单叙述案件的事实与裁决，也未必详述其他法律问题。第三，在“王者无外，六合同风”的中央集权体制下，对于国家法来讲，地理因素其实并非特别重要的案件构成要素；换句话说，把河南写作河北，将浙江视作江西，并非什么了不起的错误。第四，毕竟，这些故事来源多端，有些甚至年代久远。如果追求故事细节的精确无误，恐怕也非通俗小说值得追求的目标。进而，小民百姓对于这些故事的细节精确或许根本不感兴趣，他们关心的是侦破案件与审断结局。在这个意义上，文学就是文学，它不是历史，因而允许虚构。换句话说，文学必须采取与历史叙事不同的另一种叙事策略，在不太违背真实的前提下，尽量满足预期读者和听众的偏好。总之，文学的真实，一如笔者反复提及和阐述的，它是一种抽象的真实而非具体的真实，即一种表达思想、情感以及生活状态、时代氛围的真实。顺便说明，笔者初步考述的这些公案故事适用法律（犯罪与刑罚）的真实，其实也已表明，它们也有作为历史真实的要素。原因或许在于：这些故事附带一种满足小民百姓了解法律知识之目的。采用讲述“故事”的方式，更易被知识浅短的他们所理解。对此，陈大康有一颇为贴切的分析。他说：“公案小说之所以能风行一时，广大读者希望了解法律知识的需求是重要的推动因素。……实用的需要都在其间起了相当大的作用。”陈大康：《明代小说史》，上海文艺出版社2000年版，第403页。

的准确叙述的。作为文学作品，即使某些故事掺杂了“灵怪”因素和荒诞情节，但仍未超出当时民间宗教的信仰范围，更未完全背离“神道设教”的政治语境；即使某些故事出现了偏离法律、曲解法律、误用法律，甚至对于法律适用的夸张叙述，但也不能完全否定它们的“普法”价值。为了吸引乡野民众的眼球，激发他们的情感共鸣，满足他们的娱乐趣味和知识偏好，掺入灵怪因素、设计离奇情节、采用夸张叙述，可以说是必要的元素或佐料。基于上述判断，包公故事以及其他公案文学的广泛流传，不仅是对小民百姓法律意识的写心，而且是对他们法律生活的写实。在一定程度上，包公故事以及公案文学的价值，可能要比判牍文书更大一些。这是因为，作为具体的法律故事的叙述，判牍反而不如小说戏曲更具普遍意义，它们的读者和听众（接受群体）也要狭小很多。

四、犯罪与刑罚的另一种叙事

考察包公故事讲述的犯罪与刑罚，我们发现了另一种“罪与罚”的表达，即“报应”观念的表达。这种观念，除了精英信仰和文化的影响，还有民间宗教和文化的影响；不过，主要受到的还是来自民间宗教和文化的影响。马克思曾经说过一句名言：宗教是人民的精神鸦片。信然！中国历朝历代的帝皇将相，对于精神（宗教与道德）控制的价值，一向独有心会，并能巧妙利用。所谓“神道设教”四字，业已道出其中的奥秘。

就法律文化而言，假如人间的法律不堪凭信，假如人间的“罪恶”得不到有效和公正的惩罚，假如冤抑得不到及时的释放和平反，那么，把希望寄托于精神性的惩罚，也就成为一种无奈的选择，乃至必要的选择。一句话，通过报应机制，人们可以求得一种心理补偿，诉说一种正义期望。事实上，中国古人建构包公的不畏强权、为民请命、明察秋毫、伸张正义的种种神话故事，即能发挥类似的功能。说到底，所谓“报应”，乃是在人间法律缺席甚至制造“罪恶”的情况下，人们可以寄托的最后一丝希望和慰藉。当然，在报应的背后，仍有劝善的意图。这种劝善，其实也是一种规训的手段或者策略。据此，这种报应观念反映出来的意涵，即是人们关于公平与正义的想象与诉求。也就是说，所谓报应，乃是“罪与罚”之间的一种精神平衡——罚恶赏善、有罪必罚，或者“有果则必有因”的观念反映。

传统中国的“报应”思想，它的来源颇为复杂，概括起来约略有三：其一，儒家的经典传统；其二，本土的道教信仰；其三，外来的佛教思想。譬如《尚书·汤诰》记有“天道福善、祸淫”[1] 之言，《周易·坤》亦有“积善之家必有余庆，积不善之家必有余殃”之说[2]，《周易·系辞下》则有“善不积不足以成名，恶不积不足以灭身”之语[3]。由此可见，在中国早期思想史上，这种相信自然和神灵的报应观念，就已产生。[4] 后来，被学者视为道教第一书的汉代《太平经》又提出了“承担”（命运

[1] （汉）孔安国传、（唐）孔颖达正义：《尚书正义》“汤诰”，上海古籍出版社 2008 年版，第 297 页。

[2] 《周易译注》，“坤卦第二”，周振甫译注，中华书局 1991 年版，第 16 页。

[3] 《周易译注》，“系辞下”，周振甫译注，中华书局 1991 年版，第 264 页。

[4] 学者指出，这种“善恶报应”的宗教思想信仰，自中国有文字记载之时开始，一直是中国宗教的基本信仰。而且认为，这是一种真正的替天行道。参见［美］包筠雅：《功过格——明清社会的道德秩序》，杜正贞、张林译，浙江人民出版社 1999 年版，第 28 页、第 29 页。

的分担）这个概念。杨联陞先生指出：“这些罪恶可能只是上一代少数人犯下的，但其结果及于家族后代的子孙及同乡。”[1] 如《太平经》就说：“凡人之行，或有力行善，反常得恶；或有力行恶，反得善，因自言为贤者非也。力行善反得恶者，是承负先人之过，流灾前后积来害此人也。其行恶反得善者，是先人深有积蓄大功，来流及此人也。能行大功万万倍之，先人虽有余殃，不能及此人也。”[2] 汉代以降，随着佛教传入中国，这种报应信仰更为流行。佛教认为，众生尚未达到神界之前，总是处于生死轮回、因果报应的痛苦之中。所谓“善有善报，恶有恶报”的观念，乃是基本信仰。东晋高僧慧远，则更是写出了《三报论》和《明报应论》的文章，系统地阐述了报应思想，流播甚广，影响甚巨。随着儒、道、佛三教的渐次合流，宋明以来，因果报应思想，也就成为中国民间宗教当中最具广泛影响的思想信仰之一。与此同时，作为文学叙事的小说戏曲，则起到了推波助澜的作用。[3] 在包公故事里，便有大量关于报应的叙事；而且，很多作品往往伴有相应的劝诫意图。包公故事的这一特色，与宋代以降

[1] 参见［美］杨联陞：《中国文化中报、保、包之意义》，香港中文大学出版社 1987 年版，第 59 页。关于“承担”概念的简要讨论，参见陈霞：《道教劝善书研究》，巴蜀书社 1999 年版，第 4～8 页。

[2] 王明编：《太平经合校》（上），中华书局 1960 年版，第 2 页。

[3] 刘兴汉指出：“从辑结成集的第一部早期话本《清平山堂话本》，到被称为我国最后一部话本小说集《跂春台》，可以说没有一部作品没有‘因果报应’的劝诫与说教。以至于它径直被称为‘因果报应之书’。”参见刘兴汉：《“因果报应”观念与中国话本小说》，载《吉林大学社会科学学报》1997 年第 5 期。参见王引萍：《三言因果报应与编撰意图论析》，载《固原师专学报》1998 年第 5 期；孙逊：《中国古代小说与宗教》，复旦大学出版社 2000 年版，第 238～252 页。

“功过格”“劝善书”的流行，颇有关系。[1]

关于包公故事阐述的报应观念，兹作整理如下。[2] 第一种叙述比较隐晦，没有直接使用“报应”一词。只是，一旦产生了冤抑，含冤负屈之人就会诉诸“天”或“神”。往往采用下列说法：话本《三现身》“寄声暗室亏心者，莫道天公鉴不清”。[3] 杂剧《留鞋记》“人间私语，天闻若雷；暗室亏心，神目如电”。[4] 传奇《还魂记》“万事劝人修碌碌，举头三尺有神明”。[5] 第二种叙述比较明确，即直接使用天道报应这个术语。例如，杂剧《陈州粜米》“虽然是输赢输赢无定，也须知报应报应分明”。[6] 杂剧《神奴儿》“湛湛青天不可欺……休言不报也，敢只争来早与来迟”。[7] 明代杂剧《认金梳》“善有善报，恶有恶报，不是不报，时辰未到。……这的是有青天，报应昭彰”。[8] 京剧《乾坤

---

[1] 关于“功过格”的研究，参见包筠雅：《功过格——明清社会的道德秩序》，杜正贞、张林译，浙江人民出版社1999年版；[日]酒井忠夫：《功过格的研究》，载刘俊文主编：《日本学者研究中国史论著选译》（第7卷），中华书局1993年版，第497～542页；另外，关于“劝善书”的研究，参见陈霞：《道教劝善书研究》，巴蜀书社1999年版；游子安：《劝化金箴——清代善书研究》，天津人民出版社1999年版；[日]酒井忠夫：《中国善书研究》（增补版），刘岳兵、何英莺译，江苏人民出版社2010年版。

[2] 在此处考察的包公故事中，使用“天道”“报应”等词的有50多例；但凡涉及人命案件，大多都会出现诉诸“天”“神”信仰。由此可见，信奉“天道公正”和“报应不爽”的思想，不仅是中国古代“正义”观念的一种表达方式，而且是包公故事的一个基本特点。这是完全可以理解的事情。因为，尽管“正义”涉及诸多层面，但是，司法“正义”乃是最为引人瞩目的一个层面。据此，解读包公断狱故事，对于我们理解中国古人的“正义”观念，具有非常重要的意义。这方面的讨论，亦可参见刘恒妏：《由包公系列小说看传统中国的正义观》，载《月旦法学杂志》1999年第10期。

[3] 程毅中辑注：《宋元小说家话本集》（上），齐鲁书社2000年版，第68页。

[4] （明）臧晋叔编：《元曲选》第三册，中华书局1958年版，第1271页。

[5] 吴白匋主编：《古代包公戏选》，黄山书社1994年版，第424页。原文“□□□□□□碌，举头三尺有神明”脱漏六字，根据它书补足。其实，此言在包公故事中频繁出现。

[6] 吴白匋主编：《古代包公戏选》，黄山书社1994年版，第122页。

[7] 吴白匋主编：《古代包公戏选》，黄山书社1994年版，第270页。

[8] 阙名：《认金梳孤儿寻母》，载王季烈辑：《孤本元明杂剧》第23册，上海涵芬楼藏版，商务印书馆1914年版，第3页a，第12页a。

啸》“青天不可欺，未曾择意早先知，善恶到头终有报，只争来早与来迟”。[1] 第三种可以归为“阴司”或者“冥判”案件的叙述，乃是非常典型的报应故事。例如，《龙图公案》就收录了“久鳏”“绝嗣”“善恶罔报”“寿夭不均”之类的专篇故事。[2] 值得我们注意的是，这种诉诸“天道”或者“报应”的叙事，反映出来的乃是中国古代两种法律秩序（王法与神法）之间的互动关系，即支持与背离的格局。包公故事提及的所谓“阴司法令”，[3] 至少在民间信仰上，对于阳世王法具有批判的价值和功能。这一法律结构，具有类似于西方的自然法与国家法或者神法与国法之间的互动关系。

在中国古代社会，作为人间的王法秩序，就其理想而言，不仅是皇帝的人为法度，具有理性建构的特点，亦是“天道”的反映，及其具体化、实定化的表达，所谓“则天顺时”或者“揆诸天理”，即简明扼要的言述。与此同时，王法还应该是社会生活秩序与文化传统的反映和表达，此即“准诸人情”的意思。总之，一如帝皇是“天下·国家”的代表，所以王法也应该是“天道·公意”的体现。[4] 但是，在政治运作和社会生活中，王法

---

[1] （清）朱朝佑：《乾坤啸》，载《古本戏曲丛刊》编辑委员会编：《古本戏曲丛刊三集》（第20册），国家图书馆出版社2016年版，第35页a。

[2] 参见前揭《龙图公案》相应的篇目。

[3] 参见（明）佚名：《龙图公案》卷七《善恶罔报》，群众出版社1999年版，第209页。

[4] 汉文帝时代的廷尉张释之，在处理一起“犯跸”案件时，由于自己的意见与文帝相左，就以“法者，天子所与天下公共也”来说服文帝，也是为自己的裁决做辩护。这个故事，详见《汉书·张释之传》（中华书局1962年版，第2310页）。张释之的话语表明，法律乃是皇帝、官僚、百姓共同遵守的规范。这样的法律，不但是“公意”的体现，而且是“天意”的表达。换句话说，只有体现“天意”“公意”的法律，才是正义的法律。

总是成了帝皇“私意”的体现——既是帝皇“个人意志”的体现，[1] 也是帝皇权力的一种表达方式，甚至是权力运作的一种工具或者技术。由此，原本标榜“天视自我民视，天听自我民听”[2] 的“无私王法”的道理，也就变得隐而不彰。另外，即便理想意义上的“无私王法”确实存在，然而，诚如俗语“歪嘴和尚念歪了经”之所谓，那些执行王法的“歪嘴和尚”——帝国官僚，也有自己的“私欲”和“私意”，因此，他们就不可能真正做到“奉法守职”这种司马迁在《史记·循吏列传》里提出的职业伦理的要求。也因此，王法蕴含的正义理想，就不可能仅靠他们来实现。包公作品叙述的法律故事，是对于这一问题的深刻揭露。[3] 在这种语境里，人们建构包公这个虚幻色彩极其浓厚的形象[4]，就是意图让他担当实现王法与“天道”的双重使命。也就是说，包公不只是王法的守护者和执行者，[5] 也是“天道”的解释者和执行者，这恰恰是人们赋予包公“日间断阳，夜间理阴”这种神性能力的意图所在。包公额头所绘的著名“月牙”图

[1] 汉武帝时代的杜周，说过一句名言：“三尺之法安出哉？前主所是著为律，后主所是疏为令，当时为是，何古之法乎！”在杜周看来，法律只不过是皇帝“私意”乃至“肆意”的表达，而非“公意”的体现。见于《汉书·杜周传》，第 2659 页。与前引张释之的话相比，杜周的说法更能反映皇权政治及其法律实践的真情实况。

[2] （汉）孔安国传、（唐）孔颖达正义：《尚书正义》，“泰誓”，上海古籍出版社 2008 年版，第 412 页。

[3] 有关这方面的讨论，亦可参见王瑷玲：《洗冤补恨——清初公案剧之艺术特质与其文化意涵》，载熊秉真主编：《让证据说话——中国篇》，台北，麦田出版公司 2001 年版，第 68~87 页。

[4] 关于包公形象的文学表达，参见徐忠明：《包公故事：一个考察中国法律文化的视角》，中国政法大学出版社 2002 年版，第 188~241 页。

[5] 包公自称是皇帝的看家恶狗，寓意就是如此。他在《陈州粜米》中说：“他便似打家的强贼，俺便似看家的恶狗。他待要些钱和物，怎当的这狗儿紧追逐。”参见吴白匋主编：《古代包公戏选》，黄山书社 1994 年版，第 131 页。

案，是否就是“夜间理阴”这一超越能力的象征呢?[1] 答案是肯定的。这样一来，包公也就成了“含冤负屈”的小民百姓的希望，正义的象征。

总体而言，包公故事的报应叙述，早在宋代就已出现，例如，包公死后变做“阎罗王”和“东岳速报司”的传说，即著名例证。[2] 宋代话本《三现身》也显露出了报应观念，至于元代杂剧，更有这方面的渲染；及至明清时期的包公故事，报应叙述，已有泛滥趋势，一些“阴司”“冥判”的故事，可以说是报应的专篇描写。本部分涉及的清代包公京剧，作者也很热衷叙述报应的故事，特别是《普天乐》和《奇冤报》两本，反复出现报应的言述。对于这些故事，这里无法逐一解读，下面举例稍事分析。

譬如在《陈州粜米》中，陈州发生连年灾荒，六料不收，致使一郡苍生强半流离；面对此情此景，皇帝决意赈济，确定粮价，派出专职官员，这是反映“天意”与深附“民意”的举措；其实，也是王法的一种表达方式。然而，负责赈济的权豪势要，却是趁机盘剥贪污，中饱私囊；不仅如此，甚至还打死了无辜灾民。这是对王法的肆意践踏，也是对民意的极端无视。一郡灾民的冤抑，一个无辜死者的冤抑，由此产生。对于贪污中饱的权豪势要，法律似乎已经无可奈何。[3] 本剧戏文也说：“我是那

---

[1] 参见丁肇琴：《俗文学中的包公》，台北，文津出版社2000年版，第257~259页。

[2] 参见（宋）司马光：《涑水记闻》卷十，中华书局1989年版，第190页。参见（元）脱脱等：《宋史·包拯传》，中华书局1985年版，第10317页。参见（金）元好问：《续夷坚志·包女得嫁》，常振国点校，中华书局1986年版，第2页。

[3] 根据《元史·刑法志》的记载，元代法律规定：“诸蒙古人因争及乘醉殴死汉人者，断罚出征，并全征烧埋银。”邱汉平编：《历代刑法志》，群众出版1988年版。另见《大元通制条格》，郭成伟点校，法律出版社1999年版，第436页。

权豪势要之家，累代簪缨之子，打死人不要偿命，如同房檐上揭一个瓦。”[1] 那么，面对“从来个人命事关连天大，怎容他杀生灵似虎如狼”的情景，怎样才能释放冤抑呢？在权力的操作技术上，包公凭藉皇帝敕赐的“势剑金牌”，采取先斩后奏——“赦未来，先杀坏”的办法；在执法的正当理由上，包公确信“总见的个天理明白”，还让死者之子“手报亲仇”。这样，才能体现“无私王法”[2] 的价值取向。在这个意义上，死者的冤抑才得到了释放，贪污中饱和妄杀无辜的罪犯也遭到了报应，从而使王法

[1] 吴白匋主编：《古代包公戏选》，黄山书社1994年版，第110页。这种无辜者蒙冤、杀人者不死的人间法律，与中国古人有关“人命关天”与“杀人者死”的自然正义观念不相吻合。在王法上，鉴于杀人尚有种种情节之差异，因此未必一概抵命；而且，一概抵命显然与“人为正义”不合。但是在民间思想中，杀人者死乃是报应观念的固有意涵。明朝凌濛初《初刻拍案惊奇》（中华书局2001年版，第356页）卷三十“王大使威行部下，李参军冤报生前”篇首诗云：“冤业相报，自古有之。一作一受，天地无私。杀人还杀，自刃何疑？如有不信，听取谈资。”接着“入话”即有类似的解说：“话说天地间最重要的是生命。佛说戒杀，还说杀一物，要填还一命。何况同是生人，欺心故杀，岂得不报？所以律法上最严杀人偿命之条。汉高祖除秦苛法，止留下三章，尚且头一句就是‘杀人者死’，可见杀人罪极重。但阳世间不曾败露，无人知道，哪里正得许多法？尽有漏了网的。却不那死的人，落得一死了，所以就有阴报。”易言之，阳世法律未必一定抵命，然而阴司律法不会轻饶。据此，只有“以命抵命”才是公道。在《普天乐》中，阴间判官说：“一命抵一命，就是冤冤相报。”参见刘烈茂等主编：《车王府曲本菁华·隋唐宋卷》，中山大学出版社1992年版，第507页。所谓“害一人偿一命有何相争”？同上书，第542页。包公也说：“杀一人偿一命理所该当。”同上书，第548页。

[2] 吴白匋主编：《古代包公戏选》，第151页。这种“无私王法”，也是小民百姓祈盼的理想，在他们看来，王法与冥法应该保持一致。在《普天乐》里，柳金蝉说：“论王法阴与阳俱是一样。”前揭刘烈茂等主编：《车王府曲本菁华·隋唐宋卷》，第513页。柳金蝉还说：“奴原道阴与阳一般报应。”同上书，第610页。包公也讲：“阴阳一理，执法无私。”同上书，第638页。包公亦有如此的自我期许：“理阴阳必须报应清爽，也免得军民笑此事荒唐。”同上书，第654页。本剧甚至还借凶犯之口说：“阴与阳王法俱是一样，叹人生何必作恶逞强？”同上书，第668页。

的缺失得到了矫正，[1] 具有超越意义的天理得到了张扬。由此，人间的王法秩序与超越的天道秩序得以平衡。[2] 总之，在包公戏曲故事中，这一叙事方式颇为常见。

现在，我们再来解读一个“阴司”案件，或者“冥判”故事，进而考察一下包公故事中的报应，作为一种正义的言述，又有什么特点？如果说，一般的包公故事揭露出来的仅是王法的某种缺失或者漏洞的话，那么，少数“阴司”案件，或者“冥判”故事，显示出来的便是对王法的真正反讽。[3] 譬如《龙图公案》卷七“善恶罔报”写道：“阳世糊涂，阴间如电。”凡此八字，清楚表明，存在一种优于王法的“阴间法令”。故事略谓：西京三代积善之家姚某，周人之急，斋僧布施，修桥补路，种种善行，不一而足，倒养出不肖子孙，破荡家产。相反，东京宋家宗

---

[1] 这里的“缺失”，是指王法蕴含的等级身份之特质。对于孤立无援的草根社会的细民百姓来说，任何王法，其实就是一种压迫和专制。反抗这种王法，也是这些民间法律故事的旨趣之一。对于这些身为王亲国戚的“权豪势要”（前面已有分析）的特权，历朝历代的王法都予维护；即使竭力提倡“刑无等级”的先秦法家，对于新兴帝国官僚的特权，也没有反对。上海复旦大学法学院郭建教授与笔者讨论这一问题的时候曾经提及，所谓“王子犯法与庶民同罪”的说法，其实是一种民间平头百姓的法律意识和法律期望。这一意见甚为有理。确实，遍检正史和法典，我们实在无法找到这种话语。在检索包公故事时，笔者找到两条资料。京剧《普天乐》有“王子犯法与庶民同罪”（刘烈茂等主编：《车王府曲本菁华·隋唐宋卷》，中山大学出版社 1993 年版，第 532 页）的表达，李雨堂《狄青五虎将》（新疆人民出版社、新世纪出版社 2001 年版，第 449 页）也有这一说法。包公作为民间信仰的产物，在故事中提出这种愿望，乃是当然之事。而且，为了真正体现为民请命的品格，故事中的包公确有这种自觉，他说：“王公子犯了法，我也无情。”（参见《车王府曲本菁华·隋唐宋卷》，第 546 页）类似的说法，包公故事还有一些，不赘。

[2] 在《普天乐》中，包公问：“众百姓，阴阳可是一理?”百姓答：“果然报应无差。”前揭刘烈茂等主编：《车王府曲本菁华·隋唐宋卷》，中山大学出版社 1993 年版，第 675 页。唯有如此，才能呈现“人心向善，天意公平”的和谐局面。同上书，第 671 页。

[3] 当然，并不绝对。其实，几乎所有涉及报应的包公故事，均在王法与冥法的紧张之间展开叙事。所谓法律惩罚，其实也是一种报应——以牙还牙，以眼还眼，以血还血，杀人偿命之类的说法，体现出来的都是报应观念。只是，作为虚构的冥法，每每成为王法的一面镜子。

室赵某，倚了金枝玉叶，谋人田地，占人妻女，种种恶端，不可胜数，却养出绝好子孙，科第不绝，家声大振。姚某死后不服，具告包公案下。包公的判词，当然是基于“积善之家必有余庆，积不善之家必有余殃”的信条。[1] 无论判决如何，这个故事至少透露出了“阳世糊涂”的批判意识。[2] 再如《龙图公案》卷八“屈杀英才”写道：“阳法无眼，阴有公道。”这八个字，透显出来的深层意涵，是对人间法律实践的彻底绝望，转而诉诸一种理想的法律——“阴间法令”。就这个故事本身而言，它的第一旨趣，就是批判科举考试的黑暗和腐败；[3] 它的第二旨趣，则是批判人间法律不能满足民众的正义祈盼，转而诉诸“阴间法律”的正义幻象。[4] 这种“幻象式的正义”叙事，不仅有着批判人间法律的功能，可以说是一种“批判法学”；而且，具有“心理补偿”的价值，可以说是一种“治疗法学”——马克思所

[1] 故事中的包公，特别阐述了“积德行善”贵在“心田要好”的观念。一方面，包公指出姚某周济布施并非出自“心田”，而是沽名钓誉；另一方面，包公又说赵某的种种恶行，乃是家奴狐假虎威，借势行恶。因此，判家奴下油锅。最终凸现的还是“皇天报应，昭昭不爽”的信仰。参见（明）佚名：《龙图公案》卷八，群众出版社1999年版，第210页。

[2] 在故事里，虽然包公把罪责推给赵某的家奴，让他充当了替罪羊，从而在表面上维护了宗室的体面。但是，这恰恰是一个反讽。因为在现实社会中，皇亲国戚霸人田地、夺人妻女之事，均非鲜见，而王法则网开一面，从而产生许多不平不公之事。对于细民百姓来说，由此蒙受的冤抑，往往无处伸张。换言之，一旦遇到权豪势要残害细民百姓的案件，人间王法总是不闻不问。这样，他们只能诉诸“阴司律令”。

[3] 下面一段批判文字，写得颇为尖刻：“近来考试文章全作不得准：多有一字不通的，试官反取了他；三场精通的，试官反不取他。正是不愿文章服天下，只愿文章中试官。若中了试官的意，即臭屁也是好的；不中试官的意，花锦绣也是没用。怎奈做试官的自中了进士之后，眼睛被簿书看昏了，心肝被金银遮迷了，那里还像穷秀才在窗下看得文字明白！遇了考试，不觉颠之倒之，也不管人死活。”前揭《龙图公案》卷八，群众出版社1999年版，第228页。

[4] 包公在判词中写道：“阳世或听嘱托，阴司不循人情。”作为一种报应，试官双瞽算命，三年变做村牛；相反，蒙受屈抑的饱学秀才，高中巍科。阴阳颠倒，通过阴间的正义，救济阳间的不义和不公。同上书，第230页。

谓“宗教是人民的精神鸦片”一言，它的寓意就在于此。由此可见，对于那些被许多学者斥为“迷信”和“荒唐”的包公故事，我们实在不能对其忽视，而是应该进行深入研究，并做出切合于中国文化语境的解释。

结　语

关于包公故事（小说、戏曲）叙述的犯罪与刑罚，既涉及法律和司法，也涉及观念和信仰。对此，本部分已经做了较为详实的解读。概括起来，可以得出三点初步结论：

其一，这些故事讲述的犯罪与刑罚，总体而言，与中国古代法律规定大抵吻合，即使存在某些灵怪故事和离奇荒唐的情节，但也没有超出当时的文化语境，甚至为“神道设教”所必须。因此，它们并非有些学者所谓的只是下层文人向壁虚构，甚至信口开河的产物；更为重要的是，这些故事涉及的原被两造，大多属于草根社会的平头百姓。[1] 在这个意义上，我们可以认为，这些作品讲述的法律故事，不仅表达了下层民众的法律见闻，而且反映了他们的法律心态。当然，这并不是说，包公故事展现的法律见闻与法律心态，仅为小民百姓所独有，从而与精英阶层无关。事实上，这些故事也同样涵盖了精英阶层的见闻与心态。只不过，由于这些故事的通俗性和荒诞性，因而更能满足下层民众的阅读趣味与知识需求。

其二，那些描写报应观念的包公断狱故事，具有双重意义：

---

[1] 在“奸非”故事的讨论中，笔者曾经做过一个概括，可以参看。在《百家公案》和《龙图公案》里，这个特征非常突出。这一情形，与中国古代司法档案和判牍正相一致。

一是报应作为一种民间宗教的观念和信仰，虽然涉及的领域非常广泛；但是，作为一种叙述法律故事的话语形态，或者故事的构成元素，它的根本意涵，乃是关于公道和正义的诉求。二是通过“阴司律法”表达的报应观念，它所蕴含的对于公道和正义的诉求，与世俗法律构成了鲜明对照，两者之间可以起到相互“照明”的作用。更为重要的是，“阴司律法”所要表达的意念，不仅是小民百姓对于世俗法律的批判意识，而且是关于“应然法律”的祈盼与幻象。

其三，包公故事讲述的犯罪与刑罚，其所揭示的精神，乃是中国古代刑法思想的核心价值，即“罪与罚相适应”的基本原则。在命案故事中，这一特质非常鲜明。所谓“一命抵一命”的“抵”字，即“罪罚相当”的意思。这是天道观念的体现，也是中国古代正义观念的要义。因此，它是法律必须固守的基本精神。其实，报应中的“报”字，与“抵”的意涵非常接近。也就是说，“赏善罚恶”之间，必须求得一种平衡。不仅如此，就法律而言，报应中的“应”字，似乎强调了法律必须被“信”的理念，一如法家“有罪必罚”[1] 之所谓。作为叙述法律故事的民

[1] 从这种追求“罪罚相当”与“有罪必罚”的理念中，我们可以发现：第一，中国古代法律中的量刑具有数字化与可计算的特点，而且“罪与罚”之间保持一一对应的特点。在这个意义上，法律乃是一架天平，有多重的罪行，就有多重的刑罚；否则，天平就会倾斜。结果，就会产生不公和不平，亦即冤抑现象。需要指出的是，法律的这一数字化与可计算的特点，与中华帝国的权力结构（皇帝与官僚）密切相关，亦即皇帝不能容忍官僚的任何“自由裁量权力”的存在。第二，为了达到“有罪必罚”之目的，那就必须不惜一切代价和手段，缉拿真凶，绳之以法；只有这样，罪与罚才能取得平衡，所谓“抵”和“报”，都有这个意思；只有这样，“天道”才能保持“和谐”秩序，世俗社会才无冤抑存在。其实，这是一种追求实质正义的法律价值取向。参见徐忠明：《中国传统法律文化视野中的清官司法》《皋陶与“法”考论》，载徐忠明：《法学与文学之间》，中国政法大学出版社 2000 年版，第 42~60 页，第 205~222 页；参见徐忠明：《辨异与解释：中国传统法律文化的类型研究及其局限》，载徐忠明：《思考与批评：解读中国法律文化》，法律出版社 2000 年版，第 68~72 页。

间话语，庶民百姓强调“报应不爽”，显然是有感于帝国法律不能真正达到“天网恢恢，疏而不漏”的境界。换句话说，不仅权豪势要总是凭借“特权”超越法律之上；而且，由于帝国官僚的腐败和昏聩，使违法作恶者往往成为漏网之鱼。

总之，这些罪犯与刑罚的故事，极大地丰富了我们对于传统中国法律文化的理解。

第二编

程序构造与司法文化

明清司法的构造、理念与机制：一个论纲*

在中国文明史上，曾经有过几次转折意义的社会转型：其一，殷周之际出现的变革；其二，自春秋战国封建制度的解体，洎秦汉帝国的兴起；其三，著名的"唐宋变革"，昭示了近代性因素的萌动；其四，从晚清到民国的剧变；其五，中华人民共和国的诞生，无疑是一场最为彻底的政治革命与社会革命。明清两朝，被学者看作"唐宋变革"以来的自然延续，可以说是波澜不惊。然而，明朝力图去除元代"胡化"的因素；到了清朝，则又竭力保持"满族"的特性。实际上，它们皆蕴含了诸多与唐宋在政治制度与法律内容上的差异。甚至从王朝名称来看，明清两朝与秦汉以至唐宋各朝也有明显的不同。[1]

与唐宋相比，明朝在宏观的政治构造和法律内容上的差异不是很大；但是，在微观的权力配置与律例条文上则有不小的差异。明清易代之后，由于"八旗"制度被植入政治与律例的内部，在制度设计上，其虽然秉承了"详绎明律"的原则，却又提出了"参以国制"的原则，因此明清两朝在政治与律例上仍有诸

* 原载何勤华主编：《外国法制史研究》（第18卷），法律出版社2016年版。

[1] 参见［日］田上信：《海与帝国：明清时代》，高莹莹译，广西师范大学出版社2014年版，第13~14页。

多不同；在司法制度和运作实践上，也是如此。

本部分旨在考察明清中国司法制度的构造、理念与运作机制，希望这样的考察能够帮助我们在宏观上把握问题的要旨，为进一步的微观研究提供一个思考的背景。但也必须指出，如果我们从微观视域来分析，那么明清时期的司法制度和运作机制仍有不小的差异，在此笔者不做深究，而仅着眼于结构性的、原理性的、常规性的问题。

一、法律体系：律例结构与有限法治

根据《明史·刑法志》记载：明初，朱元璋允准李善长等人提出“今制宜遵唐旧”的建议，开始了立法定制的活动；洪武六年废除宰相制度以后，确立了律典的新体例，但仍然继承了唐律的很多内容；鉴于元代法制“纵弛”及吏治窳败导致的弊病，采取“刑用重典”的治理模式，颁行了《大明律》和《明大诰》等。又说：“太祖之定律文也，历代相承，无敢轻改。”然而时移世易，为了平衡时势与律典之间的脱节，例文就成了灵活性、补充性的法律，具有细则化的特点。尽管在理论上必须遵循“例以辅律，非以例破律也”的原则，但是在司法实践中，却出现了“律例并行”乃至“引例破律”的现象。[1]

另据《清史稿·刑法志》记载：清初，本着“详绎明律，参酌时宜”的原则，开始了长达百年的修律活动，直到乾隆五年1740年，《大清律例》方得告成。与此同时，例文的纂修也在进

[1] 参见邱汉平编：《历代刑法志》，群众出版社1988年版，第509~529页。

行。譬如，康熙初年1662年，就开始了例文的撰修工作；到了乾隆年间，还规定了“五年一小修，十年一大修”的原则；及至同治年间，例文已经多达1892条。由于例条琐碎繁多，导致了“清代之定例，一如宋时之编敕，有例不用律，律既多成虚文，而例遂愈滋繁碎。其间前后抵触，或律外加重，或因例破律，或一事设一例，或一省一地方专一例，甚且因此例而生彼例，不惟与他部则例参差，即一例分载各门者，亦不无歧异。辗转纠纷，易滋高下”。[1] 两相比较，明清两朝的律例虽然多寡不同，但它们之间仍颇为相似。

明清律典的凝固化或定型化，乃是为了确保国家基本法律的权威性和预期性，借以维持帝国法律秩序的稳定性和统一性；例文的随时纂修，则是为了弥补时势变迁与律典恒定之间的落差。故而，例文的滋生繁碎和彼此抵牾，并非导致“律成虚文”及“因例破律”的根本原因；归根结底，这一问题的产生，在于司法官员如何看待律例，又怎样去运用律例。这是因为，法律体系内部出现漏洞与矛盾，乃是社会发展与法律变迁的一个宿命。从明清律例来看，律典构筑的“大框架”是稳定的，而例文填补的“小节目”则是可变的。关键的问题在于，司法官员如何合理平衡律例之间的抵牾，以及用例文来填补律典的空白，而非利用律例之间的矛盾，据以上下其手，借引照律例之名，而行贪利腐败甚或草芥人命之实。倘若以现在的法律理论来衡量，只要厘定法律体系的位阶，明确新例优于旧例以及特别法优于普通法等原则，那么这个问题即可迎刃而解，至少不会造成特别严重的后

[1] 参见邱汉平编：《历代刑法志》，群众出版社1988年版，第564~567页。

果。然而在皇权至上的明清中国，新皇帝纂定的例文，想要“突破”旧皇帝实施的律例，并无理论与制度上的硬性限制，致使“因例破律”的弊病难以克服。再考虑到御笔断罪，那么这种情形就更加严重了。

从政治统治与权力技术的视域来看，例文之所以出现了琐碎化、细则化，甚至彼此抵牾的弊病，是因为：其一，回应社会变迁的需要，弥缝法律与社会之间的脱节，以使法律能够跟上社会的发展，及时解决手头的待决案件和其他事务。其二，皇帝对于官僚的不信任，希望通过“一事设一例”的方式来控制官僚，强化皇权的至上性，确保法律的权威性。其三，对于重大案件，权宜裁量的权力，操在皇帝手里，而非官员手里；官员仅享有州县自理词讼的裁量权力。此外，成案之所以不可能成为法源之一种，[1] 原因就在于此。鉴于此，尽管例文具有“随时而设”与“因事而设”的特点，然而它们最终都是皇帝意志的体现。

从法律修订与司法实践的后果来看，随时、因事、因地纂修例文，既实现了皇帝控制官僚群体的意图，亦在一定程度上约束了皇帝自身的权力；与此同时，还维持了律典、旧例与新例三者之间的衔接和平衡。进一步讲，由于例文具有随时、因事、因地纂修的特点，它们还能及时地、有效地吸纳情理，乃至考量反映地方社会特殊情形的习俗，从而实现律例与情理、习俗之间的多

---

[1] 《大清律例》卷三十七“刑律·断罪引律令”所附条例：“除正律、正例而外，凡属成案，未经通行著为定例，一概严禁，毋得混行牵引，致罪有出入。如督抚办理案件，果有与旧案相合，可援为例者，许于本内声明，刑部详加查核，附请著为定例。”《大清律例》，田涛、郑秦点校，法律出版社1999年版，第596页。必须指出，虽然成案在理论和制度上不能成为一种当然的法源，但并不意味着实践中成案一概没有法律效力，不得作为裁判的依据。事实上，在司法实践中，引照成案判决的例证并不少见。

元动态的平衡。[1] 换句话说，律典的凝固化与封闭性，因为有了例文的随时、因事、因地的追加和补充，就获得了适时“吸纳”情理、习俗的可能性和灵活性，使封闭性的律典经由纂修例文的中间环节，实现了开放性，从而使整个法律体系变得富有弹性与张力。如果我们将清代的“通行”[2] 也考虑在内，那么这一特点将更加显豁。另外，在确保国家法律统一性的前提下，又包容了地方社会秩序（风俗习惯）的差异性。若以明清时期的地理环境与交通条件、通信技术来看，通过因地制宜的修例方式，不失为一种实现巨型帝国法律秩序的“集中统一与多元差异”的办法。

如果在“天理、人情、国法”框架中思考明清律例的结构，那么律例的开放性特点就变得越发明显了。具体而言，它们之间形成了一个互动的、循环的过程与结构，不但律例源于“情理”，而且在律例不能有效解决待审案件时，情理就发挥了填补律例空白的功能。正是这种互动过程，适时地回应了社会变迁的需要，并且有效地满足了司法实践的需要。可以这么说，形式化的律例与实质化的情理，实现了动态辩证的平衡，维持了帝国的统治秩序。至于“天理、人情、国法”的互动过程与结构，可以分为以下两个方面。其一，从立法定制的角度来看，由情理至律例的中介，乃是皇帝；在司法实践中，从律例适用到律例与情理平衡的媒介，也是皇帝。倘若我们着眼于词讼案件与徒刑以上案件的差异，那么，从律例适用到律例与情理平衡的权力，则呈现

[1] 参见王志强：《清代国家法：多元差异与集权统一》，社会科学文献出版社 2017 年版。

[2] 关于清代中国的律典、例文与通行之间关系的讨论，参见陈煜：《〈大清律例〉的完善述略》，中国法律史：史料与方法国际学术研讨会论文，广州，2014 年 12 月，第 370~383 页。

层级化的分割，也就是说，牧令、督抚、刑部和皇帝居于不同的位置，并且分享不同的平衡裁量的权力。在这个过程中，地方性情理与律例的平衡权力操在地方官员的手里，普遍性情理与律例的平衡权力则由皇帝掌控。

总之，在分析和评估明清中国是否属于“法治国家”的问题时，我们不仅要看到诸多约束或控制官僚的律例条文以及规训皇权运作的伦理和制度，而且要看到作为“肉身”皇帝的喜怒无常，拥有制造“例外”便宜行事，乃至将“例外”制度化和条例化的专断权力。[1] 只要还存在皇权不受约束的情形，或者容忍“例外”的权力运作，那么，明清中国也就很难称得上是“法治”国家。[2] 退一步说，即使按照法家“循名责实”的原则，亦仅是要求官僚必须据法律以治理；虽然法家还提出了君王也要“垂法而治”的原则，但是，作为“口含天宪”和“言出法随”的皇帝，仍有可能超越于法律之上。譬如康熙二十四年（1685年），在与群臣会议裁决穆尔赛贪污案时，康熙帝说：“至援引成例，乃部院奉行之事。朕与尔等裁断，必酌量情罪，审度时宜，岂可拘于定例。若果照律执议，则穆尔赛之罪不至于立决矣。今因惩创贪官，故不容宽恕。”[3] 出于惩创贪官、整肃吏治

---

[1] 关于“制度性皇帝”与“肉身性皇帝”的概念，借鉴自康托罗维兹《国王的两个身体》一书。See Ernst H. Kantorowicz, *The King's Two Bodies: A Study in Mediaeval Political Theology*, Princeton: Princeton University Press, 1997. 关于此书的中文评介，参见薛涌：《学而时习之》，新星出版社 2007 年版，第 73～85 页。对国王身体的研究，参见［法］乔治·维加埃罗主编：《身体的历史》卷一《从文艺复兴到启蒙运动》，张竝、赵济鸿译，华东师范大学出版社 2013 年版，第 295～313 页。

[2] 实际上，任何权力组织皆免不了用创造例外和利用例外的办法来实现权力控制。这是因为，制度一旦固化和稳定，它的控制效率就会下降。这时，例外的特殊功能就会显示出来。只是，例外多了之后，势必消解既有的制度。也因如此，如何把握运用例外的限度，乃是一种高妙的权力技术。

[3] 《康熙起居注》“康熙二十四年十一月初九日乙丑”，徐尚定标点，东方出版社 2014 年版，第 243 页。

之目的，康熙帝作出了超越律例的权宜（酌情）裁决。[1] 由此可见，无论在理论上，抑或在制度和实践中，我们充其量亦只能说，明清中国是一个“跛足”或者“有限”的法治国家。一言以蔽之，如若以现代法治的标准定义或是实质内涵来衡量，那么帝制中国说到底仍然是一个人治国家。

上面，笔者扼要地勾勒了明清时期的律例轮廓，它们既是司法制度的建筑材料，也是司法实践的运作基础，这是我们理解明清时期司法文明的一个必要前提。

二、政治语境：强化皇权与控制官僚

来自社会底层、出身穷苦的明太祖朱元璋，一方面摆脱不了根深蒂固的农民意识；另一方面，又有非常强烈的重建皇朝秩序的雄心宏愿。[2] 姑且撇开细节不谈，在司法权力的制度建构上，明清统治者采取了我们可以称为“强化皇权”与“控制权力”的两项原则。毋庸置疑，它们也是上述“法律体系：律例结构与有限法治”的继续延伸。

总体而言，明清中国的政治制度及其实践的突出特点，是以控制臣下权力来强化皇帝自身的权力。当然，这并不仅是明太祖

[1] 据《实录》记载：“戊午上谕大学士等曰‘穆尔赛身为大吏，贪酷已极，秽迹显著。非用重典，何以示惩！且九卿会议穆尔赛事，瞻顾徇庇，并未详明议罪，真有弥天之手，朕不行立断，谁肯执法耶？治天下以惩贪奖廉为要，廉洁者，奖一以劝众；贪婪者，惩一以儆百。尔等将此意传问九卿，回奏’。” 《清圣祖仁皇帝实录》卷一二三，载《清实录》（第5册），中华书局1985年版，第300页。

[2] 概括性的讨论，参见［美］范德：《一国之家长统治：朱元璋的理想社会秩序观念》，载朱鸿林编：《明太祖的治国理念及其实践》，香港中文大学出版社2010年版，第1~18页。

才有的想法与做法，而是随着西周封建世袭制度崩溃而来的久远传统。秦王嬴政荡平天下，混一海内，创建秦帝国，自称始皇帝，即一个影响深远的转折点。嗣后的历代皇朝，皆沿袭而不改，也就是谭嗣同所谓“二千年来之政，秦政也，皆大盗也”。[1] 明清易代之后，本着“清承明制”的原则，强化皇权的政治意图，非但没有改变，反而愈演愈烈。在权力一体化的明清中国，若要把握司法制度及其实践的基本特点，那就必须将其置于政治语境之中进行考察，并且做出相应的解释和评估。否则，仅从司法制度和司法实践来考察，我们很难看出司法制度的构造、机制以及特点之所在。

一部中国政治史，可以说是一部皇权的不断强化史。就政治制度演变而言，从一个宰相到多个宰相，由罢黜宰相至形成内阁，皆意味着皇权的逐步强化；由内廷官员至外朝重臣的蜕变翻新，不外乎是以皇帝的亲信内臣来控制外朝官员的权力策略，这同样是出于强化皇权的政治意图；甚至“重中央，轻地方”或“内重外轻”的制度设计，最终亦是为了强化皇权的控制；推行选拔官吏的科举制度，制定名目繁多、苛刻细碎的考核制度和责任制度，设计作为皇帝耳目、“掌司风纪”的御史制度以及灌输“忠君”和“臣道”的政治伦理，都意味着笼络和控制官员的制度逐步强化。总而言之，控制官僚权力与强化皇帝权力，也就成了明清中国的政治制度及其实践的核心课题与突出特点。[2]

从政治权力结构的物理学来看，在数千年来的中华政治历史

---

[1] 谭嗣同：《仁学》（卷上），载《谭嗣同全集》，三联书店 1954 年版，第 54 页。

[2] 虽然钱穆先生不太同意传统中国属于皇帝专制，但他还是承认明清中国是皇帝专制的时代。而其根本原因在于，明太祖废除了宰相制度。参见钱穆：《中国历代政治得失》，三联书店 2012 年版，第 104～105 页。

进程中，居于枢纽地位，具有转型意义的关于政治制度变迁的事件乃是，从封建贵族政治到郡县官僚政治的变革，其以拆除具有制衡皇权功能的“间架结构”为代价，而最终构筑了“一君万民”的政治制度。

原本，这个“间架结构”的要旨，是能够起到制衡君权与屏障地方作用的封建世袭的贵族群体。但是，取而代之的郡县制与官僚制，因拆除了这一“间架结构”而形成了由中央政府（以皇帝为中心）直接贯通到州县衙门的“纵向”权力格局。既然屏障已经不存，皇权也就得以集中，专制成为事实，并且有了严格系统的制度保障。

若以律典为例，或可说明问题。从李悝《法经》凸显“王者之政，莫急于盗贼”[1] 的宗旨，到《唐律疏议》以“名例”+“违禁、职制、户婚……”等 12 篇来编纂律典，[2] 已经充分地彰显出，捍卫君权与控制官僚，实乃传统中国法律的根本旨趣。洎至明清时期，律典呈现的“名例”+“吏户礼兵刑工”[3] 的编纂结构，更体现了这样一种“垂直”的分类管理模式。[4] 这一模式，与废除宰相之后皇帝直接控御六部堂官，可谓若合符节。或者说，律典就是这一政治权力体制的表达，若在更为一般的意义上讲，作为“选贤与能”的科举制和“循名责实”的官僚法的

---

[1] 参见《晋书·刑法志》，载邱汉平编：《历代刑法志》，群众出版社 1988 年版，第 46 页。

[2] 关于《唐律疏议》的结构，参见刘俊文撰：《唐律疏义笺解》，中华书局 1996 年版。

[3] 关于明清律典的结构特征，参见《大明律》怀效锋点校，法律出版社 1999 年版；《大清律例》田涛、郑秦点校，法律出版社 1999 年版，即可明白。

[4] 在词讼案件与命盗案件的程序设计上，我们便可看到这种“分类管理模式”的基本特点。例如，在通常情况下，词讼案件属于州县自理的范畴，一经牧令裁判，即可结案。但是，如果两造不服州县衙门作出的裁判，则可以告到布政司、甚至上达户部；与此不同，命盗案件采取审转程序，无论被告输服与否，皆要逐级转报按察司、巡抚、总督复审，乃至题奏皇帝，经由刑部、三法司以及九卿的复审，方能完结。

出发点和落脚处，皆以笼络官僚与控制官僚为旨趣。[1] 不消说，这种以笼络官僚和控制官僚为职志的法律，与韩非“明主治吏不治民”[2] 的思想，亦很吻合，可以说是此一思想的实现。

这个“一君万民”的架构，是指政治机构由皇帝直接任命的官僚群体来操作——科举取士构成了基础性的制度装置，他们只对皇帝负责，从而与封建世袭的贵族政治大为不同。至于基层社会，则是由“编户齐民”来构成，缺乏相应的组织能力与抵抗能力，即“一盘散沙”之所谓也。其间，在一定程度上发挥整合“一盘散沙”功能的乡里组织，乃是里甲、保甲和乡约以及家族组织。[3] 合而观之，我们即可看到这样一幅政治图像：天道之下，是皇帝统御百官；编户齐民之上，是高高耸立的官僚机构；而在“编户齐民”之上与州县衙门之下，则是乡里组织和家族组织；九九归一，无疑是皇帝“君临天下”的政治图式。这样一来，百官群臣与升斗小民，全都匍匐在了皇帝之下，此乃“一君万民”者是矣。

就控制官僚与强化皇权而言，在“一君万民”的政治结构

---

[1] 梁治平教授指出：“中国古代科举制不过是吏治的产物，而吏治又只是所谓人治的历史表现。改善吏治绝非消除人治的手段，而是人治模式中自我调节的机制。”又说：“历代典章制度中，官制总是占有突出位置。这种情形在法律上即表现为‘官制法’的发达。”接着还说：“君主通过官制的安排以控制臣属的苦心，而这一点，恰恰是中国古代官制演变的核心。”梁治平：《说“治”》，载梁治平：《法辨——中国法的过去、现在与未来》，贵州人民出版社 1992 年版，第 100~101 页，第 103 页。

[2] 梁启雄：《韩子浅解》，中华书局 2009 年版，第 332 页。

[3] 参见［英］崔瑞德、［美］牟复礼编：《剑桥中国明代史：1368—1644 年》（下卷），杨品泉等译，中国社会科学出版社 2006 年版，第 441~476 页；常建华：《明代宗族组织化研究》，故宫出版社 2012 年版；萧公权：《中国乡村：论 19 世纪的帝国控制》，张皓、张升译，台北，联经出版事业股份有限公司 2014 年版，第 35~170 页，第 217~241 页，第 379~434 页；郑振满：《明清福建家族组织与社会变迁》，中国人民大学出版社 2009 年版。

中，由于官僚和百姓的力量比较孱弱，故而，他们的权利与权力难以得到保障；相反，皇帝至高无上，权力通天，掌握对于臣民“生杀予夺”的权力，这就难免为所欲为。例如，嘉靖帝所谓：“生杀大柄，朝廷自有处分。”[1] 再如，清太宗皇太极所谓：“生杀予夺之权，自皇上操之，杀其身不为过，夺其爵不为非。”[2] 乾隆帝则更有进一步阐述：“乾纲独断乃本朝家法，自皇祖、皇考以来，一切用人听言大权，从无旁假，即左右亲信大臣，亦未有能荣辱人、能生死人者。”[3] 等等，皆是明证。所谓“家法”，则意味着皇帝操持的“生杀予夺之权”已经不是一种随机的、临事的权力，而是一种常态化的、制度化的权力，涵盖范围也很广泛。在某种程度上，甚至可以说，这个“家法”要比律例具有更高的效力，是一种“宪法性”的制度。

但也必须指出，宋代以降，皇帝制度已趋成熟，规范皇权运作的制度基本完备，在常态政治实践中，作为“肉身”的皇帝，面对设计精密的官僚机构与人数众多的官僚群体，已经不太可能随心所欲。不过，鉴于皇权没有明确的边界，且有“家法”的支持，因此在不少情况下，即使制度完备的官僚机构和人数众多的官僚群体，仍难以制衡“喜怒无常”的皇帝。另外，皇帝还可以用制造“例外”的策略来规避制度与官僚的制约。

宋代以后，本着“敬宗收族”的伦理原则渐次兴起的宗族组织，因为获得了帝国官方的认可，也就成了一种组织化与制度化

[1] 刘重来、徐适端、郑家福等编：《明实录类纂·司法监察卷》，武汉出版社1994年版，第750页。

[2] 《太宗文皇帝实录》卷五十八，载《清实录》（第2册），中华书局1985年版，第783页。

[3] 《高宗纯皇帝实录》卷三二三，载《清实录》（第13册），中华书局1986年版，第334页。

的维护地方秩序的社会力量。到了明清时期，众多滞留地方社会，并有科举功名的士人群体，再加退休官僚，在地方治理中起着重要的作用，所谓“乡绅的治理”，即指此。另外，还设老人、里甲、保甲以及乡约之类的民间人士，以供地方衙门驱使。他们承担着原本属于地方政府职能范围的赋税、教化、司法以及治安方面的诸多工作，缓解了国家对于地方治理的压力。这种情形，既可以视为由于国家“基础权力”有限，而将地方治理交付民间社会，也可以看作国家借助民间人士，而将国家权力深入社会底层，强化国家对于地方社会的控制程度。据此，我们切不可以被“乡绅的治理”所遮蔽，以至于认定明清时期已经出现了“地方自治”的美好景象。事实上，在“压制型”色彩非常浓厚的明清皇朝，被学者艳称的“乡绅治理”，并没有硬性的契约性或制度性的基础或者保障，而仅是在“无为而治”的政治理念与赋税瓶颈的约束下自发形成的权力，也可谓是在国家权力空缺中“夹缝求生”。换言之，倘若国家权力想要介入地方治理，那就没有硬性的制度装置能够“抵御”来自国家权力的随时干预。

综上所述，即明清中国司法制度及其运作的政治语境。其所导致的后果有二：首先，与其他国家机构相比，司法机构并无独立的性格；例如，明朝的府级推官、明清时期的省级臬司以及中央刑部，皆非享有独立权力的司法机构，而仅承担了相应的司法职能。之所以形成这种司法职能的分化，是因为它们受理的案件数量与严重程度增加，必须由相对专门的机构来处理。足见，设置推官、臬司与刑部，并非基于司法性质的考量，而是为了缓解来自案件本身的压力。因此，无论明朝的推官，抑或明清时期的臬司与刑部，在审理案件时皆不能作出终局性的裁判；换言之，其他官员同样能够介入司法审判。这种介入，除了“慎重刑罚”思想的影响，还要通过官场内部的集思广益，来审慎斟酌案情和律例；还有“控制官僚”意图的约束，经由“纵向”的程序管理和“横向”的监督，来控制司法官员的决策。

其次，由于不存在独立性的司法机构，故而，司法审判就不可能仅以“依法裁判”为满足，司法实践还必须承载社会治理的功能。在这个问题上，州县牧令可以说是最具典范意义。因为在州县层面上，就连起码的职能分化都不存在；这就是说，作为“一人政府”[1] 首脑的牧令，他们皆系“全能型”的官员，既要负责繁复的行政事务，又要承担繁重的司法工作。就此而言，我们方能理解“案结事了”或“摆平理顺”对于牧令来说有多重要；所谓情理裁判与官方调解，实际上同样是出于“案结事了”方面的考量。[2] 与此同时，允许乃至要求州县牧令按照情理作出裁判，表面看来似乎增强了他们的司法权力，但实际上也增加了他们的司法风险。因为，如果牧令不能实现“案结事了”或“摆

---

[1] 参见瞿同祖：《清代地方政府》，法律出版社2003年版，第28页。

[2] 具体而言，即使州县牧令作出了有法律依据的裁判，但是，如果原被两造拒不服从裁判，那么纠纷就没有得到最终的解决，社会秩序也没有得到相应的恢复；由此，建构“和谐”秩序的理想就落空了，司法制度与司法实践的终极目标也落空了。正是在这种情况下，州县牧令仍有义务或职责去设法恢复因纠纷而造成震荡的社会秩序。换而言之，如若州县牧令仅仅把法律拿出来，那么其所作出的有法律依据的裁判，即非他们所要实现的根本任务或最终目的。相反，通过解决纠纷来恢复社会秩序，才是州县牧令的终极目标。在理论上，由于每个纠纷案件皆有特殊的社会构成，亦即纠纷案件与社会事实、社会网络有着密切的关联，因此，即使作出了在法律上有依据的裁判，也并不意味着在社会上一定走得通，更不意味着原被两造在情感上能接受，即所谓“口服心服”者是矣。因此，州县牧令采取情理平衡与官方调解的方式，也才具有合理性与正当性。唯有如此，方能实现“案结事了”或“摆平理顺”的意图。所谓司法的行政化，只有在这一语境中，才能获得合理的解释。归结起来，州县牧令不但受到了来自上级衙门案件复审的控制，而且受到了来自诉讼两造和社会舆论（民意）的压力。可以说，这是一种双重控制。足见，在明清中国的官僚系统中，作为位卑而又责重的州县牧令，他们的司法风险和司法压力确实很大。

平理顺”的制度愿景，那么诉讼两造即有可能上控或越诉。这时，来自上级衙门复审案件的压力，势必也会增强。

一言以蔽之，在明清时期，如何“强化皇权”和“控制官僚”，不但是政治制度设计的核心问题，而且是司法制度设计的要旨所在。如若忽略了这两个关键问题，我们也就难以真正把握明清时期司法制度的真髓，更不可能对其运作实践作出恰如其分的评估。

三、司法架构：省俭治理与抓大放小

由于缺乏独立的司法机构，因此，明清时期司法权力的组织原理与运作程序，与行政机构并没有根本性的差异。从司法制度的设计原理来看，大致上体现了“省俭治理”与“抓大放小”两项原则。当然，它们与“慎重刑狱”和“控制官僚”亦有密切的关联。

就“省俭治理”而言，它包括以下几层涵意：一是汲取了道家“清净无为”的政治学说。特别强调：（1）在制度设计上，遵循“政府机构要小，官僚人数要少”的原则，以免国家权力“侵扰”庶民百姓的日常生活；（2）在法律制度上，既遵循“法贵简约”的原则，又强调“进退循法”的原则。最终目的，则是实现“官无为而民自正”[1]的政治理想。二是秉承了儒家“为政以德”的政治学说。据此，可以推演出两个要点：（1）提倡“贤者

[1] 参见老子《道德经》第57章，文曰：“我无为而民自化，我好静而民自正，我无事而民自富，我无欲而民自朴。”《老子》，刘思禾校点，上海古籍出版社2013年版，第143页。

在位”的官僚选拔原则；（2）倡导“榜样治理”的道德主义原则。其实，无论“内圣外王”的政治理念，抑或科举取士的制度设计，皆秉承了这样的道德政治理想和原则。合而观之，我们即可发现，道家和儒家的政治共识，可以用“省俭治理”来概括。如果道家和儒家尚有什么不同的话，那就是，道家更崇尚“遵循自然”的政治理念；与此稍有不同，儒家不但提倡“其身正，不令而行；其身不正，虽令不从”[1] 的政治理念，而且强调“君子之德风，小人之德草。草上之风，必偃”[2] 的教化功能，以期取得“上行下效”的效果，进而展开“移风易俗”的实践。在一定程度上，它体现了“积极有为”的政治理念。三是采纳了儒家“薄赋轻徭”的财政思想。由于儒家继承了西周初年兴起的“民本主义”政治传统，将“爱民”作为政治实践的核心价值，践行“富民、教化、理讼”的思想，[3] 因此，他们竭力反对“横征暴敛”的赋税政策。儒家心目中的标准税率，是“三十税一”，即3%强。明清时期的法定税率，大致上遵循了这一比例。[4] 这一严重偏低的税率，难以负担机构庞大和官员人数众多

[1] 《论语译注》，杨伯峻译注，中华书局1980年版，第136页。

[2] 《论语译注》，杨伯峻译注，中华书局1980年版，第129页；参见《孟子译注》，杨伯峻译注，中华书局1960年版，第114页。

[3] 事实上，汉代以降的模范官僚“循吏”，他们就是这一政治信念的践行者。参见余英时：《汉代循吏与文化传播》，载余英时：《士与中国文化》，上海人民出版社1987年版，第129~216页。关于循吏“理讼”的详尽讨论，参见徐忠明：《情感、循吏与明清时期司法实践》，上海三联书店2009年版，第67~204页。

[4] 黄仁宇曾经说：“田赋构成国家收入的最大部分，超过了其他收入的总和。”若以田赋为例，或可说明问题。那么，明代田赋的税率是多少呢？黄仁宇接着说：“税赋是低的，田赋约为总产量的3%。”参见［英］崔瑞德、［美］牟复礼编：《剑桥中国明代史：1368—1644》（下卷），杨品泉等译，中国社会科学出版社2006年版，第110页，第94页。日本学者山本进指出：农民的田赋税率很低，在3%左右。参见［日］山本进：《清代社会经济史》，李继锋、李天逸译，山东画报出版社2012年版，第13页。

的帝国之运作，故而必然产生“守夜人”或“小政府”的治理模式。[1] 如果“鸣琴卧治”是值得追求的政治理想，那么“省俭治理”模式无疑是最佳的实践方案。

在“省俭治理”模式的约束下，产生了以下三个后果：

第一，国家基础权力之不足，严重地制约了国家权力对于基层社会的合理介入和有效管理，可能还导致了基层治理不上轨道的诸多弊病。例如，明代以来“乡绅治理”的兴起，既与国家基础权力不足有关，亦与科举考试的录取人数远远多于“额设”官职有关。虽然乡绅受过儒家经典的训练和熏陶，他们通常具有比较良好的道德素养和书本知识，所谓“知书达理”是也，成为地方社会的人望标杆，由他们来填补国家在基层治理方面的空缺，不无合理性和正当性；并且，这种以当地人来治理当地人的举措，容易取得实际的效果。但是，乡绅的人品和道德并不一定俱佳，甚至还有不少“劣绅”存在，他们往往把持地方，武断乡曲，危害不浅。再如，起着沟通社会与衙门桥梁作用的乡约、地保和胥吏、衙役诸色人等，虽然他们中间不乏家道殷实、人品不错者，可是绝大多数系游手好闲、道德败坏者，由他们来参与公共事务，虽然办了事情，但危害严重，不仅官府受累，而且百姓受害。

---

[1] 黄仁宇指出：“在16世纪晚期，全部官方列出的收入项目，包括行政收入、税赋及其他杂项收入，每年达3700万两白银。按照何炳棣的计算，当时明帝国的人口接近1.5亿人。估计的总收入接近300万日工所挣的工资总额。这个数字说明，从全国总产值抽取的这一份额实在太少，不足以维持一个有效率和廉洁的政府。”参见（英）崔瑞德等：《剑桥中国明代史：1368—1644》（下卷），杨品泉等译，中国社会科学出版社2006年版，第141页。山本进也说：“人口的增加和经济的发展与政府没有关系，这样既能维持建国初期的税额，且农民的土地税负率也非常低（推测在3%左右）。用今天的话来说，中国的王朝国家是‘夜间巡逻国家’，是‘小政府’。”参见罗一星：《清代社会经济史》，广东人民出版社2020年版，第13页。

第二，国家迫不得已而放弃了对于某些事务的必要管理，并将它们推给社会，在州县衙门的官员配置上，可以说是反映最为突出、最为明显。因为追求“省俭治理”之目的，所以州县衙门行政职能的分化非常微弱，额设官员仅四五人，而由牧令全权负责。虽然机构很简约，官员亦很少，满足了“省俭治理”的要求，但是，由于事务蝟聚、文书纷繁，必须由胥吏、衙役来分担；而“额设”胥吏、衙役的人数又有限，于是“额外”帮办纷纷涌进衙门，多至数百成千，鱼龙混杂，导致州县牧令在控制胥吏和衙役时显得力不从心，以致耽误正常的行政工作和司法审判的有序进行。在制度设计上，州县牧令的基本任务乃是“亲民”与“治事”两项，现在他们却要分出时间和精力，用以控制胥吏和衙役；即使这样，也还难以达到预期效果，俗谚“清官难逃猾吏手”，实乃生动写照。倘若州县牧令与胥吏、衙役沆瀣一气，联手作恶，那么政事必将出现不可闻问的恶果。据此，所谓“省俭治理”只是一种理想和一种制度表达，它与制度安排及其实践有着明显的背离。

第三，具体到明清时期的司法制度及其实践上，这种“省俭治理”理念亦得到了非常明显的体现。例如，明太祖朱元璋创设了里老人，赋予他们相应的基层治理的责任，包括教化、治安与听讼，等等。就里老人的听讼而言，由于这是两造诉诸州县之前的必要程序，可以在一定程度上起到减轻牧令听讼压力的作用。[1] 又如，明清时期渐次常态化、制度化的家族司法，从积极

[1] 参见韩秀桃：《明清徽州的民间纠纷及其解决》，安徽大学出版社 2004 年版，第 23~45 页；参见［日］中岛乐章：《明代乡村纠纷与秩序》，郭万平、高飞译，江苏人民出版社 2010 年版，第 86~140 页。

方面来看，同样可以视为缓解牧令听讼压力的民间实践；当然，从消极方面来看，无疑亦有规避国家司法介入的意图。[1] 再如，所谓“第三领域”的纠纷解决模式，即让地方人士参与纠纷解决，虽然不乏“便民”和“息讼”之意图，但是，同样也有减轻牧令听讼压力的效果。[2] 据此，我们可以看到，明清时期将司法架构切割成“国家与社会”两个部分，既缓解了州县衙门的司法压力，又起到了维护社会和谐的积极作用。但也必须指出，这种司法架构的“切割”，实际上并没有“阻断”它们之间积极有效的互动。

就“抓大放小”而言，可以说，这是所有科层化官僚制皆必须遵循的组织原则与运作原理，明清中国亦不例外。具体来说，层级低的国家机构及其官员，由于位卑权轻，他们处理的事务在重要程度和涉及范围上，要相对“小”一些；与此相反，层级高的国家机构及其官员，由于位高权重，他们处理的事务在重要程度和涉及范围上，要相对“大”一些。如果把它与“省俭治理”原则结合起来考察，那么明清时期司法制度的设计，在“抓大放小”原则的运作上，也就显得更为突出。下面，笔者引述几条史料，管窥一斑。

根据《明史·刑法志》记载：“洪武初决狱，笞五十者县决之，杖八十者州决之，一百者府决之，徒以上具狱送行省。”[3] 之后，因“移驳”程序烦琐而作了相应调整。及至“（洪武）二

[1] 参见朱勇：《清代宗族法》，湖南教育出版社 1987 年版；参见赵华富：《从徽州谱牒看宗族对违法者的惩治》，载赵华富：《徽州宗族论集》，人民出版社 2011 年版，第 200～214 页。

[2] 关于“第三领域”的概念，及其在纠纷解决上的功能，参见黄宗智：《民事审判与民间调解：清代的表达与实践》，中国社会科学出版社 1998 年版，第 108～132 页。

[3] 邱汉平编：《历代刑法志》，群众出版社 1988 年版，第 530 页。

十六年定制，布政司及直隶府州县，笞杖就决；徒流、迁徙、充军、杂犯死罪解部，审录行下，具死囚所坐罪名上部详议如律者，大理寺拟覆平允，监收候决。其决不待时重囚，报可，即奏遣官往决之”。[1] 足见，明朝地方衙门司法裁判权力的配置，完全是根据犯罪与刑罚之权重而定。此外，即使考虑到洪武年间设置里老人参与司法的特殊制度，同样亦遵循了“抓大放小”的原则。里老人参与词讼案件的解决，除了缓解州县的听讼压力，显然与他们身处地方，从而“周知邻里”之事具有密切的关系。[2] 请看《明史·刑法志》记载：“洪武末年，小民多越诉京师，及按其事，往往不实，乃严越诉之禁。命老人理一乡词讼，会里胥决之，事重者始白于官。”[3] 从明清时期的法律术语来看，所谓“词讼”，与“案件”不同，通常是指户婚、田土、钱债与笞杖以下的案件，亦即“小事”；所谓“案件”，往往是指徒流以上的案件，亦即“重事”。洪武三十年颁行的《教民榜文》规定：“民间户婚、田土、斗殴相争一切小事，须要经由本里老人、里甲断决。若系奸、盗、诈伪、人命重事，方许赴官陈告。”[4] 由此可见，榜文也将“小事”与“重事”作为配置司法管辖权力的标准。

清朝亦然，只是相关内容更加具体明确而已。我们来看《清史稿·刑法志》记载：“各省户、婚、田土及笞、杖轻罪，由州县完结，例称自理。……徒以上解府、道、臬司审转，徒罪由督

---

[1] 邱汉平编：《历代刑法志》，群众出版社 1988 年版，第 531 页。参见《大明律》，怀效锋点校，法律出版社 1999 年版，第 219 页。

[2] 参见《教民榜文》，载《皇明制书》（第 2 册），杨一凡点校，社会科学文献出版社 2013 年版，第 725~726 页。

[3] 邱汉平编：《历代刑法志》，群众出版社 1988 年版，第 537 页。

[4] 《教民榜文》，载《皇明制书》（第 2 册），杨一凡点校，社会科学文献出版社 2013 年版，第 725 页。

抚汇案咨结。有关人命及流以上，专咨由部汇题。死罪系谋反、大逆、恶逆、不道、劫狱、反狱、戕官，并洋盗、会匪、强盗、拒杀官差，罪干凌迟、斩、枭者，专折具奏，交部速议。杀一家二命之案，交部速题。其余斩、绞，俱专本具题，分送揭帖于法司科道，内阁票拟，交三法司核议。”[1] 其中，（1）将“自理”与“审转”作为划分“小事”与“大事”的基本原则，对牧令与督抚的司法权限做出了明确的区分。（2）对“大事”做出了进一步的细化，例如，把“无关人命”与“有关人命”的徒罪以上案件，作为划分督抚“咨结”与刑部“汇题”的标准，对督抚与中央的司法权限做出了区分；[2] 再如，将普通死罪与恶性死罪作为划分“专本具题”与“专折具奏”的标准，对中央司法流程做出了区分。不烦多言，在构筑司法权力时，明清中国的统治者遵循了“抓大放小”的基本原则。

必须指出，上面勾勒的明清时期的司法架构，只是常规制度。换言之，它们并不仅根据“抓大放小”的原则来设计。实际上，明清中国政治制度的组织架构，还考虑了其他一些情况，诸如治民与治吏、常事与专务、决策与执行，等等。具体而言，作为“亲民官”或者“父母官”的州县牧令，他们承担的日常工作，不外乎是治民和常事，但也负责控制胥吏和衙役；州府、道司以及督抚，除了治吏，还要治事；御史和“六科”的职能，基本上是治吏，同时也会参与建言献策；六部堂官，既要参与决策，又要参与执行；皇帝、军机大臣与内阁官员，主要是负责决

[1] 邱汉平编：《历代刑法志》，群众出版社1988年版，第583页。

[2] 顺便指出，区分督抚与中央的司法权限，还有一对概念，就是“外结”与“内结”。详尽讨论，参见徐忠明：《内结与外结：清代司法场域的权力游戏》，载《政法论坛》2014年第1期。

策工作；河道、巡盐御史之类，可以说是负责专项事务的官员。足见，随着帝国治理的日趋繁复，必须做出相应的分类，设置相应的机构，配备相应的官员，从事相应的管理；只有这样，帝国治理才能有序展开，亦才能取得预期效果。然而，在官僚机构的制度设计与运作实践中，这些原则并未得到贯彻。例如，巡抚与总督的权力就存在诸多交集；再如，作为“一人政府”的州县牧令，作为帝国权力源泉的皇帝，就不存在权力分化的现象。之所以出现了这样一种权力格局，显然是因为：（1）皇帝集中掌控帝国的所有权力，乃是“家产制国家”[1]的必然结果；（2）牧令掌握州县的全权，乃是基础“省俭治理”的要求，而其背后的根本原因，则是赋税收入的约束；一旦州县官员多了，势必带来行政经费和监控方面的压力；（3）至于巡抚与总督的权力交叠，乃是为了达到相互制衡的目的。因此，在“司法”只是行政之一环的明清中国，出于“省俭治理”的意图，虽然司法架构基本上遵循了“抓大放小”的组织原则，但也不是很纯粹。下面，我们就稍作分梳：

首先，根据《大明律》规定：“凡军民词讼，皆须自下而上陈告。若越本管官司，辄赴上司称诉者，笞五十。若迎车驾及击登闻鼓申诉，而不实者，杖一百；事重者，从重论；得实者，免罪。”[2]在《大清律例》中，亦有同样的规定。[3]这意味着，对州县牧令来讲，他们必须负责所有案件的审理工作。与此同时，我们如果再考虑到在明清时期司法实践中流行的所谓“狱

[1] 关于传统中国“家产制”的讨论，参见［德］马克斯·韦伯：《中国的宗教　宗教与世界》，康乐、简惠美译，广西师范大学出版社2004年版，第92~97页，第156~162页。

[2] 《大明律》，怀效锋点校，法律出版社1999年版，第174页。

[3] 参见《大清律例》，田涛、郑秦点校，法律出版社1999年版，第473页。

贵初情”[1]原则，那么“自理词讼”与“审转案件”之间的差别，也就仅体现在终局裁判的权力安排上，从而与现代司法权力的划分存在根本性的差异。

其次，无论是在司法制度上，抑或是在司法实践中，虽然司法工作皆有相应的机构或官员负责，但是，这并不意味着其他机构或官员不能参与司法审判；事实上，不但存在其他机构或官员参与司法审判的情况，而且存在“临时差遣”官员参与司法审判的现象。毫无疑问，这种制度安排与实践运作，不但产生了“架屋叠床”的资源浪费，而且违背了“省俭治理”的初衷，最终导致了“职责不清”的弊病。而其根本原因，不外乎是“慎重刑罚”与“控制官僚”这样两个意图。究极而言，则可以说“控制官僚”要比“省俭治理”与“抓大放小”来得更加重要，因为它是确保皇帝集权专制或皇权不至旁落的关键所在。

再次，即使属于州县牧令“自理”范畴的词讼案件，倘若诉讼两造不服牧令的裁判，仍有可能通过“上控”程序继续诉讼，从州县到藩司，甚至告到户部。表面看来，好像词讼程序与审转程序已经出现了相对明显的区别，但实际上，反而透露出司法与行政不分的制度特点。换言之，明清时期的诉讼管辖，不是按照司法性质做出的设计，而是根据“条条管理”做出的安排。说到底，它与《大明律》的编纂结构倒是保持了一致；这种一致，恰好反映了行政化司法的特点。在理论上，皇帝通过打破“块块”的专属权力，而设计出“条条”的纵向权力，以使官员难以集权，最终实现皇帝集权的意图。

[1] 参见蒋铁初：《中国古代审判中的狱贵初情》，载《法学研究》2013年第5期。

最后，除了“临时差遣”官员参与司法活动之外，在明清中国的司法实践中，还有两个现象：（1）在明朝的司法实践中，锦衣卫与东西厂频繁参与司法审判，严重影响并且削弱常规司法机构的审判活动，这是皇帝控制司法的一种权力策略。[1]（2）在清朝的司法实践中，所谓“恭请王命”和“杖毙”一类的权宜司法，[2] 也很突出。这种“权宜”司法活动，除了赋予地方官员“生杀予夺”的便宜权力，还彰显了皇帝通过“例外”途径操纵司法实践的特点。这种操纵，无疑是为了强化皇帝的司法集权与司法专制。

综上所述，如果意欲真正把握“省俭治理”与“抓大放小”的司法组织原则，我们还要考虑“非常”或“例外”的司法活动。因为，只有在“对比”语境中，我们对常规司法实践的刻画才能更真切、更醒目；对明清时期司法实践的理解也才能更立体、更完整。

四、刑事诉讼：哀矜折狱与无枉无纵

强化皇权和控制官僚，固然是明清中国司法制度与司法实践

[1] 笔者翻检刘重来、徐适端、郑家福等编《明实录类纂·司法监察类》（武汉出版社1994年版）收录的司法案件，读到了很多锦衣卫与东西厂参与司法活动的资料，兹不胪列。扼要讨论，参见张显清、林金树主编：《明代政治史》（下），广西师范大学出版社2003年版，第731~734页。

[2] 关于“恭请王命”的具体讨论，参见［日］铃木秀光：《恭请王命考——清代死刑判决的“权宜”与“定例”》，吕文利、袁野译，载《内蒙古师范大学学报》（哲学社会科学版）2009年第4期；张世明：《乾嘉时期恭请王命旗牌先行正法之制的宽严张弛》，载《内蒙古师范大学学报》（哲学社会科学版）2009年第4期。关于“杖毙”的详尽讨论，参见［日］铃木秀光：《杖毙考——清代中期死刑案件处理的一项考察》，载张世明等编：《世界学者论中国传统法律文化》，法律出版社2009年版，第209~234页。

的根本宗旨；然而，古典中国毕竟亦信奉“民为邦本”和“德治礼教”的政治学说，因此，它又特别强调司法官员必须秉遵“哀矜折狱”与“无枉无纵”司法理念。这不仅关乎个案裁判是否妥当——原被两造是否信服、官场同僚是否达成共识、社会舆情是否认可；而且，它还关乎政治权力的合法性与司法实践的公信力。这是因为，一旦出现司法裁判的错枉冤滥，势必造成“天怒人怨”的严重后果；同时，也违背了“上稽天理，下揆人情”[1]或者“揆诸天理，准诸人情”[2]的法律宗旨。在这样的文化氛围和政治语境中，如何避免冤假错案，怎样实现司法公正，就不单是一个司法问题，更是一个政治问题。为此，中国古人就提出了“哀矜折狱”的司法理念，并且通过“慎重刑罚”的思想与制度，冀以实现“无枉无纵”的司法理想。

先说“哀矜折狱”的司法理念。那么“哀敬”是什么意思呢？曾运乾释作“哀敬，敬当为矜，怜也。言以哀矜之心折狱”。[3]此“怜”字，即同情之心。所谓“哀矜折狱”，是指司法官员必须本着人道精神，以“将心比心”的同情态度来听讼折狱。在《论语·子张》中记有一则扼要对话：“孟氏使阳虎为士师，问于曾子。曾子曰：‘上失其道，民散久矣。如得其情，则哀矜而勿喜’。”[4]意思是说，司法官员即使审出了案件真相，亦不要自鸣得意，以为案件已经真相大白，自己也了却了一个案件，而必须对被告抱有“哀矜同情”的态度。换言之，司法

[1]（明）刘惟谦：《进大明律表》，载《大明律》，怀效锋点校，法律出版社1999年版，第3页。

[2]《御制大清律例序》（乾隆五年），载《大清律例》，田涛、郑秦点校，法律出版社1999年版，第4页。

[3]曾运乾：《尚书正读》，华正书局1982年版，第288页。

[4]《论语译注》，杨伯峻译注，中华书局1980年版，第203页。

官员必须想一想：被告何以犯罪？有何特殊情节必须斟酌？有无值得宽宥的情节？裁判是否罪刑相当？唯有如此，方能实现让罪犯"口服心服"的司法理想。足见，所谓"哀矜折狱"，既不单单是把事实搞清楚，亦不仅仅是把法律拿出来，即可了结案件。事实上，此一理念还包含更多的道德意蕴，对于司法官员也提出了更高的道德要求。

在中国历史上，人们对官吏做出了不同的分类，诸如酷吏、俗吏与循吏。在司法实践中，酷吏往往成为皇帝进行政治迫害的工具，例如，汉武帝和武则天时期的酷吏，皆是皇帝用来打压官僚的鹰犬，他们以刑讯逼供与严刑峻法为能事，法律只是他们手里随意操弄的工具。所谓俗吏，基本上是一些不识大体，只斤斤于机械适用法律的匠气十足的官员。与酷吏和俗吏不同，那些彪炳史册、备受称颂的循吏，他们时时胸怀"爱民"的情感，在行政实践中，推行"爱养百姓"之政，厉行"移风易俗"之教；在司法实践中，既能采取"寓道德教化于听审"之态度，又能践履"哀矜折狱"之理念。因此，只有循吏才与儒家经典描述的"良吏"吻合。这种司法理想，在《尚书·吕刑》中已有表述："非佞折狱，惟良折狱，罔非在中。……哀敬折狱，明启刑书、胥占，咸庶中正。其刑其罚，其审克之。狱成而孚，输而孚。"[1]这段文字的大意是讲：唯有良吏，才能本着"哀矜折狱"之心，明慎听讼，并且作出"咸庶中正"的裁判；也意味着，司法官员的道德品格被放在了突出的位置。

在中国古人眼里，刑罚，原本是一种"凶器"或"不祥"之

[1]（清）王鸣盛：《尚书后案》（下），顾宝田、刘连朋点校，北京大学出版社 2012 年版，第 609～610 页。

器；但是，如若司法官员能够“哀矜折狱”的话，就有可能转变成为“祥刑”。清代著名循吏袁守定在《图民录》中写道，“《吕刑》曰：告尔祥刑。又曰：监于兹祥刑。刑凶器也，谓之祥者，有慈良恻怛之意焉。用刑者，须识此意”。[1] 此“慈良恻怛之意”，即“哀矜同情之心”之所谓也。如果我们将“慈良恻怛之意”与孟子“恻隐之心”[2] 合而观之，那么，它无疑亦是一种“仁心”。此“仁心”，即“爱人之心”。所谓“哀矜折狱”，实际上是在“爱人”的道德情感引领下的司法实践。对此，刘惟谦《进大明律表》亦有精要阐述：“矜悯愚民无知，陷于罪戾，法司奏谳，辄恻然弗宁，多所宽宥，是神禹见辜而泣之心也。……由是仰见陛下仁民爱物之心，与虞夏帝王同一哀矜也。”[3] 稍作引申，即谓如若司法官员机械适用法律会给被告带来不利后果的话，那就必须作出权衡，在必要时还可以超越法律；这样的裁判，完全符合儒家“经权达变”的精神；这样的司法官员，亦才称得上识大体。然而，他们也有可能遭到皇帝的驳斥，受到法司的追究，面临法律风险。因此，他们还要具备“担当”的道义精神。

如要实现“哀矜折狱”的司法理念，还有其他一些关键要素值得措意。

（1）哀矜与读律。从上面征引的资料中，我们可以感受到律令之中蕴含着君王“慈爱仁厚”和“矜悯愚民”以及“钦恤民

---

[1]（清）袁守定：《图民录》卷二，载官箴书集成编纂委员会编：《官箴书集成》（第5册），黄山书社1997年影印版，第193页。

[2]《孟子译注》，杨伯峻译注，中华书局1960年版，第259页。

[3]（明）刘惟谦：《进大明律表》，载《大明律》，怀效锋点校，法律出版社1999年版，第2页。

命”和“深用恻然”的深意。至于司法官员如何能体察这种深意，则有赖于读律。徐宏先在《修律自愧文》中写道：“至难者，修律之事；而尤难者，读律之人。何则？律文至细，律义至深，有一句一意者，有一句数意者，有一字一意者，有一字数意者。总是一片哀矜恻怛之心，不欲轻致民于死之意也。”[1] 易言之，司法官员在研读律令时，必须本着“一片哀矜恻怛之心”，方能体会律文的字里行间蕴含的深意；否则，就会辜负“皇上好生之心”，进而产生“轻致民于死”的恶果。可见，司法官员必须本着“将心比心”的态度，才能领会律文蕴含的“哀矜恻怛”之深意。

（2）哀矜与慎刑。所谓“慎刑”，乃是儒家经典中的古老思想，在《尚书·康诰》中已有“明德慎罚”的说法。[2] 但“慎”的概念，不仅仅与听审相关，实际上它也是帝制中国政法思想和行政实践中的一个核心概念。作为清代官场箴言——“清慎勤”三字诀，或者“清慎勤和缓”五字诀，[3] “慎”都占居着关键位置。在明清时期听审的思想与实践中，“慎”同样是一个寓意非常丰富的概念，涉及诸多层面的内容。而对“慎”的恰当运用，则与司法官员是否胸怀“哀矜之心”有关。其一，慎呈词。刘衡写道：“寻常案件，定于三八放告日当堂收呈，此外各日切勿滥收也。”[4] 个中原因，一是出于息讼之目的，二是以使

[1] （清）徐宏先：《修律自愧文》，载（清）贺长龄、魏源辑：《清经世文编》卷九一，中华书局1992影印版，第2246页。

[2] 顾颉刚、刘起釪：《尚书校释译论》，中华书局2005年版，第1299~1300页。

[3] 参见（清）袁守定：《图民录》卷一，载官箴书集成编纂委员会编：《官箴书集成》（第5册），黄山书社1997年影印版，第187页。

[4] （清）刘衡：《庸吏庸言·理讼十条》，载官箴书集成编纂委员会编：《官箴书集成》（第6册），黄山书社1997年影印版，第197页。

两造免遭诉讼之拖累。其二，慎监禁。袁守定说："世间苦状，无如囹圄罪人，辞父母，别妻子，只身入其中，寒暑饥渴，既无可告诉，而一隙之地，聚处多人。臭秽熏蒸，至不可向迩。况越狱之禁愈严，所以防闲之者愈酷。昼则手足桎梏，不能自如；夜则群入木仓，以长木相比，剜孔如半月状，罪人卧定后，各以一足纳孔中，而锁其端于柱，谓之上压杺，以至辗转伸缩，欲粪欲溺，皆不能得。况狱卒之勒索私刑，其楚更非意计之所及哉。须知，民虽有罪，犹吾子之不肖，而偶罣刑网者也。勤加抚问，时其饮食，便其居处，夏给扇，冬给衣。勤戒狱卒，毋致私刑，既不使之得逃，又不使之过苦，不玩法，不毒人，斯两得之矣。"[1] 据此，袁守定提出了"体恤狱囚"的意见，其中的"哀矜恻怛之心"，表露无遗。其三，慎听讼。何士祁曾说："亲民之要在于听讼之勤，而听讼则须出之以慎。"这就要求司法官员"酌理准情，平心定断"。[2] 而要做到"酌理准情，平心定断"，则要具有"耐烦"和"虚中"的态度；而"虚中"，也是确保听审"公正"[3] 的条件。其四，慎刑讯。袁守定说："凡审词讼，必胸中打扫洁净，空空洞洞，不豫立一见，不豫著一物，祗细问详求，其情自得。"还说："凡狱端默以听，使自吐露，真能听讼者也。"因此，他主张"讯狱虚怀博尽，慎无以喜怒加人"。与此同时，他还强调"慎用三木"和"不用刑求"，而其理由则是"况取供于刑求之下，其解上也每多翻异，可不慎

[1]（清）袁守定：《图民录》卷四，载官箴书集成编纂委员会编：《官箴书集成》（第5册），黄山书社1997年影印版，第227页。

[2]（清）徐栋：《牧令书》卷十八，载官箴书集成编纂委员会编：《官箴书集成》（第7册），黄山书社1997年影印版，第403页。

[3] 参见《图民录》卷一和卷二，收入官箴书集成编纂委员会编：《官箴书集成》（第5册），黄山书社1997年影印版，第191页、第197页。

哉”。袁守定对刑讯之弊，多有批判。[1] 其五，慎裁判。清代司法官员听审裁判的基础，在于众证与得情。如果获取“众证”之目的是认定案件的事实，那么“得情”的意义，就要来得宽泛一些，它不仅涉及案件之内的事实本身，而且关乎案件之外的各种情形，因此“得情”是裁判的前提。袁守定在《不得其情勿遽断》中写道：“词讼有不待审即得者，有必详审始得者，有虽详审而不能得者。不能得者，当缓之，令且散去，俟再推鞫，切勿遽断；遽断，则误矣。”[2] 方大湜也说：“狱苟可疑，虽囚无冤词，亦未可遽定爰书。”[3] 综上可见，从接收呈词到作出裁判的各个听审环节，“哀矜”始终贯穿其间，可以说是明清时期律例制度与司法实践的核心概念，也是每个良吏循吏在司法实践中必须认真贯彻的司法价值。其中，除了“慎呈词”以外，其他四项皆与刑事诉讼理念有关。清人有一很好的评论：“‘平恕’二字，为千古治狱要诀，小民无知犯法，情亦可怜，执笔者务宜细心体察，苟属情非得已。”[4] 这一断案，揭示了明清时期“哀矜”听审的现实与期待。

（3）哀矜与中罚。早在《尚书·立政》之中已有“中罚”的记载，足见“中罚”之概念，在中国历史上可谓渊远流长。[5]

---

［1］（清）袁守定：《图民录》卷二、卷三，载官箴书集成编纂委员会编：《官箴书集成》（第5册），黄山书社1997年影印版，第194页、第197~198页、第207~208页。

［2］《图民录》卷二，载官箴书集成编纂委员会编：《官箴书集成》（第5册），黄山书社1997年影印版，第200页。

［3］（清）方大湜：《平平言》卷四，载官箴书集成编纂委员会编：《官箴书集成》（第7册），黄山书社1997年影印版，第688页。

［4］（清）不著撰者：《刑幕要略》，载官箴书集成编纂委员会编：《官箴书集成》（第5册），黄山书社1997年影印版，第28页。

［5］参见徐忠明：《关于“灋”的故事：早期中国司法的起源与观念》，载徐忠明：《案例、故事与明清时期的司法文化》，法律出版社2006年版，第339~341页。

而“律”之要义，则是“铨量轻重”或“数度”，此乃实现“中罚”之标准。[1] 姚文然说，“凡讲论律令，须明律意，兼体作律者之心。律意者，其定律时斟酌其应轻应重之宜也。如秤锤然，有物一斤在此，置之十五两九钱，则锤昂；置之十六两一钱，则锤沈；置之适当，则不昂不沈，锤适居其中央，故曰刑罚中。中者，中也，不轻不重之谓也。此律意也。何谓律心？书曰：‘罪疑惟轻；’‘与其杀不辜，宁失不经。’曾子曰：‘如得其情，则哀矜而勿喜。’此律心也。譬如一秤锤也，存心宽恕者，则用锤平，且宁于其出也，微失之昂；于其入也，宁失之沈。若存心刻核者，则其用锤也，出必欲其沈，入必欲其昂，此非锤之不平也，用锤者之心不平也。故，用律者亦然”。[2] 可见，司法官员唯有本着“宽恕”之心听审折狱，方能实现“中罚”的理想；一旦难以做到罪罚之间的丝丝入扣，亦当存心宽恕，与其入人之罪，毋宁出人之罪，此乃“哀矜”听审的要诀。诚如蒋陈锡所谓：“仁者执律而断狱，虽罹于死，有一线生路之可求，未尝不求之。求之亦在于律耳。”[3] 总之，“哀矜”听审，依律裁判，实乃“仁者”决狱之应有态度。[4]

（4）哀矜与心服。刘肃在《大唐新语》卷四“持法”中记载了唐临断狱而使狱囚心服的故事，“会太宗幸寺，亲录囚徒。他

---

[1] 参见徐忠明：《道与器：关于“律”的文化解说》，载《吉林大学社会科学学报》2008年第5期。

[2] （清）姚文然：《律心律意说》，载（清）贺长龄、魏源辑：《清经世文编》卷九十一，中华书局1992年影印版，第2244页。

[3] （清）蒋陈锡：《大清律辑注叙》，载（清）沈之奇：《大清律辑注》，怀效锋、刘俊点校，法律出版社2000年版，第6页。

[4] 关于明清时期“哀矜”听审的详尽讨论，参见徐忠明：《情感、循吏与明清时期司法实践》，上海三联书店2009年版，第139~170页。

官所断死囚，称冤不已；临所断者，嘿而无言。太宗怪之，问其故，囚对曰：‘唐卿断臣，必无枉滥，所以决意。’太宗叹息久之，曰：‘为狱固当若是。’因遂见原”。[1] 在儒家“仁政德教”的听审语境中，折服两造之心，也是明清时期司法官员追求的理想。朱训诰写道：“务使虚心听断，片言折生者之口；按律定罪，千秋服死者之心。刑罚之用当，则冤抑之气伸，于以回天变而几刑措不难也。”[2] 实际上，折服两造的要诀，不外乎以“哀矜”听审，以“宽恕”决断。袁守定说：“凡断讼案，宽一步，则易结；深求一步，则难结。”[3] 两造之所以愿意“结”案，是因为他们已经“心服”，从而不至出现翻控之事；所谓翻控，即是“难结”，而其原因，则是心不服，口也不服。唯有口服心服，罪囚才不至于称冤翻控。也正因如此，汉代以降流传广泛的“张释之为廷尉，天下无冤民；于定国为廷尉，民自以不冤”[4] 这条俗谚，才会获得司法官员的反复引述。

再说“无枉无纵”的司法理念。单从字面上来看，所谓“无枉无纵”，表达了相反相成的两层意思：①不要冤枉无辜者；②不得放纵有罪者。在明清律例中，也有“官司出入人罪”[5] 的专门规定。此“出”者，与“纵”相同；而“入”者，与“枉”相当。足见，为了避免司法官员枉纵决狱的行为，明清律

[1] （唐）刘肃撰：《大唐新语》卷四，许德楠、李鼎霞点校，中华书局1984年版，第54页。

[2] （清）朱训诰：《问刑详慎疏》，载（清）贺长龄、魏源辑：《清经世文编》卷九十三，中华书局1992年影印版，第2295页。

[3] （清）袁守定：《图民录》卷一，载官箴书集成编纂委员会编：《官箴书集成》（第5册），黄山书社1997年影印版，第184页。

[4] （汉）班固撰：《汉书》卷七十一·列传第四十一，中华书局1962年版，第3043页。

[5] 参见《大明律》，怀效锋点校，法律出版社1999年版，第218页；《大清律例》，田涛、郑秦点校，法律出版社1999年版，第579~586页。

例作出了详尽严格的规定，从而使“无枉无纵”的司法理念得到了制度保障，并且具有了可操作性。

值得进一步申述的是，前引“刑罚得中”，旨在强调“罪刑相当”的意思，与“无枉无纵”颇为切合。只是，在具体操作上，可能要比“无枉无纵”更为精细一些，因为“刑罚得中”特别强调了罪与罚之间严丝合缝、一一对应的比例关系，所谓“铨量轻重”是也。若我们将“刑罚得中”与“罪疑惟轻”以及“与其杀不辜，宁失不经”[1]结合起来考察，那么它们之间又产生了某些矛盾。此乃因为，既然属于“罪疑”，则意味着被告是否有罪尚在疑似之间，给以“惟轻”的惩罚，就谈不上“得中”。而“与其杀不辜，宁失不经”，则显然有“罪疑从无”的意思。如果这样的话，好像与“刑罚得中”亦相背离。

但问题是，在明清中国的司法理念中，为什么要特别强调“无枉无纵”呢？笔者觉得，古人之所以提出了这样一条司法理念，或许是因为，它想平衡“枉纵”之间可能出现的某种偏颇。具体而言，倘若司法官员枉法裁判，使无辜者蒙冤，就有可能产生“天怒人怨”的严重后果，给人留下一种官府“草芥人命”的印象。反过来讲，如果司法官员放纵嫌疑犯，使被害人无辜枉死的冤抑不能得到释放，也有可能导致“天怒人怨”的不良后果，给人造成一种官府“漠视人命”的印象。在这种情况下，司法官员唯有秉遵“无枉无纵”的司法理念，方能避免这样一种窘迫或尴尬。对犯罪嫌疑人及其家属，官府可以说，我们将坚持“无枉”的司法原则，决不冤枉好人；对被害人及其家属，官府

[1]（汉）孔安国传、（唐）孔颖达正义：《尚书正义》，上海古籍出版社 2008 年版，第 130 页。

可以说，我们将恪守“无纵”的司法原则，绝不放纵坏人。只有这样，方能获得两边“讨好”的效果，才能“厌服”被害人及其家属与嫌疑犯及其家属的意愿，并最终取得司法行为的公信力与正当性。

那么“罪疑惟轻”又该怎么解释呢？在某种程度上，这一原则正是为了发挥平衡“枉”与“纵”的作用，或者说是为了弥补它们之间留下的空隙。此乃因为，所谓“罪疑”，并不意味着被告果真“罪无”，而仅仅是指被告的犯罪事实尚有疑点，用以证明犯罪事实的证据尚有缺略，亦即不够充分确凿。在这种情况下，如果完全按照指控的罪名予以惩罚，则有可能偏于严苛，而对嫌疑犯不公平；倘若无罪释放，则有可能放纵有罪，而对被害人不公平。据此，唯有居中寻找一个差强人意的平衡之点，方能达到对于死者（被害人）与生者（嫌疑犯）两无遗憾的效果。故而，对嫌疑犯减轻制裁，似有可能起到某种平衡“枉”与“纵”或者弥补它们之间留下的空隙的作用。不消说，与现代刑法上的“罪疑从无”相比，传统中国法律上的“罪疑从轻”好像仍有冤枉无辜的可能，颇令人感到不安。

然而，导致这种情形产生的深层原因又是什么呢？笔者认为，任何法律制度，皆有一些基本的价值预设。譬如，在现代刑法上，之所以采行了罪刑法定、罪疑从无、法律不溯及既往等原则，显然是出于保障被告人权利的宗旨。在传统中国律例上，之所以提出了“罪疑惟轻”的原则，无疑是因为，国家把控制犯罪、维护社会秩序、保障“王法”权威，视作最根本、最重要的政治、法律以及司法问题。是以，一旦出现犯罪，一旦社会秩序遭到破坏，一旦“王法”权威面临挑战，那么，皇帝（国家）的愤怒与复仇，也就势所难免，甚至必不可少。因此，出于控制犯罪、维护社会秩序、保障“王法”权威的隐秘意图，势必认同“与其失不经，宁杀无辜”这种和“与其杀不辜，宁失不经”相反的法律信条。只是，出于道德主义的考量，事情不能做得太过极端，所以就采取了“罪疑惟轻”的司法原则。可以说，传统中国采取“罪疑惟轻”的司法原则，实际上是为了平衡“枉”与“纵”的策略选择。

还有一个必须予以解释的问题，即“罪疑惟轻”毕竟隐含着冤枉无辜的可能与风险；换言之，一旦出现这种情形，国家仍要承担制造冤狱的道德责任；如果这类冤狱多了，更有可能产生可怕的政治风险，诸如“官逼民反”或“逼上梁山”的严重弊害。若是这样，国家又将采取怎样的措施缓解此一政治风险呢？衡诸明清时期的司法制度与司法实践，读者可以看到，以下制度装置起到了缓解冤狱可能造成的社会后果和政治风险的作用。

（1）疑难案件的程序控制。早在汉代，对疑狱已有颇为严格的程序控制，[1] 并且被嗣后的历代皇朝所延续，但变化也不小。譬如《唐律疏议》中的疑案，是指“事有疑似，处断难明”。具体包括两种情形：一是实事之疑，即指“虚实之证等”；二是法律之疑，系指“是非之理均”。同时，还对疑案的审理程序作出了规定：“即疑狱，法官执见不同者，得为异议，议不得过三。”[2] 所谓“得为异议”，无非要求司法官员在听审断狱时谨慎将事，反复讨论，以期达到情真罪确的效果。不过，倘若证据不足，法律缺略或两可，无论怎么异议，案件终难作出裁判，乃

[1] 参见邱汉平编：《历代刑法志》，群众出版社1988年版，第21~22页。
[2] 参见刘俊文：《唐律疏义笺解》卷三十，中华书局1996年版，第2117页。

是可以想见的事情，也可谓是司法实践的一个宿命。到了明清时期，关于疑狱的界定与审理程序，反而变得隐晦起来，以致晚清律学名家薛允升提出了批评意见："明律并无疑罪专条，设有实在难明之事，即无办法。"[1] 继承了《大明律》而来的《大清律例》，亦无类似规定。[2] 不过《清史稿·刑法三》记有："初制分情实、缓决、矜、疑，然疑狱不经见。雍正以后，加入留养承祀，区为五类。"[3] 就此而言，"可疑"仍是秋审中的一项，只不过很少见而已。在乾隆五年纂定的《大清律例》卷四"名例"中注曰："内外死罪人犯，除应决不待时外，余俱监固候秋审、朝审分别情实、缓决、矜疑，奏请定夺。"[4] 其中的"矜疑"，当属"可矜"和"可疑"两项，或将"可矜可疑"合为一项。但仍然有"可疑"名目，似无疑问。另据孙家红考订：雍正三年以后，已无"可疑"一项。[5] 至于"原情"的内涵，既与"可疑"有关，亦与"可矜"有关。适用"可矜"，必须符合若干条件。[6] 至于"法律之疑"的情形，在《刑案汇览》中也有涉及，所谓"例无专条，情节疑似"[7] 云云，即是此意。此

[1] （清）薛允升：《唐明律合编》卷三十，怀效锋、李鸣点校，法律出版社 1999 年版，第 819 页。

[2] 实际上，明朝在"辩明冤枉条例"中对于"疑狱"也有程序规定："果有冤枉及情罪有可矜疑者，奏请定夺。"还说："该本部查历年霜降朝审暨五年热审事例，矜疑两项之外，开有词人犯再行问理。……"奉圣旨："各犯情可矜疑的，都饶死，发边卫充军。"参见《大明律》附录《问刑条例》，怀效锋点校，法律出版社 1999 年版，第 440 页。

[3] 邱汉平编：《历代刑法志》，群众出版社 1988 年版，第 584 页。

[4] 《大清律例》，田涛、郑秦点校，法律出版社 1999 年版，第 81 页。

[5] 参见孙家红：《清代的死刑监候》，社会科学文献出版社 2007 年版，第 112~113 页。

[6] 参见孙家红：《清代的死刑监候》，社会科学文献出版社 2007 年版，第 116~118 页。

[7] 参见（清）祝庆祺、鲍书芸、潘文舫、何维楷编：《刑案汇览三编》，北京古籍出版社 2004 年版，第 2 页。

外，疑案还有“待质”[1]程序，这依然是一种“慎重”疑狱的制度安排。不消说，将疑案作为司法程序必须审慎考量的特殊对象，既给宽宥罪罚提供了理由，也给“无枉无纵”提供了机会；归根结底，它给皇帝控制司法权力提供了制度保障，使其掌控了生杀予夺的大权。然而，无辜者被惩罚（尽管是得到了减刑）的可能或风险，却并没有因为这一程序控制而被完全避免。会有人问，如若这样，皇帝不是要承担制造冤狱的政治责任了吗？非也。在明清时期的司法实践中，一旦出现了经由皇帝裁可的案件属于冤狱，实际上是由参与该案的司法官员承担冤狱责任的；原因很简单，那是司法官员未能将案件审理明白，以致误导了皇帝，甚至蒙蔽了皇帝。为了维护皇帝的睿智和权威，它必须有替罪羊；司法官员，无疑是这样的替罪羊。

（2）避免冤狱的审转程序。随着皇权的逐步强化，地方官员对于命盗案件的生杀大权渐次受到司法程序的严格控制。及至明清时期，在通常情况下，所有徒刑以上案件，皆要通过审转程序的复审，方能了结。对此，上面已经扼要论列，兹不赘述。设计这一程序制度的意图，除了达到控制官僚“滥权”之目的，尚有实现“慎刑”之意图。换言之，通过官场内部集思广益的方

[1] 根据《明史·刑法一》的记载：万历年间，左都御史吴时来申明律例六条，其中第五条规定：“强盗肆行劫杀，按赃拟辟，决不待时。但其中岂无罗织仇扳，妄收抵罪者，以后务加参详。或赃证未明，遽难悬断者，俱拟秋后斩。”邱汉平编：《历代刑法志》，群众出版社1988年版，第520页。另据清代著名律学家吴坛考证，这一例条系万历十六年正月题准。参见马建石、杨育堂主编：《大清律例通考校注》，中国政法大学出版社1992年版，第692页。有关这条例文的因革变化，参见该书第692~693页的考证，亦见薛允升：《读例存疑点注》，胡星桥、邓又天点校，中国人民公安大学出版社1994年版，第421~422页。值得注意的是，根据薛允升的研究，这条例文很少适用。他说：“第近来照此办理者，百不得一，以致此例竟成虚设。推原其故，总由例文只云监候处决，并未叙明拟斩监候，亦未叙明监候待质，是以未经援引。”同上书，第422页。

式，从各个方面来审慎思考和仔细斟酌待决案件，冀以排除疑点，作出“罪罚相当”的裁判，最终实现“无枉无纵”的司法理想。《清史稿·刑法志》之所以说清朝疑案已“不经见”，这可能是因为：其一，关于事实之疑。由于明清时期没有“事实审”与“法律审”的区隔，因此在审转过程中，案件事实将被上司纳入仔细审查的范围；一旦发现案件事实存在疑窦，必将遭到驳审。经过层层“过滤”之后，最终存留下来的疑案，肯定是“不经见”的。其二，关于法律之疑。通过例文随时随事的增益，解决了律文的不足，弥补了“律无专文”的空隙；与此同时，又以“通行”弥补例文的渗漏，进一步填补了“例无正条”的情形，从而使落在律例之外的疑案相对减少。[1] 就此而言，薛允升所谓明清律例“并无疑罪专条，设有实在难明之事，即无办法”的担忧，恐怕有些多余。当然，如果从“罪刑法定”来看，这种担心仍有道理。只不过，薛氏的担忧，恰恰与强化皇权的现实情势不相吻合；或者说，薛氏未能看出明清律例之所以没有设立解决疑案的专门律例，可能是因为，这种做法既可以给皇帝实现司法专权带来方便，也可以给皇帝控制官僚提供机会。作为落实“慎刑”理念的一个环节，审转程序还有一个功能，即形成共识和锤炼裁判，以此增强定罪量刑的说服力与正当性。也就是说，经由烦琐复杂的审转程序，可以向嫌疑犯和被害人以及他们的家族，乃至整个社会昭示：最后作出的裁判，不是哪个官员的任性妄为，而是整个官僚系统的审慎定夺；更何况，命盗或死刑

[1] 顺便一提，如果经过增益的例文，还是不足以应付待决案件，那么“成案”多少会有某种参考价值，起到一些辅助作用；假使连“成案”也不存在，那就提交皇帝斟酌裁夺。

案件，更是经由“上稽天理，下揆人情”的圣人（皇帝）审慎斟酌作出的决策，具有权威性与神圣性。在这种情况下，无论宽免抑或处死，皆是皇恩浩荡的体现。可见，这种程序结构，既有避免冤抑的基本功能，又有缓解对于裁判抵触情绪的特殊作用，[1]并且还有增强裁判权威性与说服力的道德功能。

顺便指出，如果将其与“口供”和“输服”制度结合起来理解，那么司法裁判蕴含的道德功能就更加显豁了。古典中国之所以把口供视作“证据之王”，在没有被告口供的情况下基本不予定罪，[2] 甚至不惜采取刑讯手段逼取口供；之所以在裁判作出以后还要被告输服（对裁判表示认可）；说到底，不外乎是为了获得司法裁判道德上的合理性与正当性。换言之，它可以向被告及其家属与世人昭示：司法裁判之作出，并非由司法官员所强加；裁判之结果，已经得到了被告的认可，从而使裁判变得既合理又正当。从这个角度来看，司法裁判也获得了“合意”的特点，即

---

[1] 所谓“裁判抵触情绪”，是指由于司法官员缺乏超人的睿智与至高无上的权威，他们作出的裁判往往难以厌服刑事案件的被告，导致因不满而对于司法官员作出的裁判产生抵触情绪，即“不买账”。然而，由于皇帝具有“通神”的睿智、德性与权力，是以刑事案件的被告不得不服从皇帝作出的裁判，因为质疑皇帝的权威，本身就是一种“不忠”的表现，甚至就是一种犯罪。换言之，基于对皇帝的“敬畏”，必须服从皇帝作出的裁判。足见，把疑案提交皇帝裁判的程序，本身就蕴含了裁判的权威性和正确性的预设。

[2] 日本著名的中国法律史学者滋贺秀三指出，在帝制中国的审判中，定罪量刑原则上以口供为凭据；只有在例外的情况下，才允许不以口供来定罪。反之，即使被告主张自己清白无罪，也能作出有罪判决；即使本人否认，也要进行惩罚，这样的程序和方式，在帝制中国是不存在的。参见［日］滋贺秀三：《中国法文化的考察》，收入滋贺秀三等：《明清时期的民事审判与民间契约》，王亚新等编译，法律出版社 1998 年版，第 10~11 页。

具有“首唱与唱和”的结构。[1] 甚至可以说，司法裁判并不仅仅是因为其正确性而具有权威性，而且亦是因为其合意性而具有正当性。至于官府裁决之后仍要两造出具“甘结”，简称“具结”，更有保证执行判决的意味和功能。

（3）导致冤狱的司法责任。按照班固《汉书·刑法志》记载：“狱之疑者，吏或不敢决，有罪者久而不论，无罪者久系不决。”[2] 这多少道出了疑案久拖不决的原因，显然与司法官员必须承担的错案责任有关。必须指出，在帝制中国的法律历史上，司法责任不仅包括入人之罪，而且包括出人之罪；只是，入人之罪的责任大于出人之罪。在明清律例中，均有相关规定，涵盖面也很广。这里仅引《大明律》卷二十八“官司出入人罪”条之规定：“凡官司故出入人罪，全出全入者，以全罪论。若增轻作重，减重作轻，以所增减论。至死者，坐以死罪。若断罪失于入者，各减三等；失于出者，各减五等。并以吏典为首，首领官减吏典一等，佐贰官减首领官一等，长官减佐贰官一等，科罪。若囚未决放及放而还获，若囚自死，各听减一等。”[3] 《大清律例》不但照抄了这一律文，而且补充了很多细节。此外，例文更

---

[1] 以被告口供为基础，司法官员作出的裁判，可以说是一种首唱；在了解这一首唱之后，被告做出“输服”表示，则是一种唱和。故而，在泛道德主义的政治语境中，寺田浩明教授提出的“首唱与唱和”的传统中国法律秩序的形成机制，同样适用于司法实践。参见［日］寺田浩明：《权利与冤抑——清代听讼和民众的民事法秩序》，载《权利与冤抑——寺田浩明中国法史论集》，清华大学出版社2012年版，第268~272页。即使到了现代中国，这种司法实践中的“说服—心服”的机制，依然发挥着重要的作用。参见［日］高见泽磨：《现代中国的纠纷与法》，何勤华、李秀清、曲阳译，法律出版社2003年版，第13~77页。

[2] 邱汉平编：《历代刑法志》，群众出版社1988年版，第21页。

[3] 《大明律》，怀效锋点校，法律出版社1999年版，第218页。

有拓展。[1] 毋庸置疑，它们是“无枉无纵”在律例上的体现。若以现代眼光来看，对故意出入人罪的法官，追究其司法责任，乃是理所当然之事；对过失出入人罪的法官，是否也要追究其司法责任，尚有疑虑；对其能否取得良好效果，更觉不安。另须指出，苛细繁密的司法责任，在一定程度上固然能够发挥预防冤案发生的作用，但也不要忘记，这种制度，又会在某种程度上导致司法官员刻意回避案件，甚至即使遇到冤狱也不愿意纠正的弊病。

（4）面对冤案的救济措施。法官是人，而不是上帝；撇开故意制造冤案不谈，无心之失总是难免。产生冤假错案，可以说是人类司法实践史上的一个宿命，只能逐步减少，不能完全消除。但问题在于，一旦出现了冤狱，又该怎么予以救济？对此，明清律例作出了具体的制度安排。请看《大明律》卷二十八“辩明冤枉”条之规定：“凡监察御史、按察司辩明冤枉，须要开具所枉事迹，实封奏闻，委官追问得实，被诬之人，依律改正，罪坐原告、原问官吏。若事无冤枉，朦胧辩明者，杖一百，徒三年。若所诬罪重者，以故出入人罪论。所辩之人知情，与同罪；不知者，不坐。”[2] 它不仅被《大清律》照单全收，而且例文还作出了细化和补充。[3] 毫无疑问，这些律例都是冤狱已经产生，但尚未执行之前的救济措施。除此之外，尚有其他冤狱的救济措

[1] 参见《大清律例》，田涛、郑秦点校，法律出版社 1999 年版，第 579~586 页。

[2] 《大明律》，怀效锋点校，法律出版社 1999 年版，第 218~219 页；补充性的规定，参见《问刑条例》，法律出版社 1999 年版，第 439~440 页。

[3] 参见《大清律例》，田涛、郑秦点校，法律出版社 1999 年版，第 586~587 页。

施，例如，“临刑呼冤”[1] 制度，又如“京控”制度。[2]

综上所述，我们已经大致可以看到，在“哀矜折狱”的司法理念的指引下，为了最终实现“无枉无纵”的司法理想，明清时期形成了不少有益的经验，在司法制度上也作出了若干审慎的规定。虽然我们很难断言它们仍有现实意义，但可以说，这些司法理念、司法经验以及司法制度，确实曾经发挥了避免至少是缓解冤狱产生的积极作用。

五、民事诉讼：无讼理想与调处息讼

费孝通把传统中国看作一个乡土社会，当然它也是一个农耕社会。由于土地是一种不动产，因此人们就被捆绑在土地上，过着安土重迁的生活。由于人们生于此、长于此、老于此、葬于此，从而形成了一个熟人社会。总体而言，乡土社会靠礼俗来维护秩序，靠长老来解决纠纷，所以它还是一个无讼社会。[3] 余英时回忆童年时代在安徽省潜山县官庄乡的生活经历时，也提出了类似看法：那时的乡间秩序基本上靠自治，很少与政府发生关系。[4] 这种礼俗的、长老自治的乡土社会，给人一种无讼的、世外桃源式的美好印象。这样的观察和描述，自然有其事实依据。

---

[1] 参见林乾：《传统中国的权与法》，法律出版社 2013 年版，第 299~300 页；另见徐忠明：《晚清河南王树汶案的黑幕与平反》，载《法制与社会发展》2014 年第 2 期。

[2] 关于“京控”的讨论，参见［美］欧中坦：《千方百计上京城：清朝的京控》，载高道蕴、高鸿钧、贺卫方编：《美国学者论中国法律传统》（增订版），清华大学出版社 2004 年版，第 512~551 页；李典蓉：《清朝京控制度研究》，上海古籍出版社 2011 年版。

[3] 参见费孝通：《乡土中国》，三联书店 1985 年版。

[4] 参见陈致：《余英时访谈录》，中华书局 2012 年版，第 2~4 页。

但是，到了明清时期，有关“好讼之风”或“健讼之风”或“嚣讼之风”的记载，也在史料中频繁出现，特别是在江南地区。[1] 另外，目前的经验研究同样告诉我们，明清中国已然迈入诉讼频仍的时期，甚至被学者称为“诉讼社会”。[2] 不过迈入诉讼社会，与帝国官员追求“无讼理想”以及通过“调处息讼”解决纠纷，并不矛盾。这意味着，明清中国已经不是一个简单社会，而是一个复杂社会。比如小农生产与商品经济、安土重迁与社会流动、资源紧缺与道德话语之间，呈现错综复杂的景象。正是在这一语境中，面对蜂拥而至的民众诉讼，州县牧令追求“无讼理想”的艰难，展现了这种追求的徒劳，乃至这种理想本身的虚幻；在某种程度上，调处息讼也蜕变成规避诉讼和压抑诉讼的伎俩。当然，这种规避诉讼与压抑诉讼的现象，与州县衙门的经费匮乏、人手短缺、牧令的司法经验不足、规避司法责任、追求逸乐，等等，同样有着密切的关系。

先来考察“无讼”的司法理想。提到“无讼”，人们一定记得孔子的名言：“听讼，吾犹人也，必也使无讼乎。”[3] 此言背后的根据，乃是“礼之用，和为贵”[4] 的思想。达到这一境界的手段，不外乎是道德教化。所谓道德教化，则包含三层意思：

---

[1] 关于宋代以降诉讼风气的研究成果不少，参见徐忠明、杜金：《清代诉讼风气的实证分析与文化解释——以地方志为中心的考察》，载《清华法学》2007 年创刊号。在“研究前提：学术史与地方志”部分，作者对于相关研究成果作了比较全面的梳理，此不赘述。

[2] 关于明清时期“诉讼社会”的提法，参见［日］夫马进：《讼师秘本〈萧曹遗笔〉的出现》，载杨一凡主编：《日本学者考证中国法制史重要成果选译》（明清卷），中国社会科学出版社 2003 年版，第 490 页；［日］寺田浩明：《中国清代的民事诉讼与“法之构筑”——以〈淡新档案〉的一个事例作为素材》，载易继明主编：《私法》（第 3 辑第 2 卷），北京大学出版社 2004 年版，第 306 页。

[3] 《论语译注》，杨伯峻译注，中华书局 1960 年版，第 128 页。

[4] 《论语译注》，杨伯峻译注，中华书局 1960 年版，第 8 页。

一是“其身正，不令而行；其身不正，虽令不从”。[1] 二是“君子之德风，小人之德草，草上之风，必偃”。[2] 三是利用史籍当中那些“谦抑礼让”的典范以及模范官员“爱民教化”的故事，冀以感化教育正在诉讼与潜在诉讼的两造。[3] 意思是说，通过道德君子的榜样示范，起到感化教育民众的作用。追求无讼理想的终极根源，是“天人合一”的理念或信仰。后世儒家都认为，自然和谐的天道秩序或宇宙秩序，理应成为社会秩序的样板和准则，所谓“天人感应”或者“天人合一”云云，即是此意。基于这一文化语境，儒家倡导爱人、孝顺、忍让、不争以及提倡德治为本、教化为先，皆是旨在维护和谐、追求“无讼”的社会秩序。

进一步地说，如果“和谐”或“无讼”是一种理想的社会秩序，那么达到这一境界的基本手段，则可以是多种多样的。譬如，除了儒家意欲通过道德教化达到无讼理想之外，法家虽然反对道德教化，主张严刑峻法，凸显赏罚的治理功能，但他们却以“去刑”或“无刑”为归依，期盼“至德复立”的理想社会。至于道家，由于他们主张效法自然，顺从天道，崇尚“守雌”和“不争”的生活态度，从而提出“小国寡民”和“绝圣弃智”的思想；他们甚至认为，道德、礼法的出现，乃是社会逐步衰变的结果。据此，我们完全可以推断，道家同样反对纠纷与争讼，因为纠纷和争讼乃是“人欲”膨胀的结果。墨家倡导“兼相爱，交

[1] 《论语译注》，杨伯峻译注，中华书局1960年版，第136页。

[2] 《论语译注》，杨伯峻译注，中华书局1960年版，第129页。

[3] 这方面的事例，参见徐忠明：《情感、循吏与明清时期司法实践》，上海三联书店2009年版。

相利”的说法，试图以“兼爱”来消解纠纷和争讼，自然不会认为争利、争讼是什么好事。而对汉代以降信奉儒家思想的帝国官僚来说，他们大多咏叹“无讼”的高调，否认民众诉讼的正当性和合理性，一如《易经》所谓的“讼则终凶”是也。[1] 毋庸置疑，维护“和谐”的人间秩序，追求“无讼”的理想境界，就构成了传统中国法律文化的一个基调。

然而，诚如清人崔述所谓：“自有生民以来，莫不有讼。讼也者，事势之所必趋，人情之所断不能免者也。”[2] 他的主要理由是：（1）即便是圣人尧舜，也不能消灭诉讼，何况后世的凡人官僚；（2）一味提倡息讼，只能是为强者张目，而使弱者忍气吞声。足见，纠纷与诉讼难以避免。问题在于，一旦发生了纠纷与争讼，该怎么办？就明清时期的州县牧令而言，他们大致上采取了两种回应措施：其一，刻意回避甚至压抑民间诉讼，造成一种“无讼”的假象。诚如刘基所说，“仆往尝观于牧民之以简讼名者，之其庭，草生于阶；视其几，尘积于牍。徐而访于其乡，察其田里之间，则强梁横行，怨声盈路。问其故，曰：‘官不受词，无所诉，受之而已矣。’大吏至，则曰：‘官能不生事，民哗，非官罪也。’则皆扶出之，诉者悉含诟去，则转以相告，无复来者。由是，卒获简讼之名”。[3] 其二，对于乡民之间已然发生的纠纷与呈告衙门的诉讼，采取积极的态度，设法调处息讼。而调处息讼的途径，则不外乎是：（1）利用民间力量（诸如家族

[1] 参见《周易译注》“讼卦第六”，周振甫译注，中华书局1991年版，第31~33页。

[2] （清）崔述：《无闻集》卷二《讼论》，载顾颉刚编订：《崔东壁遗书》，上海古籍出版社1983年版，第701页。有关讨论，参见陈景良：《崔述反“息讼”思想论略》，载《法商研究》2000年第5期。

[3] （明）刘基：《书苏伯修御史断狱记后》，载《景印文渊阁四库全书·集部·一六四·诚意伯文集》卷七，台北，商务印书馆1986年影印版，第189~190页。

的尊长、乡里的老人和绅士）参与调处息讼，此乃民间调解；（2）州县牧令的调处息讼，寓调处于听审之中，可谓官府调解；（3）在官府与民间的互动过程中实现调处息讼之目的，亦即“第三领域”的调解。[1] 但问题是，以道德教化之手段来调处息讼，最终实现无讼之境界，虽然可欲，但是并非一定可行。换言之，倘若调处息讼不成，那么，在迫不得已的情况下，即使采取刑罚，仍会得到谅解和认可。所谓“教谕式调停”或“父母官听讼”，[2] 就是这样一种混合了教化与强制的纠纷解决之技艺。

俗谚曰“功夫在诗外”。这意味着，如欲实现“无讼”的和谐社会，单单依靠司法实践中的道德教化或调处息讼，显然不够。在明清时期，为了实现“无讼”理想，帝国官方采取了诸多措施，其中，法律宣传即是一例。其实，法律宣传不仅是“送法下乡”的一环，而且是“移风易俗”的一环。也就是说，唯有风俗淳厚，百姓才能迁善远恶。

公布法律与讲读法律，早在西周似乎已有相应的举措。[3] 如果《周礼》记载的“属民读法”[4] 可信，那么中国早就有了普法教育的制度与实践。对特别强调“以法治国”的法家来说，他

---

[1] 关于“第三领域”的概念，参见黄宗智：《民事审判与民间调解：清代的表达与实践》，中国社会科学出版社 1998 年版，第 109～132 页。

[2] 参见［日］滋贺秀三：《中国法文化的考察》，载滋贺秀三等：《明清时期的民事审判与民间契约》，王亚新等编译，法律出版社 1998 年版，第 12～16 页。

[3] 虽然现代学者往往把春秋时代郑国“铸刑书”和晋国“铸刑鼎”视为法律公布的先例，事实上，法律公布之事要早得多。参见沈家本：《历代刑法考》（二），中华书局 1985 年版，第 839 页；参见《吕思勉读史札记》（增订本），上海古籍出版社 2005 年版，第 350～351 页、第 361～367 页；徐忠明：《明清中国的法律宣传：路径与意图》，载《传播与阅读：明清法律知识史》，北京大学出版社 2012 年版，第 173～174 页。

[4] 参见（清）孙诒让撰：《周礼正义》卷二十二《地官·州长》，王文锦、陈玉霞点校，中华书局 1987 年版，第 861～863 页。

们同样重视法律宣传。商鞅设计“法官法吏”[1] 的制度，即是例证。为了克服元代法制废弛的弊病，重建明代礼法秩序的需要，明太祖朱元璋非常重视“普法”教育。[2] 早在吴王元年，他曾经作出了“法贵简当，使人易晓”的指示，并且要求官员编撰“律令直解”予以刊布；而其目的，则是“吾民可以寡过矣”。[3] 另外，《大明律》还规定了“讲读律令”的专条。文曰：“凡国家律令，参酌事情轻重，定立罪名，颁行天下，永为遵守。百司官吏务要熟读，讲明律意，剖决事务。每遇年终，在内从察院，在外从分巡御史、提刑按察司官，按治去处考校。若有不能讲解，不晓律意者，初犯罚俸钱一月，再犯笞四十附过，三犯于本衙门递降叙用。其百工技艺、诸色人等，有能熟读讲解，通晓律意者，若犯过失及因人连累致罪，不问轻重，并免一次。其事干谋反、逆叛者，不用此律。若官吏人等，挟诈欺公，妄生异议，擅为更改，变乱成法者，斩。”[4] 在《大清律例》中，亦作出了同样的规定。[5] 但是问题在于，《大明律》为什么要设这一条款？这个条款又有什么特殊要求？笔者认为，之所以要设这个条款，或许是因为，宋代以降“律博士”制度的废除以及元代法制的弛坏，导致了官员、士人和民众的法律知识（素质）的下降。这一条款的要求有二：（1）官员必须阅读、研究法律，通晓法律的含义；如果他们不阅读、不掌握法律的含义，将要受到法

[1] 参见蒋礼鸿：《商君书锥指》，中华书局1986年版，第139~147页。

[2] 朱元璋宣传法律的构想，大致上源于《周礼》的记载。参见《明太祖实录》卷四十四，载“中央”研究院历史语言研究所编：《明实录》（第3册），上海书店出版社1984年版，第873页。

[3] 邱汉平编：《历代刑法志》，群众出版社1988年版，第510页。

[4] 《大明律》，怀效锋点校，法律出版社1999年版，第36页。

[5] 参见《大清律例》，田涛、郑秦点校，法律出版社1999年版，第157页。

律的制裁。(2) 对民众来讲，他们同样必须学习法律、了解法律的含义；在这种情况下，如果他们犯了普通罪行，可以免罪一次。通过赏罚并举的激励机制，使人们热心于法律的学习，提升人们的法律知识和法律意识，据以改善社会风气。

此外，明太祖还相继颁行了《大诰》和《教民榜文》等，并且要求将某些法令在“要闹去处”板榜张挂，以供人们了解和学习；如果不予板榜张挂或藏匿毁弃，甚至以“凌迟处死”相威胁。[1] 另外，读书人不仅要研读《大明律》、《明大诰》以及《教民榜文》等，而且科举也要考试相关法律。并且，在民间社会的乡饮酒礼上，还要宣讲皇帝钦定的“六条”圣谕和相关法律。[2] 在这种情况下，民间习读法律似乎也形成了一种社会风气。谢应芳《龟巢集》卷八收录“读大诰作巷歌”语云：“天语谆谆祸福灵，风飞雷厉鬼神惊。挂书牛角田头读，且喜农夫也识丁。”此“挂书”之“书”，即指《大诰》。同书卷七尚有“周可大新充粮长”七绝二首，其一曰：“千里长江万斛船，飞刍挽粟上青天。田家岁晚柴门闭，熟读天朝大诰篇。”梁方仲写道：“可见《大诰》之传诵一时。”[3] 但也必须指出，朱元璋之所以热衷

[1] 相关考证，参见杨一凡：《〈大诰〉考》，载杨一凡：《明代立法研究》，中国社会科学出版社 2013 年版，第 45~108 页；《明代榜例考》，载杨一凡：《明代立法研究》，中国社会科学出版社 2013 年版，第 299~344 页。

[2] 早在洪武元年（1368 年），尚宾馆副使刘夏曾经对朱元璋提出了一套法律宣传的方案。他说：“凡省榜下路府，路府下州县，州县张挂之外，别用小字句读刊行。遇小民入州县，州县官常召一二试问，以能明不能明、能行不能行，为里长赏罚。故臣以为，行此二条，则可以为在外百官承宣流布敷教天下万民矣。”（明）刘夏：《陈言时事五十条》，载《明代基本史料丛刊·文集卷·刘尚宾文续集》（第 71 册），线装书局 2013 年版，第 356 页。

[3] 梁方仲：《明代粮长制度》，上海人民出版社 2001 年版，第 53 页。忠明按：《文渊阁四库全书》收录的《龟巢稿》，在编排上略有不同，即这两首诗均收录在卷十七，分别参见《景印文渊阁四库全书》（第 1218 册）“集部·一五七·别集类”，台北，台湾商务印书馆 1986 年影印版，第 414 页、第 449 页。

于法律宣传，实际上并不是要依法保障臣民的权利，甚至完全没有这样的想法，而是要使他们成为匍匐在皇帝权力与淫威下的“顺民”，亦即遵守法律，勿作非为的“顺民”。俗谚“大明律当衣穿，一身是罪”，更是生动地表达了这样的意图。由于《大明律》是一部关于罪与罚的法典，臣民熟悉法律，不去违法犯罪，即可远离法律，可见这样的法律与保护权利毫无关系；充其量，也就是形成了“当了兵，纳了粮，好比自在王”的良民。在这一语境中，如果臣民“权利”得到了些许保护，那是“意图之外”的反射效果，而非推行这一制度的内在意图。

入关之后，清朝基本上沿袭了明代法律宣传的套路，兹不赘述。不过，围绕宣讲“圣谕六条”和《圣谕广训》衍生出来的法律宣传的举措，值得一提。[1] 康熙九年（1670 年），皇帝扩展了顺治九年（1652 年）的六条圣谕，搞出了十六条，可谓面面俱到，将统治者希望老百姓遵守的行为规范或道德训诫，予以详尽开列，以便民众读而诵之，遵而行之。到了雍正二年（1724 年），皇帝还担心老百姓看不懂、不理解，又撰写了注解，使其变成了一万字的讲解文本，叫作《圣谕广训》。毋庸置疑，圣谕和附载的广训，表达了统治者对于帝国秩序的美好理想与崇高愿景。因此，它就成了全国官民人等必须“常常讲、月月读”的最高信条。更可措意的是，由于《圣谕广训》本身即有法律的性质或意味，而其宗旨也是为了维护道德人伦与雍睦和谐的社会秩序，所谓“笃宗族以昭雍睦，和乡党以息争讼”以及“讲法律以

[1] 参见周振鹤撰集、顾美华点校：《圣谕广训：集解与研究》，上海书店出版社 2006 年版。

儆愚顽，明礼让以厚风俗”云云，无疑是“无讼”理想的不同表述。[1] 另外，各种宣讲《圣谕广训》的讲稿，大多附载了相应律例，因此，各处在讲读《圣谕广训》的同时也宣传了法律。

那么，为了宣传《圣谕》及其附载的广训，清代究竟采取了哪些措施呢？

其一，在官府倡导并且参与的基层社会的乡约集会（每月“朔望”举办两次）上，即有宣讲《圣谕广训》的环节。乡约活动的参与者，基本上是当地的老百姓；至于这一活动的主持者，就比较复杂了，有时是当地的州县牧令，有时是地方上的读书人，有时是乡约的负责人“约正”——他们是由民间推荐，并获州县牧令认可，甚至还有从外地聘请来的职业宣讲高手。及至乾隆时期，在乡约集会时宣讲《圣谕广训》已经非常普遍，因为那是强制性的要求；据说，当时全国已有乡约多达二万余处。[2]

---

[1] 值得指出的是，在康熙圣谕十六条中，第 8 条“讲法律以儆愚顽”，可以说是专讲法律宣传的条款；第 2 条“和乡党以息争讼”与第 12 条“息诬告以全善良”，则涉及诉讼问题；至于其他各条，与法律也有相当的关联。此外，对圣谕的各种注释更是层出不穷，有些还专门摘录了《大清律例》的相关条文和个别成案附在圣谕十六条之后，以供乡民了解和遵循。参见周振鹤：《圣谕、〈圣谕广训〉及其相关的文化现象》；王尔敏：《清廷〈圣谕广训〉之颁行及民间之宣讲拾遗》，载周振鹤撰集、顾美华点校：《圣谕广训集解与研究》，上海书店出版社 2006 年版，第 581～649 页；林珊妏：《清末圣谕宣讲之案证研究》，文津出版社 2015 年版。

[2] 根据学者的考证，清代乡约实践，渐次蜕变成了单纯“宣讲圣谕”的仪式；易言之，清代乡约活动的核心，即是“宣讲圣谕”。参见董建辉：《明清乡约：理论演进与实践发展》，厦门大学出版社 2008 年版，第 227～232 页。顺便指出，与乡约类似的实践，还有朔望两次举行的乡饮酒礼，也有“读律”的环节。参见（清）允祹：《钦定大清会典》卷三十二《礼部“乡饮酒礼”》，载《景印文渊阁四库全书·史部·三七七·政书类》，台北，台湾商务印书馆 2008 年版，第 261 页；另见（清）官修《钦定大清会典则例》卷七十一《礼部“乡饮酒礼”》，载《景印文渊阁四库全书·史部·三八·政书类》，台北，台湾商务印书馆 2008 年版，第 359 页。只是，乡饮酒礼每每流于虚应故事。对此，我们从乾隆年间相关奏疏中即可得到这样的印象。参见哈恩忠选编：《乾隆朝乡饮酒礼史料》，载《历史档案》2002 年第 3 期。事实上，越到后来，清代乡饮酒礼也越来越成为具文。关于乡约与乡饮酒礼的讨论，参见萧公权：《中国乡村：论 19 世纪的帝国控制》，张皓、张升译，联经出版公司 2014 年版，第 217～259 页。

其二，为了让老百姓理解《圣谕广训》的精神，有些地方官员还专门编写了讲稿，不但在每条圣谕下节录了相关的律例、故事以及案例，而且力求写得通俗易懂，措辞恳切，甚至婆婆妈妈，以使老百姓通晓明了。有时，光是白话文还不算，更有用当地俚语土话来编写的讲稿。在地方人士编写的讲稿中，这种情形比较突出。例如，在广东宣讲《圣谕广训》的讲稿，就用粤语来写。实际上，也有被翻译成满文、蒙文之类的文本，凭借此，就可以在通用此语言的地区进行宣传和推广了。可以说，它构成了一整套宣讲《圣谕广训》的体系。

其三，清代老百姓的识字率不太高，因为教育不像现在那么普及。据笔者估计，当时的识字率大约在20%；妇女的识字率更低，估计不会超过10%。[1] 就此而言，宣传《圣谕广训》的讲稿写得再通俗，妇孺还是看不懂，怎么办呢？于是乎，有人就想出了办法，给《圣谕》配插图，以使妇孺能看，也方便识字者讲解。也就是说，妇孺看了插图，如果不懂的话，就会问识字者：这幅画里讲了什么？然后，识字者就可以解释给他们听。因此，给《圣谕》配上图像，既是为了便于传播皇帝的《圣谕》，也是为了便于宣传法律。例如，早在康熙年间，安徽省繁昌县的知县梁延年，每逢朔望之日召集士绅、百姓讲解《圣谕》，还给《圣谕》配了插图，即《圣谕像解》，受到了江南总督

[1] 美国学者罗斯基指出，清代男性识字率约为30%～45%，女性识字率则为2%～10%。See Evelyn Sakakida Rawski, *Education and Popular Literacy in Ch'ing China*, Ann Arbor: The University of Michigan Press, 1979, p. 23. 另有学者估算，清代识字率约在5%～30%。参见［美］吉尔伯特·罗兹曼主编：《中国的现代化》，国家社会科学基金“比较现代化”课题组译，江苏人民出版社1998年版，第168页。鉴于罗斯基的估计值偏高，笔者取其中间之数，聊备参考。

和安徽巡抚的表彰，并上奏朝廷。[1] 至于宣讲的实际效果如何，颇难一言以决。但据学者考证，效果并不理想。[2]

其四，我们完全可以想象，不断宣讲《圣谕广训》，时间一久，难免令人腻味生厌。故而，如何设法“吸引”听众，乃是每一个宣讲者都必须考虑的问题。在宣讲《圣谕广训》的实践中，遂出现了一些民间作者以故事小说来演绎圣谕，其中还穿插了宗教报应的内容，受到了老百姓的欢迎。例如，晚清岭南著名的宣讲圣谕的作者邵彬儒，就编写了很多小说意味浓厚的讲稿，诸如《谏果回味》、《吉祥花》以及《俗话倾谈》等；其中，不乏宗教报应的内容。足见，以通俗化、故事化与宗教化的方式来演绎《圣谕广训》的道理，无疑是“吸引听众眼球”的一个举措。[3] 事实上，宗教故事里的善恶报应，作为劝谕乡愚妇孺的手段，往往要比道德教条来得有效。例如，汪辉祖在《学治臆说》卷下《敬土神》中说：“盖庸人妇稺，多不畏官法而畏神诛，且畏土神甚于畏庙祀之神。神不自灵，灵于事神者之心，即其畏神之一念，司土者为之扩而充之，俾知迁善改过，讵非神道

[1] 参见（清）梁延年编撰：《圣谕像解》，线装书局1995年版。

[2] 参见杜金：《故事、图像与法律宣传——以清代〈圣谕像解〉为素材》，载《学术月刊》2019年第3期。

[3] 关于“圣谕宣讲”的故事化、通俗化、宗教化的相关讨论，参见耿淑艳：《岭南晚清小说家邵彬儒生平著作考》，载《文献》2007年第3期；耿淑艳：《论岭南小说〈俗话倾谈〉之文体形态》，载《广州大学学报》（社会科学版）2007年第3期；耿淑艳：《圣谕宣讲小说：一种被湮没的小说类型》，载《学术研究》2007年第4期；耿淑艳：《稀见岭南晚清圣谕宣讲小说〈宣讲博闻录〉》，载《韩山师范学院学报》2007年第5期；耿淑艳：《一部被湮没的岭南晚清小说〈宣讲余言〉》，载《广州大学学报》（社会科学版）2007年第8期；耿淑艳：《岭南孤本圣谕宣讲小说〈谏果回甘〉》，载《岭南文史》2007年第1期。

设教之意乎？”[1]

其五，在科举考试时，考生必须默写皇帝的圣谕。例如，钟毓龙在《科场回忆录》里写过一则故事，说是清代科考必须默写《圣谕广训》的某些条目，以便检验考生平时是否熟读牢记。钟毓龙推测说：“当其初行时，想必人人熟读，然至余考时，则何尝熟读，并其书亦未之知。”[2] 时间久了，唯有夹带抄袭，交卷了事。实际上，宣讲《圣谕广训》同样逃不脱被地方官与老百姓“虚应故事”的命运。

然而，无论明清时期法律宣传的实际效果如何，统治当局以诸多措施来宣传法律，他们的意图还是非常清楚的，即使民众习读法律、通晓律意，迁善远恶，成为驯良百姓，从而减少争讼。可以说，明清时期的法律宣传，构成了“无讼”或“息讼”的一环。

再来考察“息讼”的司法技艺。所谓“无讼”，仅仅是指一种值得追求的建构和谐秩序的社会理想与话语表达，一种值得某些爱民官僚（循吏）努力的司法境界。其实，要使一个社会没有争讼，既不可能，亦不现实。所谓“和谐”，乃是一种承认差异的、充满张力的秩序，亦即“和而不同”的秩序，而非“同齐画一”的秩序。换言之，在这种秩序中，由于承认人与人之间的差异、利与利之间的不同，故而必须承认矛盾、冲突以及争讼的正当性与合理性。不过，这种秩序不能打破社会基本结构的平衡；否则，势必导致秩序结构的瓦解。从长时段的历史变迁来看，帝

[1] 参见（清）汪辉祖：《学治臆说》卷下《敬土神》，载刘俊文主编：官箴书集成编纂委员会编：《官箴书集成》（第5册），黄山书社1997年版，第281页。

[2] 参见钟毓龙：《科场回忆录》，浙江古籍出版社1987年版，第24~25页。

制中国“治”与“乱”的循环，就说明了这一状况。

如果以这样的眼光来审视“无讼”与“好讼”之间的纠结或紧张，那么“无讼”可以说是一种“应然”的价值目标，起着引领司法官员教化民众、淳厚风俗、解决争讼的作用。相对而言，“好讼”似乎比较复杂，既是对于社会现象的描述，具有“实然”的性质，又是对于明清中国诉讼频繁的严词批判，而以“无讼”或“厌讼”作为评判基准，亦有“夸张”的成分。与此同时，“好讼”还是一个司法官员必须面对，并且化解的具体问题。

而从“调处息讼”来看，具有相反相成的两层意思：（1）“调处”可以说是“息讼”的一种手段，要比另外一种手段（通过审判解决纠纷）更有积极意义。此乃因为，审判具有强制的特点，裁判的效力来自外在的国家权力与法律；调处则是基于两造的自愿，罢争息讼的效力来自两造的内在认同与司法官员的道德权威。（2）“息讼”可谓“调处”所要达到的目的，它是迈向或实现无讼理想的中间阶段。这是因为，如果司法官员采取寓教化于听讼的“调处”方法，不但可以服两造之口，而且可以服两造之心；不仅可以妥善解决法律上的争议，而且可以理顺争讼背后的社会关系与情感纠葛。足见，“调处息讼”既是达到无讼理想的措施，也是解决好讼难题的策略；而其最终目的，则是维护社会秩序的平衡。

那么，明清时期的司法官员究竟采取了哪些“调处息讼”的方法呢？

第一，宣导教化。清史记有：福建晋江知县王时翔，面对好讼的晋江百姓，他说“此吾赤子，忍以盗贼视乎”？并且在坐堂听讼时“呴呴作家人语。曲直既判，令两造释忿，相对揖，由是讼者日衰”。[1] 值得措意的是，官员自己不但积极听讼教化，而且善于利用社会资源，参与纠纷解决，从而达到教化息讼之目的。例如，河南登封知县张壎到任之后，不怕劳苦，“间策蹇驴历诸郊问所苦，有小争讼，辄于阡陌间决之。西境有吕店者，俗好讼。壎察里长张文约贤，举为乡约，俾行化导，浇风一变”。[2] 可以说，采取“宣导教化”之术解决民间争讼，既是帝制中国“调处息讼”的一贯传统，也是最为普遍的司法技艺。

第二，情感教育。清史载曰，“邵大业……雍正十一年进士，乾隆元年，授湖北黄陂知县。初到官，投讼牒者坌至，不移晷，决遣立尽。吏人一见问姓名，后无不识，众莫敢弄以事。有兄弟争产讼，皆颁白，貌相类。令以镜镜面，问曰：‘类乎？’曰：‘类。’则进与为家人语曰：‘吾新丧弟，独不得如尔两人白首相保也。’二人感动罢去”。[3] 不消说，邵大业是一个听讼高手，这由“初到官，投讼牒者坌至，不移晷，决遣立尽”便可知；但是，面对这起兄弟争财的诉讼，邵氏既没有调查争讼事实，也没有援引法律，而是采取了情境化和情感化的息讼方法，让这对两鬓斑白的老兄弟照镜子，先以“貌相类”来唤醒他们的手足之情；又以“吾新丧弟，独不得如尔两人白首相保也”来说明兄弟之情如何难得，将心比心，现身说法，冀以感化两

[1] （民国）赵尔巽：《清史稿》卷四七六，中华书局1977年版，第13008页。

[2] （民国）赵尔巽：《清史稿》卷四七六，中华书局1977年版，第12974页。

[3] （民国）赵尔巽：《清史稿》卷四七七，中华书局1977年版，列传第264，第13023页。同类的事例还有《清史稿·循吏李文耕列传》记载：“李文耕……家贫，事亲孝，服膺宋儒之学。嘉庆七年进士，在邹平五年，治尚教化。民妇陈诉其子忤逆，文耕引咎自责，其子叩头流血，母感动请释，卒改行。”（民国）赵尔巽：《清史稿》卷四七八，中华书局1977年版，第13051页。

造。俗谚所谓“世上莫过手足情，打断骨头连着筋”以及“千金难买兄弟情”，[1] 想必为老兄弟所熟知。因此，这种情感教育，才使“二人感动罢去”。

第三，推延听讼。明史载曰，“方（赵）豫始至（松江），患民俗多讼。讼者至，辄好言谕之曰：‘明日来。’众皆笑之，有‘松江太守明日来’之谣。及讼者踰宿忿渐平，或被劝阻，多止不讼”。[2] 明清时期的松江，乃是著名的“好讼”之区。[3] 照此，地方官员应该作出积极回应，勤于听讼，敏于决断，方能及时解决纠纷，缓解社会矛盾。[4] 赵豫为什么采取了“拖延听讼”之术呢？这是因为，但凡民间日常词讼，每每因“睚眦小忿”而

[1] （唐）李百药：《北齐书》卷四十六，中华书局1972年版，第644页。记有苏琼在处理同类案件时曾说：“天下难得者兄弟，易求者田地，假令得地失兄弟心如何？”可见，其所表达的也是“情义”重于天地财物的理念。

[2] （清）张廷玉等撰：《明史》卷二八一，中华书局1974年版，第7205页。

[3] 可资比较的是，按照《嘉庆松江府志》（一）卷五《疆域志·风俗》记载：松江属于“今文物衣冠蔚为东南之望，经学辞章，下至书翰，咸有师法。田野小民，生理咸足，皆知以教子孙读书为事。畏官法，贱告讦，租税百万，如期而集，无逾岁者。”又说：“康熙以来科第甚盛。……无包揽漕粮词讼，舞智告讦者。……乡民畏见官府。”《中国地方志集成·上海府县志辑》（第1册），上海书店1991年版，第152~153页。似乎是风俗淳厚，民众不好诉讼的社会。但是，根据松江府下辖的县志记载来看，情况却有不同。比如《光绪松江府续志》卷五《疆域志·风俗》记载，“士习日衰。《南汇志》云：呰窳之徒好訾议结党聚讼，持官吏短长”。同上书，第114页。再如《光绪重修华亭县志》卷二十三《杂志·风俗》记有：“田野小民生理裁足，皆知以教子孙读书为事。畏官府，贱告讦，租税如期而集，无逾岁者。虽词讼盈庭，未尝有一言犯上，淫放不孝之刑几措而不举。”尽管这条史料内容与府志记载略同，可是“词讼盈庭”四字，足以说明，那里也是“好讼”的地区。同上书，（第4册），第766页。根据《光绪南汇县志》卷二十《风俗志·风俗四》记载：“乡民谨愿者多，每以鼠牙雀角涉讼公堂，讼师暗唆胥吏，又从中煽惑，株连不已。其始，一时逞忿；其后，欲罢不能，经年累月，破家亡身，前志谓动以人命相倾，至今犹然。”同上书，（第5册），第900页。这样看来，对“地方志”的记载，我们也切莫信以为真。

[4] 比如，山西平阳知府刘棨，“讼牍皆立剖决之。”《清史稿》卷四七六，第12995页。面对好讼的江苏吴县民众，知县廖冀亨“收词不立定期，民隐悉达。尝自谓讼贵听，听之明，乃能速决而无冤抑”。同上书，第12997页。浙江嘉兴同样是好讼的地区，知县阎尧熙勤于听讼，“日受状三百。比对簿，自请息者二百馀，庭折数十，各得其情”。同上书，第13007页。

起，或者说，两造对簿公堂，乃是出于一时的激愤或冲动，而并没有深仇大恨或重大利害。因此，如若稍隔时日，即有可能平息下来；如果期间又有亲邻居间劝解，也会平息下来。故而，所谓“明日来”，实际上是给争讼两造一个调整心态的时间，而非指对于前来诉讼的两造一概拒不受理。引文讲得非常清楚，“讼者逾宿忿渐平，或被劝阻，多止不讼”。可见，这是一种“寓消极于积极”的息讼艺术。必须指出，这种息讼技艺，并非赵豫的发明，而是儒家的传统。例如，《荀子·宥坐》记有一则孔子听讼的故事：“孔子为鲁司寇，有父子讼者，孔子拘之，三月不别。有父请止，孔子舍之。”[1] 这是儒家“先教化，后诛罚”的实践。[2]

第四，送法下乡。[3] 清史记有：“冷鼎亨……同治四年进士，即用知县，发江西，署瑞昌。……白鹤乡人叔与侄争田，即树下谕解，遂悔悟如初。”[4] 对这起“叔侄争田”纠纷，冷鼎亨

[1] （清）王先谦：《荀子集解》，中华书局1988年版，第521~522页。

[2] 这种颇类小说家言的故事，似乎并不少见。例如，张瀚所撰《松窗梦语》卷一记有，“余为郡守，预约州邑，凡事难断处者听其申达。大名有兄弟构讼财产，继而各讦阴私，争胜不已。县令不能决，申解至郡。余鞫之曰：‘两人同父母生耶？’曰：‘然。’余曰：‘同气不相念，乃尔相攻，何异同乳之犬而争一骨之投也！’各重笞之，取一扭各械一手，置狱不问。久之，亲识数十人入告曰：‘两人已悔罪矣，愿姑宽宥。’唤出，各潸然泪下，曰：‘自相构以来，情睽者十余年。今月余共起居，同饮食，隔绝之情既通，积宿之怨尽释。’已乃指天向日而誓。余笑曰：‘知过能改，良民也。’遂释之”。这与上面分析过的，邵大业令争讼的白首兄弟“以镜镜面”的故事，也有异曲同工之妙，可以相互参观，彼此发明。（明）张瀚：《松窗梦语》，上海古籍出版社1986年版，第7~8页。

[3] 必须指出，或许，我们不能一概将其称为“送法下乡”的故事。因为，虽然本案属于“下乡”听讼的事例，但是解决纠纷的关键恐怕不一定是法律。当然，如果进一步追问，究竟根据什么来“谕解”？似乎应该是人情道德，而不是法律。只是，由于记载过于简单，我们仍不清楚在“谕解”过程中是否也会考虑法律？甚至直接援引法律作出“谕解”？如若答案是肯定的，那么将其视为“送法下乡”应该没有问题。

[4] 赵尔巽：《清史稿》卷四七九，中华书局1977年版，第13088页。

采取了“树下谕解”的便民措施，迅速了结了案件。但也必须指出，明清中国的州县衙门，属于瞿同祖所谓的“一人政府”，牧令的职掌可谓无所不包，无所不统，亦即“掌一县之政令，平赋役，听治讼，兴教化，励风俗，凡养老、祀神、贡士、读法，皆躬亲厥职而勤理之”。[1] 其中“征收赋税”“治听讼狱”“教化风治”，是三项基本任务。但是，教化工作往往被州县长官所忽略，视为不关痛痒的事务。[2] 故而在一般情况下，忙得不可开交的州县官员，都是坐堂问案，很少下乡“调研”民情。[3] 不过，这类方便民众诉讼、及时解决纠纷的故事，或多或少也能起到“息讼”的作用。

综上所述，对于基本上都是发生在乡土社会的伦理纠纷与财

[1] 《十通·清朝通典》卷三十四，浙江古籍出版社2000年版，第2211页。明代州县牧令的职掌，也是如此，详见《明史·职官四》，不拟俱引，参见（清）张廷玉等撰：《明史》卷七十五，中华书局1977年版，第1831~1854页。

[2] 例如，明代张萱指出：“今之守令以户口、钱粮、簿书、狱讼为急务，至于农桑、学校，王政之本，乃视为虚文，而置之不问。”参见（明）张萱：《西园闻见录》卷九十七《守令·前言》，载《明代传记丛刊》（第124册），北京图书馆出版社2008年版，第157页。现代学者也有类似的评价，何朝晖以为：“除刑名、钱谷、治安、荒政之外，县官的职责中还有‘务虚’的一面，这就是教化。”何朝晖：《明代县政研究》，北京大学出版社2006年版，第248页。

[3] 虽然这类故事并不多见，但是我们还是能够找到若干例证。例如，《清史稿·循吏列传》就记载了数则故事：（1）河南登封知县张壎单骑之任，并且不时“策蹇驴历诸郊问所苦，有小争讼，辄于阡陌间决之”。前揭《清史稿》卷四七六，第12974页。（2）山西交城知县赵吉士“往谕朝廷德意，勖以力耕勿为盗，众悚息。日暮寝陶穴中听讼，左右多贼党，吉士阳若勿知，诘朝深入，察其形势”。同上书，第12983页。（3）河南临漳知县姚柬之“每巡行乡曲，劝民息讼，有诉曲直者即平之”。同上书，第13059页。（4）江苏沛县知县云茂琦“询民疾苦，恳恳如家人。劝以务本分、忍忿争，讼顿稀”。同上书，第13065页。（5）方大湜历任地方官员，政绩也以地方任职期间为主，时常“周历民间，一吏一担夫自随，即田陇间判讼”。同上书，第13083页。这些都是下乡体访民情，存问疾苦和听讼捕盗兼顾的例证。前揭袁守定《图民录》卷二《往乡听讼》在列举前朝循吏下乡听讼事迹之后，写道：“凡因事往乡，即以其乡讼牒带置肩舆中，暂驻其里，为之讯断，了得一案，省得百姓一累，便民莫要于此矣。”收入前揭官箴书集成编纂委员会编：《官箴书集成》（第5册），黄山书社1997年版，第201页。

产纠纷，明清时期的循吏本着“仁爱”精神，采取“教化”手段，进行调处息讼，从而维护了家族秩序的和谐。[1] 如果我们从循吏扮演的角色来看，那么他们不仅仅是以帝国官员的身份出现，而更多的是以“民之父母”和教师的身份登场。像邵大业与争讼的老兄弟“为家人语”的描写，就是放下官员的架子，扮演“民之父母”和教师的角色；冷鼎亨“谕解”之“谕”，其所彰显出来的，是循吏不但是官员，而且具有了“民之父母”和教师的身份。实际上，从明清律例“子孙违反教令”[2] 也可以看出：父母权力的核心，即是“教令”；而“教令”，则是“谕”的意思。另外，就教令者的身份而言，乃是以上对下的关系；从教令的方式来看，具有教育与命令的双重特点。许慎《说文》释“父”为：“矩也，家长率教者，从又举杖。”[3] 这进一步说明了父权的内涵，具有“先教后刑”的意思。总之，以“爸爸式的”的权力来调和“子民”之间的纠纷，既是上述故事告诉我们的调处息讼的基调，也是传统中国政治权力结构的特征——吏道、父道、师道兼容并包。由此，我们可以想象“天地君亲师”[4] 意

[1] 实际上，非家族成员之间的争讼，循吏也会本着“仁爱”精神，采取“教化”方式予以调处息讼。只是明清《循吏列传》记载的具体事例较少，一般都是抽象记载，比如赵豫“明日来”的故事。我们来看《清史稿·循吏列传》的记载：福建海澄知县王肇谦遇到“富绅争产累讼，男妇数十人环跪堂下，援引古义喻之，更反自责。众赧然，谓今日始知礼义，讼以是止”。可见，王肇谦一边“援引古义喻之”，一边“更反自责”，终于使两造“赧然”——对于争讼感到的羞愧，并且懂得“礼仪”，由此息讼。（民国）赵尔巽：《清史稿》卷四七八，中华书局1977年版，第13061页。

[2] 参见《大明律》，怀效锋点校，法律出版社1999年版，第179页；《大清律例》，田涛、郑秦点校，法律出版社1999年版，第488~489页。

[3] （汉）许慎：《说文解字》，中华书局1963年版，第64页。

[4] 参见余英时：《“天地君亲师”的起源》，载余英时：《现代儒家的回顾与展望》，三联书店2004年版，第126~131页。顺便一提，虽然余英时说自己不准备讨论“天地君亲师”的文化意义，但是，这篇文章对于我们理解“天地君亲师”的文化意义仍有帮助，因为它代表了传统中国文化的普遍价值观念。

涵的政治意义和文化意义。

结　语

第一，撇开司法运作的例外情形与司法腐败导致的不公与黑暗，如果从常态的司法制度与司法实践来考察，那么明清中国已经形成了比较完善、颇为严格的司法制度。具体表现如下：（1）初步形成了词讼案件与命盗案件的程序分化，前者归入州县“自理”范畴，如果两造不服，可以上控府道、布政司以及户部；后者纳入“审转”轨道，州县初审之后自动呈报上级衙门，经由府道、按察司、督抚、刑部、三法司以及九卿，直至皇帝。（2）词讼案件的程序管理比较宽松，不但两造可以自行和解或撤销诉讼，而且州县牧令亦享有更多或更大的自由裁量权；命盗案件的程序控制相对严格，一旦案件被呈告到衙门，那就必须“将诉讼进行到底”，两造无权和解或撤诉，司法官员的自由裁量权也受到了法律的严格约束，终极裁量权由皇帝直接来掌控。（3）词讼案件的裁判依据主要是情理和习惯，而非律例；然而在裁判命盗案件时，司法官员必须严格引照法律，一旦出现“事实不清”和“法无明文”的情形，就要作为“疑案”上报朝廷，由皇帝来作出具有终局意义的裁判。

第二，之所以形成了上述制度结构与实践样态，无疑是因为，明清中国基本上仍然是一个乡土社会，并且还是一个幅员非常辽阔的巨型帝国，故而国家基础权力止于州县衙门，难以深入基层社会；与此同时，由于“薄赋轻徭”的财政收入与“无为而治”的政治理念的约束，只能采取宽松的“省俭治理”模式，从而导致了以下后果：（1）对于乡土社会日常生活的琐碎细节，国家法律难以作出“巨细靡遗”的详尽规范，习俗、情理与契约也就成了建构与维系社会秩序的基础。（2）对于乡土社会频繁发生的词讼案件，作为“一人政府”的州县衙门，很难予以有效回应，只得赋予家族组织、邻里社区、行帮组织相应的司法权力，并且责成家族长老、社区领袖、行帮首领参与纠纷解决；（3）由于州县属于“全能”衙门，牧令属于“全职”官僚，因此在解决词讼案件时，牧令不能仅仅满足于解决案件在事实与法律上的争议，而必须尝试各种措施，以取得“案结事了”和“摆平理顺”的效果。

第三，到了明清时期，随着宰相制度的彻底废除，皇权的逐步强化，如何严格控制帝国官僚手中的权力，也就成了摆在皇帝面前的一个亟待解决的基本问题。整合明清时期的法律资料，大致上采取了以下措施：（1）强化司法运作的程序控制，这在命盗案件的诉讼程序上表现得最为清楚。从纵向审转来看，几乎所有参与审理命盗案件的机构或官僚，仅有作出裁量“建议”的权力，作出终局裁判的权力唯有皇帝才能享有。从横向监控来看，无论是制度化的，抑或是临时性的，几乎所有机构或官僚皆有可能介入命盗案件的审理；虽然这种做法能够起到集思广益与相互监督的作用，不过也有可能产生影响司法专业化与模糊责任专属化的弊病。（2）司法责任日趋严格，明清律例中的“诉讼”和“断狱”两篇，表面看来，或许是关于司法程序方面的具体规定，但实际上，它们或多或少、详略不等地规定了司法官员的种种责任，不但牵连面广，而且琐碎苛细，以致司法官员动辄得咎。

第四，在“情感本体”的传统中国，在秉承“天道秩序”的传统中国，在崇尚“道德政治”的传统中国，人类的自然情感与道德情感，天道和谐的运行规律，社会的人情与礼俗，不但构成了国家律例的制度基础，而且也成为司法实践的裁判基础。就司法实践而言，不仅律例、情理、习俗可以作为裁判的规范依据，而且道德、情感同样可以作为裁判的考量因素。具体而言，在裁判词讼案件时，情理的作用通常大于法律；与此不同，在审理命盗案件时，法律的作用往往大于情理。从终极目标来看，明清时期的司法实践，乃是以宇宙秩序为模板，旨在重建和维持人间社会的和谐秩序。为此，（1）明清时期的模范官僚极为重视运用“息讼”之术，努力追求“无讼”之境；（2）他们都是本着儒家的“仁爱”精神与道德信念，在司法实践中践行“寓教化于听讼”的技艺，以使两造不仅口服，而且心服。

写诗与读律：清代刑部官员的法律素养*

——与《〈抱冲斋诗集〉所见清代刑官生涯志业》作者商榷

对于清代司法问题的研究，不啻涉及制度安排，抑且关乎运作实践。然而，制度不会自动运行。其运行效果之良窳，是否实现了制度设计的预期目标，与操作制度运行的特定群体息息相关。正是在这个意义上，随着清代司法（制度与实践）研究的推进，司法官员的知识结构与专业素养，也就成为学者关注的问题。在制度安排上，州县牧令、直省督抚与刑部官员居于关键环节。他们的司法行为，必将对裁判结果产生深刻的，甚至是决定性的影响。[1] 从现有学术论著来看，有关清代司法官员律学素养的专题研究不多，主要集中在州县牧令和刑部官员上。[2] 对于刑部官员的法律素养，学者们基本上做出了肯定性的判断。例如，杜金和徐忠明认为：（清代）“刑部衙门有着相当浓厚的法律

---

* 原载《上海师范大学学报》（社会科学版）2019 年第 3 期。

[1] 参见徐忠明：《内结与外结：清代司法场域的权力游戏》，载《政法论坛》2014 年第 1 期。

[2] 参见徐忠明、杜金：《清代司法官员知识结构的考察》，载《华东政法学院学报》2006 年 5 期；杜金、徐忠明：《读律生涯：清代刑部官员的职业素养》，载《法制与社会发展》2012 年第 3 期；郑小悠：《清代刑部官员的法律素养》，载《史林》2016 年第 3 期。

阅读氛围，官员之间商榷法律问题、合作编撰法律书籍之事，亦不乏记载。刑部官员不但具有丰富扎实的法律知识，而且法律阅读的态度比较积极，动机也比较正当，甚至还形成了较为有效的阅读方法……正是这种素养，使刑部官员基本上胜任了他们肩负的修律和司法使命。"[1] 郑小悠也认为："清代刑部官员具有较高的法律素养。"[2] 法国汉学家魏丕信甚至认为，在清代国家机构中，刑部是唯一一个由专家组成的机构。[3] 这种看法，可谓中国法律史学界的通说。[4]

但是，陈灵海教授撰文提出质疑。在他看来，"清代以诗文、经学作为科举选拔的核心，律学受到的重视远不能与诗文相比，因而刑官律学素养的平均水准不宜高估；官员日常公务之后以交游唱酬为主要旨趣，生活空间被诗歌、宴饮、书法、金石、收藏、游览、佛道等占据"。[5] 在此基础上，他进一步指出，学者们之所以得出清代刑部官员法律素养"精湛"或者"较高"这种"误导性的"结论，是因为他们不仅采用"掐尖"的研究方

---

[1] 杜金、徐忠明：《读律生涯：清代刑部官员的职业素养》，载《法制与社会发展》2012年第3期。

[2] 郑小悠：《清代刑部官员的法律素养》，载《史林》2016年第3期。

[3] 参见［法］魏丕信：《在表格形式中的行政法规和刑法典》，载张世明、步德茂、那鹤雅主编：《世界学者论中国传统法律文化》，法律出版社2009年版，第57页。

[4] 其实，只要研究一下清代刑部制作的裁判文书，我们即能感受到该机构官员们精湛的律学素养与司法技艺。参见［美］布迪、莫里斯：《中华帝国的法律》，朱勇译，江苏人民出版社1993年版；邱澎生：《真相大白？——明清刑案中的法律推理》，载熊秉真编：《让证据说话——中国篇》，台北，麦田出版公司2001年版，第135~198页；王志强：《清代刑部的法律推理》，载王志强：《法律多元视角下的清代国家法》，北京大学出版社2003年版，第68~123页；《清代成案的效力和其运用中的论证方式》，载王志强：《法律多元视角下的清代国家法》，北京大学出版社2003年版，第68~123页；郑志华：《试评情理法融会贯通的传统价值追求——对清代刑案裁判论证针对性的剖析》，载叶孝信、郭建主编：《中国法律史研究》，学林出版社2003年版，第273~320页；王志强：《制定法在中国古代司法判决中的适用》，载《法学研究》2006年第5期。

[5] 陈灵海：《〈抱冲斋诗集〉所见清代刑官生涯志业》，载《学术月刊》2018年第11期。

法，并且抱持“浪漫想象”的学术态度，从而违背了“按料出货”的实证原则。[1] 笔者认为，虽然陈灵海提出了思考和解释清代刑部官员律学素养的可能空间，不过仍有商榷余地。

一、从斌良与《抱冲斋诗集》说起

陈灵海教授以《抱冲斋诗集》为基本史料，采用“以诗证史”的研究进路来考论和评估刑部官员的律学素养，最终得出他们雅好诗文、交游宴饮诸事而非律学的结论。这一判断，给笔者留下了这样一种印象：刑部官员将本职工作（司法审判）仅仅视为谋生手段，并没有投入太多热情，却把个人爱好（作诗饮酒）当作比本职工作更重要的事情，倾注了很多精力。这意味着，刑部官员具有一种将司法审判视为“业余”而把作诗饮酒看成“本职”的心态和行为方式。在这种本职与业余颠倒错位的语境中谈论刑部官员的专业精神和知识素养，也就成了一个颇为可疑的问题；如果非要谈论，只能说是一种“业余”精神。[2] 因此，刑

[1] 必须指出，陈灵海批评既有学术论著在研究方法上存在“掐尖”和“浪漫想象”的不足，可以说是一种误解和虚构。在前揭《读律生涯：清代刑部官员的职业素养》中，杜金、徐忠明集中考察的是刑部官员的读律氛围与读律方法。在《清代司法官员的法律知识研究》第3章“清代刑部官员法律知识的专题考察”中，杜金还集中讨论了刑部官员的构成、立法、司法以及律学著述等问题。参见杜金：《清代司法官员的法律知识研究》，中山大学2010年博士学位论文，第100~147页。若要评估刑部官员的律学素养，还要仔细分析他们制作的裁判文书、必须面对的错案责任和司法程序控制等问题。只有这样，我们才能获得对于刑部官员律学素养的全面认知。在一篇期刊论文中，显然不能承载这么复杂繁重的任务。据此，不能仅根据一篇论文就来评判学者在研究问题时运用的史料与方法是否得当。对此问题下文将会谈到，暂不展开。

[2] 参见［美］列文森：《儒教中国及其现代命运》，郑大华、任菁译，中国社会科学出版社2000年版，第13~17页。相关评论，参见郑家栋：《列文森〈儒教中国及其现代命运〉——代译序》，载《开放时代》2000年第5期。

部官员的律学素养不是“精湛”或者“较高”，而是普遍低劣。[1]

陈灵海之所以得出了上述结论，无疑是因为，在研究方法上，他犯了因误解而批评的“掐尖”与“浪漫想象”的毛病。原因在于，斌良及其《抱冲斋诗集》乃特殊例证，即陈灵海所谓的“特别样本”，将其作为评估刑部官员律学素养的依据，可谓“掐尖”与“浪漫想象”兼而有之。其观察视点，可称“管窥蠡测”；其所得结论，难免“以偏概全”。如果说其他学者的“掐尖”是取最高分，那么陈灵海的“掐尖”便是取最低分。据此，很有必要重新考察和解释斌良与其所著《抱冲斋诗集》的特殊意义。

关于斌良的家世与为官经历，在各种清代史料中仅有简单记述。[2] 其中，当以其弟法良所编《先仲兄少司寇公年谱》[3] 最称翔实。而据《年谱》开篇“法良谨案”可知：斌良的家世显赫，出身瓜尔佳氏，满洲正红旗人，两百余年间产生了不少高官。例如，族祖英东，世袭公爵；叔祖吴勤毅，总督；生父玉德，闽浙总督。在兄弟五人中，除了长兄俊良，因19岁殇而没有出仕为官；三弟桂良，由礼部员外郎历官云贵、两广、浙闽总督，正白旗汉军都统；四弟岳良，由理藩院员外郎历官江西布政使，护巡抚事，乌什办事大臣；五弟征良，曾任同大理寺司

[1] 参见陈灵海：《〈抱冲斋诗集〉所见清代刑官生涯志业》，载《学术月刊》2018年第11期。

[2] 参见赵尔巽等撰：《清史稿》卷四八六，中华书局1977年版，第13435页；（清）张维屏辑：《国朝诗人征略二编》卷六二，载《清代传记丛刊》（第23册），明文书局1985年版，第831~836页；（清）姚莹撰：《后湘诗集·续集》卷六，载《续修四库全书》（第1513册），上海古籍出版社1995年版，第104页；徐世昌辑：《晚晴簃诗汇》（第3册），中国书店1989年版，第356页。

[3] 参见（清）法良编：《先仲兄少司寇公年谱》，载《北京图书馆藏珍本年谱丛刊》（第138册），北京图书馆出版社1999年版，第453~477页。以下简称《年谱》。

务，历官江苏常州通判；六弟法良，由户部郎中开始为官生涯，曾任江西督粮道，现任（编写年谱之时）江南河库道。[1]排行第二的斌良，生于乾隆四十九年（1784年），死于道光二十七年（1847年），享年64岁，由荫生历官刑部侍郎、驻藏大臣。身为勋贵后裔，又有父子兄弟同朝为官的政治资源，如果斌良意欲在政治舞台上施展抱负，本该一帆风顺，但斌良的仕途却并不怎么顺利。[2]虽然宦海茫茫，顺逆穷通难以逆料。不过，导致斌良仕途颠踬的根本原因，似乎不能完全以受到排挤和打压来解释，即姚莹所谓“嘉庆中已著声称，然仕不得意，执政诸公或弗善也”，[3]而更应该从他的性情、心态、偏好和能力来分析。

在清代官方史料中，虽然《仁宗实录》《宣宗实录》都逐一记载了斌良的为官经历和升迁情况，但颇为奇怪的是，两实录都没有提及政绩方面的突出事迹。而《清史稿》则将斌良视为杰出诗人，在“文苑”中为其列传。因此，对于斌良的为官生涯，仅有“由荫生历官刑部侍郎，为驻藏大臣”；“服官农部，从军灭滑”；“秉臬陕豫，奉召还都”；“奉使蒙藩，跋马古塞”之类的零星记载，同样没有政绩方面的赞词。[4]不过，在《年谱》中倒有若干显示斌良行政能力不足的事例。嘉庆二十年（1815年），斌良32岁，出任山东兖沂曹济道，第二年就被“山东陈笠

[1] 可以与前引《晚晴簃诗汇》卷一二二“法良，字可盦，满洲旗人，历官江南河库道”相印证。参见徐世昌辑：《晚晴簃诗汇》（第3册），中国书店1989年版，第360页。

[2] 陈灵海认为：“到斌良这一代，瓜尔佳氏已经中落，经济状况一般。”陈灵海：《〈抱冲斋诗集〉所见清代刑官生涯志业》，载《学术月刊》2018年第11期。在斌良的兄弟辈中，仍出了总督、巡抚、侍郎级别的高官，很难说家道“已经中落”了。

[3] 姚莹撰：《后湘诗集·续集》卷六，载《续修四库全书》编纂委员会、复旦大学图书馆古籍部编：《续修四库全书》（第1513册），上海古籍书店1995年版，第104页。

[4] 参见赵尔巽等撰：《清史稿》卷四八六，中华书局1977年版，第13435页。

帆预抚部以公不谙河务，请改归地方道员，奉旨改调江南候补道”。嘉庆二十五年（1820 年），调补河南按察使，第二年即“为抚部所劾，十月奉旨著来京，以四品京堂候补”。道光二年（1822 年），斌良 39 岁，补授太仆寺少卿；道光六年（1827 年），“以陈奏迟延不合被议，奉旨以六部郎中降补”。[1] 对于清代官员来说，虽然被劾、被议可谓家常便饭，但是，倘若结合家族背景以及没有突出政绩来看，斌良之被劾、被议，多少也说明他不是一个尽心为官、能力出众的官员。

即便偶尔亦有斌良受赏的记录，我们仍看不出他有什么突出的行政能力。根据《年谱》记载，嘉庆十八年（1813 年），斌良因参与平定滑县教匪而“赏戴花翎”；不过在这次行动中，斌良只是“随大学士托公津开州军营防堵，办理文案事件”而已。[2]

梳理斌良在刑部任职时期（道光七年（1828 年）至十五年（1835 年），道光二十三年（1843 年）至二十六年（1846 年））的年谱和实录，除了几笔奉旨出京审理案件的记录，几乎没有关于斌良的法律素养、谳狱能力的事例和评价。当然，也没有斌良办案错枉的记载。这或许意味着，虽说斌良的政绩平平，但也尚能胜任刑部工作。这似乎与陈灵海所谓斌良“越来越认识到，刑部工作辛劳与否、律学素养高低，与仕途是否顺遂并无关系”[3]相吻合。问题在于，这可能仅仅是斌良的一己感受而已，并不表明清代刑部官员都是如此。其实，刑部官员因律学素养、司法能

[1] 参见（清）法良编：《先仲兄少司寇公年谱》，载北京图书馆编：《北京图书馆藏珍本年谱丛刊》（第 138 册），北京图书馆出版社 1999 年版，第 462 页、第 464~467 页。

[2] 参见（清）法良编：《先仲兄少司寇公年谱》，载北京图书馆编：《北京图书馆藏珍本年谱丛刊》（第 138 册），北京图书馆出版社 1999 年版，第 462 页。

[3] 陈灵海：《〈抱冲斋诗集〉所见清代刑官生涯志业》，载《学术月刊》2018 年第 11 期。

力、政绩突出而被倚重、被差委、被升迁的大有人在。[1] 另外，无论古今抑或中外，尽管官场升迁与官员的人品、勤奋、能力、政绩等密切相关，但它们之间并无必然联系。在官僚体制中，官员资历或曰论资排辈，同样是影响官员升迁的不可忽视的考量标准。此外，作为政治资本的官场人脉，也会影响官员的升迁。在一定程度上，斌良虽然仕途不算畅顺，可是，对于政绩平平的他来说，仍得到了逐步升迁的机会，最终以刑部侍郎、驻藏大臣结束了为官生涯。这种结局，极有可能是斌良的家世背景和为官资历所致，而非“政绩可观”[2] 的结果。

细审陈灵海对斌良诗的诠释，可以感受到他任职刑部的矛盾心理。一方面是“工作态度认真，一心报效君恩，也怜悯那些身陷牢狱的囚徒”；在诗中“谈到对律例的看法，对于研读律例颇有信心，甚至悟出了两条宗旨：‘得情’和‘求生’。他崇拜那些敢于持正论、断疑狱的官员”；但另一方面，对于刑部工作却又感到“烦闷、困苦”，对于繁忙工作可能导致“疾病、早逝”，更是心存畏惧，故而产生了“若不是报效君恩和赚取俸禄，真想早点离开”刑部的念头。[3] 这种矛盾心态，使斌良不可能专心投身于司法工作，亦不可能做出显著政绩。但这并不意味着斌良不读律例，并且因律学素养不高而不能胜任司法工作。

然而，陈灵海却认为：“斌良年轻时，确实想过努力学律。但这种兴趣的消退，比其产生还要快。”进而又说：在“刑部中固然有一些律学水平较高的官员，但水平低劣、蒙混度日者的比

[1] 参见郑小悠：《清代刑部司官的选任、补缺与差委》，载《清史研究》2015 年第 4 期。
[2] 陈灵海：《〈抱冲斋诗集〉所见清代刑官生涯志业》，载《学术月刊》2018 年第 11 期。
[3] 陈灵海：《〈抱冲斋诗集〉所见清代刑官生涯志业》，载《学术月刊》2018 年第 11 期。

例更高。五十岁之后的斌良，大概也是其中之一。”[1] 我们很难想象，先后在刑部供职了十余年的斌良，如果对律例知识和司法技能无所用心，对囚犯生死也毫不挂怀，怎么可能在审断案件时不出差错？如果办了冤假错案，岂能安然无事？更为奇怪的是，史书竟然毫无记载？比较上述斌良被劾、被议的记载，我们可以推断，这种可能性应该不大。当然，还有一种可能，即斌良在刑部任职的十余年里，一直无所事事，哪怕是在司掌印钥、在部任堂官期间也是如此。倘若这样，这与斌良自称的“报效君恩”配得上吗？非也。

相对而言，斌良的诗，却赢得了《清史稿》的赞誉；称其不仅“善为诗”，而且“风华典赡，雅近竹垞、樊榭”；“诗格坚老古体，胎息汉魏、韩杜苏李，律诗则纯法盛唐”；以及“与陈荔峰、李春湖、叶筠潭、吴兰雪唱酬，诗境益高”。[2] 可见评价不低。[3] 斌良之热衷于作诗、交友、宴饮等事，其他史料亦有记述。比如，徐世昌所辑《晚晴簃诗汇》卷一百二十二即说，斌良“名家贵荫，少随父达斋尚书浙抚任，阮文达方视学，从其幕中诸名士游，即耽吟咏。后历官中外，数奉使西北，边塞山川，行役多见诗篇集中。与张船山、吴兰雪、姚伯昂诸人唱和最多，亦

[1] 陈灵海：《〈抱冲斋诗集〉所见清代刑官生涯志业》，载《学术月刊》2018年第11期。

[2] 参见赵尔巽等撰：《清史稿》卷四八六，中华书局1977年版，第13435页。

[3] 虽说斌良的诗作极称宏富，亦颇有些名声，不过清人的评价却不多见，现代学者也鲜有研究。就笔者目力所及，仅有几篇短文，分析也很粗糙。参见吕斌：《论斌良山水诗的绘画美》，载《满族研究》2010年第1期；吕斌：《从斌良边塞诗透视清口叶西部历史》，载《安徽文学》2014年第3期；周松：《瓜尔佳·斌良的悼亡诗词小识》，载《美与时代》2018年第6期。这种情形是否意味着，在清诗的历史上，斌良可能并不是一个有影响力的诗人。当然，笔者乃中国古典诗学的外行，不敢妄作断言。

兰錡中风雅眉目也”。[1] 根据《年谱》记载：斌良之父玉德，在嘉庆元年（1796年）出任浙江巡抚，其时，斌良仅13岁。在嘉庆四年己未条下，则记载了16岁的斌良与名士交游、作诗唱和的事迹。[2] 另据姚莹《哭斌少司寇》所述，斌良“闻海内知名士，皆倾心礼之”；“京师秋菊盛开，无以觞客，乃典貂裘为之，其好士如此”。[3] 而这类名士之间的交游宴饮，必有吟咏赋诗的唱和之举。

按照法良的介绍，斌良16岁时，不仅诗作已有成人之风，而且还编了诗集。因醉心于诗的写作，斌良一生总共写了八千余首，堪称高产诗人；法良删存五千余首，收录《抱冲斋诗集》，计70卷。[4] 陈灵海认为：斌良16岁开始写诗。[5] 其依据，可能是《年谱》所谓“自是年（即嘉庆四年）春日幽居始，乌程郑梦白祖琛，与公（斌良）同庚，时为名诸生、幕友江墨君德地之婿，以诗来谒，执贽为弟子”。[6] 或者，可能是以《抱冲斋诗集》收录诗的起始时间为准。[7] 但是，按照《年谱》

[1] 徐世昌辑：《晚晴簃诗汇》（第3册），中国书店1989年版，第356页。

[2] 参见（清）法良编：《先仲兄少司寇公年谱》，“嘉庆元年丙辰”“四年己未”两条，载北京图书馆编：《北京图书馆藏珍本年谱丛刊》（第138册），北京图书馆出版社1999年版，第457~458页。

[3] 姚莹撰：《后湘诗集·续集》卷六，载《续修四库全书》编纂委员会、复旦大学图书馆古籍部编：《续修四库全书》（第1513册），上海古籍出版社1995年版，第104页。

[4] 参见张维屏辑：《国朝诗人征略二编》卷六二，载周骏富编：《清代传记丛刊》（第23册），文明书局1985年版，第831页。笔者按：陈灵海说斌良《抱冲斋诗集》共71卷，此说不确。

[5] 陈灵海：《〈抱冲斋诗集〉所见清代刑官生涯志业》，载《学术月刊》2018年第11期。

[6] （清）法良编：《先仲兄少司寇公年谱》，载北京图书馆编：《北京图书馆藏珍本年谱丛刊》（第138册），北京图书馆出版社1999年版，第457~458页。

[7] 《抱冲斋诗集》标明收录诗的起始时间是“嘉庆己未春”，即嘉庆四年。参见《清代诗文集汇编》（第544册），上海古籍出版社2010年版，第291页。

“诗已有成人风，编诗”[1] 之说则可推断，斌良开始写诗的时间，应该早于16岁。早年那些不成熟的诗，或未保存，或未收录该诗集。据此，我们不能仅据《抱冲斋诗集》来推算斌良写诗的时间。在斌良64年的人生中，写诗的时间大约延续了50年之久。以“8000÷50”来计算，每年大约要写160首诗，平均约2天写一首诗。

值得一提的是，在斌良45年的为官生涯（19～64岁）中，以北京为中心，游历了很多地方，包括内蒙古、吉林、盛京、新疆、青海、西藏、山东、河南、陕西、山西、江苏、浙江等地，有些地方，还去过不止一次。[2] 我们完全可以设想，以当时的交通条件来说，旅途花费的时间必然很多，有时一次公务旅行，就要耗时数月之久。在这种情况下，斌良会有大量时间一边观赏沿途的山水风光，一边体察当地的风土人情，并且赋诗抒怀；同时，赋诗也可以排遣旅途的烦闷与劳顿。这种类型的诗，在《抱冲斋诗集》中确实数量不少，可与前引《晚晴簃诗汇》所述“数奉使西北，边塞山川，行役多见诗篇集中”相互印证。也因此，我们在评估斌良写诗与本职工作之间的关系时，必须把这个因素考虑在内。

综上，我们可以得出两点初步结论：

其一，陈灵海教授的论证逻辑是，由于斌良热衷于写诗，也确实写了数量宏富的诗，所以没有时间和精力读律；由于斌良鄙

---

[1] （清）法良编：《先仲兄少司寇公年谱》，载北京图书馆编：《北京图书馆藏珍本年谱丛刊》（第138册），北京图书馆出版社1999年版，第457页。

[2] 参见吕斌：《从斌良边塞诗透视清中叶西部历史》，载《安徽文学》2014年第3期。笔者按：吕斌将斌良任职户部浙江司、云南司、刑部广西司视为去过浙江、云南、广西，是对史料的误解。

视“俗”、追求“清”的情调和品位，所以其对研读律例也不感兴趣。如果真是这样的话，那么将斌良作为清代刑部官员热衷于写诗而不是读律的典范，理据就不够充分了。此乃因为，斌良的所作所为，实在是太特殊了。在通常情况下，对于公务繁忙、责任重大并且受到司法程序严格控制的刑部官员来讲，哪有这么多的时间和精力沉湎于写诗，平均2天便写一首！就此而言，斌良只能算是特例，不太可能代表清代刑部官员的整体形象。因此，以斌良及其《抱冲斋诗集》来评估刑部官员的律学素养，无疑是运用了陈灵海自己所批评的“掐尖”方法，所得结论也难免掺杂着“浪漫想象”的成分。

然而，笔者想要追问的是：平均2天写一首诗，就一定会耽误读律，甚至影响司法工作吗？很难说。原因倒也简单，它们之间并没有逻辑上的因果关系。实际上，对于那些才思敏捷、耽于写诗——斌良就是这样一个“善为诗”的人来说，平均2天写一首诗，并不是一桩不可能的事情。譬如，乾隆帝一辈子写了四万三千余首诗，是斌良的5倍，但这并没有影响日理万机的皇帝乾纲独断。不消说，乾隆帝写了很多不值一提的烂诗。作为职业外交官的荷兰汉学家高罗佩（1910～1967年），不仅通晓十余种语言，而且撰写了《琴道》《秘戏图考》《中国古代房内考》等多种开创性的学术著作，创作了《狄公案》系列小说。[1] 可见，若有足够的才华和热情，并能合理安排时间，业余写诗或从事学术研究，不一定会耽误本职工作。据此，陈灵海的论证逻辑没有多少说服力，结论也很难成立。

---

[1] 参见［荷兰］巴克曼、德弗里斯：《大汉学家高罗佩传》，施辉业译，海南出版社2011年版；施晔：《荷兰汉学家高罗佩研究》，上海古籍出版社2017年版。

其二，陈灵海教授论证逻辑存在矛盾。年轻时的斌良，读律颇有心得，工作态度也很认真，还有报效君恩和同情囚犯之心，因而政绩可观；中年时的斌良，仍能谨慎耐心、仔细听讼断狱，甚至不辞辛劳，日以继夜，并且积累了断狱经验，形成了一些审判理念。[1] 然而，50岁后的斌良，竟然蜕变成了“水平低劣、蒙混度日”的刑部官员。前后判若两人。原因何在？难道只是为官心境变化所致吗？我们可以认为，人们的为官态度，可能会随着年龄增长而转变；他们的工作热情，也可能会随着宦迹颠踬而变得消沉。然而，其所掌握的知识、积累的经验，不太可能出现“由高到低”的退化。何况斌良所处的嘉道时代，又是一个相对平顺的时代，法律并没有出现过急剧变化，不至于年轻时掌握的律学知识，到老年就过时了；更不致于若不及时更新，就跟不上时代需要了，无法胜任司法工作了，而只能在刑部“蒙混度日”了。因此，说50岁后的斌良是“水平低劣”的刑部官员，恐怕不妥。

另外，还有一个更为奇怪的矛盾。陈灵海认为，年轻时的斌良，“对于研读律例颇有信心，甚至悟出了两条宗旨：‘得情’和‘求生’”。这意味着，斌良不但读过律例，而且颇有心得。但其又说斌良“确实想过努力学律”。在陈灵海看来，斌良只是想想而已，但并未读过，或者读过律例，但并不努力，以致律学“水平低劣”。之所以出现了这种含混矛盾的表述，是因为陈灵海过于相信了斌良诗中抒发的情感，并将这种情感当作事实。[2]

---

[1] 参见陈灵海：《〈抱冲斋诗集〉所见清代刑官生涯志业》，载《学术月刊》2018年第11期。

[2] 参见陈灵海：《〈抱冲斋诗集〉所见清代刑官生涯志业》，载《学术月刊》2018年第11期。

这涉及“以诗证史”的方法问题。诗，既可纪事，亦能抒情。但问题在于，我们应该如何诠释并且平衡“事”与“情”之间的微妙关系。斌良诗中的“情”，可能与实在意义上的“事”不符，然而它仍然是诗人心境的表达。在这个意义上，诗中之“情”，也是一种真实，即诗人心境的真实，而非纯粹的虚构。不过这种心境的真实，毕竟不是实在意义上的真实。可以说，斌良诗中抒发的“情”，与其官场行为的“事”之间，有着“若即若离”的微妙关系。就此而言，斌良写于不同时期的诗，可能表达了不同时期的为官心境，但我们不能把不同时期为官心境的表达，完全当作他在不同时期为官行为的事实。如果这样的话，就会导致青年行为与晚年行为之间的明显落差，从而给人一种斌良“堕落”的印象。借助“文史互证”的研究取径，固然可以给史家提供更多的材料，也就是说把诗作为史料，进而给史家进入历史情境提供可能的渠道，从而帮助史家论考历史上的人、事、物；可问题是，若将诗中所抒之情、所叙之事、所写之物予以“事事坐实”的诠释，既有可能误解诗的文学意义，亦有可能误解诗中之情、事、物，以致原本极美好的意愿，反而产生“煞风景”的结果。

二、刑部官员的写诗、宴游与读律

为了证明斌良并不只是清代刑部官员群体中的个例，而是一种普遍现象，因此，陈灵海教授并没有仅仅满足于分析斌良的所作所为，而是进一步将刑部官员群体纳入考察范围，冀以超越“掐尖”方法导致结论的以偏概全的局限。其操作进路是，通过斌良及其《抱冲斋诗集》延伸到刑部官员的集体心态和行为方式，再拓展到科举取士制度和士人文化语境。这是一种由个案到整体（超越个案）的研究进路，值得称道。设想很好，但论证却并不成功。

（一）陈灵海的论证思路。其一，科举取士制度的影响。在清代科举考试的科目中，由于“诗艺成为士子进身时超越文章、经义和实际能力的核心指标”，也因为此，磨炼写诗的技艺，是清代读书人参加科举考试的基本功，同时也影响了官僚群体的文化趣味。其二，追求“清”的生活方式。文人出身的官僚，大多向往“清”的洒脱生活，而鄙薄“俗”的烦琐政务。在刑部官员心目中，司法实践便是一种俗务；相反，宴饮逸乐、赋诗作画则体现了其超越俗务的生活品位，也是一种“雅”的体现。其三，诗人云集的刑部。结合上述两点，就可以推导出刑部乃是一个诗人云集的机构。由于耽于饮酒赋诗，致使他们没有时间、精力和兴趣读律；又由于他们疏于读律，自然也就成为一群律学素养不足的官员。[1]

从表面上看，这种论证逻辑可谓顺理成章。因为，科举首重诗艺，诗酒又是文人阶层的清雅趣味之一；文人登晋仕途之后，就把这种趣味带到官场，成为官僚群体的共同爱好，也是他们应酬交际的媒介。同时，这一论断亦有史料支撑。陈灵海胪列了三个方面的证据：①若干与斌良诗酒交往的刑部官员；②其他近百个享有一定诗名的刑部官员；[2] ③诗中抒发的向往“西曹

[1] 详尽的讨论，参见陈灵海：《〈抱冲斋诗集〉所见清代刑官生涯志业》，载《学术月刊》2018年第11期。

[2] 参见陈灵海：《〈抱冲斋诗集〉所见清代刑官生涯志业》，载《学术月刊》2018年第11期。

竿牍暇，诗酒合兼并”，[1] “讼情勤按爰书少”“好趁公余倒酒樽”[2] 之类的生活理想。然而细审之后即可发现，这种看似史料充分、清晰平滑的论证逻辑，却遮蔽了历史现象的复杂性，或是人的性情、偏好、能力和行为的多样性。按照陈灵海的论证逻辑，及其对于史料的理解和诠释，清代中国就是诗人治理的国家。因为，从皇帝到官僚，几乎人人都会写诗，亦有兴趣写诗。虽说这一论断在某种程度上能够成立，但极不真实。果真如此，这样的国家，根本就不可能发展出严密的官僚制度，也不可能制定出繁复的律例典章。

（二）如何看待刑部官员的写诗、宴游与读律。笔者大致承认，在科举取士制度的影响下，大多数官员“进入刑部前，从未专门学习过律例，几乎是一张白纸。进入刑部后，出于工作要求确实需要‘恶补’”[3] 的基本判断。但也不要忘记，第一，极少数出身于律学世家的官员，任职刑部之前可能已有律学基础。[4] 第二，清初承袭明代的“进士观政”制度，在一定程度上发挥了培训新科进士从政能力的作用。该制度规定，三年观政实习期满，再根据考核情况，分别授予相应官职，所谓“三年期满，始以部署、知县分别录用”。[5] 对于那些分派刑部的见习官员来说，这是一个学习律例、检阅案例、积累司法经验的机会。

[1] （清）斌良：《抱冲斋诗集》卷一九“诗舲酬唱集一·松山早行寄雷竹泉比部”，载《清代诗文集汇编》（第544册），上海古籍出版社2010年版，第553页。

[2] （清）斌良：《抱冲斋诗集》卷一八“秋曹读律集二·冬月中浣邀云司诸寅好小集澹园即席”，载《清代诗文集汇编》（第544册），上海古籍出版社2010年版，第547页。

[3] 陈灵海：《〈抱冲斋诗集〉所见清代刑官生涯志业》，载《学术月刊》2018年第11期。

[4] 参见郑小悠：《清代刑部官员的法律素养》，载《史林》2016年第3期。

[5] （清）陈康祺撰：《郎潜纪闻初笔二笔三笔》卷二，晋石点校，中华书局1984年版，第30页。

若见习官员能用心专研，经由为期三年的实习，就有可能成为律学行家；[1] 即使他们将就应付，通过为时不算太短的三年观摩学习，也不至于毫无律例知识。当然，我们亦不能排除仍有不少虚应故事的观政进士。此外，随着观政制度本身的蜕变窳败，见习效果也未必佳。[2] 第三，对于调补刑部的地方官员来说，他们或多或少都会接触司法工作，从而积累相应的律学知识和司法经验。[3] 对于满人笔帖式、汉人七品小京官这类刑部最低级别的司员来讲，他们是以处理“文案”起家的官员，如果要在刑部谋求升迁，往往需要很长的任职时间。[4] 在这个过程中，他们即有机会和时间掌握律学知识、积累司法经验。第四，在清代中央政府的六个核心机构（吏户礼兵刑工）中，相对于其他五部，刑部官员不但专业要求高，而且任职时间长，这显然有助于他们积累专业技能、养成专业精神。退一步说，即便我们认同“清”“俗”“报应”观念对于刑部官员产生了实质性的影响，但是仍要看到，刑部毕竟是一个负责审核全国命盗和死刑案件的总汇衙门，一旦出现审断错枉，那可是“生死攸关”的大事。诚所谓

[1] 相关例证，参见郑小悠：《清代刑部官员的法律素养》，载《史林》2016年第3期。

[2] 参见［法］魏丕信：《中国帝制时代晚期如何学习为官之道》，载《法国汉学》第8辑，中华书局2003年版，第207页。

[3] 根据《年谱》记载，在道光七年（1827年），斌良选补刑部广西司郎中；在这之前，曾担任过地方司法官员。嘉庆二十五年（1820年）7月奉旨升授陕西按察使，18日出京，8月抵陕；9月调补河南按察使，10月之任。第二年即道光元年（1821年），被抚部所劾，10月奉旨回京，以四品京堂候补。在一年左右的任期内，肯定审办过当地的案件。可能是由于办案能力不足，或者办案不当，或者与上司不合，具体原因不明，因而遭到巡抚的参劾。至于那些由“行取知县”而进入刑部的官员，也应该审理过各种案件，从而具备相应的律学知识和司法经验。参见（清）法良编：《先仲兄少司寇公年谱》，载北京图书馆编：《北京图书馆藏珍本年谱丛刊》（第138册），北京图书馆出版社1999年版，第464页、第468页。

[4] 关于清代刑部司官（刑部堂官以下）的来源与任职具体情况的详尽讨论，参见郑小悠：《清代刑部司官的选任、补缺与差委》，载《清史研究》2015年第4期。

“国家政事，分掌于六曹。而秋官一职，关人生命，视它曹尤重。为之长者，类多擢自曹司重望，谙习法令。即叙劳外简，往往不数年骤跻右职，入掌部纲。故它部长官迁调不常，而秋官独任久。盖非精研其学者，不能尽职也”。[1] 这种认知，并不只是个别官员才有的想法，而是制度性、实践性，因而也是具有一定普遍性的现象。第五，科举考试以诗艺为中心，固然存在“所学非所用”的弊病；而极度形式化的“八股文”写作，确实存在禁锢思想、败坏人才的可能。[2] 可是真能通过考试、登晋仕版的士人，他们的智商通常不会太低。换言之，作为科举考试的高手，他们已有良好的经史知识和写作基础，再加智商不低，因此，不大可能领悟不了律例的奥义，满足不了写作司法文书的要求。何况，律例乃是以经义和情理为基础的规则系统。在很大程度上，我们甚至可以这么说，律例只不过是经义和情理的表达，或者说是经义和情理的具体化、条文化。故而，唯有熟练掌握经义、通晓情理，才能体悟其中蕴涵的“仁恕”“恻隐”精神。这意味着，熟练掌握经义、洞悉人情事理，对于理解律例会有极大的帮助。反之，倘若不能通晓经义和情理，就不可能领悟律例

[1]（清）曹允源：《慎斋遗集序》，载上海古籍出版社编：《清代诗文集汇编》（第767册），上海古籍出版社2010年版，第242页。这条材料足以说明，除了刑部职责关乎人命以外，尚有两个特点，一是必须谙习律学，二是升迁快与任职久。这意味着，刑部已经逐步形成了自己的“专业槽”，从而与其他各部有所不同。又如，光绪年间的兵部官员陈夔龙，对于“刑部秋审处司员满口例案，刺刺不休，是谓自信太深”的讽刺挖苦，也说明了刑部官员独特的行事风格与专业精神。正是这种风格和精神，成为“区隔”其他各部官员的屏障，即陈夔龙所谓的“隔教”是也。（清）陈夔龙：《蕉梦亭杂记》卷一，中华书局2007年版，第9页。相关评论，参见郑小悠：《清代刑部官员的形象：自我期许与外部评价》，载《北京师范大学学报》2015年第1期。

[2] 对于清代科举考试埋没人才、败坏人才的危害，但凡读过《儒林外史》的人，都会留下强烈的印象。参见（清）吴敬梓：《儒林外史》，人民文学出版社1977年版。

的要旨与精神。[1] 就“八股文”的写作技巧而言，与司法文书亦可谓是理无二致。从总体上来看，清人通常不会将读书与读律完全割裂开来。周洵写道：“法律虽系专门，学此亦视诗书根底为何如。根底深者，不惟易成，成后词理亦必充沛。”[2] 即使分科治学严格的今天，研读法律与其他学问也不能割裂开来。所谓“多读一年书，少读十年律”之说就意味着，只有通过广泛阅读，才能了解人性、人情与社会，也才能透彻把握律例。第六，即便进入刑部之后的官员未必都能专心精研律例，成为律学专家。但是，这并不意味着他们对于律学知识和司法经验就真的无所用心，甘愿成为一群尸位素餐、蒙混度日的昏聩官僚。撇开官员的个人荣誉、报效君恩以及爱民情怀不谈，但也总该考虑一下经由“二十年寒窗苦读”，得来不易的乌纱帽吧。所谓“嗟子读书得远仕，罢黜乃坐不读律”[3] 是矣。这就说明，士子们不至于仅仅为了满足个人的偏好，耽于作诗宴饮，就完全不考虑这种实际利益了吧。孰轻孰重，总该有个基本判断！我们可以设想，在司法程序与责任制度的严格约束下，为了避免因律学素养不足而导致错案冤狱，并且受到法律制裁的后果，刑部官员阅读

[1] 从律文、律意与律心三个概念来诠释它们之间一层深于一层的意义关系，或可这么来概括，律文是条文的文字表达；透过文字表层，才能理解每个条文的意义。比如，容隐旨在以“孝”“睦”来教化百姓，冀以维护家族的和谐秩序；而隐藏在“孝”“睦”底下的，乃是“哀矜”“恻隐”这种儒家倡导的“仁恕”之道。就此而言，如果不能理解律文背后的律意与律心，就不可能成为一名合格的司法官员。在这个意义上，虽然科举考试没有直接考察士子的律例知识，但是这种考试却蕴含了“法理学”“法哲学”的内涵。换句话说，对考生进行了“法理学”“法哲学”的测评。关于律文、律意与律心的讨论，参见（清）孙承泽：《春明梦余录》（中册），王剑英点校，北京出版社 2018 年版，第 891～899 页。

[2] （清）周洵：《蜀海丛谈》，巴蜀书社 1986 年版，第 171 页。

[3] （清）钱洋：《钱南园先生遗集》卷一，载《续修四库全书》编纂委员会、复旦大学图书馆古籍部编：《续修四库全书》（第 1461 册），上海古籍出版社 1995 年版，第 231 页。

律学书籍，恐怕也是自然而然的事情。

笔者并不否认，确实存在很多沉湎于写诗、热衷于宴游的刑部官员和事例。但是，同样存在许多专心读律、精研律学的刑部官员和事例。对此，我们不必感到惊讶。真正的问题在于，应该如何理解和评估这种看似悖论的现象。

首先，我们可以追问：刑部官员是在哪种场合写诗和宴游？诗中经常出现的，乃是“公余”或是“公暇”这两个同义词。可见，他们并没有占用工作时间写诗和宴游。也就是说，他们是该工作就工作，当写诗就写诗，可以并行而不悖。即便是在工作时间写诗，恐怕也不会是一种常态，只能是偶尔为之。

其次，我们可以进而追问：他们是否有“闲暇”来写诗和宴游？虽然清代官员的休假时间比我们现在公务员要少些，但是一年累计下来有50~60天，刑官可能更长一些。根据清代制度规定：“每年元旦令节七日，上元令节三日，端午、中秋、重阳令节、恭遇圣诞令节各一日，万寿圣节七日，各坛庙祭飨斋戒以及忌辰素服等日、并封印日期、四月初八日、每月初一初二日，皆不理刑名。”[1] 封印日期，从年末的12月19日至22日，到新年的正月19日至22日，包含元旦和上元两节；封印的具体时间，则以钦天监选择的吉日吉时为准。[2] 此外，农耕社会的作息时间，往往以“日出而作，日落而息”为基本原则。[3] 因

［1］（清）官修：《钦定大清会典则例》卷一二五《刑部》，载台湾商务印书馆编：《景印文渊阁四库全书》（第623册），台北，台湾商务印书馆2008年版，第730页。

［2］参见（清）潘荣陛、富察敦崇：《帝京岁时纪胜 燕京岁时记》，北京古籍出版社1981年版，第49页。

［3］关于清代官员作息时间的讨论，参见［美］杨联陞：《中华帝国的作息时间表》，载杨联陞著：《中国制度史研究》，彭刚、程钢译，江苏人民出版社2007年版，第21~25页。

此，除了高级官员参与的早朝时间很早，普通京官的工作时间，大致上是辰时（上午7~9点）上班，申时（下午3~5点）下班。[1] 虽然官员上班的时间安排，对于幅员辽阔的大清帝国来讲，天南地北会有稍许差异，但基本原则却并无不同，而且，京官也不会受到影响。通过这一简单介绍，我们可以看到，尽管刑部官员确有可能工作繁忙，但也并非没有“公余”时间。据此，写诗和宴游不一定会耽误读律。即便清代刑部官员真如《客燕杂记》所言：“嘉靖中，李攀龙、王世贞俱官西曹，相聚论诗，建白云楼，榜诸君诗，人目刑部为外翰林，亦称西台。”[2] 但是我们似乎不能据以认定，他们是在工作时间相聚赋诗和品诗，何以不能把这种“雅聚”理解为是在休息时间进行的呢！须知，在公廨内“建白云楼”，不太可能是私人行为，而应该是官方行为。如果此一推测不谬，我们可否将其理解为刑部官员在白云楼“相聚论诗”，是得到了皇帝的默许呢？若是这样，难道皇帝竟然允许他的臣子们在工作时间不办公事而论诗？结论可能只有一个，虽然“建白云楼”得到了皇帝许可，不过“相聚论诗”应该是休息时间。故而，刑部官员固然热衷于写诗，但并不意味着影响工作，更不能证明他们不读律例。

再次，我们还可以进一步追问：是否只有“公暇”和工作休息时间仍然坚持读律，陈灵海教授才愿意承认刑部官员的读律热

---

[1] 参见王雁：《晚清中下层京官的日常生活》，华东师范大学2017年博士学位论文，第118页。

[2] 参见（清）梁章钜、郑珍：《称谓录 亲属记》卷十六，中华书局1996年版，第251页。

情？刑部官员才能成为合格的甚至素养较高的法律专家？[1] 或许，我们可以这样来思考问题，即利用工作时间研读律学，进而与同僚商讨律学和案件，同样不失为是热心读律的态度。事实上，上班时阅读律例和研究案件，下班后写诗和宴游，两者根本就不矛盾。即使到了法律不断复杂化和精细化、司法日趋专业化的今天，究竟又有多少法官会去利用休假时间苦心研读法律书籍？或者，在与同行交游之时依然谈论法律和案件？对此问题，我们应该以常人态度来思考。繁忙疲累的工作之暇，恐怕更愿意与亲朋好友“八卦”一些日常的见闻和轶事，而非唠叨什么工作，否则可能会是一种“煞风景”的交友方式。对于绝大多数官员来讲，工作就是工作，既不神圣亦不鄙俗。因此，不必将作为谋生手段的工作看得太过崇高，更不必把日常生活与工作混为一谈。有时，作为一种历史分析方法，我们需要从常人心态和生活立场来思考问题，而非高调姿态。

[1] 陈灵海认为，刑部官员“除了讨论案件之外，工作之余不会有什么‘读律’的念头。”对于这句推测性、概括性的判断，笔者提出以下三点质疑：一是在他看来，似乎只有“工作之余”仍能专心读律，才称得上是研读律例，才体现了刑部官员的职业精神，并摆脱了诗人的业余态度，反之则否。工作之余不读律例书籍，难道就违背了刑部官员的职业伦理？非也。二是工作之余“讨论案件”，就不算是读律？当然不是。实际上，笔者之所谓“读律”，就包括了研究成案与待审案件。因为讨论待审案件，不仅涉及事实认定，而且涉及律例适用。何况，对于以书面审为基本工作方式的刑部官员来说，如何准确适用律例，无疑是一个非常关键的问题。在分析案件的过程中，他们必然会分析相关的律例和成案。这不就是一种“读律”方式！我们没有必要把读律仅仅理解为研读律例条文而不包括讨论案件，否则就狭隘了。三是作为一个全称判断，它意味着刑部官员都不会有工作之余读律的念头和实践。显然，这种看法言过其实。事实上，他们利用工作之余编辑了大量律学书籍，包括律例解释、历史考证、案例汇编，等等。笔者认为，无论工作之时抑或工作之余读律或讨论案件，都是读律。因此，读律的时间安排，与是否读律本身无关，不可将其混为一谈。关于律学概念的讨论，参见徐忠明：《困境与出路：回望清代律学研究》，载徐忠明、杜金：《传播与阅读：明清法律知识史》，北京大学出版社 2012 年版，第 323 页。

最后，我们还要追问：如何理解阅读《抱冲斋诗集》表达的现象？翻检该诗集，读者可能会有一种强烈的印象，作为刑部官员的斌良，竟然写了这么多首诗，有时居然到了废寝忘食的地步；同时，斌良参加了这么多次同僚和亲友的宴饮和交游，还有精力读律吗？还有时间和心思考虑工作吗？确实，写诗和宴游占用了斌良很多的时间和精力。不过我们仍然要想一想，在长达50年时间里写下的诗、参加的宴饮和交游，一旦集中阅读，就会产生一种扑面而来的除了写诗、宴游，几乎无心工作的深刻印象。在此，我们不妨做个思想实验。如果我们在每个双休日皆与同事或者亲朋聚餐一次，一年就有50次之多，以50年计算，那就会有2500次宴饮，再加节假日，无疑会更多。如果我们每年出游两次，50年就是100次。如果把这些活动都写在日记里，将来有人读到这本日记，势必也会产生一种日记作者耽于宴饮和交游，却不做什么正事的感觉。如果这位日记作者喜欢写诗，那会留下多少首诗，恐怕不少吧。区别仅仅在于，中国古代的读书人，通常自幼受过良好的诗学教育，再加闲暇娱乐相对单调，写诗也便成了消磨时间的一种值得追求的雅趣。由于现代读书人缺乏诗学教育，即使有亦可谓浅尝辄止；当然，现代教育内容更具多样性，因而大多数人不再具备写诗的能力，自然也不会有这方面的强烈兴趣。在这种情况下，诗人，几乎成为一种职业的称号，业余诗人就变得越来越少了。如果我们从这个角度来看待斌良和刑部官员写诗、宴饮、交游，所得印象就会很不一样。无疑，设身处地思考是一种颇为有效的观察问题的视角。

退一步讲，即便刑部官员存在上述“业余”精神，也不表明他们的律学素养就差，更不表明他们不能胜任司法工作。诚所谓

“到什么山，唱什么歌”。对于那些身在刑部（肩负审核命盗重案、维护法律统一实施、参与修订律例、且在皇帝身边工作）的官员来说，恐怕不能无视日常司法活动必须具备的知识与技能，更不能不考虑严密烦琐的司法程序和司法责任的制度约束。至于刑部官员律学素养“精湛”或“较高”之论断，既是针对清代律学研究水平而言，也是根据他们能否胜任司法工作而言，而非与现代法学研究水平比较所得。现代法学研究之所以昌明发达，更多是拜大学专业的法学教育和法学研究所赐。

三、制度约束：刑部官员为何读律

陈灵海教授之断言刑部官员因耽于赋诗、宴游等事而疏于读律，以致律学素养普遍较低的主要原因，乃是科举制度首重诗艺的强烈影响，以及时代风气的鼓动、皇帝的引导。[1] 不错，为了博取功名、出仕为官，士子们自幼便以极大的热情和兴趣专注于学习写诗、提升诗艺。[2] 一旦激发了写诗的兴趣、具备了良好的诗艺，就会成为他们终身的爱好，不仅将其视为“脱俗清雅”的生活方式，而且把它当作“可以流传”[3] 的名山事业。问题在于，对于特别强调创意的写诗来讲，兴趣和热情固然重要，但天

[1] 参见陈灵海：《〈抱冲斋诗集〉所见清代刑官生涯志业》，载《学术月刊》2018 年第 11 期。

[2] 但是，我们也切不可以夸大诗艺在清代科举取士中的基础性与重要性。事实上，沿袭了明代科举考试科目的清代，仍然以测试士子们的经义知识和八股文写作能力为中心。参见邓嗣禹：《中国考试制度史》，吉林出版集团有限责任公司 2011 年版，第 166～168 页，第 170～182 页。甚至，为了督促弟子专心准备科举考试，父兄、师长还会竭力反对弟子耽于诗词的写作。这种例子，在史料中并不少见。

[3] 陈灵海：《〈抱冲斋诗集〉所见清代刑官生涯志业》，载《学术月刊》2018 年第 11 期。

赋和才情却并非人人具备。事实上，真正能够流传下来、受到士子关注、并且成为他们观摩学习对象的诗，可谓少而又少。写下数量超多诗的斌良，虽然成为《清史稿·文苑传》的传主之一，他的作品亦因其弟法良的编辑而被保存，可是，斌良之诗的流传范围，其实并不怎么广泛，它们在清代诗史上的地位，似乎也算不得高，更没有产生多大影响。就刑部官员而言，如果我们刻意强调他们写诗可能产生的社会文化意义，而忽略读律的政治法律意义，无疑是一种有失偏颇的看法。

尽管笔者同意，进入刑部之后的官员仍保持了写诗的兴趣和热情这个基本判断，因为它有很多史料可资证明，然而，这是否导致了他们置读律和司法工作于不顾？乃至将本职（司法）视为业余，却把写诗当作本职？即以诗人身份供职刑部？[1] 决非如此。其实，袁宏道之所谓“西曹之人，十居其九”[2] 皆热衷于谈论诗艺，那只不过是说，他们喜欢切磋诗艺，言行神情“望之若仙”而已，甚至，只是“嘉隆之末，天下太平”时期的特殊现象。因此，这并不意味着刑部官员就不研读律例，或者羞于读律，以致律学素养普遍庸劣。果真如此，刑部就极有可能成为一

[1] 陈灵海自问自答道：“今人或许难以理解，清代刑部中云集的为何是诗人，而不是法律家？其实这也是制度和风气使然，极少有人可以例外。”陈灵海：《〈抱冲斋诗集〉所见清代刑官生涯志业》，载《学术月刊》2018 年第 11 期。

[2] 袁宏道之所谓：“西曹旧称清秩，居是官者，多文雅修饰之士。嘉隆之末，天下太平，士大夫缓带而谈艺，竞为复古之词，以相矜尚，一时学士翕然宗之。而西曹之人，十居其九，流连光景，鼓吹骚雅，诸曹郎望之若仙，故当时西曹视他曹特易。数年以来，文网繁密，当事者有所平反，辄加诃责。爰书之牍，不足凭按。大司寇惟仰屋太息，不能为治狱计，故今西曹视他曹特难。”据此可知，袁宏道所说的现象，只不过是“嘉隆之末，天下太平”时期的短暂现象，而非贯通明一代的普遍现象。这意味着，我们对袁宏道的议论不必信以为真，更不能视之为普遍现象。参见（明）袁宏道撰：《袁宏道集笺校》卷十八“瓶花斋集之六·送京兆诸君升刑部员外郎序”，钱伯城校笺，上海古籍出版社 1981 年版，第 708 页。

个制造冤狱的机构，而刑部官员的工作态度与庸劣素养，则又极有可能成为制造遍地冤魂的黑暗世界的罪魁祸首。但这不是事实。倘若对刑部官员耽于写诗、言行神情“望之若仙”坐实了理解，我们完全可以用“诗人生涯”来描绘清代刑部官员的职业状况，然而这恐怕是一种“阳春白雪化”的浪漫想象。[1] 之所以产生了这种浪漫想象，是因为陈灵海不只是忘却了刑部官员司法行为的制度约束，还忽略了他们的道德意识。也就是说，其判定刑部官员乃是一群无视君恩、不顾民命，而仅仅满足于一己私利（写诗、宴饮与交游）的官僚。真是这样吗？不太可能。为了更好分析其中的原因，笔者拟由清代司法制度切入。

（一）从地方到中央的司法集权与程序控制。清代中国司法权力的配置与构造，大致分为三个板块：民间社会的解纷机制、地方政府的司法审判与中央政府的审核监控。其中，民间社会的纠纷解决机制，包括家族、村落、行会以及契约的中保人等；地方政府的司法机构，则有州县、州府、道、臬司和督抚；中央政府，是指刑部、都察院、大理寺、皇帝。这套司法制度，尽管组织结构颇为复杂，但其条理仍然清晰可寻。

笔者认为，清代司法制度的设计原理，可称为“抓大放小”。而其旨趣，则是为了实现以下两个目标：（1）分散解决细故（民事）纠纷，发挥民间自治和州县自理的功能。也就是说，除了极少数不服调判结果的细故纠纷的诉讼两造可能会将纠纷继续上控到督抚甚至户部，其他细故纠纷基本上在民间社会和州县衙门就得到了解决。这是“放小”的意思。（2）集中审理命盗（刑事）

---

[1] 笔者按：正文挪用了陈灵海的口吻和表达，仅以“诗人”替换“读律”。参见陈灵海《〈抱冲斋诗集〉所见清代刑官生涯志业》，载《学术月刊》2018 年第 11 期。

案件，发挥审转程序对于徒刑以上案件和疑难案件的监控作用。其中，律例制度又做出了司法程序的分流安排：无关人命的徒罪案件，督抚有权作出终局裁决，仅需例行汇案咨报刑部的手续，即可结案，此乃“外结”案件。唯有涉及人命的徒刑、流刑以上案件以及少数“例无正条”的疑难案件，才会被逐级上申到中央司法机构——刑部、寺院与皇帝，由其作出终局裁决，既是谓“内结”案件，也是“抓大”的意思。[1]

这套制度通过民间社会的纠纷解决机制，分流了一部分细故纠纷；经由“外结”程序，进一步分流了无关人命的徒罪案件。这样一来，最终进入中央司法机构的案件，也就少了很多。正是通过“抓大放小”的程序设计，使刑部集中了全国大案、要案、疑案的审核权与监控权。这种设计的好处有三：慎刑、控制官僚、统一实施法律。

之所以采用“抓大放小”的司法制度设计原理，其第一层次的原因，是经费短缺与人手不足；其第二层次的原因，是“薄赋轻徭”的财税政策与“简约治理”的制度模式；其第三层次的原因，是农耕经济的产出有限、商税征收的技术制约、政治统治的道德理想。而将这些原因归结起来，就导致了帝国官方司法能力（人手和经费）的严重不足。在能力不足的情况下，又要实现中央集权和皇帝专制，除了“抓大放小”别无良策。

（二）“部权特重”导致的权力集中与司法压力。通过“抓大”的程序安排，大案、要案、疑案的审核与裁决，都被集中到了中央司法机构。而在中央司法机构中，刑部进一步实现了对于

---

[1] 参见徐忠明：《内结与外结：清代司法场域的权力游戏》，载《政法论坛》2014年第1期。

司法权的集中。虽说清代中央司法机构沿袭了明代，不过它们仍有差异。明代中央司法机构的权力配置，是“刑部受天下刑名，都察院纠察，大理寺驳正”。[1] 可见，三法司具有各自并列而又相互制约的特点，但刑部权力仍然比都察院和大理寺来得重要。[2] 清代则出现了微妙变化，即“外省刑案，统由刑部核覆。不会法者，院寺无由过问；应会法者，亦由刑部主稿。在京讼狱，无论奏咨，俱由刑部审理，而部权特重”。[3] 在三法司中，刑部已上升到司法审核与裁决的核心位置，这才有了“部权特重”之说。[4]

从制度变迁来考察，形成“部权特重”的原因颇为复杂。大致可概括为：一是民间司法制度的改革。与明代里老听审不同，[5] 清代民间社会虽然仍发挥着解决纠纷的功能，也确实承担了大量纠纷解决的工作，但其已非制度的硬性规定。也就是说，州县衙门成了一切诉讼案件的初始机构。[6] 这意味着，有更多诉讼案件被纳入官方渠道，从而增加了地方政府的司法压力。二是康熙六年废除了“府推官”[7] 一职，削弱了府的司法力量。这样一来，县府两级政府的司法压力，就比明代更为吃重，需要

[1]　（清）张廷玉等撰：《明史》卷九四，中华书局 1974 年版，第 2305 页。

[2]　参见那思陆：《明代中央司法审判制度》，正典出版文化有限公司 2002 年版，第 38 页。

[3]　赵尔巽等撰：《清史稿》卷一四四，中华书局 1977 年版，第 4206 页。

[4]　参见杜金：《清代司法官员的法律知识研究》，中山大学 2010 年博士学位论文，第 100 页；郑小悠：《清代法制体系中“部权特重”现象的形成与强化》，载《江汉学术》2015 年第 4 期。

[5]　里老听审的制度与实践，参见［日］中岛乐章：《明代乡村纠纷与秩序》，郭万平、高飞译，江苏人民出版社 2010 年版；韩秀桃：《明清徽州的民间纠纷及其解决》，安徽大学出版社 2004 年版，第 23~45 页。

[6]　参见《大清律例》，田涛、郑秦点校，法律出版社 1999 年版，第 473 页。

[7]　赵尔巽撰：《清史稿》卷一一六，中华书局 1977 年版，第 3335 页。

通过审转制度强化程序控制和司法责任，以便减少冤假错案的发生。[1] 三是在明代，地方与中央之间的连接点，乃是省级的布政司和按察司，所谓“布政、按察司所拟刑名，其间人命重狱，具奏转达刑部、都察院参考，大理寺详拟”。[2] 可是到清代，督抚渐次成为地方与中央的连结点。[3] 这一微妙变化，在某种意义上提高了地方司法机构（通过督抚题奏）与刑部交涉的政治资本，因为清代督抚的官阶比明代布按两司高。另外，则增加了刑部的司法压力。四是康乾以降由于人口的急剧增长，平均每年发生的案件总量，显然也会随之增长。而这，同样会增加刑部审案的压力。

概括“部权特重”的上述四点原因：司法权力向中央集中，进而向刑部集中，审转程序控制的强化，刑部审理案件总量的增加，势必会对刑部官员的律学素养、司法技艺或者司法能力提出更高的要求。否则，就不可能胜任皇帝赋予他们的司法任务。

（三）讲读律令、引律断罪与司法责任。清代中国的科举取士制度，固然导致了“所学非所用”的尴尬，不过这绝非一个完全无法克服的难题。至于如何解决这一难题，除了强化审转程序以外，尚有三种制度安排，即讲读律令、引律断案与司法责任。

其一，讲读律令。根据《大清律例》卷七“吏律·公式”之

---

[1] 邱澎生认为：“至少到清代雍正年间，审转秩序开始得到严格落实。”邱澎生：《当法律遇上经济：明清中国的商业法律》，台北，五南图书出版股份有限公司2008年版，第104页。详细讨论，参见第103~108页。

[2] 张廷玉等撰：《明史》卷九四，中华书局1974年版，第2306页。关于明代省级司法机构的具体讨论，参见那思陆：《明代中央司法审判制度》，正典出版文化有限公司2001年版，第186~189页。

[3] 参见赵尔巽等撰：《清史稿》卷一四四，中华书局1977年版，第4206~4207页。

规定："凡国家律令，参酌事情轻重，定立罪名，颁行天下，永为遵守。百司官吏务要熟读，讲明律意，剖决事务。每遇年终，在内在外，各从上司考校。若有不能讲解，不晓律意者，官，罚俸一月；吏，笞四十。"[1] 另据沈家本考证："此条《唐律》无文。盖自元废律博士之官，而讲读律令者，世遂无其人，明虽设有此律，亦具文耳。"[2] 可见，明律之所以增加了该条律文，是为了纠补元代废除律博士之后，可能导致官吏不读律例、不晓律例之意的弊病。虽然我们难以考定清代在何种程度上实现了"讲读律令"的预设目标，但可判定至少是起到了一定的作用。[3]

其二，引律断罪。这条律文的来源颇为久远，至少晋代已有类似规定。根据《晋书·刑法》记载："律法断罪，皆当以法律令正文；若无正文，依附名例断之；其正文、名例所不及，皆勿论。"[4] 经由《唐律疏议》,[5] 一直延续到了清律。《大清律例》卷三十七"刑律·断狱"规定："凡官司断罪，皆须具引律例，违者，如不具引。笞三十；若律有数事共一条，官司止引所犯本罪者，听。所犯之罪，止合一事，听其摘引一事以断之。"[6] 其实，这仅为原则性规定。在《大清律例》中尚有"特旨""成案"定罪的限制性规定，以及如何援引律例的可操作性

[1] 《大清律例》，田涛、郑秦点校，法律出版社1999年版，第157页。
[2] 沈家本：《历代刑法考》（四），中华书局1985年版，第1829页。
[3] 参见张晋藩：《明清律"讲读律令"的启示》，载《比较法研究》2011年第1期。
[4] （唐）房玄龄撰：《晋书》卷三十，中华书局1974年版，第938页。
[5] 参见刘俊文撰：《唐律疏议笺解》，中华书局1996年版，第2063页；相关考证，第2063~2065页。
[6] 《大清律例》，田涛、郑秦点校，法律出版社1999年版，第595页。

规定。[1] 现在的学术研究，也证实了审转案件已经基本实现“引律断罪”的原则。[2]

其三，司法责任。综观《大清律例》和《吏部处分则例》等文本，我们可以发现，涉及司法责任的规定非常之多，可谓是到了动辄得咎的地步，从拘捕时限到审断时限，由篡改口供至引律错误，等等。无论是在哪个诉讼阶段，无论是否导致错案冤狱，只要司法官员存在违反律例和则例的行为，皆要承担相应的司法责任。其中，最为直接的律文，当推《大清律例》卷三十七“刑律·断狱·官司出入人罪”之规定。律例颇为烦琐，兹不俱引。[3]

由于存在讲读律例、引律断罪、司法责任及其相应（行政和刑事）的制裁，我们也就可以设想，即便进入刑部之前的士子，固然未曾研习律例，对于司法实践更是懵然无知，但是进入刑部之后，一旦身膺审核与裁决全国大案、要案、疑案之责任，恐怕还不至于无视这些律例规定，更不至于不顾自己的官场前途与身家性命，仍一味热衷于写诗、宴饮和交游。果真如此，诚可谓是既不合情，亦不合理。果真如此，那就绝不只是耽于写诗、宴饮、交游可以解释的现象了，而是缺乏起码的为官伦理和责任意识。也就是说，刑部官员乃是一群无视民瘼、不报君恩、自私自利、尸位素餐的庸官昏吏。并且，这还不仅是个别现

[1] 参见《大清律例》，田涛、郑秦点校，法律出版社 1999 年版，第 595~596 页。

[2] 参见［美］布迪、莫里斯：《中华帝国的法律》，朱勇译，江苏人民出版社 1993 年版，第 442~443 页；［日］滋贺秀三：《中国法文化的考察》，载［日］滋贺秀三等：《明清时期的民事审判与民间契约》，王亚新等编译，法律出版社 1998 年版，第 11~12 页。

[3] 参见《大清律例》，田涛、郑秦点校，法律出版社 1999 年版，第 579~586 页。

象，而是整体现象。更意味着，儒家经义教育和科举考试制度的彻底失败，因为“忠君”“勤政”“爱民”等政治伦理，对于刑部官员来说已经毫无价值。而上面分析的律例，对于刑部官员也同样没有拘束之力。这又有多大的可能性？应该很小吧！笔者以为，作为刑部官员，虽然可能继续保持写诗的兴趣，可是研读律例、提升律学素养、积累司法经验，实乃理所当然之事。尽管确有可能存在部分刑部官员律例荒疏的情形，但也不太可能是普遍现象。

四、“画黑稿”与“倒挂”之辨析

陈灵海教授把刑部堂官“画黑稿”以及堂司官员与部胥“律学素养倒挂”作为例证，试图进一步证明刑部官员律学素养普遍低劣，甚至得出“官场地位越高，律学素养越低”[1]这种多少有些耸人听闻的结论。在此，姑且不谈“越高越低”存在的史实与逻辑问题。即便是对“画黑稿”与“倒挂”本身的解释，亦稍嫌粗略，且有失中肯。

（一）对“画黑稿”之辨析。陈灵海的史料依据，是晚清夏仁虎在《旧京琐记》中记述的故事：“刑曹于六部中最为清苦，然例案山积，动关人命，朝廷亦重视之。故六堂官中，例必有一熟手主稿，余各堂但画黑稿耳。薛尚书允升既卒，苏抚赵舒翘内用继之。赵诛，直臬沈家本内调为侍郎，皆秋审旧人。凡稿，须经沈画方定。余在刑曹时，见满左右堂既不常到，到则各

[1] 陈灵海：《〈抱冲斋诗集〉所见清代刑官生涯志业》，载《学术月刊》2018年第11期。

司捧稿送画，辄须立一二小时。故视为畏途，而愈不敢至。其庸沓可笑，然尚虚心，盖每画必视主稿一堂画毕否，既画则放笔书‘行’。若间见有未画者，则曰‘先送某堂，看后再送’。”[1] 我们知道，夏仁虎曾出任过刑部官员，[2] 以当时人记当时事，其真实性应该没有问题。真正的问题在于，应该如何理解和解释这种现象。而且，在吏治渐趋废弛的清末，能否据以证明斌良身处的嘉道时期刑部官员为政态度的情形，也是一个问题。

陈灵海接着说：“今人如果只看到薛允升、沈家本等‘刑部四杰’，不了解当时‘例必有一熟手主稿’的做法，难免得出偏离史实的结论。”[3] 由于刑部的“画行权”掌握在主稿手里，似乎坐实了陈灵海所谓其他官员“全然不懂，断不敢签”[4] 的判断。其实，对夏仁虎记载的故事，我们也可以作不同的解释。比如，鉴于刑部审核的案件“动关人命，朝廷亦重视之”，故而，为了确保裁判结果的勿枉勿纵，很有必要选择精通律学、司法经验丰富的堂官负责定稿。这种情形恰好表明，刑部已经成为一个“专业主导”或“知识控制”的机构。[5] 至于附随“主

---

[1] （清）夏仁虎：《旧京琐记》，北京古籍出版社 1986 年版，第 55 页。

[2] 对夏仁虎，史书仅有零星记载。略谓，夏仁虎，字蔚如，江苏上元县人，江宁府学优廪膳生。光绪丁酉（1897 年）拔贡，出任刑部七品小京官；光绪官制改革（1906 年）以后，出任农工商部主事。对于夏仁虎在刑部任职的详情，我们一无所知，只知道他是刑部“跑龙套式的”低级官员，即学习行走。参见（清）孙雄辑：《道咸同光四朝诗史》甲集卷六，载《续修四库全书》（第 1628 册），上海古籍出版社 1995 年版，第 486 页；（清）佚名撰：《缙绅全书（清光绪二十六年夏）》，载《清代缙绅录集成》（第 68 册），大象出版社 2008 年版，第 57 页；（清）佚名编：《光绪丁酉科拔贡夏仁虎硃卷》，载《清代硃卷集成》（第 388 册），台北，成文出版社有限公司 1992 年版，第 117~142 页。

[3] 陈灵海：《〈抱冲斋诗集〉所见清代刑官生涯志业》，载《学术月刊》2018 年第 11 期。

[4] 陈灵海：《〈抱冲斋诗集〉所见清代刑官生涯志业》，载《学术月刊》2018 年第 11 期。

[5] 参见杜金：《清代司法官员的法律知识研究》，中山大学 2010 年博士学位论文，第 103~111 页。

稿”意见的其他堂官，虽有可能是因为律学荒疏、司法经验不足，但也有可能是出于谨慎和面子的考虑。如果贸然画稿，难免出错因而被同僚所耻笑。又如，从官场运作来看，既然形成了“当家”堂官负责操办部务的惯例，那么其他官员也就乐得采取循例“画押”的态度，而不再劳心费神进行推敲审核。所以，尽管“画黑稿”确实有可能隐含着某些堂官庸碌与懈怠的事实，但也难以说明刑部官员各个都是这样。据此，堂官们“画黑稿”的原因颇为复杂，肯定不是一句律学素养低劣即可解释得了的现象。

徐珂记述了另一则“画黑稿”的故事：“凡指摩一切者，谓之当家，部事向皆满尚书当家，汉尚书伴食而已。四侍郎则更不事事，有半月不入署者……然亦有以侍郎当家者，赵舒翘、沈家本之在刑部，皆以深明旧律，为尚书所不及，实权乃渐集于侍郎。盖因其人而生权力也。非当家之堂官，值司官来请画稿，不敢细阅，谓之画黑稿。故有在任堂官数年而不知部事为何物者。”[1]足见，堂官们之所以“画黑稿”甚或是“不知部事”，是因为他们的律学水平“不及”赵舒翘和沈家本那么精湛；但是，这并不意味着他们对律学就一窍不通。因为“不及”并非“全然不懂”，只是不那么“深明”或精通罢了。

至于“满尚书当家，汉尚书伴食，四侍郎则更不事事”则反映了两个问题，一是清代政治中的种族因素，二是官僚政治实践中的通病。这也不难理解，在政务决策上，既然满尚书“当家”作主，汉尚书难有置喙的机会和权力，为了避免满人猜忌，采取“伴食”态度，无疑是最稳妥的策略选择。尚书如此，侍郎就可

[1]（清）徐珂编撰：《清稗类钞》“爵秩类·各部堂司官琐事”，中华书局1984年版，第1313页。

想而知了。但是，如果结合赵舒翘、沈家本的例子来看，则又说明“当家”与否，更多的是取决于律学素养和司法经验，而不完全是满汉之间的种族因素。另外，不“当家”不一定就意味着律学素养庸劣。

还有一种“画黑稿”的情形，即某些官员虽然没有什么律学素养和司法经验，却被皇帝任命为刑部堂官。对于他们来说，任职之初，难免随同附和，史称“初膺部务，临事漫不訾省，司员拟稿进，涉笔占位署名，谓之‘画黑稿’”。[1] 这种任命，或许是皇帝出于政治方面的考虑；这种情形，仅仅是针对没有司法经验而且还是“初膺”而非久居刑部的堂官。可见，情况比较特殊，似乎不便据以指称所有或者多数的刑部堂官。

在清末讨论官制改革时，吴庆坻提出过一个颇有启发的假设。他说：“若督抚骄矜，则两司徒画黑稿；若两司跛扈，则督抚祇如赘瘤。六部堂官虽多，仍是一人主稿。”[2] 不难看出，是否“画黑稿”并不完全是因为官员之间专业能力的优劣高低，而更有可能是他们的不同性格使然。有人刚劲跛扈，因而争权揽事；有人木讷懦弱，故而谦抑退让。这是官场常见之事，不足为怪。进一步说，在集体决策的制度语境中，参与决策的人数越多，也就越难达成共识；如果个个争强好胜，要想达成一致意见，就更难了；相反，选择一人主稿，他人附和，不但可以避免意见分歧，提高工作效率，而且还能避免官员之间的不和。

另外，只要我们特别考虑一下这样一个事实，刑部每年负责

[1] （清）胡思敬：《国闻备乘》卷一《部务》，中华书局2007年版，第27页。
[2] （清）吴庆坻撰：《蕉廊脞録》卷二，刘承幹校，张文其、刘德麟点校，中华书局1990年版，第54页。

审理的案件，可不是一个小数目。撇开刑部每年的现审案件和军流案件不算，光是死刑案件已经多达数千。根据郑秦先生的考证："乾隆朝 60 年（1736－1795）全国死刑案件每年约 3000 件，而清朝最后的咸同光宣 60 年（1851－1911）每年一般仅 1000 件。"其中，约 30% 到 50% 的人犯将被处决。[1] 如果总计刑部每年审核、审理的所有（现审、军流、死刑）案件，恐怕得以万计吧。这么多案件、牵涉这么多人命，皆由一个"当家"堂官负责"画行"，似乎不太可能。[2] 笔者认为，前引夏仁虎所谓"各司捧稿送画"云云，应该是指案件的裁决意见议定之后，各司呈送堂官画行签字。换句话说，"画稿"只是例行手续罢了，而不太可能是实质性审核；即便是实质性审核，一旦产生不同意见，通常也是退回该司重新审议，而不是由堂官直接提出处理意见。当然，刑部是由十七司分别审理所属省份的题奏案件，因此各司实际承担的案件并不多。[3] 如果以每年 10,000 个案件、300 个工作日来估算，即"10000÷17÷300≈2"，那么各司每天平均审理的案子只有 2 件，而各司配备的官员和书吏则超过了 10 人。另外，对于各省的题奏案件，刑部一般是采取书面审，而这类案件文书又不长，所以承审官员花费的阅读时间也不

[1] 郑秦：《清代司法审判制度研究》，湖南教育出版社 1988 年版，第 191 页。至于咸同光宣年间刑部复审死刑案件的大幅减少，应该不是因为全国死刑犯罪的急剧下降，而更应该是实施"就地正法"导致的结果。

[2] 笔者假设，刑部每年审理 10000 个案件，每年工作 300 天，那么"当家"堂官平均每天处理的案件，大约有 30 件。这无论如何都是一桩不可能的事情。另外，我们从夏仁虎"各司捧稿送画，辄须立一二小时"亦可推测，对"送画"案件，不太可能是实质性的审核，而只能是例行化的过目签画。

[3] 可资参考的是，据《康熙起居注》记载，康熙帝问刑部尚书魏象枢等曰："近来尔部事件若何？一司中有几件事？"魏象枢等奏曰："各司约有六七件事，今比前少见。"转引自徐尚定标点：《康熙起居注》（第 2 册），东方出版社 2014 年版，第 150 页。

会多。就此而言，有些刑部官员不到衙署上班，或者在上班时吟诗闲聊，似乎还不至于影响日常工作。所谓“刑部官员工作繁忙”之说，恐怕是在秋审期间，对“当家”官员才适用。

清代刑部人员的构成，可分三个层次：堂官、司员与部吏。根据《清史稿》记载：“尚书掌折狱审刑，简核法律，各省谳疑，处当具报，以肃邦纪。侍郎贰之。十七司各掌其分省所属刑名。”[1] 可见，堂官负责总核一部之事，各司负责相应省份之事。具体而言，“刑部堂司日常在部的工作交往可归纳为‘说堂—画稿’模式，即司官拿着拟好的文件向堂官当面汇报，堂官予以批复决策的模式。刑部政务在理论上采取集体负责制，每一件奏稿都要经过所有堂官列名、画押才能产生效力。但在实际运作中，一般倾向于由‘当家’堂官每天到部坐堂，听取各司汇报。至于其他堂官，如系兼办军机处、内阁事务，或因其他原因不能经常到部，司官多将案稿送到他们在内廷的值房画稿，或送到府宅画稿”。[2] 这进一步说明，其一，堂官之所以不到部视事，并非完全是由于他们的业务能力不足和工作态度懈怠，而是另有公务。其二，案件的具体审断，由各司负责；案件裁决的定拟，由堂官审核签画。这种“说堂-画稿”的运作模式说明，堂官画稿，绝大多数是例行手续，而非实质审议。因为到了“画稿书行”的阶段，案件的实质问题（事实认定与律例适用）已经解决了。

当然，这并不是说堂官就无关紧要了，而是说不要过于强调

[1] 赵尔巽等撰：《清史稿》卷一一四，中华书局1977年版，第3288页。
[2] 郑小悠：《清代刑部之堂司关系》，载《史学月刊》2017年第1期；参见王雁：《晚清中下层京官的日常生活》，华东师范大学2017年博士学位论文，第113页。

堂官的作用。毫无疑问，如果堂官的律学素养精湛、办案经验丰富，那么，对于司官就会产生积极的引导作用，甚至还会产生强劲的压力，迫使司官更认真地读律、更审慎地办案。

各司之中，亦有“主稿”。他们往往是由于精通律例、通达情理、善于写作，而被堂官推荐为本司“当家”，负责本司案件的审议决策。至于各司的运作方式，先由几个负责案件审理的司官拿出意见，再由主稿写出案稿，[1] 然后，才呈送堂官画押。若无问题，最后由堂官向皇帝题奏；若有疑问——“情罪不符及引律错误”，既可驳回地方原审官员重审，亦可径直改正，再由皇帝裁决。[2] 此外，对于堂官异议的案件，也可批交律例馆再做审议，并拿出审议意见，即出具“说贴”，重新提交堂官审核。[3] 如此往复，无非为了慎重刑狱，确保审断妥善，不出差错。总而言之，各司的审核和裁决意见，在刑部审理案件的整个决策流程

[1] 参见郑小悠：《清代刑部司官的选任、补缺与差委》，载《清史研究》2015 年第 4 期。关于清代六部主稿的委任，另见毛亦可：《清代六部司官的“乌布”》，载《清史研究》2014 年第 3 期。

[2] 参见赵尔巽等撰：《清史稿》卷一四四，中华书局 1977 年版，第 4207 页。详细讨论，参见那思陆：《清代中央司法审判制度》，文史哲出版社 1992 年版，第 222～246 页。关于“驳案”的讨论，参见郑秦：《清代司法审判制度研究》，湖南教育出版社 1988 年版，第 159～161 页。

[3] 沈家本说：“从前刑部遇有疑似难决之案，各该司意主议驳，先详具说帖呈堂。如堂上官以司议为是，由司再拟，稿尾覆外省之语曰稿尾。分别奏咨施行。若堂上官于司议犹有所疑，批交律例馆详核，馆员亦详具说帖呈堂。堂定后仍交本司办稿，亦有本司照覆之稿。堂上官有所疑而交馆者，其或准或驳，多经再三商榷而后定，慎之至也。道光中，渐有馆员随时核覆不具说帖之事，去繁就简，说帖遂少。光绪庚辰以后，凡各司疑难之案，一概交馆详核。于是各司员惮于烦也，遂不复具说帖。馆员亦不另具说帖，径代各司拟定稿尾，交司施行。”（清）沈家本：《寄簃文存》卷六《刑案汇览三编序》，载沈家本：《历代刑法考》（四），中华书局 1985 年版，第 2224 页。关于律例馆的源流与功能，参见李明：《清代律例馆考述》，载《清史研究》2016 年第 3 期。沈家本的这段议论，亦可佐证在斌良任职刑部时期，刑部的吏治和工作态度要比清末好很多。

中起着举足轻重的作用。因此，我们不能太过强调堂官而忽略各司的作用。与此相关，如果以堂官们“画黑稿”来否定刑部官员的整体律学素养，那就太草率了。

综上可知，堂官们“画黑稿”的原因可谓多种多样，包括满汉种族因素影响、个人性格差异、初来乍到却不谙律例、兼任其他公务而不了解案情、律学素养低劣以及刑部的决策模式与运作惯例，等等。鉴于清代采取集体责任制度，一旦审核出现差错，画黑稿者就不可能置身事外，而不承担错案冤狱的责任。在这个意义上，堂官们之所以“画黑稿”，虽然不排除个别堂官律学荒疏这个原因，但也有可能仅仅是贪图省事或遵循官场的办事惯例而已。因此，我们绝不能一看到“画黑稿”的堂官，就认定他们的律学素养低劣。

（二）对“律学素养倒挂”之辨析。众所周知，清代六部胥吏，是沿袭了明代旧制。与地方官员聘请的幕友一样，六部书吏大都也来自浙江绍兴。他们冒占顺天户籍，盘踞六部衙门，所谓“各部书吏，绍兴人冒籍顺天”[1] 者是也。

清代考选书吏的标准有三：熟悉律例、工于写算、身家清白。六部书吏各有定额，然而多寡不等，刑部是堂书 8 人，经承 90 人，实际人数要多得多。[2] 通常认为，由于书吏熟悉律例和成案、精通司法文书的写作技巧、了解衙门的办事套路、具有一定

[1] （清）张之洞撰：《（光绪）顺天府志》卷一零一，载《中国地方志集成》北京府县志辑 3 · 光绪顺天府志（三），上海书店出版社 2002 年版，第 128 页。

[2] 数据和讨论，参见张晨：《试论清代中央六部书吏》，载《湖北社会科学》2013 年第 6 期。

的官场人脉，从而就产生了把持公务与徇私舞弊的危害。[1] 刑部亦不例外。例如，雍正十一年（1733 年）刑部侍郎觉和托奏称："咨揭之应准应驳、现审之拟轻拟重，虽系司员酌定主意，而叙稿成招，皆出书吏之手。是书吏得以舞文弄弊、作奸犯科者，皆由于满汉各官不亲自主稿之所致。"[2] 以致出现"养尊成习，画诺惟命，不问何事，官反为吏，吏反为官"[3] 的情形。而这，恰好是陈灵海所谓刑部官员与书吏在律学素养上"倒挂"的根本原因。

但我们也不要忘记，刑部官员并非皆为律学外行。魏丕信早已指出，刑部官员"往往都是非常能干的律学名家"，刑部也是唯一由真正的专家负责的政府部门。[4] 事实上，觉和托在上引奏折中就提出了各省到部案件的处理办法：由各司主事当堂领回；再由本司满汉司员商议审定，向堂官汇报；汇报堂官之后，才交书吏缮写文书。[5] 经由雍乾时期的改革，刑部官员与书吏之间"法律素养倒挂"的情形，已经大为改观。[6] 之后的刑部，不但形成了"主稿者必议稿于堂上，与堂上官相可否，俗谓之说

[1] 关于部吏之害的讨论，参见张锡田：《论清代文档管理中的书吏之害》，载《中山大学学报》1999 年第 4 期；赵彦昌、赵松：《试论清代书吏对文书档案工作的危害》，载《文化学刊》2007 年第 4 期；张晨：《试论清代中央六部书吏》，载《湖北社会科学》2013 年第 6 期。

[2] 《雍正朝汉文朱批奏折汇编》（第 24 册），江苏古籍出版社 1989 年版，第 213 页。

[3] （清）宋恕：《六字课斋卑议》，载胡珠生编：《宋恕卷》（上册），中华书局 1993 年版，第 6 页。

[4] 参见［法］魏丕信：《在表格形式中的行政法规和刑法典》，载张世明、步德茂、那鹤雅主编：《世界学者论中国传统法律文化》，法律出版社 2009 年版，第 57 页。

[5] 《雍正朝汉文朱批奏折汇编》（第 24 册），江苏古籍出版社 1989 年版，第 213 页。

[6] 参见郑小悠：《"吏无脸"——清代刑部书吏研究》，载《河北法学》2015 年第 2 期。

堂”[1] 的风气，而且堂官、司员与书吏之间的关系也得到了厘定。沈家本指出：“一切稿件，均有司员等手定。在书吏，不过供奔走、任书写而已。遇有情罪未谐及例案不能赅载之案，均由该司员缮具说贴，呈堂批交律例馆司员查案比核，悉心酌拟，呈堂公同阅定。”[2] 这些史料未必能够揭示堂官、司员与书吏关系的全部真相，可是他们之间“律学素养倒挂”的现象，未必仍然像陈灵海所说的那么严峻。郑小悠也认为，雍乾改革以后刑部胥吏之弊已经小于各部，“可谓六部的榜样”。[3]

另外，刑部书吏之弊之所以不像地方衙门那么突出和严重，可能是因为，官员与书吏之间的比例不那么悬殊，从而便于控制。根据布迪和莫里斯的整理，刑部堂官和司员的额设人数是 118 人。[4] 可见，比书吏 98 人要多。另据学者介绍，光绪三年（1877 年）刑部官员多达 653 人，书吏和皂吏仅有 444 人。[5] 虽然两者都远远超过了额设数量，可是官员显然要比书吏多了很多。至少在理论上，由于官多吏少，日常公务不必太过借手书吏，这就减少了书吏作弊的概率，同时也便于控制书吏。实践情形究竟如何，尚不好断定。

综上所述，（1）由清代刑部的组织架构（堂官、司员、书吏）与运作流程来看，书吏负责案件文书的接收、抄写和移

---

[1]（清）郑虎文撰：《吞松阁集》卷三一《云南永北府知府袁君传》，载《四库未收书辑刊》第 10 辑 · 第 14 册，北京出版社 1997 年版，第 301 页。

[2]（清）沈家本：《刑案删存》卷六《议覆御史奏删例文禁陋习二条》，载徐世虹编：《沈家本全集》（第 2 卷），中国政法大学出版社 2010 年版，第 182 页。

[3] 郑小悠：《“吏无脸”——清代刑部书吏研究》，载《河北法学》2015 年第 2 期。

[4] 参见［美］布迪、莫里斯：《中华帝国的法律》，朱勇译，江苏人民出版社 1993 年版，第 120~121 页。

[5] 参见李鹏年等：《清代中央国家机关概述》，紫禁城出版社 1989 年版，第 388 页。

送，司员负责案件的审核和拟稿，堂官负责对于各司呈送拟稿的审议和决策；其中，各司的“拟稿”居于核心地位。（2）更为关键的是，从部司两级的“当家”与其他官员的职权关系来看，则形成了“专业主导”或“知识控制”的特点；也就是说，那些律学素养精湛、司法经验丰富的“当家”官员，实际上掌控了刑部的运作与决策，所以其他官员就变得不那么重要了。（3）这就告诉我们，若要评估刑部官员的律学素养，必须以部司两级的“当家”官员为依据，因为是他们保证了清代刑部的裁判质量。就此而言，存在“画黑稿”和“不知部事”的堂官和司员，并不表明认定刑部官员的律学素养普遍低劣。（4）随之而来的是，即便采取择优的“掐尖”方法，也不影响我们对于刑部官员律学素养较高或精湛的评价；但是，如果采取反向的“掐尖”，亦即以律学素养普遍低劣的刑部官员为例来评估他们的律学素养，则会贬低清代刑部的司法质量。

结　语

经由上面详尽的考察和分析，结论已经非常明确，清代刑部官员不仅读律，而且律学素养亦颇精湛，足资胜任日常司法工作；即便存在某些堂官律学素养不足的现象，也不至于影响刑部的司法工作。在结语中，笔者尚要申述以下两点思考。

其一，自从孔子开创“善善恶恶”的著史义法，帝国官方编纂的史书，皆以“彰善罚恶”为宗旨。那些进入官方史书的人与事，非好即坏。好的人与事，可做正面表率，供人仿效，导人为善；坏的人与事，可做反面教材，使人知警，戒人为恶。众多庸常之人与平凡之事，则消失在历史长河之中，极少留下踪迹。就此而言，如果以官方史书为素材，研究历史上的人与事，就不免会存在“掐尖”的嫌疑和缺陷。在这个意义上，掐尖之法的运用，可谓研究中国历史的一个宿命。然而，这种研究并非全无价值。因为，这样的历史著述，仍可为读者提供想象空间，即大量处在中间状态的人与事，可能会是怎样的面貌。

好在，清代刑部官员基本上是受过良好教育的群体，他们都有读写能力，可以记录自己的观察和经历，表达自己的体验和想法。只要资料足够丰富，避免“掐尖”之法的弊端，克服“浪漫想象”产生的猜测臆断，倒也不是什么难题，但是，知易行难。具体到陈灵海的这篇论文，作者以满族勋贵后裔斌良及其《抱冲斋诗集》为典范，再延伸到诸多耽于写诗、宴饮、交游的刑部官员，并将他们置于科举考试首重诗艺、时代尚好写诗的语境之中，考察他们的律学素养，最终得出他们缺乏读律兴趣与工作热情，故而律学素养普遍低劣的结论。这种结论，有失偏颇。在研究方法上，陈灵海也掉进了自己批评的“掐尖”和“浪漫想象”的陷阱。而其根本原因在于，陈灵海几乎不考虑司法程序、司法责任以及职业伦理的约束作用，也不考虑诗人与官员之间的角色差异、个人兴趣与切身利益之间的利弊权衡，对于部司两级“当家”官员主政的实践意义，同样没有给出合理的解释。此外，陈灵海基本忽略了清代刑部官员撰写的律学著作、编辑的案例汇编、制作的裁判文书。这些书籍和文书，可谓评判刑部官员律学素养高低既客观又真实的载体，也是最能反映刑部官员律学素养的证据。

其二，随着明清时期庶民教育的相对普及，民众识字率的提高、民间出版业的发展，无论精英抑或庶民，记录一己观察、表达一己思考的空间，也得到了极大拓展，从而为研究传统文化提供了材料和条件。在考察和分析当时法律知识的生产与传播时，我们必须考虑这样的文化语境。因为，它们对民众的法律实践产生了深刻的影响。

及至明清时期，民间法律专家（讼师）日趋活跃。而这，既是满足诉讼增长的需要，同时也催生了更多的诉讼。这是问题的一个方面。另一方面，由于民间诉讼大都聘请讼师参与诉讼策划和诉状写作，从而对官府提出了律学知识的特殊要求。另外，明代里老听审制度的废止，使大量诉讼直接进入州县衙门，因而对州县牧令也提出了新要求，他们必须做出积极的应对。应对之策有二：一是普遍聘请法律专家（幕友），二是提高自身的律学水平。不消说，这已经成为清代地方政府诉讼实践的普遍现象。

由于审转程序的强化与严格，在官场内部产生了一种监控压力。与此同时，诉讼两造的越诉、上控乃至京控，则在官场外部造成了另一种监督压力。这两种压力，既涉及法律问题，也涉及权力问题。它们汇合在一起，一层一层向上推升，直到刑部。也就是说，如果刑部官员缺乏足够的律学素养和司法经验，就难以控制地方官员，也难以说服诉讼两造。另外，由于刑部官员定拟的案件，很多还要经过三法司和九卿的审核，最后还要得到皇帝批准。这样一来，就形成了来自刑部周边（三法司和九卿）与上面（皇帝）的强劲压力。甚至，与刑部堂官的官阶基本相同的督抚，他们也可以“顶驳”刑部异议的案件，因此，督抚可以说是一种来自下面的压力。在存在来自“上下左右”压力情况下，如果刑部官员在裁决案件时出现错案冤狱，就会遭到它们的抵制，进而还有可能受到律例的制裁。这可是“性命攸关”的事情。在这种情况下，倘若刑部官员依然不在乎自己的律学素养和司法经验，恐怕就说不过去了吧。其实，刑部与督抚在内结案件上的对决争胜，虽然是依托了“内重外轻”这种权力架构上的优势位置，但更多还是凭借了自身律学素养上的精湛技艺。

此外，只要研究一下《刑科题本》《刑案汇览》《驳案汇编》之类刑部官员制作的司法文书，我们完全有理由认为他们的律学素养普遍较高；如果再阅读一下刑部官员撰写的律学书籍，那就更有理由得出很多刑部官员律学素养堪称精湛的结论。当然，笔者并不是要否定刑部确实存在某些为官庸碌、律学荒疏的官员，因为这是不争的事实。在此所争论者，只是希望在制度情境与官员性情的框架中全面考察和评估刑部官员的律学素养。

综合上述两点，笔者想说，若要研究刑部官员的律学素养，除了关注科举考试首重诗艺和文人雅趣（耽于写诗和宴饮）以外，我们更当全面考察刑部官员工作的制度语境，他们的道德观念（忠君、爱民、勤政）与司法理念（哀矜折狱、慎重民命、勿枉勿纵）等因素。作为研究刑部官员律学素养的史料，除了他们的传记、墓志以及他们撰写的诗文，还要分析他们编撰的案例汇编和律学著作。唯有如此，才能得出堪称稳妥的结论。

第三编

民间诉讼与官方裁判

诉讼与伸冤：明清时期的民间法律意识*

——一个历史社会学的考察

从文化人类学的视角来看，所谓民间法律意识，是指文化小传统层面的法律思想、法律观念或法律意识，它与文化大传统层面的帝国官方和精英阶层的法律思想、法律观念或法律意识有所不同，属于百姓大众的法律思想、法律观念或法律意识。当然，它们之间也有内在的互动关系。[1] 另外，就目前所见的资料而言，很难寻找"纯粹"言述民间社会平头百姓的法律意识的东西。因而，为了"追寻"和"倾听"他们的法律意识，我们主要使用了学界已经基本达成共识的那些能够在一定程度上反映传统中国民间法律意识的材料，诸如野史杂记、传说故事、民间文

---

* 原载《中山大学学报》2004 年第 6 期［（原题《权利与伸冤：传统中国诉讼意识的解释》），载《社会科学论坛》2004 年第 10 期（A 版）］（原题《明清诉讼：官方的态度与民间的策略》），载《学术研究》2004 年第 12 期（原题《传统中国民众的伸冤意识：人物与途径》）。文章亦曾刊于刘星主编：《想象法学：历史与今天》，法律出版社 2005 年版，原题《诉讼和伸冤中的中国传统民间法律意识——一个历史社会学的考察》。

［1］ 就传统中国法律文化而言，尚有两个问题须要稍作分疏：一是帝国官方的法律意识与精英阶层的法律意识尽管颇有重叠的地方，可是两者并不完全等同；二是帝国官方或精英阶层的法律意识与民间百姓的法律意识虽然有着非常重要的分野，但是它们也有非常有趣的重叠和互动。关于传统中国的官方文化和精英文化与高层文化和民间文化的富有启发性的讨论，也可参见［美］史华兹：《古代中国的思想世界》，程钢译，江苏人民出版社 2004 年版，第 9~10 页、第 420~430 页。

学、司法档案（状词和诉词）。必须指出，有些资料最初可能出自民间，然而一旦形诸笔墨，稍成条理，也就难免会被改写，操刀笔者的法律意识也就必然“侵蚀”或者“污染”那些原本自然存在的资料。据此，这里所说的民间法律意识，乃是一个相对的概念，它所讲述的法律故事，仅能反映民间法律意识的概貌而已。总之，我们只能在帝国官方与民间社会、文化精英与乡野草民的“关系结构”中把握民间法律意识的模糊面貌。

一来由于民间百姓大众没有系统成熟的法律意识，二来由于这种法律意识如今尚未受到学者的关注和研究，以致我们无法在此进行详尽的检讨。故而，我们所能做的，仅仅是选择与平民百姓日常法律生活最相关联的法律问题，借此“管窥”他们的法律意识。

一、诉讼：伸冤与权利

检阅明清时期的法律文化资料，我们可以发现一些有趣的问题。在诉讼文书中，小民百姓为何用“诉冤”而非“权利”的修辞策略来表达自己的诉讼愿望？有待进一步追问的是，所谓“冤抑”的含义是什么？哪些又是造成“冤抑”的原因？与此相关，在“诉冤话语”与“权利保障”之间形成了什么样的内在关系？对此，我们来做一个初步的考察。

（一）冤抑的由来

1. 浅说“冤抑”的含义。冷佛《春阿氏谋夫案》开篇就说：“人世间事，最屈枉不过的，就是冤案；最苦恼不过的，就是恶婚姻。”[1] 可见，不平与冤抑，在中国人眼里是何等令人揪心的事情！这里，我们先得解释一下“冤抑”的基本内涵。明朝佚名所编《龙图公案》卷九《兔戴帽》讲述了一个著名清官包公平反冤狱的故事。其中，这样写道：

> 包公奉旨巡行天下，来到湖广，历至武昌府。是夜详览案卷，阅至此案，偶尔精神困倦，隐几而卧。梦见一兔头戴了帽，奔走案前。既觉，心中思忖：“梦兔戴帽，乃是‘冤’字。想此事自有冤枉。”次日，单吊杨清一起勘审。[2]

这一描述非常生动，然而解释并不准确。东汉许慎《说文解字》释谓：

> 冤，屈也。从兔，从冖。即兔在冖下，不得走，益屈折也。

这使我们想到一只原先活蹦乱跳的兔子——就像“动如脱兔”这个成语形容的那样，被拘在狭小笼子里不得动弹的“屈折”情景。可见，所谓“冤”是指物性自然状态受到外部力量的压迫而被扭曲。然而“冤”尚非仅仅是指被冤抑者遭遇别人冒犯、欺凌、摧残之类的外部伤害，好比《汉书·息夫躬传》所说“冤颈折翼，焉得往兮”的情形，[3] 也指由此造成的被冤抑者内心郁积，宛转不得排遣引起的怨气和愤激，亦即精神遭受的压迫

[1] （清）冷佛：《春阿氏》，松颐校释，吉林文史出版社 1987 年版，第 1 页。
[2] （明）佚名：《龙图公案》，群众出版社 1999 年版，第 246~247 页。
[3] （汉）班固：《汉书》，中华书局 1962 年版，第 2188 页。

和扭曲，一如屈原投江之前所写《楚辞·九章·怀沙》抒发的那种“抚情效志兮，冤屈而自抑”的沉冤莫伸的悲怆情感。无疑，这是一种深层的伤害。[1] 至于“抑”字，乃是遭受他人压迫而被扭曲的意思，与“冤”相连，似乎只是为了强化“冤”之不得伸张罢了，别无深意。

从日常法律用语来看，“冤”多数是被用来强调“无辜受罪”和“非法被害”的意思，一如《论衡·间时》所谓“无过而受罪，世谓之冤”是也。[2] 这种“无辜受罪”或者“非法被害”的情形，在法律语境里，约有三层情况：一是无端遭到别人的侵犯和伤害，这时，家族邻佑、地保长老、司法机构都是“诉冤”的地方；二是被冤抑者受到司法机关的不公待遇，譬如“冤假错案”之类，从而导致“冤”上加“冤”的不平和怨愤；三是虽然司法机关作出的裁判并无不公，可是，对于输掉官司的一造来说，仍然感到不平不忿，从而冤抑莫释。当然，第三种冤抑只不过是败诉方的个人感受，而与被伤害、被冤枉无关。

要而言之，“冤”由“枉”而生，所谓“冤枉”两字，即是写照。而“枉”与“直”相对，处事不直、不平、不公，乃至恃财、仗势、豪横、欺侮、威逼、凌虐，都是产生“冤”的根本原因，所谓“事枉人冤”[3] 就是这个意思，也是各种诉状的修辞用语。

特别需要指出的是，民间百姓往往把“冤”当作利益冲突的一种修辞手段和诉讼技术，比如，不把打官司称为告状或诉

[1] 对于“冤”的解释，参见陈焰：《“三言两拍”公案故事研究：从中国法律史视角的考察》，中山大学2003年硕士学位论文，第12页。

[2] 黄晖：《论衡校释》，中华书局1990年版，第982页。

[3] 《醒世恒言》卷二七《李玉英狱中讼冤》，（明）冯梦龙，阳羡生校点，上海古籍出版社2012年版，第500页。

讼，而是喊冤或诉冤。尤其是，对于冲突或纠纷当中处于弱势地位的小民百姓来说，总是将“诉冤”作为耸动官府的一种修辞手段和诉讼技术、一种话语策略，实际上，彼此所争的还是各种“权利”和利益。这种“诉冤”的话语策略背后，既包含道德主义的法律观念的因素，也包含弱势群体（小民百姓）的诉讼策略的成分。这是因为，在官僚眼里，争利乃是小人之举，诉冤却是正当要求；帝国官僚基本上是从道德角度来看待诉讼和解决纠纷的，这与民间观点稍有差异。具体来讲，民众关心的是利益，道德仅仅是修辞；官僚着眼的是道德，利益是附带的东西。

2. 源于民间的“冤抑”。植根在广袤土地上的中国古典社会，既是一个“低头不见抬头见”的熟人社会，也是一个以“自身”为核心层层展开的伦理社会。这个“自身”，好比是一块被抛入湖面的石头，由此激起的一沦一沦荡漾延伸的波纹，此乃“伦理”的绝妙写照，[1] 亦是中国古人确定“群己权界”的基本准则。由于血缘家族组织与“拟制”家族关系构成社会的基础，也由于人们生于斯、长于斯、老于斯、葬于斯，彼此熟悉，故而“人情”和“伦理”，就成为维系社会秩序的基本纽带或基础。当然，名目繁多的契约，仍有非常重要的作用。理想上，这种“情理”社会应该保持互谅互让、和谐融洽的人际关系；实际上，正是人际关系的相互涵融以及随之而来的物质利益的模糊界限，乃至“情理”本身的含混和非实定性，最易引发矛盾和冲突。这是因为，符合儒家经典要求的“情理”，只是君子才能遵循的行为规范，小人未必如此；一旦利益当前，小人争之

[1] 参见费孝通：《乡土中国》，三联书店1985年版，第25页；也参见梁漱溟：《中国文化要义》，学林出版社1987年版，第79~80页。

唯恐不及。孔子“君子喻于义，小人喻于利”[1] 的名言，说的就是这个意思。所以，传统中国并非没有纠纷，而是被“人情”遮蔽了，也非缺乏争讼，而是被道德话语掩盖了。出于维护社会秩序的动机和意图，官僚精英采取的是“息讼”的纠纷解决策略，追求的是“无讼”的社会理想，而民间百姓措意的是自身的物质利益，两者在法律意识上有着某种断裂。这是我们理解和把握民间“冤抑”产生的历史语境。如果抽离这一语境，就难以对伸冤问题作出合理的解释。

那么，民间“冤抑”产生的原因又是什么？

首先，纵向身份结构导致的冤抑。在中国古典社会里，无论精英还是平民，对儒家提倡的孝道，大多能够奉行如仪——内心的真实感情如何，难以定夺，至少面子上是这样；基于孝道建构起来的身份关系，也就成为人们日常生活和为人处世的基本准则。但是，在这一人际关系非常紧密的熟人社会里，彼此之间的利害关系在众目睽睽下恰如“小葱拌豆腐，一青二白”摆在那里；另外，对于乡野百姓来说，物质匮乏，生活艰辛，因此，彼此之间常为蝇头小利（鼠牙雀角）发生争竞。这样一来，兄弟伯叔、姑嫂妯娌之间难免也会发生冲突和纠纷。一旦祸起萧墙，则以分家析产、宗祧承继（其实也是争夺财产）为甚，受到欺凌和伤害的弱者自然感到无限之“冤抑”，为着捍卫自己的利益，就会踏上“诉冤”之路。

值得我们注意的是，家族作为传统中国身份社会的原型，也是一个生活共同体和伦理共同体，父慈子孝、兄友弟恭、怜寡恤

[1] 《论语译注》，杨伯峻译注，中华书局1980年版，第39页。

孤，乃是维护家族和睦的道德原则。因此，家族成员之间的矛盾、冲突和纠纷，比诸其他社会成员之间的争竞，也就更具道德意味。在词状里，尊长侵犯卑幼，总是用“恃尊欺卑”来修辞；相反，卑幼冒犯尊长，往往以“恶逆灭伦”来表达。作为典型弱势群体的寡妇，为了唤起同情，对自己用“苦守节惨”来诉说，对被告以“欺寡凌孤”来缘饰。总而言之，道德话语成了“诉冤”的包装。

其次，横向契约锁链引发的冤抑。就像石头掉进水里激起的“沦理”（波纹）那样，从中心向外面扩散，越到边缘，“沦理”的痕迹越是淡薄、越是模糊，渐渐在视野中消失。伦理社会的人际关系也是如此。就法律而言，随着血缘伦理渐次淡化，道德作为维持社会秩序的工具价值，同样也在不断削弱。恰好相反，法律或者确切地说契约的作用逐步强化。特别是随着“唐宋转型”的出现，内藤湖南所说的“近世社会”的面貌和性格逐渐浮出水面：一者，土地国有制（均田制）的全面崩溃，土地私有制的普遍发展，使土地交易日益频繁。二者，国家经济管制的松懈和开放，比如市场管制的放松；宋代以降，商品经济确实有了长足的发展。三者，随着商品经济发展而来的是平民文化的兴起，经济伦理不断冲击官僚精英的道德伦理。四者，原本出自伦理道德（礼和义）的国家法律，与源于民间日常生活的惯行，尽管仍有互动的情形，但是它们之间的“断裂”同样引人注目。[1] 由于

[1] 内藤湖南关于中国“近世社会”的讨论比较复杂，争议亦大，笔者仅借用该名词。关于中国“近世社会”的概括，参加［日］内藤湖南：《中国史通论》，夏应元、钱婉约等译，九州出版社2018年版，第361~373页。另外，梁治平非常强调习惯法与国家法之间的断裂，参见梁治平：《清代习惯法：社会与国家》，中国政法大学出版社1996年版。据笔者看来，习惯法与国家法除了“断裂”之外，它们之间的“互动”尤为值得我们重视。参见徐忠明：《思考与批评：解读中国法律文化》，法律出版社2000年版，第144~158页。

伦理道德的淡化、经济利益的凸显，契约成了维护这种社会的重要纽带。我们只要翻检一下留存至今的各类契约文书和官府档案，[1] 对于这样一种特点显著的景象，会有十分深刻的印象。其中，土地房产交易和借贷租赁引起的冲突和纠纷，非常突出。

虽说抵押、绝卖土地房产和钱粮借贷，乃是随着人们经济状况的起伏波动而做出的理性选择，并非表明卖方、借方一定就是经济上的弱者，即使买方和贷方，也非证明就是经济上的强者。这是因为，这些经济往来每每所值无几。不过，在日常生活中，卖方和借方大多属于弱者。一旦到了要靠抵押、绝卖土地房产——农民的命根和祖宗的遗产，或者依赖借债度日的境地，已与厄运降临不远。诚如《金瓶梅》所写：

> （应伯爵对西门庆）说道："哥，该当下他的。休说两架铜鼓，只一架屏风，五十两银子还没处寻去。"西门庆道："不知他明日赎不赎？"伯爵道："没的说，赎甚么？下坡车儿营生。及到三年过来，七本八利相等。"[2]

在这种情况下，如果把纠纷呈告到衙门，作为弱者的原告，在词状里就会以"豪恶霸产"或者"恃财骗吞"来鸣冤申诉；与此相反，强者则会使用"藉命图赖"这样的说法来对付"要钱没有，要命倒有一条"的所谓弱者。

---

[1] 参见张传玺主编：《中国历代契约会编考释》，北京大学出版社 1995 年版；田涛、[美] 宋格文、郑秦编著：《田藏契约文书粹编》，中华书局 2001 年版；四川大学历史系、四川省档案馆编：《清代乾嘉道巴县档案选编》（上下），四川大学出版社 1989 年版，1996 年版。

[2] （明）兰陵笑笑生著：《金瓶梅》，张道深评，王汝梅等校点，齐鲁书社 1991 年版，第 660 页。

3. 源于衙门的“冤抑”。秦汉以来，中华帝国的政治框架基本上出自法家的构想，然而，儒家的伦理道德，也是这个巨型帝国千年一贯的政治原理。所谓儒法合流或者礼法结合，即是对于这一帝国治理模式的简洁概括。基于法家的治理思想，帝国治理特别强调社会秩序控制的暴力作用。本着儒家的治理精神，为了确保社会秩序的和谐，帝国治理更加措意“心治”和“自治”的重要意义。前者强调“刑”的功效，后者突出“礼”的价值。随着周初“民本”思想的兴起，庶民的政治作用也被统治阶级所认识，所谓“天视自我民视，天听自我民听”[1]，就是这一认识的著名表述。后来，儒家提倡“仁政”和“德治”的要义，落实下来，不外乎是薄赋轻徭和德主刑辅。有着暴秦速亡，并且亡于“土崩”（民众反抗和社会崩溃）而非“瓦解”（帝国的政治架构依然完好无损）的不远殷鉴，历代帝皇都把“与民休息”和“约法省刑”当作政治理想。对于民间百姓来说，除了当兵纳粮这个不能逃脱的义务，不入衙门、不受刑责，居然也是一种人生理想。俗谚“天高皇帝远”与“三十亩地一头牛，老婆孩子热炕头”，就是这一理想的通俗表达。当然，孙中山先生所谓“一盘散沙”的著名概括，同样源于这样的历史语境。可是，理想是一回事，现实是另外一回事。考诸历代史乘，我们千万不要忘记，帝国衙门既是民众“诉冤”的地方，又是制造“冤抑”的渊薮。

那么，官府造成民间“冤抑”的原因又是什么？

首先，苛政导致的“冤抑”。圣人孔子和亚圣孟子早就有

[1] （汉）孔安国传，（唐）孔颖达正义：《尚书正义》，上海古籍出版社2008年版，第412页。

“苛政猛于虎”[1] 和“制民之产”[2] 一类的话语，秉承儒家的“民本”政治理想，帝制中国的赋税徭役（正项）并不繁重。可是，正项之外尚有各种名目的陋规，清代的“耗羡”原本就是陋规，后来经由雍正帝批准而被合法化，留作本省官僚的津贴（养廉银）和各类衙门的办公费用。[3] 陋规之外，又有胥吏、衙役、长随的名目繁多、毫无节制的需索，与“耗羡”加在一起，数量远远超过正项钱粮。对于载册农民来说，他们视国家正项赋税徭役为应尽的义务，但是，对于胥吏、衙役、长随的超额勒索（枉取），就会生出“冤抑”的感觉。所谓“催科勒耗苛于虎，课赎征锾狠似狼！天理岂能为粟米，良心未得作衣裳”[4] 的诗句，既是对这种强取豪夺现象的描写，也是百姓满腔怨愤的抒发。而“衙蠹叠害”或“蠹役索诈”之类的文字，在司法档案中屡见不鲜；百姓细民为了消除衙蠹诈害，不得已而“宪辕喊冤”或“赴辕鸣冤”也是常见之事。[5]

其次，帝国司法衙门制造的“冤抑”更是民间资料反复描述的事情。探考古体“法”的本义，原有“通过司法实现正义”[6] 的意蕴。许慎《说文解字》释谓：“灋，刑也，平之如水；

[1] 《礼记译注》，杨天宇撰，上海古籍出版社 2004 年版，第 129 页。

[2] 《孟子译注》，杨伯峻译注，中华书局 1960 年版，第 17 页。

[3] ［日］佐伯富著：《清雍正朝的养廉银研究》，郑樑生译，商务印书馆 1996 年版。

[4] （清）西周生著：《醒世姻缘传》，翟冰校点，齐鲁书社 1993 年版，第 30 页。

[5] 参见四川大学历史系、四川省档案馆编：《清代乾嘉道巴县档案选编》（下），四川大学出版社 1989 年版，第 213 页以下。

[6] 日本学者滋贺秀三曾说，欧洲的“法”是指通过特定诉讼获得的“正义结果”的意思。参见［日］滋贺秀三：《中国法文化的考察》，载［日］滋贺秀三等：《明清时期的民事审判与民间契约》，王亚新等编译，法律出版社 1998 年版，第 6～7 页。当然，滋贺秀三教授并不认为中国古代“法”也有同样的意义。对此，笔者尚有异议，参见徐忠明：《皋陶与“法”考论》，载徐忠明：《法学与文学之间》，中国政法大学出版社 2000 年版。

廌，所以触不直者去之。”[1] 这一解释恐怕是对中国早期司法（神判）传统的概括，与法律人类学的研究成果可以互证互释。这里，虽然“法”与“刑”可以相互释证，凸显出来的是刑罚的暴力功能，但是“法”依然具有正、直、平的意思，表明司法官员即便实施惩罚，也要保持正直和公平。[2] 法官俨然是“平”的象征，汉代著名法官（廷尉）张释之就说：

> 法者，天子所与天下公共也。今法如此而更重之，是法不信于民也。且方其时，上使立诛之则已。今既下廷尉，廷尉，天下之平也，一倾而天下用法皆为轻重，民安所措其手足？唯陛下察之。[3]

释之所言，可谓意味深长，撇开“法者，天子所与天下公共也”不谈，一句“廷尉，天下之平也”的议论，已经足见司法唯求“公平”的深意。总之，对于司法来讲，审判不直不平，便是枉法，这是产生“冤抑”的根本原因。换一角度来看，在小民百姓眼里，恰如俗语“八个金刚抬不动个‘理’字”说的那样，衙门本来是一个“讲理”的去处，但曾几何时，衙门倒变成了唯有

[1] （汉）许慎：《说文解字》，中华书局1963年版，第202页。

[2] 往深里说，所谓“刑”和“平”（也有“秤”的意思）的含义，其实与西方的司法（正义）女神（也是“法”的象征）手中的宝剑和天平正相一致。有关西方的司法（正义）女神的解说，参见冯象：《正义的蒙眼布》，载冯象：《政法笔记》，江苏人民出版社2004年版，第144～159页。

[3] （汉）司马迁：《史记》，中华书局1998年版，第2754～2755页。

“戳子声、算盘声、板子声”[1] 的地方，而不再是“讲理”的所在。在这种情况下，“冤抑”岂可避免，也难怪俗话“何处衙门不冤枉”之叹。

帝国司法衙门制造“冤抑”的主要情形有三：一是刑讯逼供。由于刑讯逼供是传统中国的合法制度，因此，无论官方正史还是民间故事均有大量的描述。其中，既有正面的记载，也有猛烈的抨击。其实，小民百姓不把听讼断狱叫作“审官司”而是称为“打官司”本身，即可以看出他们对于刑讯逼供的基本态度。窦娥之冤，乃是屈打成招的悲剧。在戏剧中，楚州太守桃杌喝道：“人是贱虫，不打不招。左右，与我选大棍子打着。”结果：

> （窦娥被打得来）不由我不魄散魂飞。恰消停，才苏醒，又昏迷。挨千般打拷，万种凌逼，一仗下，一道血，一层皮。打的我肉都飞，血淋漓，腹中冤枉有谁知！

为了挽救婆婆，孝妇窦娥只好“情愿我招了罢”。[2] 一桩千古奇冤由此诞生。晚清谴责小说家李伯元《活地狱》描写酷吏桃源县知县魏伯貔（也许，名字取自“剥皮”的谐音）的刑讯逼供的残酷手段——“任你铜浇兼铁铸，管教磨骨与扬灰”，真是惨不忍睹，结果当然是“招亦死，不招亦死”。[3] 最终，只得“招

[1] 在中国古人眼里，理想的政治应该是“无为”政治。也因此，在衙门里，人们只能听到“吟诗声、下棋声、抚琴声”。与此相反，所谓“戳子声、算盘声、板子声”，乃是讽刺官府苛剥残贼小民百姓的意思。清代吴敬梓《儒林外史》（人民文学出版社 1962 年版，第 105 页）就有这样的描述。这里，笔者把“唱曲声”改作“抚琴声”，与“琴治”相对。

[2] 徐燕平编注：《元杂剧公案卷》，华夏出版社 2000 年版，第 27 页。

[3] 参见（清）李伯元：《活地狱》，上海书店 1994 年版。

了再说”。

二是贪赃枉法。做官发财，这是中国民众的普遍心态，所谓书中自有“千钟粟”“黄金屋”之类的励志诗，都是为了激发人们读书做官、满足做官发财的欲望，诚如俗谚“千里为官只为财”者是矣。关键问题不在于是否发财或能否发财，而在于如何发财。也就是说，如果取财有道、取财有节，那么无论皇帝还是民众，都会予以默许，乃至宽容。俗话“三年清知府，十万雪花银”一言，尽管颇具“反讽”意味，但是，也多少反映出中国古人对于清官尚且不抱幻想的现实态度。为官一任，居然敛财十万银两，如若按照现在的比价衡量，无疑是个超级贪官。在一定程度上，打官司要花钱，已是小民百姓的共识。可是，一旦到了“天下的官司倒将来，使那磨大的银子罨将去”，[1] 甚至“有钱者生，无钱者死”的地步，那还有“正义”可言吗！在这种情况下，钱就是理，官司输赢不是有理而是有钱。有笑话说：

> 一官最贪。一日，拘两造对鞫，原告馈以五十金，被告闻知，加倍贿托。及审时，不问情由，抽签竟打原告。原告将手作五数势曰：“小的是有理的。”官亦以手覆曰：“奴才，你虽有理。”又以手一仰曰：“他比你更有理哩。”[2]

三是法律知识不够。一来由于传统中国仕进制度以科举为正途，以儒家经典、诗赋策论为考试范围，重在人文涵养而非专业

[1] （清）西周生著、翟冰校点：《醒世姻缘传》，齐鲁书社 1993 年版，第 70 页。
[2] （清）游戏道人、程世爵编撰：《笑林广记》卷一《古艳部·有理》，中央民族大学出版社 2002 年版，第 3 页。

知识；二来专制帝国反对民间私习法律、诉讼一类的知识，以便实现思想控制，也是为了禁绝民间拥有“挑战”帝国权力的武器。这种正面引导规训与反面禁止打击并用的政治辩证法和治理术，终于导致士人官僚“读书万卷不读律”的结局。可是，不懂法律又要治理这个巨型帝国，发出“致君尧舜知无术”[1]的感慨，也就没有什么可以奇怪的了。面对乡土社会，诗声、棋声、琴声的治理固然美妙，然而中华帝国的政治结构已经足够复杂，这种治理模式肯定不能奏效。所以，不少官僚主张必须通晓起码的法律，例如，清代名幕汪辉祖就有专门的议论。[2]针对这类糊涂官员，有笑话讽刺说：

> 一青盲人涉讼，自诉眼瞎。官曰：“你明明一双白眼，如何诈瞎？”答曰：“老爷看小人是清白的，小人看老爷却是糊涂得紧。”[3]

这种黑白颠倒，是非不分的官僚，想要他们胜任听讼断狱的职责而不制造“冤抑”，简直是缘木求鱼，绝不可能。如果遇着“糊涂+贪酷”“唯知钱和酒，不管正和公”[4]的官僚，哪有百姓的活路！当然，笔者也不是要一味指责科举考试造成的“反专业

---

[1] 上引“读书万卷不读律，致君尧舜知无术”乃是苏轼所作。转引自徐道邻：《法学家苏东坡》，载徐道邻：《中国法制史论集》，台北，志文出版社 1975 年版，第 309 页。

[2] 参见（清）汪辉祖：《学治说赘》，载官箴书集成编纂委员会编：《官箴书集成》（第 5 册），黄山书社 1997 年版，第 311 页。

[3] （清）游戏道人、程世爵编撰：《笑林广记》卷一《糊涂》，中央民族大学出版社 2002 年版，第 4 页。

[4] （清）游戏道人、程世爵编撰：《笑林广记》卷一《糊涂》，中央民族大学出版社 2002 年版，第 5 页。

化”的弊病。其实，对传统社会来说，无论专业化抑或职业化，都是一个悬得过高的现代标准。[1]

（二）权利与伸冤

1.“权利”意识的源流与特点。传统中国法律文化究竟有无权利意识或者权利概念？这是一个争论已久且尚无定论的问题。[2] 为了深入把握这个问题，我们先来辨析古汉语“权利”的基本含义。《荀子·君道》曾说：“按之以声色、权利、忿怒、患险，而观其能无离守也。”[3] 稍后《史记·魏其武安侯·附灌夫》也有“家累数千万，食客日数十百人，陂池田园，宗族宾客为权利，横于颍川”的记载。[4] 上述两处所引“权利”两字，显然与西方法律中的权利概念不同，都是“权势和财货”的意思。而《商君书·算地》另有一说：“夫民之情，朴则生劳而易力，穷则生知而权利。易力则轻死而乐用，权利则畏罚而易苦。”[5] 这个“权利”，则是“度而取长，称而取重，权而索利”的意思，也即“权衡和利益”的含义。其要义是，因权生利或者

[1] 即使特别强调只有西方才出现了职业（专业）官僚的马克斯·韦伯，他也认为，在欧洲，按照分工原则的专业官吏体制，在历时五百年的发展中，才逐渐出现形成的。也就是说，到了16世纪，在财政、军事和司法三个领域，专业官吏体制才在较为先进的国家中取得了明确的胜利。参见［德］韦伯著：《韦伯作品集·I·学术与政治》，钱永祥等译，广西师范大学出版社2004年版，第212~213页。

[2] 有关“权利”用法的详尽讨论，参见李贵连：《话说“权利”》，载《北大法律评论》第1卷第1辑，法律出版社1998年版，第115~127页。笔者按：本书凡是提到西方权利概念，不加引号；相反，凡是讨论中国传统法律中的“权利”概念，一律加上引号，以示区别。

[3] （清）王先谦：《荀子集解》，沈啸寰、王星贤点校，中华书局1988年版，第241页。

[4] （汉）司马迁：《史记》，中华书局1998年版，第2847页。

[5] 参见蒋礼鸿：《商君书锥指》，中华书局1986年版，第44页。

以权谋私；[1] 它的人性基础，就是性恶——趣利避害。据此，权力与财富总是互为倚重，所谓“富贵”是也。

显而易见，这一词源考证，对于我们把握传统中国“权利”的意蕴，可能未必奏效。或许，认识中国的“权利”意识，我们尚须另谋出路。[2]

我们再来分析一下其他相关资料。《慎子·逸文》记有：“一兔走街，而人追之，贪人具存，人莫诽者，以兔为未定分也。积兔满市，过而不顾，非不欲兔也，分定之后，虽鄙不争。”[3] 何以人人追逐一只所值甚微的兔子呢？这是因为，兔子的产权未定，所以人人可以取得兔子的先占“权利”。与此相反，一旦兔子的产权明确，即使“鄙盗”也不敢枉取。由此可见，这个“分”颇有“群己权界”的意味——财产“权利”的界限。在这种情况下，我们说“分”已有“权利”的朦胧意识，也是未尝不可的事情。与此同时，这个“分”也是古代中国君王进行政治统治和维护社会秩序的关键，故而，先秦诸子大谈“分”的政治作用和法律意义。荀况认为：凡人皆有欲望，而且，人又是社会动物，如果不给“群己权界”划出廓限，必然导致由“争”而

---

[1] 参见秦晖：《吏治改革：历史与文化的反思》，载赵汀阳主编：《论证》（第3辑），广西师范大学出版社2003年版，第313页。

[2] 事实上，由于传统中国“权利”两字具有“权势和财货”与“权衡和利益”的意思，所指与西方文化语境中的权利意蕴完全不同，因而从“权利”两字来追溯传统中国的“权利”意识，可能犯了一个方向性的错误。用“权利”两字来翻译西方法律文化中的权利（right），乃是近代中国法律翻译史上的结果。关于近代中国“权利”观念之演变的讨论，参见金观涛、刘青峰：《近代中国“权利”观念的演变——从晚清到〈新青年〉》，载《“中央研究院”近代史研究所集刊》第32期。

[3] 许富宏：《慎子集校集注》，中华书局2013年版，第79页。《商君书·定分》也有同样的故事，只是文字稍有出入而已，参见蒋礼鸿：《商君书锥指》，中华书局1986年版，第145页。

“乱”的结局，礼仪法度乃是圣人“定分止争”的工具。[1]

在农业社会，土地是财产和经济的基础，我们就以土地产权作为分析的例子。

当然，有人可能会说，这仅仅是文化精英关于“权利”的隐喻，或许未必能够证明小民百姓也有这种法律意识。此话有理，然而并不全面。《诗经·大田》有句“雨我公田，遂及我私”[2] 的著名诗文，是说“井田”中的公田与私田问题。需要说明的是：其一，“私”字从“禾”，或许意味着私有观念源于农业生产；当然，井田本身尚非土地私有制度，所谓公田和私田，是指设定于井田（国有土地）上的“权利”与义务的差异。其后，韩非释“私”为“自环”，[3] 从文字训诂来看，未必准确，但是以此表达私有“产权”观念的兴起，应该没有什么疑问。其二，在井田上劳作的是那些众人、庶人、野人、农夫，他们不是精英，而且知道设定于井田上的“权利”和义务。[4] 就此而言，所谓“群己权界”的意识，一般百姓肯定具备。这里，我们大可不必过于教条地区别精英与民众之间的思想差异。

[1] 参见《荀子》中的《富国》和《礼论》，载（清）王先谦：《荀子集解》，沈啸寰、王星贤点校，中华书局1988年版，第175~201页、第346页。另外《慎子·君人》也说：“法之所加，各以其分。”（许富宏：《慎子集校集注》，中华书局2013年版，第54页）《商君书·开塞》特别强调法律“作为土地、货财、男女之分”的重要意义（蒋礼鸿：《商君书锥指》，中华书局1986年版，第52页）。

[2] 《诗经译注》，周振甫译注，中华书局2002年版，第352页。

[3] 《韩非子·五蠹》写道：“古者苍颉之作书也，自环者谓之厶，背私谓之公，公私之相背也，乃苍颉固以知之矣。”参见（清）王先慎：《韩非子集解》，钟哲点校，中华书局1998年版，第450页。

[4] 关于“井田”产权问题的具体讨论，参见赵冈：《中国古代的井田制、私有产权与市场经济》，载刘梦溪主编：《中国文化》1990年6月第2期；也见张宇燕：《从孟子的井田制看产权理论》，载张宇燕：《说服自我》，三联书店1997年版，第42~46页。

其三，虽然孔子曾说《诗经》属于“雅言”,[1] 属于士大夫的标准语，后来更是成为儒家经典；从“六经皆史”的角度来看，《诗经》原本也是史官掌握的历史文本，不过以“观采风谣”的眼光来看，也未尝与民间文化全然无关。据此，《诗经》中的不少内容应该属于当时社会的共同知识。[2] 这首与农夫生活密切相关的诗文，显然为他们所熟知。

春秋时期鲁国推行“初税亩”的政策，乃是我国土地私有制度史上的一个著名事件，由于确定了土地的私有产权，故而税制也发生了相应的变化。特别是商鞅实施“废井田，开阡陌”的土地私有化政策，此乃“富国强兵”和“奖励耕战”的基础。其后，随着秦皇嬴政统一六国，混一海内，颁布“使黔首自实田”的法律，即国家命令“黔首”申报土地，实行土地登记制度，一来确认土地产权，二来承担赋税义务。至此，完成了全国性的土地私有化运动，涉及境内所有臣民。因而，土地私有产权，也应该是当时社会各个阶层的共识。从今往后，中华帝制时期的土地制度基本上沿袭了这一模式。当然，北魏隋唐推行的“均田制”(国有制）属于例外。宋代以降，随着“均田制”的瓦解，商品经济的深入发展，尤其是明清时期人地关系的新发展、新矛盾，土地交易更加频繁，所谓“千年田，八百主”的俗谚，即是生动的写照。与此同时，地权关系也日益复杂，诸如绝卖、典卖、指当、永佃、地面、地骨之类名称（法律术语）的出现，就是这一景象的反映。在这种情况下，人们对于设定在土地上的各

[1] 《论语·述而》说：“子所雅言诗、书、执礼，皆雅言也。”《论语译注》，杨伯峻译注，中华书局1980年版，第71页。

[2] 参见余英时：《士与中国文化》，上海人民出版社2003年版，第117~124页。

种“权利”和义务的法律关系，应有更为深切的意识。也就是说，每次土地流转，其实都是一次重新确定土地“权利”的认知活动，也会重新唤起交易双方的“权利”意识。

民众对于土地之上的“权利”意识如此，对于其他一切可能成为私产的东西，又何尝不是这样！可见，从发生学的角度来看，传统中国民众的“权利”意识源于私有财产。

有待解决的根本问题有二：一是既然作为传统中国农民生存命根的土地私有产权，已有如此全面成熟的发展，何以没有形成关于“土地权利”的一套解释系统或知识系统，一如古罗马以来的西方法律传统呢？这确实是一个非常棘手的问题。在古希腊，由于“爱知”的知识传统以及城邦民主政治的公共生活，发展出了完备的论辨术和逻辑学；在古罗马，因为城邦政治能够容纳职业法律家的存在，论辨术、逻辑学与法律学有着相互促进的良性互动关系。这种局面，对法律知识体系的建构起了非常重要的作用。[1] 中国的情形恰恰相反，随着春秋时期世袭社会的崩溃，尽管也曾一度出现“学在民间”的繁荣景象，民间法律知识的传播也曾活跃于世，邓析传授讼学、教民诉讼即是例证，甚至法家的兴起同样与这一政治氛围和知识背景有关。但是，君主专制的权力性格始终没变，所以任何有碍君主权力的知识都不能“合法”存在，更妄论发展。这就是说，在专制权力下，知识(尤其是政治法律知识)发展的前景只有两种，要么迎合权力，要么走向地下，乃至绝迹。结果，法家和儒家先后融入政治

[1] 关于罗马法学家之于罗马法的作用的讨论，参见［意］桑德罗·斯奇巴尼：《法学家：法的创立者》，载《比较法研究》2004年第3期。关于罗马法的知识体系的讨论，参见徐国栋：《共和晚期希腊哲学对罗马法之技术和内容的影响》，载《中国社会科学》2003年第5期。

权力结构，而邓析却因为“三难子产”和“是非无度”——挑战国家权力和法律权威而惨遭杀害，后来的讼师，作为法律专家只能活跃于社会边缘，而不能登进于帝国庙堂。随着名学始祖邓析被杀，中国本土与法律相关的“论辩术”和“逻辑学”也渐次衰弱。[1]

事实上，即使作为帝国统治有力工具的刑法，在传统中国也没有得到充分的研究和发展，其法律知识体系同样处于相对“自然”的状态，相关研究基本上是一种技术性的作业——“律”的解释学。所谓“律学”就是这样一种学问。[2] 若要真正领悟传统中国律学的真髓，尚须与“经学”特别是“礼学”结合起来研究。对此，目前的研究有所忽略。至于调整民间土地关系的法律，也就更难引起统治阶级的重视。尽管土地属于农民的命根、帝国税收的基础，但是，帝制时代对于土地的关注，主要是出于税收和管理的需要，而不是关注土地的“权利”内涵。另外，基于道德主义思想的支配，法律看重的是伦理问题，而非财产利益，故而在法律话语上，帝国官方不太可能认真清理土地关系包含的“权利”意蕴。

可是，不能就此一笔勾销经由两千余年发展起来的在土地上设定的各种“权利”关系，而只能说，这些“权利”关系仅仅处于“事实”状态，仅仅处于“默识意会”状态，或者说是一种“权利”的感觉，而非自觉境界，更没有被大张旗鼓地宣示出

---

[1] 据笔者看来，春秋时代邓析之被杀、秦代之焚书坑儒、清代之编撰《四库全书》诸事，可以说是政治权力对于任何可能危及帝国统治的知识传统及其载体（人与物）的压抑和摧毁。与此相反，汉代以降儒家之制度化、隋唐伊始科举取士之举措，又是帝国权力机构操控知识与收编知识阶层的手段。

[2] 关于“律学”的宏观研究，参见何勤华：《中国法学史》，法律出版社2000年版。

来，诏告天下。

民间社会因为知识水平的制约——与帝国的统治策略有关，导致士人官僚出于固守道德教条而不屑于探讨法律学问，乡野百姓由于目不识丁而不能够研究法律学问。可问题是，在日常法律生活中，已经逐步发展出了各种各样的土地惯习——诸如绝卖、典卖、指当、永佃、地面、地骨之类的法律概念，[1] 我们在民间契约中也能读到和辨识相应的设定于土地之上的各种“权利”关系，并且从中可以体悟小民百姓的“权利”意识。可是，我们基本上还是难以据此整理出关于“权利”的法律知识体系。[2] 就此而言，我们可以说，传统中国民众具有的是“权利”实践，而非“权利”话语或者知识体系。

二是既然传统中国已有比较发达的土地私有制度，也不缺乏相应的“权利”意识，那么，究竟应该如何理解这种土地私有制度和“权利”意识呢？

首先，在“普遍皇权”下，土地产权的终极根源出自皇权，一如《诗经·小雅·北山》“溥天之下，莫非王土；率土之滨，莫非王臣”之所谓。[3] 即使到了帝制时代，这种理念依然如此，并没有实质性的变化。据此，传统中国的土地“权利”与

[1] 参见梁治平：《清代习惯法：社会与国家》，中国政治大学出版社 1996 年版，第 81~110 页；[美] 黄宗智：《法典、习俗与司法实践：清代与民国的比较》，上海书店出版社 2003 年版，第 67~110 页。

[2] 所谓难以整理传统中国“权利”的法律知识，这并不意味着没有这样的知识；或许，只是由于目前的中国法律史研究尚未找到合适的办法，来建构传统中国“权利”的法律知识。日本学者大木雅夫教授在其所著的《东西方的法观念比较》（华夏、战宪斌译，北京大学出版社 2004 年版）一书，也有同样的看法。参见第 155~156 页。

[3] 周振甫译注：《诗经译注》，中华书局 2002 年版，第 335 页。

皇权有着“形而上”的抽象关系。[1] 也正因如此，土地私有化的“权利”边界和“权利”结构，多少有些模糊不清的地方。与此相关，土地所有权也或多或少有些债权的意味。国家登记地权，似乎与民众签订了一纸契约，从而确定了两者之间的“权利”和义务关系，即农民交纳赋税，国家保护农民的各项土地“权利”。或许，这是家产制国家权力对于土地秩序的影响所致，在汉高祖刘邦与乃父的对话中，我们可以非常清楚地感觉到这一点。《汉书·高帝纪第一下》载曰：

> 上（刘邦）奉玉卮为太上皇寿，曰：“始大人常以臣亡赖，不能治产业，不如仲力。今某之业所就孰与仲多？”[2]

可见，在皇帝视天下国家为私产的语境里，民间土地产权或多或少受到了制约。这至少给人留下一种印象，即臣民拥有的所谓土地私有产权，其终极权源来自皇帝。臣民经营土地获得收益，而向国家缴纳的税，具有租的性质。所谓租税合一，大约就是这种地权制度的产物。在这个意义上，随着春秋战国田制改革逐步形成的土地私有制，与现代民法关于土地私有产权的规定并不完全一致。其差异即在于，私有地权的相对性与绝对性。从而，其与北魏隋唐推行的均田制之间的差异，也仅仅在于，均田制的国有化程度更强一些。

---

[1] 也有学者从“象征地权”的角度来检讨传统中国土地产权的独特意义。参见张小军：《象征地权与文化经济——福建阳村的历史地权个案研究》，载《中国社会科学》2004年第3期。

[2] （汉）班固：《汉书》，中华书局1962年版，第66页。

其次，就民间法律意识而言，土地交易——世业、租佃、典卖、绝卖，这些概念极其鲜明地道出了设定在土地上的各种不同的“权利”关系，小民百姓也十分清楚每个概念所要表达的法律意义。值得注意的是，在土地交易时，由于人们非常关注土地的“来历”——“上手老契”。因此，有人认为，这样一来，随着土地的不断转移，土地产权就像一条绵延不绝、波动不停的债权关系（来历与管业）契约锁链。如果这样的话，每次土地流转，并且报请官府登记确认，也只是对契约关系的重新肯定。在这种情况下，国家真正关心的不是土地“归谁”所有，而是土地管理和赋税征收；同样道理，民众关心的也不再是土地所有权，而是经营权。[1] 但问题是，在农民心目中，所有权与经营权尽管在“收租”这个意义上确实差距不大，但是，两者的内涵毕竟差异甚大。比如买田与租田，不仅价格不同，前者贵而后者贱；并且，税租比例也有不同，税低而租高。尤其是对于“祖业”来说，其中还有情感和道德伦理的特殊内涵。事实上，即便在法律（国家法和习惯法）上，世业与租佃、典买亦有不同。故而，一概抹杀其中的差异，恐怕也非妥当之论。如果着眼于“权利”而言，所谓“债权”也是一种权利和义务关系，因此，并不影响笔者的基本观点。

最后，就土地“权利”而言，传统中国基本上不存在“个人所有”这种法律概念，这可能与传统中国对于“个人”的独特理

[1] 参见［日］寺田浩明：《权利与冤抑》，载［日］滋贺秀三等：《明清时期的民事审判与民间契约》，王亚新等编译，法律出版社1998年版，第197页以下。

解有关。[1] 也就是说，在传统中国，所谓土地私有，只是与国有相对的概念，一如《明史·食货志一》所说，“明土田之制，凡二等：曰官田，曰民田”。[2] 而“民田”非指“个人”私有，而是各种形式的民间私有；其中，家族共同所有乃是最为重要的私有形式。另外，亲邻权和先买权的存在，对土地自由流转造成一定程度的限制。亲属先买权可能源于维护家族共同体的需要，包括情感、经济和道德；邻佑先买权的设定，恐怕主要出于国家土地管理和赋税征收的需要，也许还有维持村落共同体的功能。

以上我们之所以特别考察土地“权利”问题，是因为土地属于传统中国农业社会最为重要的生活资源和生产资料；而且，在土地上日益形成和设定的各种“权利”关系，也是最为复杂的问题。至于其他“权利”，相对比较明确，而且容易把握。必须指出，在传统中国社会里，关键不是有没有“权利”的问题，而是有什么样的“权利”的问题；也非是否符合近代西方权利观念的法律界定问题，而是领悟传统中国“权利”独特意蕴的问题。笔者在此旨在通过解读传统中国“权利”内涵，看能否推展或者更新对于权利问题的法律理论。

2. 从诉讼看“权利”与“诉冤”。从中华帝国法律的基本倾向来看，其宗旨显然不是维护“权利”和实现“权利”这样一个西方法律文化中的根本问题。李悝《法经》所谓“王者之政，莫

[1] 传统中国的“个人”与社会关系网络须臾不可分离，而且具有强烈的道德意蕴；换句话说，它是社会关系网络中的“个人”，而非西方那种原子式的个人。关于传统中国“人”的独特意蕴的讨论，参见［美］唐纳德·J. 蒙罗：《早期中国“人”的观念》，庄国雄、陶梨铭译，上海古籍出版社 1994 年版；［美］郝大维、安乐哲：《先贤的民主——杜威、孔子与中国民主之希望》，何刚强译，江苏人民出版社 2004 年版，第 111～124 页。

[2] （清）张廷玉等：《明史》，中华书局 1974 年版，第 1881 页。

急于盗贼”表明：法律既是政治的延伸，也是捍卫君权的工具，而不是保障民众“权利”的武器。尽管张扬民众权利的本质，是为了约束国家权力，[1] 但是，这种法律理念与中华帝国专制政治的品格截然不同。就此而言，传统中国法律文化的基本性格，只是一条条、一组组“禁令”的集合，而非各种“权利”的授予。因此，有学者认为，传统中国法律文化没有“权利”观念。[2] 这是对的。不过，一旦我们说出“这是我的东西，你不能随意拿走”这样的话，我们即可发现，对于民众的财产“权利”，即便传统中国法律，也必须加以保护而不能熟视无睹、听任侵犯财产行为的发生。否则的话，我们实在不能理解为什么明清时期的民间诉讼如此繁多，以致成为一个“诉讼爆炸”[3] 的社会。综合起来，我们或许可以说，考察传统中国的“权利”意识，需要一种反向的思维路径。也就是说，当帝国法律禁止一种行为（不得偷盗）时，这是一种义务性规定；与此同时，就意味

[1] 当然，这是自由主义的权利观念。其实，辩证地看，张扬权利也非仅仅旨在制约国家权力，如若没有国家权力的存在，处于丛林社会的人们，似乎也是难以实现权利的。换一句话，离开了国家权力，权利也是难以得到切实保障的。对于国家权力与民众权利之关系的分析，参见［美］霍尔姆斯、桑斯坦：《权利的成本——为什么自由依赖于税》，北京大学出版社 2004 年版。

[2] 参见梁治平：《寻求自然秩序中的和谐》，中国政法大学出版社 1997 年版。

[3] 虽说“诉讼爆炸”这一用语容易使人想起美国学者奥尔森《诉讼爆炸》（*The Litigation Explosion*：*What Happened When America Unleashed the Lawsuit*）一书描写的美国诉讼的情形，但是，对于一个农业社会来讲，清代中国普遍出现的“好讼”或者“健讼”的景象，我们把它称为“诉讼爆炸”或许并不为过。事实上，也确实有学者把清代中国称为“诉讼社会”。参见［日］夫马进：《讼师秘本〈萧曹遗笔〉的出现》，载《日本学者考证中国法制史重要成果选译·明清卷》，中国社会科学出版社 2003 年版，第 490 页；［日］寺田浩明：《中国清代的民事诉讼与“法之构筑”——以〈淡新档案〉的一个事例作为素材》，载易继明主编：《私法》（第 3 辑第 2 卷），北京大学出版社 2004 年版，第 306 页。另外，也确实有学者以诉讼多少来考量某一社会“权利”意识之强弱。参见［日］川岛武宜在《现代化与法》中（中国政法大学出版社 1994 年版）与大木雅夫在《东西方的法观念比较》中的讨论，当然两位学者的具体结论刚好相反。但是，这不影响笔者在这里的论述。

着默许、承认乃至保障一种财产“权利”。[1] 其实，儒家提倡“制民恒产”和“藏富于民”的思想，本身也是要求帝国法律能够确保民众的私有产权。故而，黄宗智认为，在法律实践中，民事权利得到了确实的保护。[2] 从事实和实践层面来看，这一说法不无道理。

不必讳言，上述那种曲折拐弯的解读和分析，听起来似乎有些别扭。但是，这种观点并非真的无法想象、不可理解。这是因为，基于维护政治统治和社会秩序之目的，帝国法律禁绝一切破坏这一秩序的行为也就成了理所当然的事情。这样一来，法律公开宣告的权力话语和秩序话语，就遮蔽了日常生活的“权利”实践。不过，我们应该知道，无论如何，表达出来的话语，都无法真正反映现实的需要，也无法满足实践的需要。换言之，法律表达与法律实践难免出现“心口不一”的毛病。可以说，对于法律话语来说，法律实践既是一种“隐蔽”的表达方式，亦是一种人们可以通过观察感觉得到的“外显”的法律现象。另外，在法律实践中，确保民众的财产“权利”，同样具有维护政治统治和社会秩序的功效。只是与刑事犯罪不同，侵犯“权利”的行为对于帝国统治和社会秩序来说，危害不是根本性的。

关键问题在于，帝国法律的“公开文本”，并不一定能够表达民间社会百姓大众的真实思想。换句话说，百姓大众的法律实

[1] 以往学者每每认为，传统中国法律属于“义务本位”的类型。但是，如果我们承认“权利与义务”具有相互性关系的话，那么“义务”的背后即有“权利”的存在。必须指出的是，传统中国同样没有“义务”这样的法律概念，所谓“义务本位”的说法，其实是一种解释性的建构。

[2] ［美］黄宗智：《法典、习俗与司法实践：清代与民国的比较》，上海书店出版社 2003 年版，第 52 页。

践或许另有一种逻辑和风格。对于他们来说，在法律上公开宣告什么，也许并不重要，而日常生活展现出来的实际利益则可能更有价值。这种“展现”，其实是一种“隐蔽”的展现，对于帝国法律的“公开文本”具有承认、抵触、改写的作用。[1] 为了说明这一情形，我们来看一篇简短的清代“当约”文书：

> 今将己名下受分田宅四丘，长田一连三丘，榜上田九丘，凭众出当与年尚朝名下耕种。当日议定当价铜钱一十六串整。入手现交，并无折算。内有厢房一向，柴山一段，一并在内。其钱无利，田无租。不拘年限，照日钱退田回。恐口无凭，立当约有拘。[2]

通篇所说，只是标的、双方的“权利”和义务，全然没有什么禁止性的条款，与《大清律例·户律》规定的“典买田宅”的行文风格，毫无相同之处。可见，民间契约与帝国法律在话语表达上存在明显的差异。前者关注的是实际利益，不乏“权利”意识，似乎与现代契约并无根本不同；[3] 后者是对违反“典买”法律的惩罚，涉及“不税契”“不过割”“重复典卖”方面的行为，明显是着眼于国家利益和社会秩序。在这个意义上，民间契约倒像是帝国法律的一个底盘，一种语境，而帝国法律则是对这种契约安排的维护。换句话说，一旦有人违反契约，并且被控告

[1] 这一说法，受到郭于华文章的启发，参见郭于华：《“弱者的武器”与“隐蔽的文本”——研究农民反抗的底层视角》，载《读书》2002 年第 7 期。

[2] 四川大学历史系、四川省档案馆编：《清代乾嘉道巴县档案选编》，四川大学出版社 1989 年版，第 120 页。

[3] 关于古今契约之异同的辨析，参见俞江：《“契约”与“合同”之辨——以清代契约文书为出发点》，载《中国社会科学》2003 年第 6 期。

到衙门，将会受到帝国法律的惩罚；正是通过惩罚，契约关系才能得到重新确认和维护。这里，我们可以发现，尽管传统中国的国家权力具有“吞噬”社会权力的特征，但是，社会权力与国家权力之间仍然存在必要的分工；与此相应，民间法与国家法之间也同样出现了制度性的分工和合作。[1] 如欲理解传统中国的土地秩序、社会秩序和“权利”状况，我们必须在这样一种国家与社会的“关系”结构中予以解释，得到把握。

现在，我们再来讨论一下“权利”与“伸冤”之间的关联。

我们一旦进入民间契约纠纷与国家司法的场域，情况变得愈加复杂。第一，从各种民事诉状来看，“权利”和“诉冤”往往同时并存。兹引“乾隆五十八年正月二十四日季正海禀状”节文稍作分析。禀状写道：

> ……本月二十二日，蚁弟正河自往耕田，被长荣等凶阻，纵子李心林，目无尊长，逞凶朋殴，掌伤正河两肋、胸膛，幸费孔芝救尚未殴毙。逆等恶威不息，听费正纲唆使，复至正河家打毁神龛家具，凶威莫故。蚁知投明约邻郑歧山、廖正荣等看明可讯。今蚁弟受伤难移，为此奔首急验拘究。[2]

[1] 这与昂格尔的判断有所不同。昂格尔认为：“古代中国的封建时期缺乏国家与社会的分离。”［美］昂格尔：《现代社会中的法律》，吴玉章、周汉华译，中国政法大学出版社1994年版，第86页。当然，昂格尔所说是指先秦时期，而非帝制时期。顺便指出，有学者对“民间法”的概念表示不满，参见［日］寺田浩明：《超越民间法论》，载谢晖、陈金钊主编：《民间法》（第3卷），山东人民出版社2004年版，第1～13页。

[2] 四川大学历史系、四川省档案馆编：《清代乾嘉道巴县档案选编》（上），四川大学出版社1989年版，第216页。

这份“禀状”的省略部分，乃是两造身份（季正海和李长荣是堂叔侄）的介绍与押佃契约的基本内容。非常清楚的是，原告的措辞，全然属于刑事伤害的话语，其中虚实真假一时难以辨析——笔者手头的证据（资料）不足，难以揭示案情的真相。不过，无论如何，原告这样撰写禀状，他的意图无非为了表明被告欺人太甚，而原告则忍无可忍，藉此可以取得“诉冤”和“耸动”官府的效果。可问题是，原告为什么要采取这样一种办法（话语）提起民事诉讼呢？此乃因为，官府往往基于道德主义的法律观念和息争厌讼的司法态度，再加司法资源（衙门人手和办案经费）的短缺，从而无法回应提交衙门的林林总总的诉讼案件。在这种情况下，如若原告仅仅提出简单的押佃纠纷的事由，那么司法官员很有可能将其视作“细故”而不予理睬，或者批给地方社会自行调处息讼。所以，为了迫使（耸动）官府受理案件，必须采取“诉冤”的策略才能奏效。这里，“诉冤”也就成了原告的一种诉讼策略或者话语技术，而非提起诉讼的真实意图。对于诉讼两造来说，他们真正关心的还是纠纷包含的实际利益，或者“权利”和义务，诉诸感情、道德乃至夸大情节，只是词状的“缘饰”罢了。

第二，为了达到“诉冤”之目的，原本轻微的纠纷、简单的情节会被夸大，所谓“架词设讼”即是指此。俗语“无谎不成状”或“歪打官司邪告状”表明，要使官府受理案件，非得采取“添油加醋”的手段才行。对此，车王府曲本《四进士》有一个很好的解释：

> 这是我们做状子的由头，这叫：“牛吃房上草，风吹千斤

石，状子入公门，无赖不成词。”[1]（这种说法，在《四进士》中曾出现了两次）

此外，身为“钦点河南巡按”的毛朋假扮讼师，居然在状子里添加“霸产典卖”“刺杀保童”这些子虚乌有的情节。这一做法，目的就是“耸动”官府。如果“冤情”太小，不足以引起官僚的重视，那么案件同样会被拒绝。可见，因利益或者“权利”冲突而引起的纠纷，不仅被当作“冤抑”来看待，而且“冤抑”还要足够严重，否则，案件仍然会被拒之门外。即使无冤可诉，人们还会采取制造“冤情”的其他手段：比如，使用榉柳树叶伪造伤痕、自残自毁、乃至通过自杀方式“诉冤”，这些大多成为“弱者”的“诉冤”武器。[2] 因为，一旦成为严重的刑事案件，官府也就必须受理，此乃地方官员的职责所在。

顺便指出，中国古人普遍制作“谎状”尚有其他原因。譬如，官僚与百姓对财产利益的评判标准不同，也是导致百姓是否告状、官僚是否受理案件的重要因素。因为“在中国农民眼中，每一粒谷子都是珍贵的”[3]，所以他们会把“些小”纠纷闹到衙门；而在帝国官僚看来，这种纠纷可能无关痛痒，从而拒绝受理。在《龙图公案》卷六《夺伞破伞》中，包公这样说道：

[1] 刘烈茂等主编：《车王府曲本菁华》（明清卷），中山大学出版社1992年版，第259页、第267页。

[2] 有关这一问题，参见下面的讨论。

[3] ［美］D. 布迪、C. 莫里斯：《中华帝国的法律》，朱勇译，江苏人民出版社1993年版，第225页。

"五分银物，亦来打搅，衙门一处虽设十个官，亦理不得许多事。"[1] 当然，这个故事还有更深的内涵值得挖掘。其一，州县衙门是集权的"一人政府"，[2] 大小事情都要长官亲自处理，确实忙不过来，拒绝受理这类"些小"民事案件似乎有理。也正因为如此，帝国法律每每要求基层社会自行调处民事纠纷，以便减轻讼累。其二，出于人情社会实际状况的考虑和维护熟人社会秩序的需要，州县衙门压制那些"鼠牙雀角"的争讼，拒绝那些为了争夺"蝇头小利"引起的诉讼，实际上都是为了使乡土社会免遭因细微纠纷而导致"和谐"社会秩序的破坏。其三，从法律经济分析的角度来看，官府启动司法程序需要成本投入。更为重要的是，这种官司对两造而言往往得不偿失，一如宋人范弇《诫讼诗》所谓：

> 些小言词莫若休，不须经县与经州。衙头府底赔杯酒，赢得猫儿卖了牛。[3]

在这个意义上，衙门拒绝受理民间诉讼，并非全然无视民众的"权利"诉求，而是帝国司法机构的能力有限。另外，也与官吏、胥役的贪利腐败以及民众的利益计算有关。

必须指出的是，在得不偿失的情况下，作为原告的小民百姓

---

[1] （明）佚名：《龙图公案》，群众出版社 1999 年版，第 170 页。康熙帝也有类似的说法，参见［英］S. 斯普林克尔：《清代法制导论》，张守东译，中国政法大学出版社 2000 年版，第 94 页；参见［法］达维德：《当代主要法律体系》，漆竹生译，上海译文出版社 1984 年版，第 487 页。非常遗憾，未能找到康熙帝言词的出处。

[2] 参见瞿同祖：《清代地方政府》，范忠信、晏锋译，法律出版社 2003 年版，第 28 页。

[3] （宋）范弇：《过庭录》，明稗海本。转引自（明）凌濛初：《二刻拍案惊奇》卷十，上海古籍出版社 2012 年版，第 129 页。

一定要打官司，可能纯粹是出于“争气”和“诉冤”。如若为了“争气”（意气之争、出口恶气）或者“诉冤”（真有冤情），那么，小民百姓即便“赢得猫儿卖了牛”抑或“赢得芝麻赔了瓜”也会在所不惜。这与俗话所谓“屈死不告状”构成一对相反相成的矛盾。在“屈死不告状”的诉说背后，可能是由于两造权势财力的悬殊差异，弱势一方无可奈何；也可能是因为官府的普遍腐败，衙门已经不是百姓“讲理”的去处，而是“八字衙门朝南开，有理无钱莫进来”的罪恶渊薮。在这种情况下，再打官司显然毫无意义，唯有“屈死”而已。

第三，从司法实践来看，帝国官僚其实并非一味禁止民间把纠纷提交衙门，而且受理案件之后，也非简单采取刑事制裁，一打了之，完全置两造的“是非错对”和“权利”义务于不顾，更有可能是采取多元的解纷办法和惩罚手段。

其一，释法原情。传统中国既是一个身份社会，又是一个伦理社会，如若两造争讼，身份、伦理、道德、人情，往往成为听讼断狱的重要依据。海瑞就说：

> 凡讼之可疑者，与其屈兄，宁屈其弟；与其屈叔伯，宁屈其侄；与其屈贫民，宁屈富民；与其屈愚直，宁屈刁顽。事在争产业，与其屈小民，宁屈乡宦，以救弊也。事在争言貌，与其屈乡宦，宁屈小民，以存体也。[1]

其二，情理兼顾。中国古人向有“礼法出于人情”“律设大

[1] 陈义钟编校：《海瑞集》（上册），中华书局1962年版，第117页。

法，礼顺人情”这类说法，因此一旦发生纠纷，是否“情输理亏”“情法难容”，乃是必须予以认真考量的问题。对于司法官员来讲，能否真正做到“情理兼顾”“情法两尽”，无疑是衡量纠纷解决水平的基本尺度。清代名幕汪辉祖曾经说过“幕之为学，读律尚已，其运用之妙，尤在善体人情”“法有一定，而情别千端，准情用法，庶不干造物之和”。[1] 如果说法律难免教条和僵化，那么“情理”就有灵活和弹性的衡平作用。其实，俗话“过得乡场，过得官场”，同样是说，司法官员在调处与裁判时，必须充分考虑社会舆情和价值观念。[2]

其三，理顺摆平。在不少个案中，我们发现，司法官员每每注重“理顺”错综复杂的案件情节，努力“摆平”纠纷各方的社会关系，而非仅仅着眼于或者满足于具体纠纷的解决。此外，“大事化小，小事化了”也是基本策略。就此而言，对两造之间的“权利”义务，尽管司法官员不能说是毫无顾及，然而更多的是设法协调社会关系、稳定社会秩序。这种在社会秩序结构中理顺矛盾、平息冲突、解决纠纷的策略，使保障“权利”成了一个相对次要的问题。处于特殊社会关系结构中的原被两造，对这种“理顺摆平”的纠纷解决方式，往往予以默认。而这，不仅是因为小民百姓的日常生活难以超越既有社会关系的制约，而且也是因为官府的权威——在“理顺摆平”时，司法官员难免采取压服的强硬措施，小民百姓也难免屈服顺从。当然，这种“说服与心服”[3] 的调解手法，也非常人能够胜任。

---

[1] （清）汪辉祖：《佐治药言》“须体俗情”和《学治续说》“法贵准情”。

[2] 参见季卫东：《中国司法的思维方式及其文化特征》，第三届“法律方法与法律思维”研讨会论文，乌鲁木齐，2004年8月，第25页。

[3] ［日］高见泽磨著：《现代中国的纠纷与法》，何勤华等译，法律出版社2003年版，第83页。

其四，依法断案。在刑事审判尤其是大案要案时，适用法律一般比较严格，但是，在解决民事纠纷时，法律是否同样成为听讼依据，学者尚有争议。[1] 根据我们阅读宋元明清的部分判牍文书的感受，可以说，尽管“情理”的作用很大，可是司法官员在听讼时或多或少都会考虑法律的依据。换句话说，法律的指引作用或多或少也会影响裁判。况且，如若错判民事案件，虽然法律责任不像刑事案件那么严格、那么重大，但是，一旦小民百姓“缠讼”不息，以至上告越诉甚至京控，也会引起上峰的注意，甚至“吊刷”案件。这样一来，对有关官僚的前程多少也会有些影响。值得注意的是，基于杜预“审名分，忍小理”[2] 的法律解释原则，在民事审判中，司法官员“量事之大小，推情之轻重”的自由裁量权力始终存在，应该没有疑问。[3] 这与传统中国情理社会的特征本身有关。

总之，除了第一种情况（海瑞的话），可能完全无视两造的实际利益或“权利”义务之外，无论“诉冤”也好，“情理”裁判也罢，抑或“理顺摆平”也好，“依法听断”也罢，对于小民百姓来说，他们真正关心的是纠纷涉及的实际利益或“权利”义务。其运用“诉冤”的话语，基本上是出于“耸动”官府之目

[1] 参见黄宗智：《民事审判与民间调解：清代的表达与实践》，中国社会科学出版社 1998 年版，第 78 页；何勤华：《清代法律渊源考》，载《中国社会科学》2001 年第 2 期；［日］滋贺秀三：《清代诉讼制度之民事法源的概括性考察》，载王亚新、梁治平编：《明清时期的民事审判与民间契约》，法律出版社 1998 年版，第 25~26 页；［日］寺田浩明：《清代民事审判：性质及意义》，载强世功、孔庆平主编：《北大法律评论》第 1 卷第 2 辑，法律出版社 1999 年版，第 610 页；王志强：《南宋司法裁判中的价值取向》，载《中国社会科学》1998 年第 6 期；王志强：《〈名公书判清明集〉法律思想初探》，载《法学研究》1997 年第 5 期。

[2] （唐）房玄龄：《晋书》，中华书局 1974 年版，第 1026 页。

[3] 对此问题的有关讨论，参见季卫东：《法律解释的真谛》，载季卫东：《法治秩序的建构》，中国政法大学出版社 1999 年版，第 120~125 页。

的，并且试图占据道德优势的位置，可以说是一种诉讼策略和技术。何况，在实际纠纷中确实存在各种“冤抑”因素和“冤抑”案件。就司法官员的裁判而言，虽然经常适用“情理”这种多少只能意会、无法言传、难以实定的规范，然而情况并非完全如此。假如滋贺秀三“法律是情理海洋的冰山一角”[1] 的隐语尚有道理的话，那么法律这种“实定”的规范恰好证明，情理也是可以并且能够被实定化而成为法律的。[2] 如果这样理解的话，所谓“情理不过是一种修辞”的说法，恐怕尚有修整的余地。尽管官僚可能依据由“禁令”组成的法律来听讼断狱，可是，纠纷包含的实际利益和“权利”义务，无论如何也是必须予以照顾，并且予以保护的东西。据此，我们必须在维护社会秩序的视野里考察官方保障“权利”的特点，在诉讼策略的语境中辨析“伸冤”的意蕴。

尚有三点需要进一步申说：第一，司法官员在作出裁决时，除了保护“权利”以外，对“恶行”或者“欺人太甚”的案犯，还会予以刑事惩罚，明清时期往往采取杖责、枷号之类的刑罚。[3] 第二，这种“恶行”或者“欺人太甚”的行为，其实

---

[1] 参见［日］滋贺秀三：《清代诉讼制度之民事法源的概括性考察——情、理、法》，载［日］滋贺秀三等：《明清时期的民事审判与民间契约》，王亚新等编译，法律出版社1998年版，第36页。张伟仁教授不同意滋贺秀三关于“法律与情理”的隐语，参见张伟仁：《学习法史三十年》，载许章润主编：《清华法学》（第4辑），清华大学出版社2004年版，第284页。

[2] 林端教授基于法律社会学的立场提出了“法律多值逻辑”（法律多元）的意见，据此认为“情理”也是法律。参见林端：《韦伯论中国传统法律——韦伯比较社会学的批判》，三民书局2003年版。

[3] 在我看来，这类刑罚的意义不仅是旨在唤醒案犯的道德意识，更是为了提升公众的道德意识。至于能否收到这类刑罚设置的预期效果，那就另当别论了。有关的法理学分析，参见［美］埃里克·A. 波斯纳：《法律与社会规范》，沈明译，中国政法大学出版社2004年版，第133~167页。

还应包括“缠讼”和“嚣讼”一类的行为，这是中华帝国司法官员奉行的道德主义意识形态的反映。第三，百姓诉讼告状或者诉冤，尽管没有直接采用“权利”的话语形式，但是，在两造彼此建构纠纷争点时，双方关于“我的、你的”这种说辞背后，实际上有“分”的意思存在。这可能是传统中国“权利”观念本土的、朴素的表达。据此，我们不能一味依据西方的权利理论来理解传统中国的“权利”观念，恰恰相反，我们必须更多采用常人的态度，从“权利”实践的角度来解说这个问题。[1] 与此相关，面对诉状当中充塞的“诉冤”话语，我们必须关注其中的深层意蕴——在“诉冤”话语下挖掘“权利”的诉求。总之，我们不能被诉状的“诉冤”话语所蒙弊，而是在“诉冤”的修辞表层下，揭示诉讼的真正意图和目的。

通过上面的简要分析，笔者认为，尽管传统中国法律没有将保障“权利”作为核心来规定，然而我们不能由此否认传统中国社会的民众也有比较强烈的“权利”意识。原因在于，虽然传统中国法律没有直接对“权利”作出规范，但是民间法律文书并不缺乏“权利”的安排，并且，明清时期日趋增长的民间诉讼，本身也是“权利”意识觉醒和高涨的体现。另外，由于帝国官方一贯禀承道德主义的意识形态，因此，为了“耸动”官府，民众必须采取“诉冤”（欺人太甚和恶言恶行）的修辞策略，然而这种修辞底下也不乏主张“权利”的现实诉求。这里，我们必须努力

[1] 大木雅夫认为，耶林《为权利而斗争》所要表达的是思想，乃是法律家的想象，未必就是普通民众的观念。他说：“西洋的‘为权利而斗争’的思想，尽管看似优美动听的口号，但它未必是西洋民众的现实法律意识。”［日］大木雅夫：《东西方的法观念比较》，华夏、战宪斌译，北京大学出版社 2004 年版，第 144 页。在笔者看来，这是一个很好的提醒。

把握说出来的“诉冤”话语与隐伏其间的“权利”诉求之间的平衡——拨开“诉冤”话语的迷雾，揭示话语底下裹挟的“权利”真相。

二、诉讼：态度与策略

在传统中国社会里，小民百姓之间如若发生“鼠牙雀角”纠纷，迫不得已而必须采取诉讼方式解决纠纷，他们会有什么态度和应对措施？这又表达了他们怎样的法律意识？他们将会采取怎样的诉讼技巧？下面，我们来对这些问题展开讨论。

（一）诉讼态度：健讼与惧讼

通说认为，与近代西方的诉讼观念相比，西方人好讼，中国人厌讼或者贱讼。这既是一个事实判断，也是一个价值判断。这种意见，表面看来似有道理，其实未必。尽管当代西方（尤其是美国）已经到了令人困扰的“诉讼爆炸”的境地，但传统中国却一再提倡“息讼”之道，追求“无讼”的天人和谐境界。西方人是否果真好讼，不无疑问，美国总统林肯就曾奉劝美国人民不要热衷于诉讼。[1] 如果西方人真的一贯好讼，德国法儒耶林大可不必撰写“为权利而斗争”这篇著名论文。这也表明，传统德国人似乎并不那么好讼。至于传统中国人是否“厌恶”诉讼，同样令人怀疑。我们这么说，并不是要否认中西法律文化存在诉讼态度

[1] 美国人“好讼”与其开国时期“多元化”的社会构成以及“异质性”的思想信仰极有关系。也就是说，由于缺乏传统资源的依托，美国人不得不从法律中寻求解决纠纷的途径。参见［美］史蒂文·苏本、玛格瑞特·伍：《美国民事诉讼的真谛》，蔡彦敏、徐卉译，法律出版社 2002 年版，第 1~9 页。

方面的巨大差异，而只是想提醒人们不要过分强调它们之间的对立。

孔子曾经说过："听讼，吾犹人也，必也使无讼乎。"[1] 此言背后的根据，当然是"礼之用，和为贵"的思想；达到这一理想境界的手段，不外是道德教化；至于它的终极渊源，就是"天人合一"的理念。后世儒家认为，天人感应相通，合而为一，天道之自然和谐的秩序应该成为人类社会秩序的样板和准则。据此，儒家倡导爱人、孝顺、忍让、不争，提倡教化为先，德治为本；即使发生纠纷，提起诉讼，也要设法调处息讼；即使调处息讼不成，迫不得已而用刑罚，也要通过刑罚达到"无刑"的效果。由此一转，我们来看法家，尽管商鞅主张重刑，但也以"去刑"为归依，期盼"至德"的理想社会。道家更是效法自然，顺从天道，提出"小国寡民"和"绝圣弃智"的思想，同样反对争讼。墨家既然有"兼相爱，交相利"的说法，自然也不会认为争利、争讼是什么好事。后世信奉儒家思想的帝国官僚，大多咏叹这种"无讼"的高调，否认诉讼的正当性和合理性——《易经》所谓"讼则终凶"是也。[2]

这是传统中国官僚精英有关诉讼（厌讼和贱讼）的基本价值取向。然而到了清代，终于有人出来反对儒家的"息讼"老调。崔述指出：

> 自有生民以来，莫不有讼。讼也者，事势之所必趋，人

[1] 《论语译注》，杨伯峻译注，中华书局1980年版，第128页。
[2] 参见《周易译注》，周振甫译注，中华书局1991年版，第31~33页。

情之所断不能免者也。[1]

他的基本理由是：其一，即便圣人尧舜也不能消灭诉讼，何况后世的凡人官僚；其二，提倡息讼只能是为强者张目，而使弱者忍气吞声。崔述之论，确有见地。

其实，所谓“无讼”只是一种社会秩序的道德理想而已，而“息讼”也仅仅是一种消弥纠纷的手段罢了。因为“曲高”，必然“和寡”。精英官僚的理想话语，未必符合社会的实际情形，也未必符合民间百姓的胃口，甚至未必就是帝国官僚的实践指针。事实上，帝国官僚也未必不知道一味提倡“无讼”，只能导致对于诉讼的压制；一味提倡“息讼”，也只能产生人为的讼累。实际上，随着宋代社会经济的急剧变迁——土地交易日趋频繁，其他商品交易在时间、空间、数量、价值上的迅速展开，“好讼”风气逐渐形成，人们到处都能读到“好讼”“健讼”“嚣讼”的记载，[2] 所谓“唇舌细故而致争，锥刀小利而兴讼”[3] 的说法，也不鲜见。与此同时，民间也出现了“习律令，性喜讼”[4] 的现象。明清以降，这种“好讼”风气，更是愈演愈烈，以致精

[1] （清）崔述：《无闻集》卷二《讼论》，载顾颉刚编订：《崔东壁遗书》，上海古籍出版社1983年版，第701页。有关的讨论，参见陈景良：《崔述反“息讼”思想论略》，载《法商研究》2000年第5期。

[2] 参见陈景良：《讼学、讼师与士大夫——宋代司法传统的转型及其意义》，载《河南省政法管理干部学院学报》2002年第1期。也见邓建鹏：《健讼与息讼——中国传统诉讼文化的矛盾解析》，载许章润主编：《清华法学》（第4卷），清华大学出版社2004年版，第176~200页。

[3] （宋）真德秀：《潭州谕俗文》，载曾枣庄，刘琳主编：《全宋文》（第313册），上海辞书出版社、安徽教育出版社2006年版，第18页。

[4] （宋）欧阳修：《欧阳文忠公全集·外集》卷一一《尚书职方郎中分司南京欧阳公墓志铭》，河南人民出版社2018年版，第1832~1833页。

英官僚哀叹道德沦丧，世风浇漓。明清时期“公案”文学的繁荣，讼师秘本的流播，都与这种“好讼”的社会风气有关。可见，民间百姓的法律意识与官僚精英并不等同。这种隐蔽的、悄无声息的、潜滋暗长的民间法律意识，倒是非常真切地反映了现实社会的日常景象，也多少消解了官僚精英有关“无讼”的道德话语。

在司法实践中，地方衙门受理的案件也以民事诉讼为主。根据学者的估算，清代州县民事案件约占全部“自理”案件的50%。[1] 黄宗智指出：

> 在清代后半期，县衙门每年处理五十至五百个民事案子，好些县可能每年在一百至二百件。平均而言，每县每年大概有一百五十件左右。[2]

黄宗智教授进一步指出：清代民事诉讼的统计数字显示，在一定程度上，清代已是一个“健讼”社会。假设每县平均人口为三十万，每年约有一百五十个案子闹到县衙，那么一年当中每两千人就有一个新案子，一年当中每二百户就有一户涉讼。[3] 可见，对民间社会的小民百姓来说，一旦自身利益或者“权利”遭到侵犯，他们在提起诉讼时并不担心在道德上有何障碍。故而，所谓“厌讼”和“贱讼”难以完全表达他们的法律意识。

---

[1] 参见曹培：《清代州县民事诉讼初探》，载《中国法学》1984年第2期。

[2] [美] 黄宗智：《民事审判与民间调解：清代的表达与实践》，中国社会科学出版社1998年版，第171页。

[3] [美] 黄宗智：《民事审判与民间调解：清代的表达与实践》，中国社会科学出版社1998年版，第173页。

综上所述，传统中国的平民百姓颇有“好争”“好讼”的性格，这是他们的日常生活体现出来的真情实况。然而，俗话“屈死不告状”一言，又当怎样理解呢？事实上，这仍然是对于传统中国平民百姓诉讼心态的概括，只不过说的是另外一种情形。

我们必须牢记的是，理解和解释任何一种社会现象，切忌固持“单向度”的立场，而应该采取“多元化”的视角，把它置于特定历史语境当中加以考量，作出解释。传统中国社会的小民百姓“好讼”或者“健讼”无疑是事实，他们“畏讼”或者“惧讼”也不是虚构。这是因为，在不同语境中，人们表现出来的态度（厌讼抑或好讼、畏讼）会有差异，他们的行为选择（提起诉讼还是忍气吞声）同样会有不同，这是极其正常的现象。况且，我们现在读到的资料只是真实历史的“雪泥鸿爪”而已，或者说，它们都是真实历史的“片面”记载罢了。因此，在言述民间法律意识时，一要看语境，二要将这些零星记载整合起来，才能获得百姓在不同情景下法律意识的整体认识。

俗话“屈死不告状”，其实与传统中国伦理思想中的“忍”很有关系。譬如《尚书》记有：“必有忍，其乃有济；有容，德乃大。”[1]《论语》也说：“小不忍则乱大谋；”从而提倡“君子无所争”和“君子矜而不争”的道德伦理。[2] 至于《老子》，则把“忍”提升到了“天之道，不争而善胜，不言而善应”的“形而上”的高度。[3] 民间流播甚广的《忍经》和《劝忍百箴》，更将“忍”作为中国古人（从帝皇将相到平民百姓）处世行事的相

[1]（汉）孔国安传、（唐）孔颖达正义：《尚书正义》，上海古籍出版社 2008 年版，第 716 页。

[2]《论语译注》，杨伯峻译注，中华书局 1980 年版，第 167 页。

[3]《老子》，刘思禾校点，上海古籍出版社 2013 年版，第 192 页。

与之道，诚所谓“万事之中，忍字为上”者是也。可见“忍”是一种善，面对些小琐事，如果能“忍”，纠纷也就自然消弥。史书有载：

> 曹节素仁厚，邻人有失猪者，与节猪相似，诣门认之，节不与争。后所失猪自还，邻人大惭，送所认猪，并谢。节笑而受之。[1]

相反，“争”是一种恶，不仅损人，而且损己；不仅损身，而且损财。所谓：

> 人心有所愤者，必有所争；有所争者，必有所损。愤而争斗损其身，愤而争讼损其财。此君子所以鉴，易之损而惩愤也。[2]

这里，孝顺尊长、雍睦邻佑的积极有为的道德伦理，由此退而成为谦抑不争、克己忍让的消极态度。在理想上，当然可以一忍再忍，但是，在大是大非上，孔子毕竟说过“是可孰不可忍”的话。对于小民百姓来讲，在切己利益上，也有不能“忍”的情形。故而，有人能忍，有事可忍，但也有人不能忍，有事不可忍。况且，一味忍让，对于社会秩序的良性运作也会造成意想不到的灾难。虽然“忍”属于“好人”应有的品格，可是，如果从“坏人”的视角来看，或许“忍”恰好成了软弱可欺的表现，反而助

---

[1]（元）许名奎、吴亮：《忍经·劝忍百箴》，吉林摄影出版社2003年版，第22页。
[2]（元）许名奎、吴亮：《忍经·劝忍百箴》，吉林摄影出版社2003年版，第49页。

长“恶言恶行”的泛滥。值得指出的是，提倡“忍”的处世态度，或许正是文化精英的统治策略，小民百姓未必如此。

总体来说，如果原被两造身份相当，一旦乡里社会无法解决纠纷，提起诉讼乃是非常自然的事情。假定两造权势财力相距悬殊，由于权势可以指使官府，财富能够贿买官僚，处于势单力薄地位的弱者，恐怕难免隐忍含屈。这是“屈死不告状”所要表达的基本含义。就事情本身而言，固然属于“冤屈”，但是，从“隐忍”的态度来看，有时未尝不是一种理性的选择。当然，一旦忍无可忍，弱者也有抵抗的武器：架词设讼、上告越诉、拦驾叩阍、上访直诉、自残自毁、依尸告状、利用妇女老人出头告状，等等，这些都是各种史料经常提及的反抗方式或诉讼策略。对于这些行为，帝国法律均有禁止性规定。实际上，利用诉讼手段本身就有借助政治权威抵抗强势对方的意图。在小民百姓看来，权力阶位越高，越能超越争讼双方的社会地位和利益格局的制约，保持相对超然的地位，作出公正的裁判。可见，诉讼本身已经成为一种行动策略与权力技术。如若碰到吏治腐败的场合，即便权势财力尚可的涉讼者，仍不免含冤忍屈。这是因为，官僚、胥吏、长随、衙役敲诈勒索乡绅富商的情况亦非鲜见，更何况那些势单力薄的当事人。据此，所谓“屈死不告状”反映的是特定语境中的诉讼心态。

在某些情况下，“屈死不告状”也可能是一种夸张的说法。比如，诉讼可能会对既有的人情社会造成冲击乃至破坏，经过一番利弊权衡或得失比较，当事人选择了隐忍的策略，这是明智的做法。虽然当事人不至于真的“屈死”，然而，屈于“人情”而隐忍，毕竟也是常见的事情。这一态度正可体现民间百姓对于

“人情大过天”的深刻理解。可见，导致百姓惧讼的因素，既有双方权势地位的差异和官府的敲诈，也有人情的羁绊。

总之，对于历史上的具体行动者（诉讼当事人）来说，究竟应该采取什么态度、策略和行动，要看个人性情、社会风气、制度环境、吏治状况而定。从法律社会学的视角来看，每个案件都有它的社会构成，不可一概而论。也就是说，每个案件的不同社会构成，有可能会影响诉讼的结果。[1] 同样道理，每个纠纷也有不同的社会构成，也会影响两造的诉讼态度和诉讼策略。尽管小民“无知”，但是，他们并不缺乏“权衡利弊”的常识和理性。正是在这种“趋利避害”的常识指引下，小民百姓才能做出“告状还是屈死”的行动计划。这种说法可能引起某种误解，以为“告状还是屈死”是出于小民百姓的自愿选择。其实，笔者想说的是，在一定条件下，“告状还是屈死”可以说是一种被逼无奈的诉讼策略或行为选择。

我们再来考察一下传统中国平民百姓“屈死不告状”的基本原因。帝制时期的帝皇每每认为，必须设置诉讼障碍，使百姓视诉讼为畏途，以便减少诉讼。康熙帝就曾说过这样的话。这里，我们根据各种资料，描摹一下小民百姓“畏讼”或者“惧讼”的情形。

第一，经济原因。俗话说“靠山吃山，靠水吃水”，人们的谋生之道取决于他们的职业。孟子所说“仰事俯畜”乃是人生的基本需要。但是，官府衙役的正当收入唯有伙食费（公食银）而已。有时，就连这点微薄的伙食津贴也被克扣，由此，要求他们

[1] 参见［美］唐·布莱克著：《社会学视野中的司法》，郭星华等译，法律出版社 2002 年版。

“枵腹从公”无疑是强人所难。他们的生财之道，也只能是借“近水楼台”来“得月”——百姓诉讼，便是他们收入的源泉之一。诚如京剧《苏三起解》所说：

> 大门里不种高粱，二门里不种黑豆，三班衙役不吃打官司的，吃谁去？

这就难免弄到“公人见钱，犹如苍蝇见血”的地步。即使读圣贤书起家的官僚，只怕也是“千里为官只为财”的德行。清人所谓：“世人呼初入仕途者为‘下炉’，言精铁至此，皆熔化也。”[1] 由此可见，官场好比镕炉，即使“精铁”之人，也难免会被熔化；官场好比污浊酱缸，即使“清廉”之官，同样难免遭到熏染。对于赃官墨吏，人称“白面盗贼”，实属生动写照。因为他们过着室内的生活，很少曝晒阳光，所以脸色大多苍白。[2] 如果不幸碰到那些“灭门的知县”（俗话）承审案件，后果就更加不堪设想矣！可怕的是，一旦官僚与衙役沆瀣一气、狼狈为奸，小民百姓还有什么官司可打？俗谚“堂上一点硃，民间千滴血”“火到猪头烂，钱到公事办”“廷尉狱，平如砥，有钱生，无钱死”即是指此。

第二，其他原因。早在汉代即有“前有召父，后有杜母”的称谓，宋代以降，地方官被人们叫作“父母官”这种颇为温馨的

---

[1] （清）包世臣：《齐民四术》，中华书局2001年版，第286页。

[2] 参见萧公权：《调争解纷——帝制时代中国社会的和解》，载［美］汪荣祖编：《中国现代学术经典·萧公权卷》，河北教育出版社1999年版，第854页。

称呼。[1] 然而“君要臣亡，不得不亡；父要子死，不得不死”，也是皇权专制和父权专制的流行看法。对于小民百姓来讲，州县长官具有双重身份——君权和父权的特征。因此，老百姓与父母官之间的地位，可谓天悬地隔。州县长官高高在上，公案耸立，号称老爷，可以拍案和撒签打人；小民百姓匍匐丹墀，只是蚁民，唯有口称冤枉和该死。一坐一跪，一高一低，一个打人，一个该死；这是“支配与屈服”的权力符号，也是“威严与奴颜”的精神象征。[2] 那些“不入衙门”的朴质农民，听见一阵阵响彻云霄的升堂衙鼓，一连串震慑人心的声声堂威，看见一排排如狼似虎的衙役，一列列刑杖夹棍，已然胆战心惊，如何能够从容陈述？对此，各种文学作品多有征引：

冬冬衙鼓响，公吏两边排；阎王生死案，东岳摄魂台。

可以看出，小民百姓“屈死不告状”乃是出于惧怕心理。[3] 刑讯逼供的合法使用，乃至非法滥用，导致案件尚未了结，皮肉之苦已经饱受，这使人们必须认真掂量是否提起诉讼这个要害问题。所谓“随你凶奸似鬼，公庭刑法不相饶”[4] 并非虚言。还有一些其他原因，诸如帝国司法体制、人情社会和伦理社会的结构，也会迫使小民百姓做出“屈死不告状”的选择。

---

[1] 参见（清）钱大昕：《十驾斋养新录》卷一六《父母官》，江苏古籍出版社2000年版，第347页。

[2] 对“身体姿势”的政治学讨论，参见［德］埃利亚斯·卡内根著：《群众与权力》，冯文光等译，中央编译出版社2003年版，第272~278页。

[3] 具体的研究，参见徐忠明：《从明清小说看中国古人的诉讼观念》，载徐忠明：《法学与文学之间》，中国政法大学出版社2000年版，第110~111页。

[4] （明）冯梦龙：《喻世明言》卷一八，陕西人民出版社1985年版，第257页。

总体而言，所谓“无讼”、“贱讼”或“息讼”，基本上是帝国官方与官僚精英诉讼观念的表达以及解决纠纷的手段，与道德主义国家治理模式、精兵简政的权力结构、乡土社会的治理方式有关；至于“健讼”、“畏讼”或“惧讼”，更主要是民间社会小民百姓的诉讼意识，与他们的现实利益、纠纷的社会构成、吏治的普遍腐败有关。

（二）诉讼心态：把事情闹大

1. 制度与思想。为了深入理解平民百姓何以形成“把事情闹大”的诉讼心态，我们必须探讨这种心态的由来。其实，上面讨论的“诉冤”话语与这种心态也有关系。

首先，集权中国的政治结构和组织原理。虽说中华帝国是一个专制社会，然而这一专制权力也有自身的局限，就是帝国权力止于州县衙门。对于基层的乡土社会，只能采取比较间接的控制方式，比如半官半民的乡里组织。[1] 这种政治权力的设计，早在商鞅变法时期已经初具规模；秦汉帝国在继承了这一政治遗产的同时，又进行了不少的修改和完善，以便适应治理幅员辽阔的巨型国家的要求。此后，帝制中国的政治权力格局基本没变，只是皇帝专制和中央集权日趋强化。与此同时，随着宋明以来商品经济的繁荣发展以及人口的迅猛增长，社会权力也呈现上升趋势，人们的社会生活空间有了很大拓展。

建基在农业经济上的中华帝国，它的政治制度的宗旨只有一条：集权。实现“集权”的措施有二：皇帝集权和中央集权。皇

[1] 参见赵秀玲：《中国乡里制度》，社会科学文献出版社 1998 年版，第 75 页。

帝集权以中央集权为条件，中央集权以控制地方政府的权力为基础，两者互为因果。为实现皇帝集权，必须分散中央政府的事权，并使各个部门之间形成相互制衡的格局。为控制地方政府的权力，避免造成“尾大不掉”、地方威胁中央的态势，必须精简机构，减少官员人数。州县衙门“一人政府”这种制度设计的缘由，不出于此。如欲实现这一政治构想，还有一条政治原理“忠君·爱民”必须严格遵循。法家（儒家亦然）特别强调前者，这是因为，皇帝可谓孤家寡人，独居深宫，故而思虑不到、耳目不及的情形在所难免，这就要靠各级官僚的忠诚。在承认皇权专制的前提下，儒家非常强调爱民，这是因为，他们或多或少已经看出“绝对的权力，必然导致绝对的腐败”（阿克顿语）这一政治铁律的深刻意味。德治和爱民，其实可以视作儒家试图通过“道德权力”实现制约政治权力之目的。然而，这是一种非常软弱的约束，总是难以奏效。另有一个政治技术守则：能、勤与清、慎。法家非常重视官僚“能与勤”的能力和品质，因为偌大帝国如要得到有效治理，没有行政才干和管理效力，那是断断不能奏效的事情。儒家基于“爱民”的信仰，特别强调官僚“清与慎”的道德品格。因为他们确信，光有政治能力而没有道德素养，也是难以治理国家的。孟子所谓“徒善不足以为政，徒法不足以自行”，说的就是这个道理。汉武帝首倡、历朝历代秉承的“儒法合流”的治理模式，基本上反映了帝制中国的政治哲学和吏治原理。在政治实践中，法吏注重实效，雷厉风行，因而法家思想更受帝皇青睐；由于儒吏往往华而不实，中看不中用，所以儒家思想仅被当作吏治的一种堂皇缘饰，一种政治实践的修辞话语。当然，这种修辞并非真的毫无意义。就司法而言，儒家的“爱民”

情结，无论如何也是民众“把事情闹大”的道德基础和制度基础；因为，如若民众没有对官府“爱民”的信仰，他们大可不必把纠纷闹到衙门。

必须指出的是，这种“粗枝大叶”的治理模式，也与农业产出有限以及随之而来的税收瓶颈的制约有关。这就是说，帝制中国的“正项赋税”出自农业，无论古今，农业经济的产出能力始终有限。并且，本着“薄赋轻徭”的道德理念，“正项赋税”自然不能过多，否则便是苛政。故而，在制度意义上，中华帝国的财政收入显然无法承受庞大的官僚机构的行政经费，也无法支付人数繁多的官僚的薪水。“精兵简政”的组织原则，乃是理所当然的选择。在司法领域，地方政府尽量把民事纠纷留待民间自行解决，甚至拒收案件也同样是可以理解的事情。因为官府审理民事纠纷和刑事案件，必须承担相应的费用。据说，一个案件经过各级衙门相继审理之后，所有的花费可能达到五十两银子之多。[1] 这确实是一笔不小的费用。甚至还有更加昂贵的例证，比如《清史稿》卷三七四《姚文田传》就说：

> 即如办一徒罪之犯，自初详至结案，约须百数十金。案愈巨则费愈多。递解人犯，运送粮鞘，事事皆需费用。若不取之于民，谨厚者奉身而退，贪婪者非向词讼生发不可，吏治更不可问。[2]

[1] （清）丁日昌：《抚吴公牍》。转引自［美］欧中坦：《千方百计上京城：清朝的京控》，载高道蕴等编：《美国学者论中国法律传统》，中国政法大学出版社 1994 年版，第 479 页。

[2] （清）赵尔巽等：《清史稿》，中华书局 1977 年版，第 11550 页。

所谓“每办一案，招解有费，押送有费”[1] 的描述表明，对于经费一向紧张的地方衙门来说，与其接受诉讼，不如留待基层自理。有时，对于官僚来讲，担忧费用压力可能胜于处理案件或者实现正义。[2] 当然，这与传统中国不收诉讼费用的制度安排有关。[3]

但是，我们必须谨记在心，这仅仅是一种“理想型态”的权力结构和治理模式。对于直接面对百姓大众的州县衙门来说，一人政府自然无法胜任。司法、税收、户口、邮驿、教育、治安、公共事业、祭祀典礼以及其他杂务，光靠一个州县长官、三四五个数量不等的额设（国家编制）吏员——“领持大概者，官也；办集一切者，吏也”[4] 的治理模式，显然不足任事。这样一来，名目繁多、人数庞大（多至数千）的胥吏、衙役，就被用来

[1] （清）郭嵩焘：《御史潘斯濂所陈两条始终办理情形片》，载郭嵩焘：《郭嵩焘奏稿》，杨坚校补，岳麓书社 1983 年版，第 248 页。

[2] ［美］欧中坦：《千方百计上京城：清朝的京控》，载高道蕴等编：《美国学者论中国法律传统》，中国政法大学出版社 1994 年版，第 479 页。

[3] 虽然传统中国没有法定的诉讼费用，可是在司法实践中，衙门承差费用有时也要两造负担。对此，各地的具体做法并不相同。另外，诉讼费用征收与否，以及由谁承担，也会影响小民百姓的诉讼行动。有关的史料记载，参见（清）王有光：《吴下谚联》卷四《图准不图审》。有趣的是，王有光所记，涉及诉讼费用对于诉讼率之高低的影响。值得全文抄录：“素史氏曰：余家青浦、嘉定接壤。尝入青县，邑尊悬示通属词讼事件，岁以百计。嘉邑悬示者，岁以千计。何繁简相悬至此？大凡词讼俗名官私。官者，情理之曲直；私者，经差之使费也。青邑原被两造给，事可从缓。嘉邑经差止归被告一面，即倾家而不顾。青民一时之愤，缓则渐销，或经居间劝处，遂不至于成讼。嘉邑呈状者争先而进，亲友解纷不及，亦不便于解纷，恐后控者之为被告也。是必装点情词，以图一准，已足泄愤，后来质审之虚实，不及计矣。此嘉邑事件之所由多也。”（清）李光庭、王有光：《乡言解颐 · 吴下谚联》，石继昌点校，中华书局 1982 年版，第 113~114 页。

[4] （清）王恽：《秋涧集》卷四六《吏解》，载《景印文渊阁四库全书》（第 1200 册），台北，台湾商务印书馆 2008 年版，第 823 页。

参与具体的管理事务。[1] 可是胥吏、衙役来源复杂，品流不一，尽管一时强化了帝国衙门的社会治理，但其本身也带来了如何治理胥吏、衙役的难题。俗话“任你官清似水，也难逃吏猾如泥”的尴尬局面，也就难以避免；其结果是，治理胥吏、衙役本身也成为令帝国官僚处心积虑、寝食不安有待解决的问题。可想而知，原本那种精兵简政的理想政府体制，终于被纷繁复杂的治理现实所淹没。这是帝制时代的平民百姓必须面对的政治现实，他们的诉讼心态与这样一种“理想与现实”的悖谬困境息息相关。换句话说，小民百姓到底“诉”还是“忍”？也就成了一个问题。既然衙门小事不理，那么“把事情闹大”也就成了百姓诉讼行动的策略。

其次，压制型社会的组织网络与道德教化。秦汉以降，中华帝国即有“幅员辽阔、交通困难”的地理特征以及“千里不同风，百里不同俗”的社会风貌。这一空间结构，乃是任何制度建设都必须认真考虑的一个内生变量，因而，也是任何统治当局都不能回避的一个根本问题。秦皇嬴政统一中国以后，推行“书同文、车同轨”的政策，对于强化中央集权统治来说，不仅具有象征性的文化意义，而且具有根本性的政治作用。

然而，如何实现对郡县底下的社会空间进行有效的控制？这是一个难题。秦汉时期基层社会的组织结构基本上是：乡、亭、里。具体是指：

[1] 参见瞿同祖：《清代地方政府》，范忠信、晏锋译，法律出版社 2003 年版，总体研究，参见赵世瑜：《吏与中国传统社会》，浙江人民出版社 1994 年版；See Bradly W. Reed, *Talons and Teeth: County Clerks and Runners in the Qing Dynasty*, Stanford, Stanford University Press, 2000。

> 大率十里一亭，亭有亭长。十亭一乡，乡有三老、有秩、啬夫、游徼。三老掌教化，啬夫职听讼、收赋税，游徼徼循、禁贼盗。[1]

一县四乡，一里二十五家，里是户籍编制的基础。[2] 这些组织具有“半官半民”的性质，从而有助于国家权力深入到基层社会。如果配合“什伍编制”的管理办法，帝国权力对“编户齐民”的控制，可谓非常严密。这一“伺察+连坐”的制度，无疑是一张“群众监督”之网。这是法家路线的反映，那种声称“民间自治”的说法，恐怕与这一情形渺不相涉。尽管随着“唐宋转型”的出现，尤其是明清以后，基层组织（如保甲、里甲、里老、乡约之类）有了很大的变化；特别是社会权力的上升，比如士绅阶层的兴起，他们日益成为官民交涉的桥梁；再如，宗族组织的出现和繁荣以及各种各样的行帮组织、民间会社，像雨后春笋般蓬勃发展起来，这些都是官民之间的中间结构；与此同时，人们的社会生活空间，也有明显的拓展。不过，秦汉时代奠定的乡里社会的组织结构和控制原理，却基本上被继承了下来，而且，对于强化社会基层控制的意图和努力，明清皇朝始终没有放松。

乡土中国已被诸多学者描绘成为雍睦和谐的农民日常生活的空间场域，对于乡民个人来说，先是充满亲情的家族，接着是和和美美的邻里乡党，皆以叔伯兄弟相称，温情浓郁。由此，我们

---

[1] （汉）班固：《汉书》，中华书局1962年版，第742页。

[2] 参见严耕望：《中国地方行政制度史：秦汉地方行政制度》（甲部），台北，“中央研究院历史语言研究所”1997年版，第245~251页。

就看到了这样一幅如画的景致：

> 在错落有致的场屋空地上，一群孩童嬉戏玩耍，三五老者豆棚闲话；鸡鸭牛羊三三两两，自在觅食，散漫鸣叫；尚有蓝天白云，青山绿水，或者晚霞残阳，袅袅炊烟，啾啾宿鸟，牧童短笛，随风飘荡。恰如一幅洋溢着宁谧和美的田园风光！[1]

明清时期，在官府倡导下，民间社会尚要定期宣讲圣谕，进行人伦道德教化，不外乎是变着法子要求人们：父慈子孝、兄友弟恭、夫唱妇随、和睦乡里、农桑为本、男耕女织、忍愤息讼、不犯刑宪、共享太平，全都成为家族的孝子顺孙、义夫节妇，国家的忠臣顺民。[2] 无论家规族法、乡规民约抑或皇帝的圣谕诰谟、国家的律令典章、衙门的告示训令，虽然内容各有不同，但

---

[1] 必须指出的是，这种田园生活虽然美妙，其实非常脆弱，因为“桃花源”毕竟属于虚拟，一旦与国家权力（衙门的各色人等）接触，美妙瞬息之间就被打破。

[2] 从解决纠纷与罢争息讼的角度来讲，随着儒家正统地位的确立，那些秉承儒家思想的帝国官僚，一直试图用上述办法来消解争讼，维护“和谐”的社会秩序。例如，汉代基层社会的三老，就是从事教化的专门人员，而循吏更是身体力行，积极推行教化（移风易俗）和息讼活动；明代的乡约和里老，亦有非常重要的教化作用和纠纷解决功能；清代虽有变化，但基本上也是延续这一思路，诸如宣讲“圣谕”、发挥宗族、乡里、会社之类的社会组织的纠纷解决功能。对于这些问题的研究，参见完颜绍元：《千秋教化》，福建人民出版社 2004 年版；余英时：《汉代循吏与文化传播》，载余英时：《士与中国文化》，上海人民出版社 1987 年版，第 129~216 页；瞿同祖：《中国法律与中国社会》，中华书局 1981 年版；赵秀玲：《中国乡里制度》，中国社会科学出版社 1998 年版；王兰荫：《明代之乡约与民众教育》，载吴智和主编：《明史研究论丛》（第 2 辑），大立出版社 1984 年版，第 275~299 页；韩秀桃：《〈教民榜文〉所见明初基层里老人理讼制度》，载《法学研究》2000 年第 3 期；常建华：《乡约的推行与明朝对基层社会的治理》，载朱诚如、王天有主编：《明清论丛》（第 4 卷），紫禁城出版社 2003 年版，第 1~36 页；［日］中岛乐章：《明代后期徽州乡村社会的纠纷处理》，载《日本学者考证中国法制史重要成果选译·明清卷》，中国社会科学出版社 2003 年版，第 40~84 页。

精神却完全一致，均以道德教化为宗旨。

美妙是美妙。然而，一如电影《山杠爷的悲剧》讲述的故事那样，在乡土社会中，除了温情关爱，其实也有难以忍受、无法诉说的压抑和羞辱。在层层叠叠的社会组织网络中，从己身起，房户、家族、宗族、保甲、乡约，一圈一圈展开，己身（个人）只是这一社会组织网络中的一个纽结而已，似乎完全没有作为“个体”独立存在的合理空间。而用来编织这一组织网络的纵横交错的绳索，便是上述名目繁多的伦理及其规范。其所强调的宗旨只有一个，即是“无我”；其所贯穿的精神唯有一条，亦即“无违”。从积极方面来说，便是“孝”；由消极方面来看，则是“忍”。一个“忍”字，可谓道尽传统中国社会的压制性格。鲁迅先生在《狂人日记》中的“铁屋”里发出“礼教吃人”的呐喊，就是对“忍”的彻底批判，也是对这一社会组织网络和道德教化的沉痛批判。正是在这种社会组织网络和道德教化的双重压制下，诉讼或是伸冤，无疑具有冲破种种秩序压制的特性。为使诉讼或伸冤奏效，必须赋予它力量，而“把事情闹大”，无疑是一种可行的办法。

2. 心态与行动。据笔者看来，把事情闹大，既是一种诉讼心态，又是一种行动策略。这种诉讼心态的基本意涵，就像俗话“会哭的孩子有奶吃”表达的那样。其一，他们确信，假定默不作声，官府也就无法得知（听到）自己的冤抑；而且，如果声音不够宏亮，同样难以引起官府的重视。有趣的是，诸如“喊冤”“鸣冤”以及“击鼓鸣冤”这些术语，所要强调的，都是“声音”对于传达冤情的重要意义。其二，他们深知，州县衙门这个“一人政府”不仅庶务繁忙，而且办案经费非常有限——这与帝国衙门的司法资源匮乏有关，导致官府无法处理那些琐碎细小的纠纷，故而，必须“把事情闹大”，才能引起官府的注意，使其迅速做出处理。其三，一旦基层社会不能伸张他们的冤抑，他们就把希望寄托在衙门身上，因为他们相信，衙门是一个“讲理”的地方，也是一个可以讨回“公道”的地方；即便当地衙门不成，总有这样的地方，上告越诉、叩阍直诉，就是这种信念的体现；最后他们将希望寄托在仁慈睿智的皇帝身上。其四，所谓架词设讼、谎状、诉冤，其实与“把事情闹大”也有内在的关联，前者是指把原本琐碎细故“说成”大事，它们的动机和目的，皆是为了耸动官府，这是乡野百姓告状诉讼的行动策略。其五，这种“把事情闹大”的诉讼心态和行动策略，还有一个目的，就是给基层社会施加压力；上告越诉、叩阍直诉，乃是给没有做出公平处理（是否公平要看两造的理解和感觉）的地方官僚施加压力。而这种压力，则来自上级衙门的介入和干预。其六，是受到了俗话“大闹大好处，小闹小好处，不闹没好处”这种普遍的社会心理的影响。原因在于，人们总是相信，如果没有冤抑，如果冤抑已经得到抒发或者伸张，他们何苦经县越州、风餐露宿、不辞辛劳，甚至不惜倾家荡产、饱受精神折磨，不断上告上访？当然，结果未必能够如愿以偿。这无疑是因为，帝国官僚总是把它视为刁民缠讼、嚣讼，不仅不予理睬，有时还要给以惩罚。其七，由于地方衙门未能及时地、公平地解决词讼案件，以致酿成大案。产生这种结果的原因可能有二：一是两造根本没有求助官府的意思，只是通过“私斗”来解决冲突；二是有意制造更大的争端，迫使官府介入，达到告状之目的。

在“把事情闹大”的诉讼心理支持下，小民百姓可能采取以下具体的诉讼策略。[1]

第一，谎状。俗话“歪打官司邪告状”，是对谎状的生动刻画；而“十告九诬”“无谎不成状”，则是对谎状的严重性、普遍性的揭示。所谓谎状，是将小事说成大事，甚至毫无根据凭空而讼。从传统中国法律来看，谎状具有“告状不实”或者“诬告”的意思。说到诬告，自商鞅变法伊始，已经实施“反坐”的原则。从《唐律疏议》以来，告状必须“明注年月，指陈事实，不得称疑”[2] 已为通例，“如虚坐诬”或者“如虚重惩”，更是明清时代状词末尾的惯常用语。到了清代，设置代书、规范词状格式、限制词状字数，都是为了杜绝谎状或诬告。[3] 可是，谎状依然屡禁不止，乃至泛滥成灾，原因不外乎是衙门漠视些小事情引起的纠纷和诉讼，小民百姓为了耸动官府，引起重视，不得意而使用谎状的手段。出人意外的是，某些“市饮争詈”的微末细故，原告竟然以“跳杀救命”来捏词越控。[4] 就此而言，如若官府不能正视纠纷，不把纠纷当作正常乃至合理的社会现象看

[1] 这里，我们仅仅讨论几种常见的告状方法，其他诸如利用妇女、老人、讼师等情形暂时从略。

[2] 《唐律疏议》，刘俊文点校，法律出版社 1999 年版，第 478～479 页。

[3] 参见（清）黄六鸿：《福惠全书》卷一一《词讼》，载官箴书集成编纂委员会编：《官箴书集成》（第 3 册），黄山书社 1997 年版，第 327～328 页。顺便指出，从档案研究方法的角度来看，对“谎状”的解读，必须特别留心其中“虚构”的事实，由此揭示原被两造为何“虚构”事实以及“虚构”什么事实。通过这一途径，即有可能发现“虚构”事实与案件真相之间的张力。对此方法论上的反思，参见［美］娜塔莉·泽蒙·戴维斯：《档案中的虚构——十六世纪法国司法档案中的赦罪故事及故事的叙述者》，杨逸鸿译，台北，麦田出版社 2001 年版。事实上，所谓“诉冤”的话语表达，有时就是这样一种诉状的修辞策略——虚构冤情，它与案件（纠纷事实）没有什么关系。引申一下，在学者断定中国古人没有“权利”意识时，他们的依据乃是因为在诉状中唯有“伸冤”——只有对“冤情”的诉说，而没有对“权利”的主张。其实，我们完全可以转换思考问题的方向，在一定程度上，诉冤乃是为了迎合帝国衙门的道德取向，而实现“权利”才是小民百姓诉讼的真正目的。

[4] 参见（明）颜俊彦：《盟水斋存牍》，中国政法大学出版社 2002 年版，第 405～406 页。

待，那么谎状也就难以避免。与此相反的是，官府深知告状难免架词设讼，难免虚构诬告，往往予以驳回，拒绝受理。这样一来，就会出现案件在“官民”之间“推来挤去”而无法及时解决的局面，从而导致纠纷不断升级，乃至以闹出人命而告终。从现代法律观点来看，纠纷对于社会秩序的发展颇有积极作用，甚或可以成为制度变迁的一种动力。这是因为，纠纷本身具有暴露现行制度缺陷的功能，但是，在中国古人眼里，纠纷对于社会秩序乃至天道秩序只有破坏的作用，没有什么积极的意义。在这种情况下，衙门就会采取压抑告状的态度。

第二，缠讼。在司法档案判牍和公案文学作品中，我们可以读到一些累月经年，历经数任官僚，经过各级不同衙门，乃至进京告状的案件和故事。有时，这些纠纷的起因确实只是一些琐碎的事情，然而，原被两造却不惜身家性命，不断缠讼，很有不达目的誓不罢休的气概，这种情况恐怕并非事出无因。萧公权曾说：虽然中国乡村的农民以性好“和平”而著称，可是一旦基本利益发生危机，或者人身受辱、家族声望受损，个人情绪将被激发起来，他们仍然会为任何一种想象得到的事情进行争执和斗争。[1] 为了争得财产、出口恶气、挽回面子、保住声望，缠讼即是一种基本手段。这种缠讼行为之所以能够持续进行，一个明显的原因是，在漫长的缠讼过程中，已积淀了大量的“沉没成本”，以致一旦收手，前期投入的各种成本就前功尽弃了。由此看来，表面上看似非理性的缠讼，实际上却是一种理性的选择，不一定是缠讼者“刁”，更不一定是缠讼者“傻”。有时，缠

[1] [美] 汪荣祖编：《萧公权卷》，河北教育出版社 1999 年版，第 858 页。

讼还变成了一种“图赖”的方法，与正常的财产纠纷、出气争气、挽回面子不同，只是无理取闹而已。在人命案件中，缠讼显得非常突出，原因与“人命关乎天”或者“人命大如天”的观念有关。也就是说，人命案件的冤抑最为深重，也最为强烈，故而，此屈不伸、此冤不报，难以吐气、不得扬眉。

不消说，缠讼基本上是贫弱阶层的诉讼心态和行动策略。因为，他们手中没有任何社会资源可以利用，与衙门也无任何关节可以打通，所以，唯有“缠”或“闹”一途。[1] 据此，考察缠讼，乃是理解传统中国小民百姓诉讼意识的重要进路。有人可能会问：为了“些小”事情而缠讼，案件怎么能被衙门受理？但事实上，也许“讼由”确实微小，无足轻重，然而，缠讼的特殊意义在于“缠讼”行为本身，而非作为“讼由”的纠纷事实。因为缠讼具有放大“讼由”的功能——越级控诉，可以给地方衙门造成一种来自外部的压力；京控直诉，更能起到给整个帝国司法机构施加压力的功效；而案件一旦引起皇帝的垂顾和追究，则参与审理案件的相关官僚就有可能受到制裁，他们的官场前程将会受到影响，不仅可能乌纱不保，而且还会引发性命堪忧的严重后果。在这个意义上，缠讼也是“把事情闹大”的一种形式。另外，对于缠讼行为来讲，司法官僚通常仅给予缠讼者杖责的处罚。这种处罚并不严重，也正因如此，决意缠讼者大多甘愿冒险，大不了杖责而已。

第三，自杀。法国作家阿贝尔·加缪曾经指出：“只有一个

[1] 即使到了今天，上访也更多是社会上的弱势群体采取的斗争策略。其实，上访也有“缠讼”的意味。只是在学理上，现在的上访属于行政范畴，而非司法领域，对于民众来说，两者之间的界线没有如此严格。参见应星：《大河移民上访的故事》，生活·读书·新知三联书店2002年版，第35页。

哲学问题是真正严肃的，那就是自杀问题。”[1] 谁拥有支配人生命的最高权力？[2] 确实是一个根本性的哲学问题。莎士比亚《哈姆雷特》也有“生存还是死亡？这是问题所在”的深刻追问。重生，或许是传统中国哲学思想和宗教信仰的根本特征。俗话“好死不如赖活”，似乎也反映了中国民众对生命的基本态度。当然，这话多少有点忽略生命的精神价值，而仅仅关注肉体生存的缺陷。在许多社会里，自杀都是重要的宗教、文化、社会和法律问题。传统中国法律没有禁止“自杀”的规定，然而，它有对“威逼致人自杀”的刑罚。[3] 由于“人命关天”是中国民众的普遍信仰，又因为“杀人者死”是传统中国法律的自然正义的基本原则，故而自杀或者利用尸体夸大纠纷的争点，或者进行令人难堪的图赖，也就成为弱者的诉讼武器。试想，当有人叫出一句“我死给你看”时，或者，当有人扛着一具尸体到衙门去告状时，会有多么强大的震慑力和威慑力！当然，某些无赖之徒，往往以尸体图赖他人，而这个“他人”，则通常是家境不错的平民百姓。

在《醒世姻缘传》里，作者写了这么一个故事：浪荡子姚大舍先娶计氏为妻，又纳妓女珍哥为妾；大舍宠爱珍哥，冷落计

[1] [法] 乔治·米诺瓦：《自杀的历史》，林佶等译，经济日报出版社 2003 年版，第 3 页。

[2] 从宗教角度看，自杀既是对赋予人类生命的上帝的侮辱，也是对上帝恩赐的拒绝。参见 [法] 米诺瓦：《自杀的历史》，林佶等译，经济日报出版社 2003 年版，第 4 页。欧洲中世纪，刽子手属于贱民，不受法律保护；但是，由于刽子手杀人不受处罚，这被认为是至高无上的特权，故而他们深受人们的崇敬和畏惧。具体的讨论，参见 [德] 布鲁诺·赖德尔：《死刑的文化史》，郭二民编译，三联书店 1992 年版，第 146~157 页。

[3] 参见《大明律》，怀效锋点校，法律出版社 1999 年版，第 157 页；《大清律例》，田涛、郑秦点校，法律出版社 1999 年版，第 438~439 页。

氏，致使妻妾不和。一天，珍哥诬赖计氏与和尚、道士通奸，导致两人发生激烈的冲突，以致大舍要休计氏。当然，计氏不肯善罢甘休，“算计要把珍哥剁成肉酱，再与姚大舍对了性命”。但是，她又觉得自己身小力怯，万一失手，落入他人之手，必定苦不堪言。然而担个私养和尚、道士的污名，岂能消受？因此，决定自杀。[1] 后来，计氏的父兄抱冤告状，案件结果如何，这里暂且不必追问。非常清楚的是，计氏自杀的动机，显然是为了报复大舍和珍哥的欺凌和羞辱，也有“以死明志”的动机和目的。

在《龙图公案》卷八《箕帚带入》中，也有一个类似的故事：李秀如生性妒忌，诬陷弟媳张月英与丈夫黄士良通奸，致使张月英产生了“此疑难洗，污了我名，不如死以明志”的想法，终于自缢身亡。这是文学故事，然而，也能反映传统中国民众的诉讼心态。

在档案和判牍里，同样存在这类案件的记录。清代有一案例：婆婆因嫌面饼太硬，要吃饺子，儿子儿媳声言面饼已做，允诺日后再做饺子，婆婆自尽的事。判决以“不孝”来严惩儿子儿媳。[2] 婆婆的自杀，并无诉讼的意图，但是致使婆婆自杀的后果，却会引起官府的追究。据此，虽然此案不能说是诉讼或者伸冤策略，但是效果并无不同。在某种情形下，乡愚小民的自杀，既是一种要挟的手段，也是一种泄愤的方式。

在颜俊彦《盟水斋存牍》中，记有“籍死图赖”案件。这是一个案中案：案一，胡居贤等人将家信和六十五两银子寄托欧阳

[1] 参见（清）西周生：《醒世姻缘传》，翟冰校点，齐鲁书社 1993 年版，第 63 页。

[2] 第一历史档案馆刑部档案（全宗号 16～29）各省秋审缓决二十次以上拟准减等清单（顺序号 22818）。

乘登，后来乘登遇风覆舟，意欲干没银两，说是银子已经沉河，无法打捞；遂致居贤兴讼，乘登羁狱病死。案二，死者老母萧氏不肯罢休，就以人命上控；为着安抚死者老母，顺德县令判给萧氏二十六两银子作为安葬费用；居贤又以“抄杀相抵”（反诉）架词设讼。[1] 这是一起“依死图赖”的案件。说到底，本案之目的，就是要把事情闹大。这里，人命也就成了一种夸大词讼的“修辞”手段、一个赢得诉讼的武器。[2] 与自杀属于同类性质“把事情闹大”的诉讼策略，还有“自残”行为。[3]

传统中国的平民百姓之所以惯用“人命”作为诉讼的幌子，显然与“人命关天”这种观念有关，与此同时，也与帝国法律有关。因为法律规定，凡是人命案件，地方衙门必须即刻受理，马上着手安排尸体检验。因此，地方司法档案文书常有“卑职随即单骑减从，带领刑件，前诣尸所”[4] 这样的记录。而且，地方官员的司法责任也要远远大于词讼案件。小民百姓“窥破”了帝国法律的意图以及司法官僚的心思，才采取了这一诉讼策略。不过问题总是相反相成地存在。有时，正因为破案难、时间紧、经费缺、责任重、处罚严，反而导致了地方衙门讳盗不报，甚至压制报案之人，以致地方社会秩序遭到严重的破坏。

第四，械斗。关于械斗，目前的研究基本上集中于清代。就清代而言，械斗严重的地区包括：广东、福建、江西、湖南、广西、浙江等省；另外，直隶、山东、安徽、江苏等省也时有发生。

---

[1] 参见（明）颜俊彦：《盟水斋存牍》，中国政法大学出版社 2002 年版，第 377~378 页。

[2] 笔者写完之后，读到日本学者研究“依尸图赖”的专题论文，可以参考。[日] 上田信著：《被展示的尸体》，王晓葵译，载孙江主编：《事件·记忆·叙述》，浙江人民出版社 2004 年版，第 114~133 页。

[3] 参见张全民：《中国古代直诉中的自残现象试探》，载《法学研究》2002 年第 1 期。

[4] 《清代巴县档案汇编》（乾隆卷），档案出版社 1991 年版，第 78 页。

所谓械斗，乃是宗族、乡村、土客（土著居民和外来移民），间有土匪参与的规模大小不等的武斗或者私斗。械斗之风炽盛，与民情、民风、吏治、司法等诸多因素息息相关。从帝国权力控制的角度来看，表面上是民间私事的械斗，实际上反映的是国家权力、权威、法律的削弱和失控。[1] 尽管帝制中国的治理模式的基本理念可以"爱民"两字概括，然而，真正把小民百姓的福祉当作施政根本的官僚，可谓少而又少。皇帝真正关心的是税收和秩序，希望百姓成为良民、顺民；官僚热衷的是敛财和乌纱，因此拒讼、讳盗之事时有发生。正是在这种情况下，"老百姓学会了不要去依赖他们的地方官，而且实际上还要尽一切可能地避免和官府直接打交道"。[2]

顺便一提，这种避免与地方官打交道的做法有二：其一，民间发生的婚姻、钱债和田土之类的些小纠纷，通过基层组织自行解决，这与帝国治理的基本要求吻合；其二，采取"自力救济"的办法，摆平争执和冲突；有时，械斗可以说是一种非常特殊的办法。

导致民间械斗之风炽盛的基本原因如下：其一，官吏玩视词讼。民俗凶悍固然是械斗的原因之一，不过探究肇衅之由，大都出于户婚土地细事。司法官僚对于词讼案件，不是迁延时日，就是听断不公，致使原被两造私愤难泄，仇怨相报，没有底止；甚至不准起诉，时间一久，百姓也就不愿报案。这类纠纷的解决办

[1] 参见刘平：《被遗忘的战争——咸丰同治年间广东土客大械斗研究》，商务印书馆 2003 年版，第 249 页。对于民间盛行的"勇于私斗，怯于寇战"的行为，中国古人早就有所议论。参见钱穆：《儒礼杂议之一——非斗》，载钱穆：《中国学术思想史论丛》卷二，安徽教育出版社 2004 年版，第 106~115 页。

[2] [美] 汪荣祖：《萧公权卷》，河北教育出版社 1999 年版，第 855 页。

法，不是私和，就是私斗。[1] 其二，官吏勒索两造。史载帝国官僚“每逢听讼，未看词纸，先查粮册”，目的是要摸清两造的家资财力。有钱，曲可为直；无钱，是反作非。“无钱者困受其冤，有钱者苦遭其剥”。无论有钱无钱，总是没有好处，[2] 百姓只得规避衙门。其结果是，纠纷的解决同样只有二途：私和或者私斗。其三，官僚讳盗讳斗。尽管侦察、缉捕、审理命盗案件属于州县长官的基本职责，然而这些案件往往也是最难缉捕和审理的案件；而帝国的官吏处分则例却非常繁密，极其严苛，稍有处断不慎或不当，便有罪愆，因此，为着身价性命，为着保住乌纱，他们的应对措施就是讳盗、讳斗。[3] 矛盾和冲突不得解决，冤抑不得伸释，必然仇怨难泄，转而私斗或械斗。尽管械斗的起因多种多样，但是与衙门的态度、腐败、能力密切关联，也与官民之间（官僚无视民瘼、玩视民间纠纷，以致百姓不信官僚）的极度隔阂，深有关系。

这样一来，械斗也就成为“把事情闹大”的一种行动和策略。只不过是，这种“把事情闹大”与谎状、缠讼和自杀有着很大差异。因为，在皇帝和官僚眼里，械斗挑战了国家权力，破坏了帝国法律，扰乱了社会秩序，简直形同叛逆。[4] 据此，似乎难以视其为“把事情闹大”的一种诉讼策略。然而在某种情形

---

[1] 参见（清）黄爵滋：《黄少司寇（爵滋）奏疏》卷十四《会议查禁械斗章程疏》，载《近代中国史料丛刊续辑》，台北，文海出版社 1974 年版，第 112~116 页。

[2] 参见《太平天国》（三），上海人民出版社 1959 年版，第 3 页。

[3] 参见（清）徐赓陛：《覆本府条陈积弊》，载徐赓陛：《不自慊斋漫存》卷五，台北，文海出版社 1970 年版，第 657~681 页。

[4] （清）张之洞：《请严定械斗专条折》，载王树枏编：《张文襄公全集》卷一四，台北，文海出版社 1970 年版，第 533~539 页。

下，私斗、械斗也会成为上控、京控的事由。[1] 在这个意义上，我们仍然可以将械斗看作“把事情闹大”的一种手段。当然，有组织、大规模的械斗，又与普通的私斗、械斗有所不同，处理也会差异。

综上所述，就“把事情闹大”而言，谎状和缠讼是比较典型、比较普遍的诉讼心态和伸冤策略，而自杀（包括自残）和械斗则相对少见一些。另外，自杀基本上是平民百姓在绝望与期待中采取的极端措施，尽管也有诉讼策略的某些特征，但是，它们并非严格意义上的诉讼策略，而是给死者家属采取诉讼或者伸冤行动提供了机会和借口。对于械斗来说，只是在纠纷没有得到及时或适当解决的情况下，民间采取的自力救济的行动。一句话，谎状和缠讼乃是“把事实闹大”的自觉行为；械斗，具有“把事情闹大”的客观效果，既是一种“私的解决”的极端办法，也有希望官府介入的意图；自杀似乎介于两者之间。

三、伸冤：人物与途径

在传统中国社会里，小民百姓如若遭遇“冤抑”，将会采取什么态度？通过哪些途径释放“冤抑”？一旦“冤抑”不得平反，将会诉诸什么途径释放“冤抑”？又表达了怎样的法律意识？现在，我们来对这些问题进行分析。

---

[1] 参见邵鸿：《利益与秩序——嘉庆二十四年湖南省湘潭县的土客仇杀事件》，载《历史人类学学刊》第1卷第1期。也见刘平：《被遗忘的战争》，商务印书馆2003年版，第279~375页。

（一）清官与侠客

1. 清官与伸冤。虽然有些正史专设“廉吏传”以表彰清官，不过清官信仰，说到底还是一种民间性的信仰。这种信仰，源于这样的历史背景，当社会和政治越黑暗越腐败，无权无势和孤立无援的庶民百姓就越祈盼清官出世，希望他们能够不畏权贵、伸张正义、为民作主、为民请命、与民除害、解民倒悬、救民于水深火热之中。这是中国历史上的一个普遍现象，也是清官故事和清官信仰得以千年流播和传颂不绝的根本原因之所在。

那么，究竟什么是“清官”呢？我们从“清”的意涵谈起。所谓“清”，乃是传统中国有关官吏的一种政治品格和道德准则。对此，史书多有记载。《尚书·舜典》说：“夙夜惟寅，直哉惟清。”[1]《易·豫》讲：“圣人以顺动，则刑罚清而民服。”[2] 孔子更把“清”看作一种令人景仰的崇高德性，蕴含“不因财物累心”的意思，尽管“清”尚未达到“仁”的境界。[3] 法家也是如此，譬如《韩非子·外储说左下》记有这样一段对话：

> 桓公问置吏于管仲，管仲曰：“辩察于辞，清洁于货，习人情，夷吾不如弦商，请立以为大理。”[4]

[1] （汉）孔国安传、（唐）孔颖达正义：《尚书正义》，上海古籍出版社2008年版，第105页。

[2] 参见《周易译注》，周振甫译注，中华书局1991年版，第31~33页。

[3] 参见《论语译注》，杨伯峻译注，中华书局1980年版，第49页。有关“清”的资料与评论，参见王子今：《权力的黑光——中国封建政治迷信批判》，中共中央党校出版社1994年版，第174~177页。

[4] （清）王先谦：《韩非子集解》，中华书局1998年版，第303页。

至于“清洁于货”，根据陈奇猷先生的解释，是指“不贪污财货也”。[1] 由此可见，那时，“清”已是一种政治伦理和职业道德。其实，“清”同样是帝国法律竭力提倡和维护的一个重要价值，虽然法律并没有从正面作出规定。换句话说，官吏必须达到什么样的标准才称得上“清”，并不清楚。与此同时，也没有规定“清”的具体内容。但是，法律严格禁止官吏“贪”，同时严厉惩罚官吏“贪”。在某些特定时期，惩罚“犯赃”官吏，可谓毫不留情。例如，明太祖朱元璋就是一个典型。而这，恰好从反面肯定了官吏必须保持“清”的道德准则。即便到了现代社会，要求官吏必须保持“清”，仍然是一个职业伦理与政治法律的重要问题，反贪污腐败，已经是全球性的政治问题与法律问题。

需注意的是，真正成为传统中国官方和民间品评官吏职业道德标准之一的所谓“清官”，则是一个比较晚起的概念。不过，作为一种历史文化现象，至少到了宋代，“清”已是官吏必须重视的基本政治准则。[2] 清官意识的流行，约在13世纪。金元之际的元好问《薛明府去思口号》写道：“能吏寻常见，公廉第一难。只从明府到，人信有清官。”[3] 此诗可以看作清官意识流行的一个重要象征。据说，宋太祖赵匡胤鉴于吏治腐败，率先把后蜀皇帝孟昶所撰《诫谕辞》中的“尔俸尔禄，民膏民脂；下

[1] 《韩非子集释》（下），陈奇猷校注，上海人民出版社1974年版，第698页。
[2] 参见王子今：《权力的黑光》，中共中央党校出版社1994年版，第177页。
[3] 《辞海》（缩印本），上海辞书出版社1980年版，第957页。

民易虐，上天难欺”勒石树于衙门，作为官箴。[1] 这四句诗，可能流传很广。[2] 其实，传统中国的清官文学（诗词、小说、杂剧、南戏、各种地方戏曲、宝卷），同样是宋元以后渐次流行起来的，恐怕并非巧合。

值得指出的是，传统中国清官意识尽管在官方正史记载中有所反映，然而，更为主要的是在民间社会广泛持久的流播，迄今已有七八百年的漫长岁月。换句话说，清官基本上是一种民间意识、民间信仰。根据数量浩繁的清官文学以及故事资料的记载，我们完全可以想象，是庶民百姓塑造了清官的形象，维持了清官的信仰。一句话，清官是民间社会的平民百姓为自己创造的理想官吏，也是平民百姓以自己的心灵和情感来供奉的“神”；或者套用韦伯的“理想类型”概念，我们可以说，清官是平民百姓创造的一个法律方面“奇理斯玛式”的神性人物。对于统治者尤其是皇帝来说，虽然他们也提倡清官，但是“忠臣”肯定更加符合皇帝的口味，这是帝制中国政治权力结构的内在要求。原因在于：其一，对于官僚来说，他们的权力来自皇帝的恩宠，尽忠可以视作一种回报；对于皇帝而言，担心官僚权力可能侵蚀自己的权力，故而，要求他们尽忠，清廉与否并非根本问题。其二，帝制时期官僚的正项薪水一般不高，所以要求他们“枵腹从

[1] 孟昶《诫谕辞》共有 24 句：“朕念赤子，旰食宵衣，言之令长，抚养惠绥。政存三异，道在七丝，驱鸡为理，留犊为规。宽猛得所，风俗可移，无令侵削，无使疮痍。下民易虐，上天难欺，赋舆是切，军国是资。朕之爵赏，固不逾时，尔俸尔禄，民膏民脂。为民父母，莫不仁慈，勉尔为戒，体朕深思。”刘鹏九主编：《内乡县衙与衙门文化》，中州古籍出版社 1999 年版，第 122 页。

[2] 明代说唱词话《包龙图陈州粜米记》即有“尔俸尔禄，民膏民脂；下民易虐，上天难欺”的句子。《明成化说唱词话丛刊》，朱一玄校点，中州古籍出版社 1997 年版，第 139 页。据说，此诗在当时衙门里，都有勒石树碑，可见流传之广；由此也可推测，老百姓对此诗也是有所耳闻的。

公”绝无可能；明清时期，官僚薪水更低，贪官污吏自然更多，提倡清官的呼声也就很高，可清官却很少很少，其实，忠臣同样不多。

然而，清官信仰历久不衰的根本原因又是什么呢？首先，平民百姓祈盼清官，这一事实表明，在传统中国政治领域，赃官墨吏充塞、吏治腐败、政治黑暗，贪赃枉法是最为显著的表现形式。[1] 其次，平民百姓崇敬清官，奉之若“神”，这一事实说明，在传统中国政治领域，清官少而又少，可谓凤毛麟角，而贪官污吏则触目皆是，因此清官信仰只是一种无谓的心理幻想——“画饼充饥”而已。最后，平民百姓迷信清官，这一事实表明，在传统中国政治领域，皇权国家与民间社会之间没有一个基本界限；与专制国家相比，民间社会的政治力量非常薄弱，无法与国家抗衡。在这种情况下，平民百姓的出路有三：一是忍耐；二是造反；三是盼望清官和明君。这样一来，清官也就成了“拯救”小民百姓的救星。[2] 总之，如果没有政治制度的结构性改造，清官信仰肯定不会消失。必须指出，这并不是说清官话语真的无足轻重、毫无意义。不管怎样，清官信仰对传统中国的吏治或多或少有些道德上的“规劝”作用，对于平民百姓也或多或少

[1] 当然，我们也不可忘记，文学叙事和民间信仰有时不乏对官方政治和司法的批判，也许，清官信仰就是一个例证。据此，我们不能因为清官故事中的批判话语而全然否定传统中国政治和司法的常态情形。

[2] 清代著名说书艺人石玉昆所著《三侠五义》第三回，叙述宁老先生给包公取“官印”一事，颇有象征意义。文曰：“一个‘拯’字，取意将来可拯民于水火之中；起字‘文正’，取其意‘文’与‘正’，岂不是‘政’字么？言其将来理国政，必为治世良臣之意。”须要指出的是，“文正”两字，与史无证，属于说书艺人的杜撰；但是，其中体现出来的意思可谓深长——良臣治国之目标，就是救民于水火之中。说到底，民众期盼清官的意图，不外如此；参见（清）石玉昆：《三侠五义》，华夏出版社 1994 年版，第 15 页。

有些心理上的“治疗”功效。

各种资料显示，清官也有不同的类别：一是沽名钓誉。这种清官总以“不要钱”标榜自身，其实，不仅无能，而且残酷。这种清官具有虚伪性和欺骗性，肯定不是好官。以致有人指出：“赃官墨吏固不好，清官则也未必佳。”[1] 原因在于：

> 赃官可恨，人人知之；清官尤可恨，人多不知。盖赃官自知有病，不敢公然为非；清官则自以为我不要钱，何所不可，刚愎自用，小则杀人，大则误国。[2]

二是平庸无能。这类清官只是清廉爱民，而无行政和司法上的才能。譬如，车王府曲本《奇冤报》所写眉州正印官常静安，就是一个“律法治民，两袖清风”的清官，也是“与民作主”的好官；然而“我自愧无才能官星不显”，“断不出民冤枉自愧含颜”。[3] 可见，他对侦破和审理案件一窍不通。如此清官，也会误事殃民。

三是严苛残酷。在历史上，清官不乏酷吏，而酷吏也有清官；因此，清官和酷吏每每难以作出鲜明的区别。例如，包公和海瑞的清廉爱民自然没有疑问，然而，在民间故事中，他们显得非常残酷。例如，《清风闸》塑造的包公形象，就是一个非常残酷的清官、能吏；再如《海公大红袍》刻画的海瑞，也是一个极其峻

[1] 邓云乡：《汪辉祖及其著述》，载邓云乡：《水流云在杂稿》，北岳文艺出版社 1992 年版，第 193 页。

[2] （清）刘鹗：《老残游记》，齐鲁书社 1981 年版，第 203 页。

[3] 参见刘烈茂等编：《车王府曲本菁华》（宋卷），中山大学出版社 1991 年版，第 322～566 页。

苛的清官。

四是通权达变。包公、海瑞的形象，往往有些“凶神恶煞”的味道，虽然颇具“法不容情”的刚直品性，却与人情、常理相背。可敬，而不可爱。除了这种类型的清官，另有一种能够曲体人情，非常可爱的清官。譬如《乔太守乱点鸳鸯谱》的故事，写的即是如此善解人意的官僚。[1] 如果太守坚持依律断案，不能妙用“情在理中，变出意外”和“礼以义起，事可权宜”的原理，不仅棒打鸳鸯，而且还要治罪惩罚。

五是清慎勤能。这是最为理想的清官，他们有着廉洁奉公、慎重民瘼、勤政爱民、办事著有实效的特征。可以说，这类清官属于绝无仅有。在中华帝国历史上，要算被康熙帝誉为“天下第一廉吏”的于成龙，[2] 似乎具有这些方面的优秀品德。作为历史叙事的包公，或许也属于这类清官，但是，在民间故事中，包公与酷吏比较接近。

现在，我们再来讨论“清官与诉冤”这一话题。

第一节的讨论显示，造成“冤抑”的根本缘由，不外乎是地方上的豪强恶霸、无赖光棍欺凌贫弱孤单，帝国衙门里的官僚、胥吏、衙役肆意敲诈平民百姓。清官作为打击这些腐恶势力的英雄，必须具备这样一些道德品格（刚直不阿、铁面无私、清正廉洁、忠于君主、体恤民情），才能胜任愉快。在传统中国，最为

[1] 参见（明）冯梦龙：《醒世恒言》卷八，上海古籍出版社2012年版，第122～142页。
[2] 参见（清）赵尔巽等：《清史稿》，中华书局1977年版，第10124～10126页。

著名、最有影响的清官包公，就是这样一个典范官僚。[1] 俗话“关节不到，有阎罗老包”，即反映了包公“刚正不阿”的品格。据《宋史·包拯传》的记载，包公的清官形象大体包括：性峭直，恶苛刻，务敦厚，甚嫉恶，尚忠恕，不苟合；平素廉洁，衣服、器用、饮食一如布衣百姓；并且定下家规：“后世子孙仕宦有犯赃者，不得放归本家，死不得葬大茔中。不从吾志，非吾子若孙也。”杂剧《陈州粜米》“做官的要了钱便糊涂，不要钱方清正”“包待制为官尽忠报国，激浊扬清；如今朝里朝外，权豪势要之家，闻待制大名，谁不惊惧？诚哉，所谓古之直臣也”！《合同文字》包公“清耿耿水一似，明朗朗镜不如”。《留鞋记》“老夫廉能清正，奉公守法”。传奇《珍珠记》“包文拯明如镜，清如水，不受人私，不怕权贵”。明代说唱词话《刘都赛》“包相清正，与万民做主，不受天下财物，清似潭中水，明如天上月”。[2]

在传统中国民间流传广泛、家喻户晓的包公案、海公案之类的清官故事，基本上是描写小民百姓“诉冤”与清官平反“冤狱”的故事。也就是说，一旦司法衙门无法平息乡野百姓的“冤抑”，或者司法官员审断案件不公，以致造成新的“冤抑”——冤上加冤，人们就会祈盼清官降临，把案件提交清官审理。在小

[1] 其实，仅仅以“清廉”而言，无论正史记载还是民间传说，包公与明代海瑞，清代于成龙相比，都要逊色很多；从“刚直”来看，著名的“海瑞骂皇帝”（参见海瑞：《治安疏》，载《海瑞集》上册，陈义钟编校，第217~221页）的故事，比起包公“言吐愤激，唾溅帝面”［参见（宋）李麕、朱弁、陈鹄：《师友谈记·曲洧旧闻·西塘集耆旧续闻》，孔凡礼点校，中华书局2002年版，第92页］也不逊色。然而，他们二人赢得的“名声”却不如包公。包公的典范意义，可见一斑。

[2] 有关的资料和讨论，参见徐忠明：《包公故事：一个考察中国法律文化的视角》，中国政法大学出版社2002年版，第376~377页。

民百姓眼里，清官就是这样一些平反“冤抑”的行家里手，并且具备公正无私、不畏权贵的道德品格。

根据现存资料的描述，清官平反“冤抑”的情形约有：第一，摧折权豪势要。他们属于皇亲国戚一类的特权阶层，利用权势欺压小民百姓，制造种种“冤抑”。著名杂剧《陈州粜米》所写的刘衙内，就是“打死人不要偿命，如同房檐上揭一个瓦”的货色，他们时常“拿粗挟细、揣歪捏怪、帮闲钻懒、放刁撒泼”，见着别人的东西，“白拿白要、白抢白夺”。刘衙内的儿子刘得中、女婿杨金吾，被举荐前往陈州粜米赈灾，可是，他们不仅哄抬米价，羼入糠土，而且依仗皇帝“有敕赐紫金鎚，打死勿论”的特权，大肆苛剥灾民，打死老汉张懒古。以致其子小懒古进京鸣冤，为父报仇。恰好包公请了皇帝敕赐的势剑金牌，前往陈州查勘，终于使“冤抑”得以平反。[1]

第二，打击贪官污吏。杂剧《神奴儿》描写“水面打一和，糊涂做一片”——“天生清干又廉能，萧何律令不曾精，才听上司来刷卷，登时吓的肚中疼”的县官，不会断狱，将案子委托给“只因官人要钱，得百姓们的使，外郎要钱，得官人的使，因此唤做令史”的赃吏宋令史审理。令史贪图被告王腊梅之夫李德义的贿赂，从而将原告陈氏屈打成招。包公犒赏边军回京，复审案件，发现其中的暧昧情弊，证人何正到庭作证，死者神奴儿的鬼魂上堂诉说情由。结果，赃官得到惩罚，冤抑获得平反。[2]

---

[1] 参见《包待制陈州粜米》，载吴白匋主编：《古代包公戏选》，黄山书社1994年版，第109~153页。

[2] 参见《神奴儿大闹开封府》，载吴白匋主编：《古代包公戏选》，黄山书社1994年版，第265~294页。

第三，惩治地痞流氓。例如，《龙图公案》有一故事：金华府潘贵，妻子郑月桂，儿子才满八月。一日，一同前往祝贺岳父郑泰生辰，乘船时，子饥，月桂哺乳，左乳下面的黑痣被光棍洪昂瞧见。下船后，光棍与潘贵争夺月桂，扭到府衙。知府升堂问案，光棍以月桂左乳下面黑痣做证据，知府就此将月桂判给洪昂，倒把潘贵重责二十。恰值包公拜见府尹，得以重申此案。询问月桂和潘贵简况，二人所言合辙，而光棍所答不对头称。包公判道：洪昂重打四十，发配塞外充军。[1] 至于清官平反其他“冤抑”的故事，可谓不胜枚举。

必须指出的是，清官信仰实际上是一出被清官话语遮蔽了的超级悲剧，反映了传统中国政治、法律、文化的真正悲剧。清官信仰暴露了传统中国的平民百姓缺乏独立自主的个体意识，一种在集权专制长期奴役下养成的顺从人格。而且，清官无论怎样“爱民”，说到底，也只是皇帝的“看家恶狗”[2] 罢了。这就是说，清官的背后是皇权。如果没有皇权，清官也就没有栖身之处，所谓“救民水火”的理想，根本无法实现。[3]

2. 侠客与伸冤。如若将清官与侠客作一比较，我们可以发现，前者属于体制内为民做主的伸冤主体，后者则属于体制外为民请命的伸冤主体；前者端赖法律和皇权，后者却仰仗自身的信念和本领，而且每每超越法律之上，甚至不惜破坏法律、挑战皇权，故而，具有“以武犯禁”与“快意恩仇”的特征。与清官一

---

[1] 参见（明）佚名：《龙图公案》卷九《黑痣》，群众出版社 1999 年版，第 267~269 页。

[2] 《包待制陈州粜米》，载吴白匋主编：《古代包公戏选》，黄山书社 1994 年版，第 131 页。

[3] 参见徐忠明：《法学与文学之间》，中国政法大学出版社 2000 年版，第 53~54 页。

样，当政治越腐败，社会越黑暗，无权无势和孤立无援的庶民百姓就越祈盼“赴士之厄困”的侠客降临，仗剑行侠，匡扶正义；希望侠客能够替人报仇、为民做主、与人除害、解民倒悬、救民于水深火热之中。在传统中国社会，两者都是为民请命和伸张正义的象征。

那么，究竟什么是“侠客”呢？关于侠客，学者曾有种种不同的解释。为了简化问题，我们先从“侠”的概念说起。所谓“侠”，最早见于韩非的论述。他说：“儒以文乱法，侠以武犯禁。”[1] 进而，韩非把“游侠”与“私剑之士”并举，并且认为他们具有“聚徒属、立节操以显其名，而犯五官之禁”的特征。[2] 而“剑”则是一种身份和地位的标志，也是中国古代男子用来彰显仪表和风度的服饰。[3] 可以推测，“侠”应当与武士有关，或许源于武士阶层。[4] 但是，对于“侠”的精神面貌和社会功能，韩非的这种描述依然不够清晰。及至《史记·游侠列传》，“侠”的基本特征才算有了一个轮廓。司马迁说：

> 今游侠，其行虽不轨于正义，然其言必信，其行必果，已诺必诚，不爱其躯，赴士之厄困。既已存亡生死矣，而不矜其能，羞伐其德，盖亦有足多者焉。[5]

---

[1]　（清）王先谦：《韩非子集解》，中华书局1998年版，第449页。

[2]　需要说明的是，早期的“私剑之士”究竟是否属于“侠”的范畴，学者尚有不同的意见。钱穆认为，早期的“侠”乃是藏养“私剑之士”的权贵，而“私剑之士”本身并非“侠”。参见钱穆：《释侠》，载钱穆：《中国学术思想史论丛》卷二，生活·读书·新知三联书店，第116~120页。

[3]　陈山：《中国武侠史》，三联书店1992年版，第6页。

[4]　此说也有争议，参见钱穆：《释侠》，载钱穆：《中国学术思想史论丛》卷二，生活·读书·新知三联书店，第116~120页。

[5]　（汉）司马迁：《史记》，中华书局1998年版，第3181页。

在解释写作《游侠列传》的动机时，太史公又讲："游侠救人于厄，振人不赡，仁者有采；不既信，不倍言，义者有取焉。"可见，侠客具有救人厄难、振人不赡的社会功能和讲信义、重然诺的精神气质。这也是平民百姓祈盼侠客和信仰侠客的原因之所在。

学者指出：在二十五史中，只有《史记》与《汉书》辟有《游侠列传》专篇，自《后汉书》迄《明史》，均无游侠列传，这正可以看出东汉以后，游侠已经没落，不再为史家所重视。[1] 这里涉及两个问题：其一，东汉以后，游侠已经没落。这一断案似乎表明，东汉以后侠客已经衰息，退出江湖。事实上，处于庙堂之外的侠客，一直活跃于江湖，出没于社会底层。特别是在"上不明，下不正，制度不立，纲纪废弛"[2] 的失范时期，由于帝国权力控制能力的衰弱，正式制度的腐败，从而给侠客的纵横驰骋留出了广阔的社会空间；他们甚至扯起杏黄大旗，揭明"替天行道"的宗旨，做出一番轰轰烈烈的壮举，梁山好汉的传奇故事即是例证。其二，东汉以降，官方史籍不再记述侠客，这仅仅表明中华帝国形成之后，中央集权和皇帝专制已成历史事实，任何胆敢挑战皇权和触犯法律的行为，都是犯罪，必将遭到禁止，受到严厉打击。在这种情况下，那些"以武犯禁"的侠客，当然无法获得官方史家的认同；换句话说，要求官方史家记述游侠的英雄故事，自然不再可能。况且，官方史书是否记载与事实是否存在并非一事。这种记载的阙如，或许只是史家意

---

[1] 参见孙铁刚：《秦汉时代士和侠的式微》，载《台湾大学历史学系学报》1975年第2期。

[2] （汉）荀悦：《汉纪》，载《两汉纪》（上），张烈点校，中华书局2002年版，第158页。

图的变化而已。到了“文字狱”盛行的清代，写作、刊刻、销售和阅读这类“以武犯禁”的书籍，本身就是触犯法律的行为，《水浒传》被列为禁书，即为例证。因为在统治当局看来，这类书籍具有“诲盗”的嫌疑，所以必须禁绝。

值得指出的是，在具有民间性格（非官方）的文学作品（非历史）中，游侠一直是一个基本的主题，乃至成为一种文学样式——侠义文学。魏晋诗歌、唐代传奇、宋元话本、明清小说，对于游侠都有描写，他们更是百姓喜闻乐见的故事。仗剑行侠和快意恩仇，可谓传统百姓的千古梦想。特别是宋明以来，随着文化权力的下移，平民知识水平逐渐提高，适合平民百姓口味的通俗侠义故事流传更加广泛，这说明了游侠作品深受平民百姓的喜爱。即使到了当今，新派武侠小说、影视作品也是人们喜闻乐见的艺术样式。[1] 所谓侠客不为史家所重，官方史籍不再记述侠客的英雄传奇，并非表明侠客及其文化已经没落；可能恰恰相反，这一情形倒是说明，在侠客问题上，官方意识与民间意识之间已出现了断裂。也就是说，官方史籍不再记述侠客，乃是有意压抑侠客；民间文学讴歌侠客，正是出于寄托梦想。另外，侠客叙事的民间化趋势，这本身就表明了侠客崇拜是一种民间心态的反映。进一步说，如若侠客果真业已衰息，这更证明，面临厄难而又孤立无援的民众，唯有用文学的虚幻想像来填补现实生活的空白。从这一角度来看，侠客文化正可用来透视民间百姓大众的法律意识和法律信仰。

---

[1] 参见陈平原：《千古文人侠客梦》，载《陈平原小说史论集——武侠小说类型研究》（中），河北人民出版社1997年版，第919~1016页；曹亦冰：《侠义公案小说史》，浙江古籍出版社1998年版；曹亦冰：《侠义小说史话》，辽宁教育出版社2000年版。

唐代李德裕《豪侠论》指出：

> 夫侠者，盖非常人也。虽然以诺许人，必以节义为本。义非侠不立，侠非义不成，难兼之矣。[1]

李德裕的话可能失之夸张，然而强调侠客以“义”为本的特征，可谓切中要害。所谓“行侠仗义”四字，即表明了“义”是侠客的灵魂。在传统中国文化里，“义”的意涵非常丰富复杂，不易把握。对于侠客来讲，能否称得上“侠”，关键不在侠客的武功高强与否，而在是否符合“义”的要求。据此，“救人于厄困，振人于不赡”与“路见不平，拔刀相助”的侠客行为，都是“义”的精神体现。

现在，我们再来讨论一下“侠客与法律”的关系问题。

首先，随着国家这个凌驾于社会之上的公共权力机器的出现和强化，原本属于社会固有的自力救济的权力，就逐步被“收归”国家所有，那种自主生杀、快意恩仇的行为，也不再被国家所能容忍。如今，国家决意垄断管理社会的全部权力，包括管理、裁决乃至剥夺个人生命的权力。与此同时，随着法律的不断完备，人们的社会行为也有法律加以调整，那种超越法律之外被私人所操控的专杀行为，当然属于厉禁严惩之列。在这种情况下，侠客自主生杀、快意恩仇的“独断专行”，不仅挑战、侵犯和窃取国家权力，而且蔑视、破坏和违反国家法律。因此，基于国家本位立场的韩非，指责“以武犯禁”的侠客，乃是非常自然

[1]（唐）李德裕：《李德裕文集外集》卷二，载《李德裕文集校笺》，傅璇琮、周建国校笺，河北教育出版社2000年版，第660页。

的事情。班固也认为，侠客“以匹夫之细，窃生杀之权，其罪已不容诛矣”。[1] 从伦理上讲，侠客所行之“义”，就是他们心目中的法律，似乎足以与帝国法律抗衡。尤其重要的是，侠客盛行之时，往往是政治权力衰弱，帝国法律驰坏，赃官墨吏猖獗之时；这时，本着“替天行道”这一最高的“道义”，侠客的行侠仗义也就有了正当性和合法性的基础。总而言之，侠客的“私权”与国家的“公权”一直处于相互冲突之中，一直处于此消彼长的拉锯状态之中。而这，恰好是帝国法律不能容忍侠客的真正原因之所在。

其次，侠客活动的社会空间是江湖、是绿林，这些都是帝国权力难以深入，亦不易进行有效控制的地方，当然是帝国法律管控不到的去处。在某种程度上，江湖和绿林乃是一个隐喻，意涵一个与“庙堂之上”相对的地下社会或秘密社会。由于侠客的使命是铲除奸邪、消除不公、匡扶正义，因此，江湖和绿林也是一个理想社会。在这个社会里，尚有按照“替天行道”“兄弟聚义”“有福共享，有难同当”“杀富济贫”等原则建构起来的江湖规矩，一套具体而微的组织机构和行为规范。这种法律，可谓是与国家法相对的民间法或者秘密社会法。[2] 在传统中国社会，一旦王朝呈现摇摇欲坠的迹象，江湖世界常常成为民众向往的理想世界。有些组织严密的江湖社会或者绿林世界，尽管不乏李逵“杀到东京，夺了鸟位”的本能和冲动；但是，侠客基本上都遵守“只反贪官，不反皇帝”的伦理准则，甚至抱有“要做官，杀人

[1] （汉）班固：《汉书》，中华书局1962年版，第3699页。

[2] 如果细分起来，传统中国法律的多元构造，除了国家法和民间法，尚有秘密社会法。其中，虽然秘密社会法具有反国家法、非民间法的特点，不过它还是从国家法和民间法中汲取了不少养分。

放火受招安”的强烈愿望，希望自己能为圣君效力，搏个“封妻荫子”的结果。《水浒传》讲述的大致就是侠义之士从江湖英雄到朝廷鹰犬的故事。还有一些绿林好汉，也会成为清官手下的爪牙，诸如《三侠五义》《彭公案》《施公案》之类，皆是证据。

最后，尽管侠客之仗义行侠，但仍不乏自报冤仇的情形，比如《水浒转》所述“武松杀嫂”和“血溅鸳鸯楼”即是著名例证。然而，赴他人厄难，却是侠客赢得世人赞美和崇敬的根本原因。这是因为，社会总有不平，人间总有黑暗；尤其是在王纲解纽、法律废弛、道德沦丧的时候，情况更是如此。恶霸欺凌良孺，强梁压榨贫弱，乃至权贵苛剥细民之类的事情，总是难免。一如张潮《幽梦影》所说：

胸中小不平，可以酒消之；世间大不平，非剑不能消之。

如若遭遇这等厄困，无权无势、孤立无援的小民百姓唯有祈盼侠客降临，铲除强暴，杀坏权贵，拯救自己。我们说过，平民百姓遭到权豪势要、贪官污吏、地痞流氓的欺凌，清官就是他们的救星；但是，清官的作为，只能依据法律而不得超越法律之外。据此，假定碰到“王法治他不得”的情形，那就只好求助侠客的解救，所谓“幸亏有那异人、侠士、剑客之流去收拾他”。[1] 在这个意义上，小民百姓诉冤的途径，也就有了一个基本的阶梯：首先是官府，其次是清官，最后是侠客。这就是说，如果衙门能够平息百姓的冤抑，那么清官也就无关紧要；一

[1] 参见《七剑十三侠》。转引自陈平原：《千古文人侠客梦》，载《陈平原小说史论集》(中)，河北教育出版社1997年版，第940页。

旦衙门腐败黑暗，制造冤抑，那么清官就是平反冤抑的理想人物；毕竟，清官也是可遇不可求的“珍稀”人物，这样一来，侠客即是小民百姓的最后的一点希望。当然，这并不是说，侠客就是随处可见的英雄好汉，其实，他们也是“珍稀”人物。

如若侠客果真能够“赴士之厄困”而仗剑行侠，自然很好，值得敬仰，但是，也有一班一味快意恩仇、睚眦必报、嗜血成性、自掌生杀权柄的所谓侠客，他们的存在恐怕只能说是国家与社会的灾难。传统中国文学名著《水浒传》所写的武松和李逵，尽管我们确实能够看到他们行侠仗义的行径，然而，其中表现出来的更多是“嗜血成性”“滥杀无辜”的特征。例如，武松为替施恩报仇而“醉打蒋门神”，似乎尚有一丝侠义心肠，但说到底，其实也是江湖上的“黑吃黑”罢了。武松替兄报仇而“杀嫂”，乃是因为阳谷县官收受贿赂，拒绝受理案件，“杀嫂”纯属被逼无奈，所以，看似也有一定的合理性和正当性，但是，武松为己复仇而“血溅鸳鸯楼”，只能说是滥杀无辜、嗜血成性。[1]再如，小说七十三回有一故事，说是李逵杀了通奸的一对男女之后，因为“吃得饱，正没消食处”，于是乎“就解下上半截衣裳，拿起双斧，看着两个死尸，一上一下，恰似发擂的乱剁了一阵”。这简直是把杀人当儿戏。梁山好汉当中不乏开黑店，劫客商，吃人肉的行止，也不乏些小睚眦，动辄杀人的举动。[2]据此，对于侠客的“仗义行侠”，我们不能一味赞美，不能只看它的正面意义。

[1] 愚墨：《武松：好汉还是贼盗?》，载《中山大学法律评论》1999 年第 1 卷，法律出版社 1999 年版，第 32 页。

[2] 参见愚墨：《礼法的话语与实践：水浒与女性》，载《中山大学法律评论》2000 年第 1 卷，法律出版社 1999 年版，第 47 页。

与清官信仰一样，尽管侠客的存在有着“安得剑仙床下士，人间遍取不平人”[1] 的匡扶正义和扶助弱者的积极意义，然而，侠客信仰实际上反映出来的则是传统中国政治、法律、文化的真正悲剧。诚如学者所说：

> 一个民族过于沉溺于“侠客梦”，不是什么好兆头。要不就是时代过于混乱，秩序没有真正建立；要不就是个人愿望无法得到实现，只能靠心理补偿；要不就是公众的独立人格没有很好健全，存在着过多的依赖心理。[2]

（二）复仇与报应

1. 私的伸冤途径：复仇。在法律史上，无论中外，无论古今，复仇都是一个基本问题。说到底，法律所要解决的许多问题，皆与复仇有关。实际上，复仇就是法律的一种原始形态——部落法或者习惯法；有所不同的仅仅是，谁来复仇？依据哪些准则来复仇？通过什么途径来复仇？在初民社会，由于尚无公共权力，每个家族成员都有复仇的权利和义务（强制性的复仇）。随着公共权力的出现，复仇渐次受到限制，乃至完全禁止。在现代社会，似乎已经没有复仇存身的空间，但是，复仇的意识并没有完全消失。况且“罪罚相当”这样的刑法原则，其实与“以牙还牙，以眼还眼”这种“同态复仇”原则有着内在的关联，可以说，只是“同态复仇”原则的自然延伸而已。现在，社会成员自

---

[1] （明）冯梦龙：《醒世恒言》卷三十，上海古籍出版社2012年版，第568页。
[2] 陈平原：《陈平原小说史论集》（中），河北教育出版社1997年版，第942页。

掌生杀的复仇权力，已被国家独占。国家“收缴”民众的复仇权力，乃是为了避免“冤冤相报”造成的社会灾难。换句话说，国家取代原本属于民众自掌生杀的复仇权力，是出于避免社会因为毫无节制的复仇而同归于尽。值得指出的是，复仇制度本身，也有一种“平衡”机制——要求社会成员不要无辜侵犯别人，否则将会遭到对方的复仇。正是这种约束机制，给社会带来了秩序与和平。在这个意义上，复仇成了法律发展的一种动力机制。正因如此，霍姆斯认为法律起源于复仇。[1]

早期中国的国家诞生于酋邦之间血雨腥风的杀伐争战，血缘家族构成了政治国家的基础，因此，复仇这一氏族社会的部落法或者习惯法得以保留下来。在中国，复仇不仅是法律的原始形态，而且也是文明时代法律和道德的重要内容。约略来讲，先秦基本上是复仇的自由时代，然而《周礼·地官·调人》对复仇已经有所制约、有所规范，采取“避仇”和“书士”的办法。针对复仇可能造成“冤冤相报”的危害，孟子曾说：“杀人之父者，人亦杀其父；杀人之兄者，人亦杀其兄。”[2] 汉魏以降，复仇逐步遭到国家法律的禁止，当然，也有例外。[3] 元朝法律规定，儿子为父亲复仇，杀死仇人，不必抵罪，只交五十两烧埋银；明清法律稍加变通，准许儿子登时杀死仇人，否则治罪。[4] 在道德上，复仇依然受到赞许。这种法律与道德之间的背离，诚

[1] 参见［美］波斯纳：《法律与文学》（增订版），李国庆译，中国政法大学出版社 2002 年版，第 63 页。

[2] 《孟子译注》，杨伯峻译注，中华书局 1960 年版，第 327 页。

[3] 事实上，汉代的复仇风气还是非常浓厚的。参见［日］牧野撰：《汉代的复仇》，载《日本学者考证中国法制史重要成果选译·通代先秦秦汉卷》，中国社会科学出版社 2003 年版，第 434~501 页。

[4] 参见瞿同祖：《中国法律与中国社会》，中华书局 1981 年版，第 70~74 页。

如韩愈所说："不许复仇，则伤孝子之心，而乖先王之训；许复仇，则人将倚法专杀，无以禁止其端矣。"可问题是："礼法二事，皆王教之端，有此异同，必资论辩。"[1] 另外，传统中国法律尚有"私和人命"的禁令。这一律条的意图，不外乎是要求被害之家通过司法途径报仇伸冤，然而也有"引诱"复仇的意味。[2] 这种法律与道德之间的背离，法律自身的模棱两可恰恰表明，复仇乃是传统中国血缘社会百姓大众根深蒂固的思想。在复仇问题上，精英官僚与平民百姓的想法比较一致。

儒家虽然特别强调"仁者，爱人"，同时仍不忘记"爱有等差"。在传统中国的"伦理社会"中，复仇也同样有等差。在《礼记·檀弓》中，孔子指出：

> 居父母之仇，寝苫，枕干，不仕，弗与共天下也。遇诸市朝，不反兵而斗。居昆弟之仇，仕弗与共国，衔君命而使，虽遇之不斗。居从父、昆弟之仇，不为魁，主人能，则执兵而陪其后。[3]

《礼记·曲礼》进而写道："交游之仇，不同国。"[4] 可见，复仇同样必须遵循"伦理"要求。伦理差序不同，复仇的权利和义务也有差异。当然，在日常复仇过程中，这一原则并非那

---

[1] 具体内容，参见《旧唐书·刑法志》，载邱汉平编：《历代刑法志》，群众出版社 1988 年版，第 302 页。

[2] 参见［英］斯普林克尔：《清代法制导论》，张守东译，中国政法大学出版社 2000 年版，第 94 页。

[3] 为了保持文理通顺，引文稍有调整。杨天宇撰：《礼记译注》，上海古籍出版社 2004 年版，第 75 页。

[4] 杨天宇撰：《礼记译注》，上海古籍出版社 2004 年版，第 29 页。

么教条。就法律而言，处置方法也有不同。比如《周礼·地官·调人》记有：

> 父之仇辟诸海外，兄弟之仇辟诸千里之外；从父兄弟之仇不同国；君之仇视父，师长之仇视兄弟，主友之仇视从父兄弟，弗辟，则与之瑞节而以执之。[1]

后世法律亦然。[2] 这一等差的道德基础，即是“孝道”。《公羊传·隐公十一年》所谓“子不复仇，非子也”[3] 表明，复仇是神圣的义务，强制的责任。对于有仇不报的子孙来说，便是“忍辱之子”“无耻之孙”，安得苟活人世之间。

流传广泛的“赵娥复仇故事”，便是一个例证。赵娥的父亲赵安被李寿所杀，三个兄弟相继病故，作为弱女的赵娥矢志复仇，“父母之仇，不同天地共日月者也。李寿不死，娥亲视息世间，活复何求？今虽三弟身死，门户泯绝。而娥亲犹在，岂可借手于人”？于是日夜磨刀霍霍，终于手刃李寿，割下首节，到官自首。[4] 特别令人震惊的则是，一些孩童也能时刻铭记复仇的强烈责任和神圣义务。根据《隋书·列女传》记载：王某被兄嫂所杀，唯有三女，分别只有七岁、五岁、二岁，却也决意复仇；长

---

[1] （清）孙诒让撰：《周礼正义》卷二二，王文锦、陈玉霞点校，中华书局1987年版，第1025~1030页。

[2] 参见《唐律疏议》《贼盗》，“祖父母父母夫为人杀”条，第333页；《宋刑统》《贼盗》，“亲属被杀私和”条，第315~316页；《大明律例》《刑律·人命》，“尊长为人杀私和”条，第157页；《大清律例》《刑律·人命》，“尊长为人杀私和”条，田涛、郑秦点校，法律出版社1998年版，第441~442页。

[3] 《春秋公羊传》，黄铭、曾亦译注，中华书局2017年版，第44页。

[4] （晋）皇甫谧：《列女传》，载瞿同祖：《中国法律与中国社会》，中华书局1981年版，第76~77页。

大之后，姐姐与二妹密谋“我无兄弟，致使父仇不报，吾辈虽是女子，何用为生？我欲共汝复仇，汝意如何”？二妹泣从姐命，是夜踰墙而入，杀了仇人，祭告父亲，到县请罪。[1] 这两个事例虽然引据正史，却能反映平民百姓的复仇意识。原因在于：第一，她们都是幼弱女性，尚且铭记“父母之仇，不共戴天”的责任和义务。第二，赵娥自首，乡民百姓倾城往观，而且“为之悲喜慷慨嗟叹”赞美倾倒，正可说明复仇是何等深入人心。[2]

复仇，除了“孝”的道德基础之外，尚有“义”的伦理基础。[3] 对于复仇者来讲，复仇乃是“义不容辞”的神圣责任。赵娥复仇，“海内闻之，莫不改容赞善，高其大义”。荀悦就说：“犯王禁者罪也，复仇者义也。”[4] 这里的“义”，既有“适宜”的意思，说明了复仇具有正当性和合理性；也有“道义”“荣誉”“正义”的意思，俗话“不报此仇，誓不为人”，就包含了这些意思，复仇是“为人”的前提条件。正因如此，尽管法律禁止复仇，但是“道义”要求孝子必须报仇——这是伦理的强制，否则，即是没有“荣誉”不知“羞耻”的猪狗，甚至猪狗不如。孟子曾说人与禽兽之间的区别“几希”，而“几希”的内容，就是因为人知道伦理道德。他说：“羞恶之心，人皆有之。”因此，对于孝子来说，父母之冤仇不报，死不瞑目。根据《后汉书·何颙

---

[1] 瞿同祖：《中国法律与中国社会》，中华书局1981年版，第79页。

[2] 关于复仇的资料，参见王立、刘卫英编著：《中国古代复仇故事大观》，学林出版社1998年版。

[3] 在传统中国社会，“仁”虽然被孔子视作最高的道德规范或者境界，然而“义”却是建构社会秩序的一个基础性的伦理准则。君臣之义、父子之义、夫妇之义、兄弟之义、朋友之义、师生之义，这是中国社会秩序的伦理基础。其他义田、义仓、义冢、义事、义士、义兵、义举之类，不一而足。具体的讨论，参见刘伟航：《三国伦理研究》，巴蜀书社2002年版，第192~264页。

[4] （汉）荀悦：《申鉴》卷二《时事》，上海古籍出版社1990年版，第15页。

传》记载：何颙的“友人虞伟高有父仇未报，而笃病将终，颙往候之，伟高泣而诉。颙感其义，为复仇，以头醊其墓”。[1]

基于“义”的复仇，尽管属于“私的解决”，一种自力救济，与国家“公的解决”有着明显的冲突，然而，人们还是勇于复仇的根本原因在于，在民众眼里，道义高于法律。从赵娥等人自首来看，她们深知法律禁止复仇。但是仍然决意复仇，可谓义之所在，奋不顾身，恰好说明“义”是高于“法”的诉求。因为复仇是一种释放“冤抑”的途径，一种伸张“正义”的方式，故而，即使天崩地裂，亦在所不惜。据此，赴死复仇，是“勇气”的体现；复仇以后，又能俯首就法，视死如归，更是一种“勇气”的渲染。借用唐人元稹《侠客行》中的“侠客不怕死，只怕事不成”的诗句，我们也可以说：复仇者不怕死，只怕事不成。这是由“义”而产生的“勇”，所谓“义勇”恐怕就是这个意思。

复仇还有一个道德基础，就是“报”。什么是“报”呢？杨联陞指出：“报”有很广泛的意义，包括“报告”“报答”“报偿”“报仇”“报应”，等等。中心意义则是“反应”或者“还报”，这是中国社会关系的基础。中国人相信行动的交互性（爱与憎，赏与罚），人与人之间，人与超自然之间，应有一种确定的因果关系。当一个中国人有所举动时，他会预期对方有所“反应”或者“还报”。[2] 简单说来，“报”也是“礼尚往来”的意思——强制性的礼物交换；换句话说，人们之间的交互往返，必

［1］（南朝宋）范晔：《后汉书》，中华书局2000年版，第1497页。《后汉书·郅恽传》也有类似的故事，参见同书第690页。

［2］参见［美］杨联陞：《报——中国社会关系的一个基础》，载杨联陞：《中国文化报、保、包之意义》，中文大学出版社1978年版，第49页。

须遵循“对等互惠”原则，它是“正义”的要求。这种“对等互惠”原则，构成了传统中国社会的基础。据此，“报”不仅强调“还报”，而且要求“对等”。就复仇而言，有仇必报乃是“报”的内在要求；与此同时，复仇必须遵循加害与报复之间“相当”的原则，所谓“杀人者死，伤人者刑”或者“以牙还牙，以眼还眼”说的都是这个意思。可见，“报”要求加害与复仇之间保持平衡，这是社会秩序得以维系的基础；否则，无论加害不报抑或报复过当，都会造成“冤抑”。但是，在具体复仇过程中，这一“报”的原则往往难以遵循。譬如《水浒传》第三十一回“张都监血溅鸳鸯楼”描写武松的复仇举动，就是一个很好的例证。武松先是飞云浦杀了两个公差，而后潜回鸳鸯楼杀掉张团练、张都监和蒋门神，然而不够解气，更是见一个杀一个，见两个杀一双，杀得血流满地，尸首狼藉，共计杀了 19 人。他说：“一不做，二不休，杀了一百个，也只是这一死。”武松一路杀完，又说：“我方才心满意足，走了罢休。”[1] 这种滥杀无辜的背后深藏的动机，乃是“便吃一刀一剐，却也留得一个清名于世”。

因为担忧“冤冤相报，何时得了”的循环复仇，故而，无论加害者还是复仇者，都会产生所谓“斩草除根”的杀人动机。著名的复仇故事《赵氏孤儿》即是一例。按照纪君祥《赵氏孤儿》的描写：春秋时代，晋国武将屠岸贾为人阴险奸诈，忌妒文臣赵盾，数次暗害未能得逞，于是，就在晋灵公跟前造谣诬陷，终于致使赵盾一家三百余口被杀，并且假传灵公之命，逼迫赵盾之子驸马赵朔自杀，将怀有身孕的公主囚禁起来，意图斩草除根。赵

[1] （明）施耐庵：《水浒传》，商务印书馆 2016 年版，第 273~275 页。

盾的门客程婴和灵公的旧臣公孙杵臼冒死救下赵氏孤儿，并由程婴抚养成人，终于为死者报仇雪恨。所谓“我将这二十年积下冤仇报，三百口亡来性命偿”。[1] 撇开其他问题不谈，这种血腥的相互仇杀，一是为达到“报”的平衡，二是为避免“报”的无限循环。屠岸贾非要赶尽杀绝赵盾一家三百余口，乃是担心赵盾家人的复仇；相反，赵氏孤儿复仇灭掉屠岸贾满门三百多人，既是“报”的要求，恐怕也有“冤冤相报”的担忧。

必须说明的是，复仇并非仅仅是指仇杀，其他的伤害或者侵犯也会导致复仇。这就是说，只要有“冤抑”，就会有复仇。它不仅是指私人之间的相互报复，通过司法程序也可达到复仇的目的，只是在习惯上人们不将这种伸冤方式称为复仇。复仇的形式可谓多种多样，个人之间的复仇，家族之间的复仇，村落之间的复仇，甚至国家之间亦有复仇。

2. 神的伸冤途径：报应。如果复仇是一个道德问题，那么报应则是一个宗教问题，但也不乏道德意味。在传统中国，报应除了精英思想的影响，尚有民间宗教深刻的影响，或者说，报应主要来自民间宗教的影响。马克思曾经说过一句名言：宗教是人民的精神鸦片。这种精神鸦片，除了麻痹，亦有慰藉的功能。中国历朝历代的帝皇将相，对于“精神”控制的价值一向独有心会，亦能加以巧妙利用，所谓“神道设教”四字，业已道出其中的奥秘。明初以来，对城隍信仰全面建制化，即与阳间政府配套进行建制化操作。地方官员到任伊始，必须例行祭告城隍，而地方官员，也会利用城隍信仰侦破案件、裁决疑案，以致城隍爷被

[1] （元）纪君祥：《赵氏孤儿》，载徐燕平编注：《元杂剧公案卷》，华夏出版社 2000 年版，第 316 页。

现代学者视为传统中国的“司法神”。[1] 这些便是“神道设教”行政和司法方面的显著例证。

在法律史上，法律与宗教一直关系密切。不仅法律背后的终极根据源于宗教，而且内容和形式同样与宗教有关，甚至法律知识也被宗教人士（巫师和祭司）独占。就法律意识而言，假如人间的法律不堪凭信，假如人间的罪恶得不到及时有效的惩罚，假如冤抑得不到释放和平反，那么，把希望寄托于超验的神灵，实施精神的惩罚，就成了一种无奈的选择，乃至必然的选择。通过报应机制，人们可以求得一种心理补偿，人们建构包公的神话故事，就有类似的功能。说到底，在人间法律“缺席”甚至制造罪恶的情况下，报应便是人们可以凭借的最后一点希望。而在报应的背后，尚有劝善的意图。这种劝善，实际上是“规训”的手段或策略。总之，报应体现出来的意涵，即是关于“公平”与“正义”的想像与诉求；也就是说，报应乃是“罪与罚”之间的一种精神平衡——罚恶赏善或者有罪必罚。

传统中国报应思想的来源颇为复杂，概括起来有以下三种：一是儒家的经典传统，二是本土的道教信仰，三是外来的佛教思想。譬如《尚书·汤诰》所谓“天道福善祸淫”；[2] 《周易·坤》“积善之家必有余庆，积不善之家必有余殃”[3]；《周易·系辞下》“善不积不足以成名，恶不积不足以灭身”[4]；等等。早

[1] 参见［日］增田福太郎：《台湾汉民族的司法神——城隍信仰的体系》，古亭书屋编译，台北，众文图书公司1999年版。

[2] （汉）孔国安传、（唐）孔颖达正义：《尚书正义》，上海古籍出版社2007年版，第297页。

[3] 《周易译注》，周振甫译注，中华书局1991年版，第16页。

[4] 《周易译注》，周振甫译注，中华书局1991年版，第264页。

在先秦思想时期，这种相信自然和神灵的报应观念，就已产生。[1] 到了汉代，作为道教第一经典的《太平经》，又提出了“承担”（命运的分担）概念。有人指出：某些罪恶可能只是上一代少数人犯下的，但其结果，则有可能及于家族子孙后代和同乡。[2] 例如，《太平经》就说：

> 凡人之行，或有力行善，反常得恶；或有力行恶，反得善，因自言为贤者非也。力行善反得恶者，是承负先人之过，流灾前后积来害此人也。其行恶反得善者，是先人深有积蓄大功，来流及此人也。能行大功万万倍之，先人虽有余殃，不能及此人也。[3]

汉代以降，随着佛教传入中土，成为传统中国的一大宗教，报应信仰更为流行。佛教认为，众生尚未达到“神界”之前，总是处于生死轮回和因果报应的痛苦之中。所谓“善有善报，恶有恶报”的观念，乃是基本信仰。东晋高僧慧远所写的《三报论》《明报应论》等文章，更是系统阐述了报应思想，而且流播甚广，影响甚巨。此后，随着儒、道、佛三教逐步合流，宋明以来，因果报应思想也就成为民间宗教当中最具广泛影响的思

[1] 学者指出，这种“善恶报应”的宗教思想信仰，自中国有文字记载的历史开始，一直是中国宗教的基本信仰。而且认为，这是一种真正的替天行道。简要的讨论，参见［美］包筠雅：《功过格——明清社会的道德秩序》，杜正贞、张林译，浙江人民出版社1999年版，第28页、第29页。

[2] 参见杨联陞：《中国文化中报、保、包之意义》，香港中文大学出版社1978年版，第59页。关于“承担”概念的简要讨论，参见陈霞：《道教劝善书研究》，巴蜀书社1999年版，第4~8页。

[3] 王明编：《太平经合校》（上），中华书局1960年版，第2页。

想信仰之一。当然，作为文学叙事的小说、戏曲、说唱、宝卷，也起到了推波助澜的作用。[1] 例如，在包公故事中，就有大量关于报应的说法，很多作品往往伴有相应的“劝诫”意图，这一特色与宋明以降的“功过格”“劝善书”的流行，颇有关系。[2]

现在，我们仅以包公故事为例讨论“伸冤与报应”问题。

在包公故事中，涉及报应的故事很多，兹作归纳如下。[3] 第一种，没有直接使用报应概念。比如话本《三现身》“寄声暗室亏心者，莫道天公鉴不清”；[4] 杂剧《留鞋记》“人间私语，天闻若雷；暗室亏心，神目如电”；[5] 传奇《还魂记》“万事劝人修碌碌，举头三尺有神明”。[6] 第二种，直接使用报应概念。杂剧《陈州粜米》“虽然是输赢输赢无定，也须知报应报应分明”；[7] 杂剧《认金梳》“善有善报，恶有恶报，不是不报，时辰未到”。“这的是有青天，报应昭彰”；[8] 京剧《乾坤啸》“青

---

[1] 有关的讨论，参见刘兴汉：《“因果报应”观念与中国话本小说》，载《吉林大学社会科学学报》1997 年第 5 期；王引萍：《三言因果报应与编撰意图论析》，载《固原师专学报》1998 年第 5 期；孙逊：《中国古代小说与宗教》，复旦大学出版社 2000 年版，第 238~252 页。

[2] 关于“功过格”的研究，参见包筠雅：《功过格——明清社会的道德秩序》；[日] 酒井忠夫：《功过格的研究》，载刘俊文主编：《日本学者研究中国史论著选译》（第 7 卷），中华书局 1993 年版，第 497~542 页；关于“劝善书”的研究，参见陈霞：《道教劝善书研究》，巴蜀书社 1999 年版；游子安：《劝化金箴——清代善书研究》，天津人民出版社 1999 年版。

[3] 有关这方面的讨论，亦可参见刘恒妏：《由包公系列小说看传统中国的正义观》，载《月旦法学杂志》（第 53 期）1999 年第 10 期。

[4] 程毅中辑注：《宋元小说家话本集》（上），齐鲁书社 2000 年版，第 68 页。

[5] （明）臧晋叔编：《元曲选》（第 3 册），中华书局 1958 年版，第 1271 页。

[6] 吴白匋主编：《古代包公戏选》，黄山书社 1994 年版，第 424 页。

[7] 吴白匋主编：《古代包公戏选》，黄山书社 1994 年版，第 122 页。

[8] 阙名：《认金梳孤儿寻母记》，载《孤本元明杂剧》（第 23 册），上海涵芬楼藏版，商务印书馆 1914 年版，第 3 页、第 12 页。

天不可欺，未曾择意早先知，善恶到头终有报，只争来早与来迟”。[1] 第三种，属于“阴司”或者“冥判”的叙述，它们是非常典型的报应故事。在《龙图公案》里，即有“久鳏”、“绝嗣”和“善恶罔报”、“寿夭不均”之类的专篇故事。值得注意的是，这种诉诸“天道”与“报应”的叙事，反映出来的是传统中国两种法律秩序——“王法”与“神法”之间的互动关系——支持与背离的格局。包公故事提及的所谓“阴司法令”[2]，在民间信仰上，对阳世“王法”具有批判的价值和功能。这一法律结构，具有类似于西方自然法或神法与国家法之间的关系。

作为人间的“王法”秩序，就其理想而言，不仅是君主或帝皇的人为法度，具有理性建构的特点，而且，也是“天道”的反映与表达，所谓“则天顺时”的法律思想，即是简明扼要的言述，不仅有“替天行道”的意涵，还是文化传统与社会生活秩序的反映和表达。总而言之，一如帝皇是“天下·国家”的代表，故而“王法”也应该是“公意”的体现。[3] 在政治运作和社会生活中，所谓“王法”，每每成了帝皇“私意”的体现——既是帝皇个人意志的体现，[4] 也是帝皇权力运作的一种技术。因

[1] （清）朱佐朝：《乾坤啸》下卷，载《古本戏曲丛刊》编辑委员会编：《古本戏曲丛刊三集》（第20册），国家图书馆出版社2006年版，第35页a。

[2] 参见（明）佚名：《龙图公案》卷七《善恶罔报》，群众出版社1999年版，第209页。

[3] 汉文帝时代的廷尉张释之，在处理一起“犯跸”案件时，由于自己的意见与文帝相左，就以“法者，天子所与天下公共也”来说服文帝，也是为自己的裁决辩护。这个故事，详见《汉书·张释之传》。张释之的话语表明，法律乃是皇帝、官僚、百姓共同遵守的规范。这样的法律，不但是“公意”的体现，而且是“天意”的表达。换句话说，只有体现“天意”“公意”的法律，才是正义的法律。

[4] 汉武帝时代的酷吏杜周，说过一句名言：“三尺之法安出哉？前主所是著为律，后主所是疏为令，当时为是，何古之法乎！”可见，法律成了皇帝“私意”乃至“肆意”的体现，而非“公意”的体现。见《汉书·杜周传》。

此，原本张扬“天视自我民视，天听自我民听”的无私王法的意涵，反而变得隐而不彰。在理想意义上，即使无私王法确实存在，但是，诚如俗语“歪嘴和尚念歪了经”所谓，那些执行“王法”的“歪嘴和尚”——帝国官僚，也有自己的私欲和私利。由此，他们不可能真正做到“奉法守职”这一司马迁在《史记·循吏列传》中提出的职业伦理的要求，从而“王法”意涵里的正义理想，也就不可能仅仅靠他们来实现。作为民众信仰的包公故事，就是对于这一问题的深刻揭露。[1] 在这种语境里，人们建构包公这个“虚幻”色彩极其浓厚的形象，乃是意图让他担当实现“王法”与“天道”的双重使命。换句话说，包公不只是“王法”的守护者和执行者，而且是“天道”的解释者和执行者，这恰恰是人们赋予包公“日间断阳，夜间理阴”的“神性”能力的意图所在。包公额头奇特的“月牙”图案，恐怕就是“夜间理阴”这一“超越”能力的象征。[2] 这样一来，包公也就成了含冤负屈的小民百姓的希望，成了正义的象征。

包公故事有关报应的叙述，早在宋代即已出现。比如，包公死后被人们塑造成“阎罗王”和“东岳速报司”的传说[3]以及话本《三现身》表达出来的报应观念，都是例证。元代杂剧，也同样有这方面的渲染；及至明清时期，关于报应的叙述更有泛滥的趋势，一些“阴司”或者“冥判”故事，即是对报应的专篇描

---

[1] 参见王瑷玲：《洗冤补恨——清初公案剧之艺术特质与其文化意涵》，载熊秉真主编：《让证据说话——中国篇》，台北，麦田出版公司2001年版，第68~87页。

[2] 参见丁肇琴：《俗文学中的包公》，台北，文津出版社2000年版，第257~259页。

[3] 参见（宋）司马光：《涑水记闻》卷十，中华书局1989年版，第190页；参见（元）脱脱等：《宋史·包拯传》，中华书局1985年版，第10317页；（金）元好问：《续夷坚志·包女得嫁》，常振国点校，中华书局1986年版，第2页。

写；清代的包公京剧，对报应的叙述也非常热衷，特别是《普天乐》和《奇冤报》两本，更是反复出现报应的言述。

在《陈州粜米》中，陈州发生连年灾荒，六料不收，致使一郡苍生强半流离。面对此情此景，皇帝决意赈济，确定粮价，派出专职官员，此乃上承“天意”和下附“民意”的仁德之举，当然也是“王法”和“皇恩”的一种表达方式。然而担当赈济的权豪势要，却是趁机盘剥贪污，中饱私囊。不仅如此，甚至还打死了无辜灾民。这是对“王法”的肆意践踏，对“皇恩”的极端无视，更是对“民意”的蓄意亵渎。一郡灾民的“冤抑”，一个无辜死者的“冤抑”由此产生。对于贪污中饱的权豪势要，法律已经无可奈何。[1] 戏文写道：

> 我是那权豪势要之家，累代簪缨之子，打死人不要偿命，如同房檐上揭一个瓦[2]。

这种无辜者蒙冤，杀人者不死的人间法律与中国古人有关“人命关天”“杀人者死”的自然正义观念不相吻合。在“王法”上，鉴于杀人尚有种种情节之差异，未必一概抵命，况且一概抵命，显然不合人为正义的要求。在民间百姓的思想中，杀人者死乃是报应观念的固有意涵。凌濛初《初刻拍案惊奇》卷三十篇首诗云：“冤业相报，自古有之。一作一受，天地无私。杀人还杀，自刃何疑？如有不信，听取谈资。”[3] 接着“入话”即有类

[1] 元代法律规定：“诸蒙古人因争及乘醉殴死汉人者，断罚出征，并全征烧埋银。”《大元通制条格》，郭成伟点校，法律出版社1999年版，第436页。

[2] 吴白匋主编：《古代包公戏选》，黄山书社1994年版，第110页。

[3] （明）凌濛初：《初刻拍案惊奇》，中华书局2001年版。

似解说：

> 话说天地间最重要的是生命。佛说戒杀，还说杀一物，要填还一命。何况同是生人，欺心故杀，岂得不报？所以律法上最严杀人偿命之条。汉高祖除秦苛法，止留下三章，尚且头一句就是“杀人者死”，可见杀人罪极重。但阳世间不曾败露，无人知道，哪里正得许多法？尽有漏了网的。却不那死的人，落得一死了，所以就有阴报。

换句话说，阳世法律未必一定抵命，然而阴司律法不会轻饶。据此，只有“以命抵命”才算公道。在《普天乐》中，阴间判官说：“一命抵一命，就是冤冤相报。”所谓“害一人偿一命有何相争”？包公也说：“杀一人偿一命理所该当。”[1] 那么，面对“从来个人命事关连天大，怎容他杀生灵似虎如狼”的情景，怎样才能释放“冤抑”呢？在权力的操作技术上，包公凭皇帝敕赐的“势剑金牌”，采取先斩后奏——“赦未来，先杀坏”的办法。在执法理由上，包公确信“总见的个天理明白”，还让死者之子“手报亲仇”。唯有如此，才能体现“无私王法”[2] 的价值取向。正是在这个意义上，死者的“冤抑”才能得到释放和平反，贪污

[1] 参见刘烈茂等主编：《车王府曲本菁华·隋唐宋卷》，中山大学出版社 1993 年版，第 507 页、第 542 页、第 548 页。

[2] 吴白匋主编：《古代包公戏选》，黄山书社 1994 年版，第 151 页。在他们看来，王法与冥法应该保持一致。在《普天乐》里，柳金蝉说：“论王法阴与阳俱是一样。”参见刘烈茂等主编：《车王府曲本菁华·隋唐宋卷》，中山大学出版社 1993 年版，第 513 页。柳金蝉还说：“奴原道阴与阳一般报应。”同上书，第 610 页。包公也讲：“阴阳一理，执法无私。”同上书，第 638 页。包公也是如此自我期许：“理阴阳必须报应清爽，也免得军民笑此事荒唐。”同上书，第 654 页。本剧还借凶犯之口说：“阴与阳王法俱是一样，叹人生何必作恶逞强？”同上书，第 668 页。

中饱和枉杀无辜的罪犯则遭到了报应，从而“王法”的缺失也得到了弥补，具有超越意义的“天理”才能得到张扬，人间的“王法”秩序与超越的“天道”秩序得以平衡。

我们再来解读一个“阴司”或者“冥判”的故事，进而考察包公故事中的报应作为一种“正义”的言述，又有什么特点。如果说包公故事揭露出来的仅仅是“王法”的某种缺失或者漏洞的话，那么，少数“阴司”或者“冥判”故事显示出来的，乃是对“王法”的真正反讽。在《龙图公案》卷七“善恶罔报”里，作者这样写道：“阳世糊涂，阴间如电。”这就表明，存在一种优于“王法”的“阴间法令”。故事略谓：西京三代积善之家姚某，周人之急，斋僧布施，修桥补路，种种善行，不一而足，倒养出不肖子孙，破汤家产。与此相反，东京宋家宗室赵某，倚了金枝玉叶，谋人田地，占人妻女，种种恶端，不可胜数，却养出绝好子孙，科第不绝，家声大振。姚某死后不服，具告包公案下。包公所写的判词，当然出自“积善之家必有余庆，积不善之家必有余殃”的信条。[1] 无论判决如何，这个故事至少透露出了“阳世糊涂”的批判意识。再如，在《龙图公案》卷八“屈杀英才”里，作者写道：“阳法无眼，阴有公道。”这八个字，透显出来的深层意涵，乃是对人间法律实践的彻底绝望，转而诉诸一种理想的法律——“阴间法令”。就这个故事本身而言，它的第一旨趣，就是批判科举考试的黑暗和腐败；它的第二旨趣，则是批判人间法律不能满足民众的正义祈盼，民众转而诉诸“阴间法律”

[1] 故事中的包公，特别阐述了“积德行善”贵在“心田要好”的观念。一方面，包公指出姚某周济布施并非出自“心田”，而是沽名钓誉；另一方面，包公又说赵某的种种恶行，乃是家奴狐假虎威，借势行恶，因此判家奴下油锅。最终显示的还是“皇天报应，昭昭不爽”的信仰。

的正义幻象。这种“幻象式的正义”叙事，不仅有着批判人间法律的功能，可以说是一种“批判法学”，而且，也有“心理补偿”的价值，可以说是一种“治疗法学”——马克思所谓“宗教是人民的精神鸦片”一言，它的寓意就在于此。可见，对于那些被许多学者斥责为“迷信”和“荒唐”的包公故事，我们实在不能一笔勾销，而是应该进行深入研究，作出切合于中国文化语境的解释。

结　语

人是一种社会动物，在朝夕相处的共同生活过程中，难免产生磨擦、矛盾和冲突。由于人的禀赋和能力各有差异，也就必然会有强者和弱者之别。因此，恃强凌弱的情况同样不可避免。在理想上，官府作为公共权力的代表，具有保护百姓利益和安危的责任，但是，官府尚有自己的特殊利益，况且官府是由官僚来运作的，他们也会借机谋利，做出种种敲剥小民的事情。据此，产生“冤抑”可谓非常自然的事情。

一旦小民百姓遭遇不平冤抑之事，鸣冤喊屈乃是事理之所必然，事势之所必趋。通过上面的讨论，我们可以发现，民间“冤抑”释放的基本路径是：依靠乡土社会固有的秩序力量来解决，诸如家族组织、乡里社区、各种行会、同乡会馆的调解之类。然而“以民治民”往往难以取得纠纷解决的实际效果，缺乏权威的约束机制。如此一来，纠纷就会处于悬而未决的“板荡”状态，成为社会秩序的不安定因素。这时，官府就会介入纠纷解决。然而，作为“一人政府”的州县衙门，或者因为庶务繁杂无暇顾及，或者由于漠视民间细故，或者因为自己能力不足、经费短缺，通常会将民事细故案件批给乡土社会自行解决，从而形成民间社会与帝国官府之间的互动关系。这种互动关系，既会产生“良性”的效果，官府成为民间纠纷解决的外来权威，对于民间调解具有权威的约束力量；也会导致“恶性”的循环，出现官府与民间之间“推来挤去”的困境，致使案件无法得到及时有效的解决。

在这种情况下，小民百姓的诉讼心态与伸冤策略，便是“把事情闹大”。笔者集中考察的谎状、缠讼、自杀、械斗，都是明显例证。此外，还有聚众之类的诉讼策略。在日常法律生活中，并非所有案件皆由官府解决，而且，官府也未必能够做到公正合理，有时，甚至还会“制造”冤假错案。于是，在绝望与期待中，平民百姓就有可能采取极端举措——自杀与械斗，迫使官府正视纠纷、解决纠纷，重视冤抑、平反冤狱。但是，由于帝国衙门的腐败和帝国官僚的无能，通过官府解决案件，获得公正的结果，也非易事。于是，在新的绝望与期待中，小民百姓就产生了对于清官与侠客的祈盼。当然，衙门、清官、侠客三者之间存在交叉与重叠。总体而言，从诉讼心态上来说，有一个屈服于人情、寄望于国法，乃至寄望于超自然力（报应）的过程。从冤抑释放途径来讲，有一个从自力救济到公力救济，而又重新回到自力救济的往复来回的路径。采取何种诉讼策略，小民百姓不免要权衡利弊、计算诉讼成本。另外，社会风俗、道德观念、吏治良败，同样也是制约他们采取诉讼行动的重要因素。

在诉讼或伸冤这一法律空间中，我们可以看到民间法律意识涉及诸多层面：从乡土社会到帝国衙门，由江湖之远到庙堂之上，从世俗社会到超验天国或阴曹地府（报应和冥判），由“冤抑”修辞到“权利”诉求，用语言（谎状）诉冤到身体（自杀或自残）诉冤，从个人复仇到集体（械斗）复仇，从自力救济到期盼清官、侠客，等等。由此可见，从诉讼或司法这一特殊场域来考察传统中国的民间法律意识，无疑是一个极佳的视角。

不消说，笔者只是对于明清时期民间法律意识进行一个初步考察，尚有不少问题值得进一步探讨。尤其是，我们应当在史实上仔细辨析，哪些是庶民百姓具有的法律意识，哪些是精英阶层独特的法律意识，两者之间的差异何在。除了差异之外，我们仍有必要仔细辨析，哪些是百姓与精英共有的法律意识。在强调法律文化的大传统与小传统之间存在差异的同时，还有必要指出，在帝制中国法律文化上，差异可能是次要的，共性才是主要的。进而我们还要在理论上解释，是什么原因导致了差异与共性，能否给出一个具有理论意义的分析框架。

小事闹大与大事化小：解读一份清代民事调解的法庭记录*

一、绪论：问题与背景

这些年来，随着清代司法档案的陆续开放和整理出版，[1] 随着新的研究方法（如法律社会学、历史人类学）的导入和运用，[2] 清代的司法实践受到了学者的广泛关注，引发了日本、美国、中国的法律史学者的激烈争论，[3] 出版了一批重要的学术成

---

* 原载《法制与社会发展》2004 年第 6 期。

[1] 例如，台湾地区淡水府新竹县、顺天府宝坻县、四川省巴县、河北省获鹿县等地的司法档案，都已成为学者研究清代州县司法实践的第一手资料。其中，淡水府新竹县的淡新档案，经由戴炎辉先生整理，受到了国际学界的高度重视和称誉；已经整理出版的部分巴县档案，参见四川省档案馆编：《清代巴县档案汇编》（乾隆卷），档案出版社 1991 年版；四川大学历史系、四川省档案馆编：《清代乾嘉道巴县档案选编》，四川大学出版社 1989 年、1996 年版。浙江省台州府黄岩县诉讼档案的整理出版，参见田涛：《梦到酣时不愿醒——黄岩诉讼档案及黄岩调查报告前言》，载田涛：《第二法门》，法律出版社 2004 年版，第 100~122 页。

[2] 值得指出的是，尽管新资料的发现常常导致新方法的运用，但是，新方法的运用本身，也会引发人们对于新资料的挖掘和利用。有时，我们很难在两者之间划出一条清晰的界限。

[3] 有关这一争论的评论，参见［日］寺田浩明：《清代民事审判：性质及意义——日美两国学者之间的争论》，载《北京大学法律评论》（第 1 卷第 2 辑），法律出版社 1999 年版，第 603~617 页。另见林端：《韦伯论中国传统法律——韦伯比较社会学的批判》，台北，三民书局 2003 年版，第 39~149 页。

果。[1] 如果我们检讨这些研究成果，那就可以发现，其中涉及的内容非常丰富，有关清代司法实践的方式与特色，是学者非常关注的课题。概括地说，以下四个问题特别引人瞩目：其一，帝国官僚的诉讼态度与小民百姓的诉讼策略；其二，帝国衙门的纠纷解决手段；其三，解决纠纷（裁判）的依据；其四，清代法律的表达与实践。无疑，这些问题触及了清代中国法律秩序的核心部位，也是我们理解清代中国法律秩序的关键所在。与此同时，这

---

[1] 这方面的研究，参见戴炎辉：《清代台湾之乡治》，台北，联经出版公司 1979 年版；［日］滋贺秀三：《清代中国の法と裁判》，創文社 1984 年版；郑秦：《清代司法审判制度研究》，湖南教育出版社 1988 年版；Mark A. Allee，*Law and Society in Late Imperial China：North Taiwan in the Nineteenth Century*，Stanford：Stanford University Press，1994；Philip C. C. Huang，*Civil Justice in China：Representation and Practice in the Qing*，Stanford，Stanford University Press，1996；［美］黄宗智：《民事审判与民间调解：清代的表达与实践》，中国社会科学出版社 1998 年版；See Melissa Macauley，*Society Power and Legal Culture：Litigation Masters in Late Imperial China*，Stanford，Stanford University Press，1998；See Thomas M. Buoye，*Manslaughter，Markets，and Moral Economy：Violent Disputes over Property Rights in Eighteenth－century China*，Cambridge，Cambridge University Press，2000；See Bradly W. Reed，*Talons and Teeth：County Clerks and Runners in the Qing Dynasty*，Stanford，Stanford University Press，2000；See Matthew H. Sommer，*Sex，Law and Society in Late Imperial China*，Stanford，Stanford University Press，2000. 相关评论，参见［美］步德茂：《司法档案以及清代中国的法律、经济与社会研究》，邱澎生译，载台北“中国法制史学会”主编：《法制史研究》第 4 期，台北，成阳出版股份有限公司 2003 年版，第 217～243 页；［美］彭慕兰：《转变中的帝国：中华帝国末期的法律、社会、商业化和国家形成》，姚斌译，载刘东主编：《中国学术》2003 年第 3 期，商务印书馆 2003 年版，第 214～239 页；林端：《韦伯论中国传统法律——韦伯比较社会学的批判》。其他研究成果，参见王泰升：《台湾法律史概论》，台北，元照出版有限公司 2001 年版；庄吉发：《故宫博物院典藏清代台湾司法档案》，载台北“中国法制史学会”主编：《法制史研究》创刊号，台北，顺清文化事业有限公司 2000 年版，第 53～76 页；庄吉发：《故宫档案与清朝法制史研究》，载《法制史研究》第 4 期；李怀印：《中国乡村治理之传统形式：河北省获鹿县之实例》，载［美］黄宗智主编：《中国乡村研究》（第 1 辑），商务印书馆 2003 年版，第 64～111 页。

些问题又是以往的研究有所忽略的领域。[1] 但是，就笔者的观察与思考而言，这些问题尚未得到最终的解决，或许永远也不会有什么最终的解决。以黄宗智教授提出的“表达与实践”为例，虽然我们可以承认法律文本与司法实践记录（其实也是一种文本，包括帝国官僚的工作指导手册、判牍文书、卷宗档案）之间确实存在某种程度的不一致性，或者说是背离。然而追根溯源，司法实践记录本身同样是一种受到司法制度与实践惯例约束的表达，因而也有一个修辞技巧，甚至存在有意“作伪”或者“虚构”的问题。据此，我们很难“一口咬定”这些记录反映的就是清代司法实践的真情实况。面对这种非常复杂的史料鉴别问题，我们就不能仅做简单化的处理。在此笔者试图通过仔细解读（深描）一份清代“土地纠纷案件”的法庭笔录，来回应上述问题，[2] 并且给出相应的分析和解释。

进入正式讨论之前，我们不妨稍微勾勒一下清代中国民事纠纷剧增的宏观背景。约略地说，首先，随着宋代以降社会经济的蓬勃发展和人口的迅猛增长，到了笔者将要讨论的案件发生的时代——乾隆三十一年（1766年），人口已经突破二亿；乾隆五十五年（1790年），人口已达三亿；而到鸦片战争爆发的道光二十

[1] 尽管瞿同祖早就提出：“研究法律自离不开条文的分析，这是研究的根据。但仅仅研究条文是不够的，我们也应注意法律的实效问题。条文的规定是一回事，法律的实施又是一回事。某一法律不一定能执行，成为具文。社会现实与法律条文之间，往往存在着一定的差距。如果只注意条文，而不注意实施情况，只能说是条文的、形式的、表面的研究，而不是活动的、功能的研究。”瞿同祖：《中国法律与中国社会》，中华书局1981年版，第2页。

[2] 需要说明的是，由于“帝国官僚的诉讼态度与小民百姓的诉讼策略”在研究方法上也涉及“表达与实践”的问题，故而笔者拟将两个话题归并起来进行分析，免得重复，当然亦有文章篇幅上的考虑。

年（1840 年），人口已过四亿。[1] 相对而言，耕地面积的增长却未能跟上，其结果是，人地矛盾变得尖锐起来。其次，伴随商品经济的活跃和人口流动的频繁，契约成为人们日常生活不可或缺的纽带，并且日趋复杂；与此同时，人们相互之间的依赖性和信任感却受到了新的挑战。所有这些，都是导致矛盾、冲突和纠纷产生的重要原因。最后，尽管社会格局、经济运作、法律关系已经变得日益复杂起来，然而帝国官方没有做出适当的回应。也就是说，帝国“律例之网”（有关婚姻、田土、钱债的规定）还是那么疏阔，还是那么仅满足于道德训诫，还是那么仅满足于日常生活秩序的理想梦幻，从而导致帝国法律与社会生活脱节。可以说，清代“婚姻、田土、钱债”纠纷的日趋频繁和“诉讼爆炸”[2]，无疑与这种经济变迁、人地矛盾、法律滞后有着密切关联。当然，这仅仅是一个非常概要的背景介绍。或许，笔者将要讨论的个案与这种经济发展和人口增长的局面并无必然的关系。这是因为，土地纠纷乃是传统中国社会生活的日常现象，无论哪里都会发生，无论何时都会发生，问题只是频率高低而已。

---

[1] 参见［美］何炳棣：《明初以降人口及其相关问题：1368—1953》，葛剑雄译，三联书店 2000 年版，第 328~329 页；曹树基：《中国人口史》第五卷《明清时期》，复旦大学出版社 2001 年版，第 832 页。

[2] 虽说“诉讼爆炸”这一用语容易使人想起美国学者奥尔森《诉讼爆炸》一书描写的美国诉讼的情形，但是，对于一个农业社会来讲，清代中国已经普遍出现所谓“好讼”“健讼”“嚣讼”的景象，我们把它称作“诉讼爆炸”或许并不为过。事实上，也确实有学者把清代中国称为“诉讼社会”。参见［日］夫马进：《讼师秘本〈萧曹遗笔〉的出现》，载《日本学者考证中国法制史重要成果选译·明清卷》，中国社会科学出版社 2003 年版，第 490 页；［日］寺田浩明：《中国清代的民事诉讼与“法之构筑”——以〈淡新档案〉的一个事例作为素材》，载易继明主编：《私法》（第 3 辑第 2 卷），北京大学出版社 2004 年版，第 306 页。

二、事实真相：一个案件的三种讲法

乾隆时代，人称太平盛世。可是，盛世的“和美”下也会产生林林总总、形形色色的社会冲突与日常纠纷，甚至还隐伏着深刻的社会危机和政治危机，一如孔飞力（Philip A. Kuhn）《叫魂：1768 年中国妖术大恐慌》[1] 所述的那样。笔者在此讨论的案件，即是一个人们每时每刻都会遇到的土地纠纷。这个案件发生的时间为乾隆三十一年（1766 年），[2] 地点系山东省衮州府邹县，原、被告两造乃佃户与圣门后裔。笔者根据“清厘邹县尼山祭学两田地亩争控案件”[3] 这份法律文书，叙述一下这起纠纷的故事。

第一种故事的讲法。[4] 告状人刘天允、刘天柱、刘尚绮、张

[1] 参见［美］孔飞力：《叫魂：1768 年中国妖术大恐慌》，陈兼、刘昶译，上海三联书店 1999 年版。

[2] 按照原告状词的记载，在乾隆三十一年（1766 年）春正二月两次控府不收，四次控县，而县令无能为力；又于五月初四日具状，到邹县衙门来提起诉讼；根据法庭笔录，六月十一日开庭审理，当天就作出了初步的调解意见。

[3] 当然，笔者所见到的这份资料并不完整，现在它可以在两个地方读到。参见蒲坚主编：《中国古代法制丛钞·肆》，光明日报出版社 2001 年版，第 474～493 页；袁兆春：《乾隆年间孔府清厘邹县尼山祭学两田地亩争控案摘选》，载韩延龙主编：《法律史论集》（第 4 卷），法律出版社 2002 年版，第 488～508 页。仔细审读两份档案资料，有个别文字上的差异，或许属于校对的问题，但是并不影响实质内容。另外，蒲坚教授只收了一份笔录，而袁兆春还收了原告的一份词状，这份词状也是笔者分析的对象。

[4] 这是根据原告状词重构的纠纷事实。这份资料，蒲坚的《中国古代法制丛钞·肆》没有收录。

开朋等 64 人[1]声称：自己祖籍邹县鲁元社，各家散住尼山附近的群山窝内，乃是“耕凿山谷，筑堰浚濠，做地为业”的瘠地贫民。由于山水时涨时落，因而壑畔土地朝有夕无，既不堪为恒业，也难以纳钱粮。延至康熙年间，乘着朝廷劝民垦地的机会，尼山学录孔传钫串通丁户山官刘楷等人哄骗社内零星烟户，把土地“开投”尼山学录之手，假冒“办祭尼山圣庙”之名，而行“偷漏租赋、遮免差徭”之实，借此敲剥愚民。又借培植圣脉之名封山禁榷，混将周围群山一概吞并，致令小民手足无措，造成“滋讼数年”之累。前任县令娄某根据《邹县志》和《阙里志》查明：尼山脚下祭田实非钦赐；周围列峙的五峰唯有“中峰为尼邱”，其余皆非尼邱；颜母山、胡家山、塔山也非属于尼邱。依“志书”详覆上宪拟议，只封尼邱，外围群山仍属朝廷，樵牧便民，批结在案，迄今已有五十余年。如今，新署学录孔传沂勾结“公府道家人宋殿业、刘崇钫等，奸串一党，专利屠民，陇段而登。假冒公府名势，文移府县，朦咨宪天，昧案掣毁旧界，竟将群山以及小民自辟之地，并及大粮民地，恣意横封周围八十余里，约有数百余顷，霸为钦赐祭田”。以上所述，就是原告状词和法庭笔录关于被告争霸祭田的故事。

---

[1] 根据原告状子所说，除了刘天允、刘天柱、刘尚绮、张开朋之外，还有 61 名原告没有署名，共 65 人；被告宋掌书也说：“告状原数六十五人。”但是，法庭笔录则有“六月十一日将原告 64 人先问一堂”的明确记录。可见，法庭记录并非准确。参见韩延龙主编：《法律史论集》（第 4 卷），法律出版社 2002 年版，第 488 页、第 490 页、第 506 页。顺便说明：其一，从法庭笔录来看，本案至少审过三次：6 月 11 日开庭，原告 64 人到庭，当天走了 19 人；12 日开庭，余下 45 人到庭；13 日开庭，那些被偷偷写进词状的原告又走了 20 多人，只剩十几人到庭听候法官的发落。其二，12～13 日两次开庭地点都是二堂，而 11 日在何处审理，不得而知，笔记只有“先问一堂”四字。其三，以下凡是引述档案资料，均以袁兆春整理的文本为据，不再一一注明出处。

值得注意的是，除了带有“诉苦、诉冤”的叙事之外，尚有诉诸证据与道德的策略。先看证据：其一，如是钦赐，当有部册和“志书”之类的凭证，相反，作为大粮民地，既有文约为据，也有红册可查。其二，即便荒地，除了钦赐之外，仍属朝廷所有，难以算作孔府祭田。再看道德话语：第一，孔府深受“历代崇幸之典，富贵极荣，若云与民争利，似觉理所必无”。第二，之所以出现“与民争利”的局面，乃是学录等人“不顾事关国体，朦弊公府，串奸虐民”所致。第三，小民深信，县官确实也想庇护小民百姓，只是力所不能；故而蚁民才敢“冒死奔辕”，可怜老爷批准，“验察提讯委查，急救汤火”。由此可见，原告词状与庭审笔录透现出来的一个基本特点：原告自己乃是贫弱痴愚，而被告却是仗势虐民。

第二种故事的讲法。[1] 需要说明的是，这个故事似有两条线索：其一，证明孔府祭田和学田的来源；其二，追述这起土地纠纷的缘由。事实上，孔府提供的“证据”亦非一定能够如实反映孔府祭学两田来源的“真相”，只是一种似乎更为有理的讲法罢了。原因在于，总体而言，从孔子逝世到纠纷产生之时，已有“两三千年，谁还说的真。圣门事，不过查玩书籍碑文。其中记载不详者，再想当然耳”。况且，历代帝皇钦赐和孔府自置的土地，重重叠叠，数额巨大，相关条例也是数以千计，如欲说个“子丑寅卯”出来，确非易事。

其一，证明孔府祭学两田的来源。针对原告所说的上述事

[1] 这是按照法庭“质审”笔录所做的案件事实真相的重构，也是后来县官据以解决纠纷的事实依据。

由，被告（孔府）代理人宋掌书，[1] 在法庭上进行了辩驳与证明：所争祭学两田乃宋代庆历三年（1043年）所赐，在《阙里志》《邹县志》《山东通志》《大清会典》上均有记载；此外，孔府所撰《阙里文献考》也有记载，只是因为它是孔府自己所编，不能算作证据。而祭学两田的具体情况是：（1）尼山脚下的“支峪、大峪，平川阔大，或者是祭田”。（2）沂河边上，尚有沙压而成的祭田。（3）其余祭田，“料在旧至之内”。（4）鲁源官庄山后黄家庄的碑界之内的土地，系明代洪武年间所赐，属于曲阜的大庙祭田。（5）尼山县的祭田，乃宋代已有的祭田。（6）曲阜还有洪武年间钦赐的葫芦窑祭田，不过它与尼山祭田并不相干。（7）颜母山的“东边、北边、西边皆是尼山祭田，也有学田，已经量过了。尚有疑似的没量，打算另办”。（8）至于原告状词提及的五峰——颜母山、昌平山、胡家山、塔山和尼邱，也是尼山祭田。[2]

其二，追述这起土地纠纷的缘由。如果我们穿梭于这份法庭笔录的“问供—对答”的茂密丛林之间，仔细寻绎纠纷的缘由，那就可以发现，这起土地纠纷有着两个起因。一是康熙五十

[1] 值得说明的是：原告状词记有“目今新署学录孔传沂暗勾公府当道家人宋殿业、刘崇钫等，奸串一党，专利屠民，陇段而登……”法庭笔录也说：“前年学录孔传沂勾通了宋殿业，将山封了，不论民地、祭田，今年俱量了去，不叫量的就算荒地收了去，弄的俺过不的，俺才跑到省里告了一张状。”但是，这起案件真正出庭应诉的是宋掌书，而非宋殿业。笔录写道：“叫宋殿业、刘崇钫上堂。”又问：“宋殿业是你么?”宋掌书供：“不，是掌书，掌书进学作官，不是这名。这名不知是哪个。”

[2] 必须承认，因为所据文书唯有一份法庭“问供—对答”笔录，而笔录本身也有凌乱不够清晰的地方，加上手头又无相关资料或地图可资佐证，所以，笔者的这一整理可能并不准确。或者说，对于原、被告两造来讲，这份法庭笔录已经足够清楚，只是对于两百余年之后的笔者来说，才显得不够清楚。

三年（1714年）“劝民垦荒”的谕旨。[1] 宋掌书供说：“尼山古来严若泰山，禁比皇陵。自康熙五十三年，被娄老爷（当时的邹县知县）纵这鲁源刘家把山开了。后来虽经严禁，势不可遏。这些年来，牧放樵采，作践不堪了。”此乃导致这起土地纠纷的远因。[2] 二是乾隆二十九年（1764年）通咨“尼山封禁清丈”的行文。宋掌书供称：乾隆二十六年（1761年），听说“公爷在曲阜行宫引见，皇上问公爷有多少地，公爷奏有原赐祭田二千一百五十余顷，今现存一千二百五十顷有零，失迷了九百余顷。臣现行文有司找这哩”！这是产生本次土地纠纷的近因。[3] 在被告的叙述结构中，我们可以发现一种类似策略：被告声称自己“总是按脉切理”，而不像原告那样“任意胡来”，旨在揭穿原告凭借人多势众的声威进行“诬告”的动机。

第三种故事的讲法。[4] 如果我们仅仅考察原被两造对于这起土地纠纷的上述讲法，那么案件的事实真相究竟如何？其实也非“小葱拌豆腐，一清二白”。换句话说，除了原被两造各自的供述，如要获得一个“板上钉钉”的结果，关键要看法官是如何认

[1] 这个“谕旨”实际内容如何，不得而知，这里仅仅是依据原告状词“奉文劝垦”所做的推定。

[2] 原告认为，所争土地属于他们自己“奉文”开垦所得，而被告则认为，这些土地原本就是尼山祭田。

[3] 负责这次清丈封禁尼山祭田事务的就是现任知县庞老爷，他也是审理（实际上是调解）这一纠纷案件的法官。本次纠纷的细节是：原告认为，清丈封禁过严，占了他们自己开垦的民地；而被告则认为，公爷一直主张从宽清丈，故而实际上量地甚少，原告占了许多便宜。负责清丈的庞老爷不仅支持被告的意见，而且认为自己也是本着便民的想法从宽清丈土地，所谓“吾是为恁好意，恁到灰了吾的心”，即是这个意思。

[4] 第三种故事的讲法，是指法官最后认定的案件事实。由于这起案件的社会构成的特殊性与主审法官的倾向性，在认定案件事实上，结果明显偏向被告。但是，为了落实“天下事，大事化为小事，小事化为无事”的息讼目的与贯彻“道德、人情”的教化思想，在具体处分时，法官又采取了偏向原告的态度，以期平衡两造之间的利益，摆平两造之间的纠纷，达到维护社会秩序的目的。对此问题的具体分析，下面再予详说。

定证据的，又是怎样判断事实的。就此而言，所谓的案件真相，既非案件的客观事实，[1] 也非案件的法律事实，说到底，它仅仅是法官依照证据，参酌事理作出的认定而已。[2] 这种通过主体认识获得之事实，可以说是客观事实与主观认知的融合，两者存在一种内在的张力。正是法官的认定，才是裁判或者调解的事实基础。对于本案来讲，法官（邹县知县）又是如何认定的呢？

其一，祭田属于钦赐抑或自置，两造理解并不相同。原告认为“置”是“治卖（买）”而非“钦赐”，可被告却主张，凡是“设置、拨给、赐给、钦赐、改拨，皆是皇上与臣下东西”的意思。对此，法官给予支持。其二，原告提出，即使尼山“有祭田，也是自己私卖（买）的。在那里？亩数是多少？几段？坐落何处？也该有文约”。而被告则反驳，凡是“祭田俱出上赐，皆载书籍。公府自治私产甚多，在册而不入书”。朝廷赐田，与民间买卖土地不同，并不注明“邑名、段落、阔长、亩数，这些罗嗦”之事。对此，知县也表示赞同。其三，宋掌书提出《阙里文献考》作为祭田的证据，而原告则认为《文献考》是已被“除官问罪”的孔十二胡编的，不足凭信。这时，法官“怒发冲冠”，把原告臭骂一顿，脏话连篇，粗口满纸，喊打之声盈庭，进而指出“《文献考》吾这里也有，他俱有来历的。是呈览过的，皇上皆见过的。怎么不足为凭呢”？其四，原告声称，所

[1] 有人认为，事实本身就是客观的存在，所谓“客观事实”乃是同语反复而已。详尽的研究，参见王敏远：《一个谬误、两句废话、三种学说——对案件事实及证据的哲学、历史学分析》，载王敏远编：《公法》（第4卷），法律出版社2003年版，第172~269页。

[2] 由于传统中国法律对“取据手段”没有任何限制，故而不必考虑“法律真实”的问题。但是“事理”这种东西在证据判断中却有非常重要的意义，所以这里特别强调“参酌事理”这一问题。

争土地属于民地，乃开垦所得。法官追问："上了粮了么？"原告回答："山水下来，朝有夕无，不堪承粮，没上粮。"由于"上粮"与否是国家确认"地权"的重要凭据，既然没有"上粮"，那就难以证明这些土地就是民地。是以法官便否定了原告的主张，还进一步威胁原告："恁说这不是祭田，是恁的，怎么讲，恁又罢（把）个欺隐揽到头上了？"其五，原告认为所争土地"不是公府里的，也不是俺的，原是朝廷家的"。其理由是"普天之下，莫非王土"。这是一句非常"狡猾"的托词。可是，法官恰好抓住原告的话题，趁机驳道："这是朝廷家地，恁为甚么投充躲避，犯个军罪。"在法律上，即使开垦出来的土地，"也该报官验验，或该六年、三年起科，替恁入了册，就是恁的了"。其六，原告指控孔府量去民地数百顷，封山八十余里。被告代理人宋掌书驳道，公爷原本吩咐从宽办理清丈之事，因而他们（原告）得了许多便宜。他们控告"数百顷，这是多说耸动，虚妄极了"。事实上，由于法官本身就是参与封禁尼山的官员，自然帮着被告说话。其七，即使到了这种处境"岌岌可危"的时候，原告依然"嘴硬"，摆出"拼死吃河豚"的态度，还说什么"俺投轻躲重，情愿干罪。公府受地，也该甘究。俺算受者与者同罪"。法官一听，气个半死，指面饬骂："恁身上混身是罪，还不知道害怕后悔，还要拉着圣公算受者同罪哂。"要求原告拿出凭据，原告即刻拿出文约。法官觉得文约"还像"，然而原、被告两造对于量地之事依然争执不休，法官表示"再查"。其八，原告坦白，之所以告状，是因为康熙五十三年（1714 年）以来一直深受公府家人的欺压，故而想借告状这种外力遏制公府家人的欺压。也正因如此，法官认定这次告状是没影的事儿。他说："虐民，恁现在好好的。地呢，是他的，丈量没难为这恁。恣意横量数百顷，学田、祭田通共才量了十来多顷。封山八十余里，是吾封的，只几里，恁娄老爷的案又没有。上堂来，个个凶恶胡闹，要轰堂。姓宋的没点不是，恁为甚么告他们？恁说。"此时，原告除了沉默，唯有"求老爷的恩典"。在法官眼里，这是一起"瞎告"的案件。

至此，案情好像已经"水落石出"，但尚未达到"真相大白"的地步。譬如，尼山祭学两田的实际范围如何？所争土地（祭田抑或民田）究竟又是哪些？原告文约记载的土地究竟又有多大？其中是否有被孔府强行量去的土地？如果有的话，量去多少？个中细节，并不清楚。[1] 但是，真正有趣的问题，不是案件事实，而是诉讼动机与诉讼策略。可以看出，这起诉讼的真正"标的"或深层"动机"，并非土地之产权，而是小民借此保护自身利益（摆脱孔府欺压，这是原告可以说出来的理由）的一种行动策略，甚至是为了"图赖"孔府土地的一种"阴谋诡计"——这是原告不能说出来的隐情。[2] 可见，所谓"瞎告"其实并非真的是"瞎告"，这种判断恐怕是低估了小民百姓的诉讼智慧。就证据而言，被告提供的证据，显然要比原告更加充分，故而被告胜诉应无疑问。可问题是，法官居然没有作出"一刀两断"的判决，而是采取"大事化为小事，小事化为无事"的办法进行调处息讼。

---

[1] 可见，重构案件的事实真相并不容易。由于利害关系，原被两造往往各有说法，日本著名作家芥川龙之介所著《莽丛中》颇能说明这一特点。参见叶渭渠主编：《芥川龙之介作品集》（小说卷），中国世界语出版社 1998 年版，第 398~406 页。另外，由于证据本身的限制，法官在认定事实时也总是含糊其词。

[2] 流传广泛的"种肥田不如告瘦状"一谣，讲的就是这个意思。

通过上面粗略的勾勒，我们已经看到“三种叙述”之间的分叉与张力。这里，笔者之所以不惜篇幅地彰显这一叙述特色，乃是希望通过描绘案件事实的差异性之手法，来揭示案件含义的丰富性。[1] 通过这种努力，笔者想说明：第一，就案件本身来讲，由于原告、被告、法官之间有着各不相同的目的，因而，他们有关案件事实的讲法也会出现某种差异。譬如，原、被告两造的陈述，是为了维护自己的利益；而法官的认定，则可能是为了满足自己信奉的某种伦理准则或者司法管理的要求。因此，歪曲案件事实难以避免。第二，从研究方法来说，有些学者读完一些判牍之后，就会匆忙得出诸如“案件是否依法判决”的结论，然而事实并非如此简单。判牍乃是法官一己认知的结果，其中描述的事实，只是为了作出判决。因此，那种“以情就法”的做法不可避免。总之，只有综合各种材料之后，我们才能给出相应的推断。

这些，都是笔者所要深入探讨的问题。

三、小事闹大：小民百姓的诉讼策略

我们知道，任何一种行动策略的选择，必有其独特的语境或情境。而就传统中国的小民百姓来说，诉讼策略之选择，也同样有其独特的语境，诸如中华帝国的官方意识形态、国家法律的价值取向、帝国官僚对于诉讼的基本态度、社会结构与社会心理、原被两造的力量对比或者纠纷（案件）本身的社会构造，都是人们在选择诉讼策略时必须考虑的重要因素。由于这些问题牵连太

[1] 笔者相信，案件事实并非只是一种“就事论事”的客观陈述，而是一种动机不同与目的各异的修饰。

广，在此不能逐一展开，只能择要稍加讨论。[1]

通说以为，儒家思想乃是传统中国文化的主流，或者说是帝国官方的正统意识形态，也是传统中国文化的精髓，而儒家又特别强调社会秩序的和谐，所以有人指出，儒家有着非常浓郁的“秩序情结”。[2] 正是基于这样的考虑，孔老夫子所谓“听讼，吾犹人也，必也使无讼乎”[3] 的名言，才会成为中国古人“厌讼态度”的铁证。进而言之，在儒家眼里，纠纷和争讼之类的行为，对确保社会秩序的“和谐”没有什么积极价值，只有消极作用。[4] 作为一种思想形态，如果“儒道互补”的提法尚有部分真理的话，那么道家不仅提倡“道法自然”和“无为而治”的政治思想与法律学说，而且强调“守雌”和“不争”的处世态度。在这种情况下，不但“仁义忠信”没有积极的意义，而且“道德礼法”也是对“自然之道”的背弃；至于争讼，那就更是

---

[1] 具体的分析，参见徐忠明：《民间社会的法律意识》，载叶孝信主编：《中国法律思想史》，复旦大学出版社 2007 年版，第 78 页。

[2] 参见张德胜：《儒家伦理与秩序情结：中国思想的社会学诠释》，台北，巨流图书公司 1989 年版。

[3] 《论语译注》，杨伯峻译注，中华书局 1980 年版，第 128 页。

[4] 事实上，纠纷和争讼并非只有消极作用（诸如制造社会冲突、违背道德观念、破坏社会秩序、增加国家的司法成本）而无积极意义。纠纷往往既是社会利益冲突的反映，也是不同价值观念竞争的体现，还是对法制不良安排的挑战。就此而言，纠纷可以说是暴露社会问题的一种信号，反映现行法制失缺的一个窗口，解决社会问题与改革现行法制失缺的一个契机、一种力量。对纠纷意义的不同解说的概括，参见刘荣军：《程序保障的理论视角》，法律出版社 1999 年版，第 17~22 页。相对而言，官方可以借争讼来介入社会；也就是说，在解决具体纠纷的过程中，官方不仅可以发挥重新安排利益与调整社会秩序的功能，而且可以起到改革现行法制失缺的作用。换句话说，通过官方的解决纠纷活动，在纠纷中原本隐藏的各种利益冲突将会得到重新平衡，相关的价值观念和法制结构也会得到相应的调整。对于一个能动型的国家来讲，更是如此。这是因为，能动型的国家在解决纠纷时不仅针对具体个案，同时也注重推行国家政策和完善法制。有关研究，参见［美］达玛什卡：《司法和国家权力的多种面孔》，郑戈译，中国政法大学出版社 2004 年版。

对“圣人之道”的背叛，毫无积极意义可言。[1] 到了汉代，董仲舒和汉武帝联手推行“罢黜百家，独尊儒术”的原则，把儒家抬高到了帝国官方意识形态的地位；法家思想作为重要资源，也被纳入儒家思想的结构当中，形成一套“外儒内法”的思想体系。尽管法家特别看重法律作为一种治理技术的价值，猛烈批判儒家那种道德主义的政治教条，可是，他们对“道德之治”的态度也有暧昧之处。比如，虽然商鞅说过“以杀去杀，以刑去刑”[2] 一类的强硬话语，但是也并不忘情于“至德复立”[3] 的社会理想。在传统中国主流思想看来，基于私人利益的争讼，既是对道德的背弃，也是对国法的挑战；而因公废私与大公无私，倒是传统中国思想的基调。[4] 据此，为了私人利益而争讼不息，也就没有道德上的正当性可言。值得指出的是，现实社会毕竟与主流话语的表达有所不同，各种各样的矛盾、冲突、纠纷、争讼，乃是不可避免的事情，可以说是家常便饭。一如清代著名

[1] 譬如《老子》第38章：“故失道而后德，失德而后仁，失仁而后义，失义而后礼。夫礼者，忠信之薄而乱之首。”参见刘思干校点：《老子》，上海古籍出版社2013年版，第78页。第57章：“法令滋彰，盗贼多有。”同上书，第143页。对于争讼的消极作用，第81章：“天之道，利而不害；圣人之道，为而不争。”如果落实到社会结构上，那么“小国寡民”的社会就不会有争讼，同上书，第214页。第80章：“小国寡民，使有什伯之器而不用；使民重死而不远徙。虽有舟舆，无所乘之，虽有甲兵，无所陈之。使民复结绳而用之。甘其食，美其服，安其居，乐其俗。邻国相望，鸡犬之声相闻，民至老死不相往来。”同上书，第211页。

[2] 参见蒋礼鸿：《商君书锥指》，中华书局1986年版，第107页。

[3] 在商鞅看来，如果一个君王能够很好地运用赏罚之两柄，那么“一国行之，境内独治；二国行之，兵则少寝；天下行之，至德复立。此吾以杀刑之反于德而义合于暴也”。参见蒋礼鸿：《商君书锥指》，中华书局1986年版，第57页。可见，“以杀止杀，以刑去刑”只是建构或者恢复“至德”社会的一条道路、一种手段而已。

[4] 关于传统中国“公”“私”观念的思想史讨论，参见［日］沟口雄三：《中国与日本“公私”观念之比较》，载《二十一世纪》1994年总第21期；更为详尽的研究，参见刘泽华、张荣明等：《公私观念与中国社会》，中国人民大学出版社2003年版。

学者崔述所言："自有生民以来，莫不有讼也。讼也者，事势之所必趋也，人情之所断不能免者也，传曰饮食必有讼。……讼也者，圣人之所不责，而亦贤人之所不讳也。"又说："人之所以陵于人而不与角者，以有讼可以自伸也。不许之讼，遂将束手以待毙乎？"最后，崔述指出："圣人所谓'使无讼'者，乃曲者自知其曲，而不敢与直者讼，非直者以讼为耻，而不肯与曲者讼也。"[1] 不难看出，崔述反对"息讼"的理由包括：其一，即便圣人尧舜，也不能消灭诉讼，何况后世的凡俗官僚；其二，归根结底，提倡"息讼"只能是为强者张目鼓气，而使弱者忍气吞声；其三，对于圣人那句被人奉为圭臬的话，不可以作机械的理解，以为孔子一概反对诉讼，以为诉讼可耻，这是一种片面的理解。

如果有关三代的典籍记载可信，那么基于"封邦建国"而来的世卿世禄体制，可以说是一种具有"分权"特色的制度安排。这种权力结构，不仅具有纵向的分散性，而且具有横向的分散性。因此，对于社会来说，那时的国家权力比较孱弱。秦汉以来，这种情况已经大为改观。随着专制帝国（皇帝制、官僚制、郡县制）的形成，无论儒家的教化型权力抑或法家的管理型权力，均有积极的、能动的、扩张的特性，只是，儒家要弱很多。但是，由于传统中国毕竟是一个农业社会，它的产出能力非常有限，而且，基于历史上法家过度榨取而导致秦朝二世速亡的经验教训，儒家进入权力中心之后，秉承道德主义的"爱民"理想，一反秦代"横征暴敛"的税收政策，而推行"薄赋轻徭"的

---

[1] （清）崔述：《无闻集》卷二《讼论》，载顾颉刚编订：《崔东壁遗书》，上海古籍出版社1983年版，第701页。有关的讨论，参见陈景良：《崔述反"息讼"思想论略》，载《法商研究》2000年第5期。

税收政策。[1] 在这种情况下，尽管中华帝国幅员辽阔、人口众多，但是，国家机构和官员数量始终保持“精兵简政”的特色，或许宋代是个例外。[2] 究其原因，恐怕与税收这个“瓶颈”的制约相关。也就是说，农业经济的产出能力和“薄赋轻徭”道德主义的税收政策，在一定程度上制约了帝国官僚机构的规模。但是，这并不说明帝国权力机构征税能力低下。至于清代，康熙和雍正两帝更是相继实施“盛世滋生，永不加赋”和“摊丁入亩”的税收措施，这是一种税收道德主义的表现，也是一种政府自我约束的反映。可是，乾隆时代人口已经超过三亿之众，在政府规模基本不变的情况下，如何应对蜂拥而至“万家诉讼”的严峻困境，确实是个难题。面对这种情形，清代政府采取的基本策略有二：其一，推行道德教化；其二，强化民间调解。[3] 可问题是，但凡利益当前，教化往往不灵，一旦民间调解失效，衙门还

---

[1] 必须说明的是，正文所述，只是国家的正规税收状况；至于非常时期（战争、灾荒之类）的税收情形，应该另当别论。还有，正税之外的其他附加成分，既难以估量，又不可一概而论。

[2] 与其他皇朝相比，宋代官员的数量较多，这是古今学者一直予以批评的弊病。对这一问题的详尽研究，参见苗书梅：《宋代官员的选任和管理制度》，河南大学出版社 1996 年版。

[3] 事实上，随着儒家正统地位的确立，那些秉承儒家思想的帝国官僚，一直试图用上述办法来消解争讼与维护“和谐”的社会秩序。例如，汉代基层社会的三老，就是从事教化的专门人员，而循吏更是身体力行，积极推行教化（移风易俗）和息讼活动；明代的乡约和里老，也有非常重要的教化作用和纠纷解决功能；清代虽有变化，但基本上也是延续这一思路，诸如宣讲“圣谕”、发挥宗族、乡里、会社之类的社会组织的纠纷解决功能。对于这些问题的研究，参见余英时：《汉代循吏与文化传播》，载余英时：《士与中国文化》，上海人民出版社 1987 年版，第 129~216 页；瞿同祖：《中国法律与中国社会》，中华书局 1981 年版；赵秀玲：《中国乡里制度》，社会科学文献出版社 1998 年版；王兰荫：《明代之乡约与民众教育》，载吴智和主编：《明史研究论丛》（第 2 辑），台北，大立出版社 1984 年版，第 275~299 页；韩秀桃：《〈教民榜文〉所见明初基层里老人理讼制度》，载《法学研究》2000 年第 3 期；［日］中岛乐章：《明代后期徽州乡村社会的纠纷处理》，载《日本学者考证中国法制史重要成果选译》（明清卷），中国社会科学出版社 2003 年版，第 40~84 页。

得着手解决纠纷。在这种情况下，州县长官（在清代，20 万人口只有一个）常常难以应付不断膨胀的诉讼，诚如《龙图公案》卷六《夺伞破伞》所说：“五分银物，亦来打搅，衙门一处虽设十个官，亦理不得许多事。”[1] 此言颇具提示意义。是的，如此微小的标的，也要启动诉讼程度，衙门的压力可想而知。对此，康熙帝也有同感。他说：“若庶民不畏官府衙门，且信公道易伸，则讼事必剧增。若讼者得利，则争端必倍加。届时，即以民之半数为官为吏，也无以断余半之讼案也。”为了避免这一尴尬，康熙帝进而主张：“朕意以为，对好讼者宜严，务期庶民视法为畏途，见官则不寒自栗。”[2] 当然，康熙帝所说与《龙图公案》所述相比，显得有些蛮横无理，但是，如若着眼于诉讼本身给衙门所带来的巨大压力，笔者还是觉得，康熙帝之所言，依然合乎实践理性的标准。概括说来，除了政府规模（人手不足）之外，办公经费不足也是帝国衙门不愿介入民间争讼的又一原因，它与税收也有密切的关系。朱元璋所定《教民榜文》就说：“假若法司得人，审理明白，随即发落，往来也要盘缠。”[3] 可见，司法资源的短缺，也是官府不愿过多介入民间纠纷的一大

[1] （明）佚名编撰：《龙图公案》，群众出版社 1999 年版，第 170 页。

[2] ［法］达维德：《当代主要法律体系》，漆竹生译，上海译文出版社 1984 年版，第 487 页。达维德是引据 S. Yan Sprenkel，*Legal Institutions in Manchu China*，1962，p. 77；中文译为《清代法制导论——从社会学角度加以分析》，张守东译，中国政法大学出版社 2000 年版，第 94~95 页。

[3] 邓建鹏：《健讼与息讼——中国传统诉讼文化的矛盾解析》，载许章润主编：《清华法学》（第 4 辑），清华大学出版社 2004 年版，第 185~186 页。这种诉讼费用上的负担，确实是地方衙门头痛的事情。比如《清史稿》卷三七四《姚文田传》也说：“即如办一徒罪之犯，自初详至结案，约须百数十金。案愈巨则费愈多。递解人犯，运送粮鞘，事事皆需费用。若不取之于民，谨厚者奉身而退，贪婪者非向词讼生发不可，吏治更不可问。”参见（清）赵尔巽等：《清史稿》，中华书局 1977 年版，第 11550 页。丁日昌在《抚吴公牍》中认为，一个案件经过各个衙门的审转程序，费用

原因。

在礼教框架下法律的价值取向有二：第一，维护具有“差序”特色的社会结构，突出一个“别”字。第二，在肯定“差序”的前提下，又要保持社会秩序的和谐，强调一个“和”字。所谓“维齐非齐”与“礼之用，和为贵”的说法，就是这个意思。[1] 就纵向结构而言，由于身份伦理和帝国法律的约束，秩序相对稳定，乃至“超”稳定，所以纠纷不易产生。即使产生了，也容易被遮蔽、被压抑，既难以进入官方的档案，也难以进入我们的视野。但是，传统中国社会除了纵向的身份等级（差序）结构之外，尚有横向的社会流动和经济交往。正是这种流动和交往，才是传统中国“契约”发生作用的场域。[2] 与此相关，它们也是矛盾、冲突、纠纷、争讼最易产生的地方。那些婚姻、田土、钱债之类的民事纠纷，往往发生在横向社会结构中，尽管并不排除在纵向社会结构中也会发生这些纠纷。另外，从传统中国社会来看，家族与村落构成社会组织的基础，加上小农经济固有的安土重迁的特征，导致人们生于此、长于此、老于此的“熟人社会”的形成。据说，在“熟人社会”里，由于

约 50 两银子。据此，美国学者欧中坦（Jonathan K. Ocko）指出：“官员们对花费的耽忧远胜于对处理案件或正义的耽忧。”［美］欧中坦：《千方百计上京城：清朝的京控》，载高道蕴、高鸿钧、贺卫方编：《美国学者论中国法律传统》，中国政法大学出版社 1994 年版，第 497 页。

[1] 对“差序格局”与“伦理社会”的具体研究，参见费孝通：《乡土中国》，三联书店 1985 年版；梁漱溟：《中国文化要义》，学林出版社 1987 年版；瞿同祖：《中国法律与中国社会》，中华书局 1981 年版。

[2] 假如我们意欲准确概括传统中国社会结构的基本特色，那么仅仅描述纵向身份等级（差序）结构似乎是不够的，必须同时关注这一社会结构的横向关系——流动和交往。在这个意义上，身份与契约对于传统中国社会来说，都有不可或缺的意义，都是维护社会秩序的基础。这也说明，梅因在《古代法》里提出的“从身份到契约”的著名公式，似乎难以准确勾勒传统中国社会的特色。

人际关系非常紧密——不仅彼此依赖，而且“日久生情”。如此一来，法律似乎成了多余的东西，相反，情理、面子、闲言碎语（软约束，法律属于硬约束）倒是维护社会关系的基础。[1]

或许，问题并非那么简单。首先，我们应该看到，正是由于人际关系的紧密，在“人头涌涌”的日常生活空间里，彼此之间反而容易产生矛盾；进而，在“推来挤去”的摩擦过程中，尽管人们可以用人情、面子来平衡矛盾、消除摩擦，并且，通过闲言碎语来约束人们的行为，但是，这也容易造成矛盾积压与摩擦加深。事实上，清代中国就是这样一个拥挤的社会。其次，物质匮乏与人欲无厌之间的矛盾，乃是导致“争竞”的原因。[2] 大致说来，至少 19 世纪以前，传统中国的农业经济一直比较发达，商品经济也非常活跃，小民百姓的生活状况也算良好。[3] 然而乾嘉以降，随着人口增长，物质匮乏的迹象日趋鲜明。为利而争的加剧，也是非常自然的事情。[4] 再次，对于皇帝来讲，维护统治权力是其唯一的利益和任务。据此，帝国法律特别重视刑事犯

[1] 即使美国这类法制非常发达的现代社会，只要这种“熟人社会”结构不变，法律还是多余的东西。参见［美］埃里克森：《无需法律的秩序——邻人如何解决纠纷》，苏力译，中国政法大学出版社 2003 年版。

[2] 对此，荀况早有论断。譬如《荀子·礼论》指出：“人生而有欲，欲而不得，则不能无求；求而无度量分界，则不能不争。争则乱，乱则穷。”沈啸寰、王星贤点校：《荀子集解》，中华书局 1988 年版，第 346 页；为了避免出现“乱”和“穷”的局面，就须制定礼义法度，因此《荀子·王制》又说：“先王恶其乱也，故制礼义以分之。”参见《荀子集解》，第 152 页；这是一条基本规律，任何社会概莫能外。

[3] 概括性的研究，参见［美］彭慕兰：《大分流：欧洲、中国及现代世界经济的发展》，史建云译，江苏人民出版社 2003 年版。对彭慕兰的研究，学界多有争论，这里不便枚举。参见［美］莱斯利·豪纳：《关于〈大分流〉的争论》，载《中国学术》2003 年第 1 期。

[4] 布迪和莫里斯在讨论《刑案汇览》中的“擅食田园瓜果”（乾隆五十七年说帖）后指出：“这种由于摘取三个梨子即被杀的案件，可能反映了中国农民财产匮乏的情形。在中国农民眼中，每一粒谷子都是珍贵的。”［美］布迪、莫里斯：《中华帝国的法律》，朱勇译，江苏人民出版社 1993 年版，第 225 页。

罪，因为这是对皇权的公然挑战；而民事纠纷往往被视为细故琐事，没有给予应有的关注，即使关注，仍未将其置于重要地位。在清代司法制度中，凡是徒刑以上案件，均要通过“审转”程序加以层层监督；而民事纠纷则属于州县“自理”范围，只有备案程序而无监督程序。[1] 这样一来，民事案件是否受理，如何审断，州县长官拥有很大的裁量权力。最后，由于衙门人手不够，庶务繁忙，经费短缺，官员与农民之间价值观念存在差异，[2] 因此，对于小民来说异常紧要的纠纷，对于官吏来讲可能属于“无关痛痒”的琐事。在这种情况下，那些所谓的民间细故案件，有时会就被官僚拒之门外。

以上所述，就是清代中国小民百姓在诉讼时必须面对的宏观背景。但是“上有政策，下有对策”这句俗话表明：中华帝国的“公开文本”（前面所述的宏观背景）并不一定能够表达民间社会百姓大众的真实思想或诉讼意识。换句话说，小民百姓的法律实践，也许另有一种逻辑，另有一种策略。在他们看来，公开宣告什么或许并不重要，而日常生活展现出来的实际利益，可能更有价值。这种“展现”是一种“隐蔽”的展现，它对中华帝国的“公开文本”具有承认、抵触、改写的作用。[3] 通过考察“政策”（公开文本）之下的“对策”（隐蔽文本）的具体运作，我

[1] 当然，这种备案程序也有一定程度的“监督”作用。如果上级衙门发现初审机构审断不当不公，亦可重新审理，或撤销原判或作出新的判决，从而起到“监督”的效果。关于“审转”与“备案”制度的简要讨论，参见瞿同祖：《清代地方政府》，范忠信、晏锋译，法律出版社 2003 年版，第 193～195 页。

[2] 在理论上，由于从小接受儒家经典的熏陶和规训，中华帝国的官僚更加关注道德问题；因为物质生活的严峻压力，农民更加关心实际利益。孔子“君子喻以义，小人喻以利”的名言，所要表述的就是这个意思。

[3] 这一说法，受到郭于华文章的启发，参见郭于华：《“弱者的武器”与“隐蔽的文本”——研究农民反抗的底层视角》，载《读书》2002 年第 7 期。

们可以发现传统中国民众采用的诉讼策略。[1]

现在，我们回到“清厘邹县尼山祭学两田地亩争控案件”上来，具体考察一下本案原告在“把事情闹大”的动机驱使下，究竟采取了哪些具体的诉讼策略。

第一，采取“舍着告告”的诉讼策略。一般认为，中国古人好面子、爱和平，如果不到迫不得已，那是绝对不会用“对簿公堂”的办法来解决纠纷的。[2] 但是，在某种情况下，抢先告状，倒不失为一种“先下手为强”的诉讼策略——“恶人先告状”多少也有这个意思。原告刘尚绮供称：“小的还有下情……”那究竟是什么“下情”呢？刘某继续供称：“小的们告这状，实在是怕公爷家，总是因这素日弄的近尼山的百姓过不的，又恐怕再像昔日，不得不舍着告告。”这里，所谓“舍着告告”，已将原告的“诉讼动机”和盘托出。或许，告状本身并非根本目的，而仅仅是一种维护其他利益的策略。也就是说，原告之所以兴师动众与孔府对簿公堂，并不是因为自己开垦出来的土地真的已被孔府（家人）强占了，[3] 而是为了杜绝后患，借官府的外力来制约享有特权的被告。或许，也是为了报复，因为这些尼山贫民曾

---

[1] 有关传统中国小民百姓“诉讼策略”的概括分析，参见《诉讼与伸冤：明清时期的民间法律意识》。

[2] 参见萧公权：《调争解纷——帝制时代中国社会的和解》，载汪荣祖编：《中国现代学术经典》，河北教育出版社 1999 年版，第 858 页。

[3] 尽管状词以“吞封虐民”为案由，亦即“前年学录孔传沂勾通了宋殿业，将山封了，不论民地、祭田，今年俱量了去，不叫量的，就算荒地收了去，弄的俺过不的，俺才跑到省里告了一张状”。

经长期受到孔府（家人）的欺压。[1] 进一步讲，原告采取这一诉讼策略，还与本案的社会构成密切相关。具体是指：其一，原告只是尼山附近的一群贫弱小民，而被告却是“名门望族”——孔府，亦即衍圣公府。千百年来，孔府荣宠非常，世世封爵，地位拟比县官。[2] 由于这种独特的政治地位、社会声望以及文化地位，孔府公爷不必亲自应诉，只需派遣家人代理即可。其二，所争标的也非寻常财物可比，而是孔庙祭田。我们知道，孔庙原本只是孔府的家庙，但是随着帝国政治力量的不断介入，汉代之后取得官庙的地位；除了阙里之外，孔庙遍布各地州县，京师孔庙更有独特的政治意义。[3] 祭田作为维护孔庙祭祀的物质基础，如若任人践踏和侵占，不仅侵犯了孔府的利益，而且危及国家的政治信仰和文化命脉，实在非同小可。顺便指出，在某种情况下，所谓“舍着告告”与俗话“图准不图审”的诉讼策略完全相同，原告的根本意图，并非希望衙门将案件审个水落石出，给个公正裁决，而仅仅是“装点情词，以图一准，已足泄愤，后来质

[1] 这一情形，在“法庭笔录”里尚有具体的描述。刘尚绮声称：“五十三年以前，有个山官，有巡山八户，摆（败）坏百姓，日不了（聊）生。那时满山是柴火，山窝里草长的一两人深，推拥不动。到秋来，拿住百姓替割草。割完了，叫各人看守，只是不收，只等冬里才收，有八辆大车来拉，派百姓担的担，推的推，治出来，用杆石头称，称上头没星，拿短少叫赔。平常时，牲口到山边，山户拿住，就算犯山，坑（倾）家败产，弄的人家苦这哩。谁与尼山户有嫌疑，他就劈把柏树枝子撇到谁家，他拿住，翻出来，就算偷的。所以俺告这张状。”可见，这次告状的意图，既是报复和泄愤，也是防患于未然，借官府之外力压压孔府的气焰。

[2] 当然，这种“荣宠”地位，与孔子的圣人化、儒家的国家化和制度化密切相关。对此问题的详尽论述，参见黄进兴：《优入圣域：权力、信仰与正当性》，陕西师范大学出版社 1998 年版，第 99～356 页；于春松：《制度化儒家及其解体》，中国人民大学出版社 2003 年版，第 35～56 页。

[3] 参见黄进兴：《优入圣域：权力、信仰与正当性》，陕西师范大学出版社 1998 年版，第 347～350 页。

审之虚实，不及计矣”。[1] 换句话说，原告之所以告状，只是以此拖累被告泄愤而已。或许原告可以赌一赌，其结果不外乎是，（1）如果遇到软弱可欺、爱惜羽毛的被告，他们往往采取“忍让”态度而不愿意与原告较真，觉得对簿公堂有损体面，原告即有机会获得某些意想不到的好处；（2）如果碰到强硬的被告，大不了被承审官员杖责了之，未必会有什么严重的后果，就像本案的结局那样。

第二，运用“诉冤”的道德话语。传统中国的政治与法律，有着非常强烈的道德色彩或者品格，这是人所共知的事实。这一政治法律特征，早在西周已见滥觞，随着汉代儒家思想与政治权力的结合，法律也日趋道德化。[2] 由此而来的便是，法律话语的修辞与法律话语的实践往往不在于技术的精确性和中立性，而在于凸显道德的正当性或合法性。其结果是，不仅帝国法律充满道德术语，而且法律文书也是如此。譬如在诉状中，原告常用的修辞手法是指责对方（被告）是如何“欺人太甚”或者

---

[1] 参见（清）王有光：《吴下谚联》卷四《图准不图审》。有趣的是，王有光所记涉及诉讼费用对诉讼率之高低的影响，值得全文抄录，“素史氏曰：余家青浦、嘉定接壤。尝入青县，邑尊悬示通属词讼事件，岁以百计。嘉邑悬示者，岁以千计。何繁简相悬至此？大凡词讼俗名官私。官者，情理之曲直；私者，经差之使费也。青邑原被两造给，事可从缓。嘉邑经差止归被告一面，即倾家而不顾。青民一时之愤，缓则渐销，或经居间劝处，遂不至于成讼。嘉邑呈状者争先而进，亲友解纷不及，亦不便于解纷，恐后控者之为被告也。是必装点情词，以图一准，已足泄愤，后来质审之虚实，不及计矣。此嘉邑事件之所由多也”。参见（清）李光庭、王有光：《乡言解颐·吴下谚联》，石继昌点校，中华书局 1982 年版，第 113~114 页。

[2] 对此问题的详尽分析，参见梁治平：《寻求自然秩序中的和谐——中国传统法律文化研究》，中国政法大学出版社 1997 年版，第 251~325 页；瞿同祖：《中国法律与中国社会》，中华书局 1981 年版，第 270 页以下。

“持强凌弱”的，自己又是怎样蒙受“冤抑”而“伸冤无门”的。[1] 当然，被告也会采取这种手法指责原告，通过这种修辞技巧，将对方置于道德上的劣势地位。与此相关，如果我们细审“冤”字的含义，那就可以发现，它既指物性自然状态受到外部力量压迫而不得舒展，也指由此造成的被冤抑者内心郁积宛转不得排遣而引起的怨气和愤激，亦即精神上的压迫和扭曲。[2] 这一涵义，恰好是“欺凌”和“伸冤无门”的结果。由此看来，虽说“冤”是一个法律用语，却有着浓厚的道德色彩。

如果我们稍稍整理一下笔者在此分析的资料——以原告状词的修辞为范围，可以发现原告自称：民贫、痴愚、小民，立足无措、举步陷阱；被告孔府则是：享受历代崇幸之典、富贵极荣，孔府家人（似乎不敢直接指责公爷）诡计串通山官、将民田捏为尼山祭田、垂涎勾诱群民尽堕术中、逐户勒催、严若国课、吞封群山、奸串一党、专利屠民、恣意横封、不许民间买卖、强行丈量民地、奸串虐民。可见，孔府家人是如何“仗势欺人”的，而自己又是怎样被逼“蒙冤”的，以致举步陷阱，捶胸呼天，不得已而冒死奔辕，期盼县主代民辩冤、急解倒悬、急救汤火。原告（讼师所为）通过这种修辞技巧，就把两造之间一强一

[1] 以致日本学者寺田浩明认为，清代的打官司并不意味着特定化的“权利主张”，而是两造在一个权威（地方官）面前相互指责对方的“不法不当”的一种行为。参见［日］寺田浩明：《权利与冤抑——清代听讼和民众的民事法秩序》，载［日］滋贺秀三等：《明清时期的民事审判与民间契约》，王亚新等编译，法律出版社 1998 年版，第 215 页。据笔者看来，或许清代中国的诉讼真的不是为了实现“权利”，而且利益也非等于“权利”，但是，那套诉冤的道德话语——彼此指责对方“欺人太甚”之类的行为，肯定不是诉讼的宗旨，而仅仅是一种诉讼的修辞技巧。也就是说，在道德话语之下，有着实际的利益之争，它才是诉讼的真正目的。

[2] 关于“冤”的辨析，参见陈焰：《“三言两拍”公案故事研究：从中国法律史视角的考察》，中山大学 2003 年硕士学位论文，第 12 页；本书“诉讼与伸冤：明清时期的民间法律意识”有关“浅说‘冤’的含义”的内容。

弱、一奸一愚、一欺一冤的关系，刻画得异常鲜明，足以引得官府的同情。照理，争讼必须以“事实”为根据以法律（包括情理、习惯）为准绳，因此，诉讼文书的写作也应当以交代证据和分析事实为基本内容。但是，传统中国的诉讼文书每每用上述那种“诉冤”的话语来修饰，不仅可以激发法官的同情心，而且可以确立诉讼的正当性。可见，这一“诉冤”话语的运用，说到底也是一种诉讼策略。

第三，采取“小事闹大”的诉讼策略。既然衙门视婚姻、田土、钱债纠纷为细故，不予重视，“实话实说”的告状方式，似乎不能“耸动”官府。据此，如何才能耸动官府，也就成了原告必须优先加以考虑的问题。而将“小事闹大”，即是耸动官府的一种技巧。从本案来看，能够将小事闹大的手段有二：一是谎状。俗话“无谎不成状”说明，在传统中国社会，用“谎状”来耸动官府，乃非常普遍的事情。据笔者观察，谎状泛滥的原因，除了帝国衙门轻视民事纠纷之外，还与“奖励告奸”的法律传统有关——另外，刑事案件也同样是谎状迭出。因为政府奖励告奸，难免刺激人们邀功请赏的欲望，所以夸大事实、虚张声势也是势所必然之事。作为一种制衡的办法，法律又规定了“诬告反坐”的原则。[1] 而且，为了防止谎状或者诬告，帝国法律还规

[1] 譬如，商鞅变法之时，在提出“奖励告奸”原则的同时，还规定“诬告反坐”的原则，这显然是为了保持两者之间的平衡。这一制度设计的基础，乃是“什伍编制”的底层社会组织结构。与孟子那种“井田”之上的道德社会——“死徙无出乡，乡田同井，出入相友，守望相助，疾病相扶持，则百姓亲睦”[《孟子译注》（滕文公上），杨伯峻译注，中华书局1960年版，第119页] 不同，商鞅推行“废井田，开阡陌”的政策，已然打破了原有的社会组织基础，与此同时，他又实施“分户”和“什伍连坐”的办法，从而与“郡县”制度结合起来。这是一套非常理性的、讲究效率的，也是便于君主专制和中央集权控制的制度安排，最终目的当然是适应“富国强兵”的需要。至于实行奖励告奸的意图，乃是为了充分利用基层社会的民间力量达到社会控制之目的，从而节省国家的监督成本和司法成本；而实行诬告反坐的用意，则是为了防

定了“告状必须指陈事实，不得称疑”[1] 的原则。在司法实践中，帝国官僚又设计了词状字数的限制，限制词状字数之目的唯有一个，就是防止两造添油加醋。[2] 在词状末尾，一般也会写上“如虚坐诬”或者“如虚重惩”的术语。[3] 原告之所以要告谎状，他们的意图，当然是为了把“小事闹大”。在本案原告的词状中，指控被告（孔府家人）具有以下不端行为：“假冒官府名势，文移府县，朦咨宪天昧案，掣毁旧界，竟将群山以及小民自辟之地，并及大粮民地，恣意横封周围八十余里，约有数百余顷，霸为钦赐祭田。”但是，如果我们审读“法庭记录”也就可

止民众利用奖励告奸的合法手段公报私仇，扰乱社会秩序，也是为了防止官府陷于蜂拥而至（被奖励告奸所激发）的众多案件而不能自拔，从而影响官府的日常管理工作。需要指出的是，奖励告奸之所以会激发诉讼，除了告奸者可以获得国家的奖励这一原因之外，还因为知情者如果匿不告奸的话，将会受到“连坐”的惩罚。这是一种“双重”的激励机制，它出自商鞅对人性“趋利弊害”的深刻洞察。关于“奖励告奸”与“连坐”（连带责任）的经济分析，参见张维迎、邓峰：《信息、激励与连带责任——对中国古代连坐、保甲制度的法和经济学解释》，载张维迎：《信息、信任与法律》，三联书店 2003 年版，第 178~251 页。这篇论文的简本，载《中国社会科学》2003 年第 3 期。

[1] 唐朝以降，历代法律均有相近的规定。譬如，《唐律疏议》，“告人罪须明注年月”条，刘俊文点校，法律出版社 1999 年版，第 478~479 页，另有“诬告反坐”的专门条款，同上书，第 462~464 页；《宋刑统》《斗讼·犯罪陈告》，薛梅卿点校，法律出版社 1998 年版，第 424~426 页，另外“告反逆”涉及诬告反坐的内容；《大明律》，“诬告”条，怀效锋点校，法律出版社 1998 年版，第 176~178 页；《大清律例》，“诬告”条，田涛、郑秦点校，法律出版社 1998 年版，第 481~486 页。从传统中国法律规定看，正面要求是指陈事实，反面要求是不得诬告，可见防范之严格，可结果依然是谎状迭出、诬告成风，个中缘由值得玩味。需要说明的是，在帝制时代的法律中，涉及诬告（不同主体、不同行为、不同罪名）的条文远远不止这些，这里不便罗列。

[2] 笔者所见到的词状字数最少的是 144 个字，参见（清）黄六鸿：《福惠全书》卷十一《词讼》，载官箴书集成编纂委员会编：《官箴书集成》（第 3 册），黄山书社 1997 年，第 327 页。

[3] 这种术语很早就有，譬如宋人胡太初《昼帘绪论》《听讼篇第六》即有“要当明立榜文，严反坐之法，须令状尾明书‘如虚甘伏反坐’六字。异时究竟果涉虚伪，断当以其罪罪之，则人知畏而不敢饰词矣”。（宋）胡太初：《昼帘绪论》，载《景印文渊阁四库全书》（第 602 册），台北，台湾商务印书馆 2008 年版，第 713 页。

以发现，虽然这次清丈祭田难保没有量去民地的可能，不过“恣意横封周围八十余里，约有数百余顷，霸为钦赐祭田”的指控，肯定不是事实。原告何以如此？我们从被告代理宋掌书提出的反驳意见中，可以获得解释：“所量之地，拘多是山，连山带平地只量得祭田十顷六十有零，学田两顷一十亩有零。他告数百顷，这是多说耸动，虚妄极了。”此外，对原告指控“假冒官府名势，文移府县，朦咨宪天昧案”的事实，被告也有辩驳：“尼山封禁清丈，是公府一件大案，公爷时刻在心的事。自二十九年三月通咨行文起手，至今各衙门文移书札，此来彼往，案牍如山，这岂是他（人）可以朦弊偷做的？红印黑押，又岂是他人教偷为的？大爷明鉴，想就是了。”本案法官庞爷也说：“恁所告可算尽虚了。”至此，原告“默无一语，垂首伏地”，“只求老爷的恩典，小的们是乡愚无知”了结案件，以免受到“诬告”的惩罚。

二是聚众诉讼。小民百姓本已势单力薄，如若与“假冒公府名势”（那些狗仗人势、狐假虎威的家人）的被告单打独斗，那是自不量力，也是自取灭亡。[1] 在这种情况下，采取聚众告状的办法，就不失为一种有用的诉讼策略。小民百姓选择这一诉讼策略，恐怕与“法不责众”的社会心理有关，也是基于他们窥测到了帝国衙门处理民事纠纷的一贯作风——大事化小，小事化了。他们深知，聚众告状的好处不少，不仅长了自己的威风，灭了对方的气焰，还增强了自己的诉讼实力，也给官府施加了压力。也就是说，聚讼给法官传递了这样一种信息，如果他们拒不受理案

[1] 所谓“贫不与富斗，贱不与贵斗，民不与官斗”之类的俗话，就是这个意思。在一般情况下，平民百姓与权豪势发生争讼，在基层社会往往不能获得公正解决；换句话说，小民百姓之所以要把纠纷提交衙门，就是想要借公共权力来制约那些势要人物，谋求力量上的平衡。因此，诉讼本身就是一种争斗的策略。

件，或者不能秉公审理案件，事态将会扩大，原告状词所谓“身等六十余人两次控府，四次控县”的陈述，似乎就是这样一种暗示。如果我们考察传统中国的司法实践的历史，即可知道，地方官员最最担心的事情，并非民事纠纷，因为它们属于州县“自理”范围，而是侦破、审理命盗重案以及解决“民转刑”的案件，诸如聚众告状、集体上访、村族客土之间的械斗。如若出了这类案件，轻者说明州县官员处理不力或无能，重者事关吏部处分乃至仕途，故而，有关官员一般是不敢掉以轻心的。

对此，本案法官庞爷非常清楚。他说：你们“忽然到院里告张无影的大荒（谎）状？伤这公府，捎这本府，挂这吾罢”。不可否认，原告确实人多势众，声威不弱，大有先声夺人之势。对庭审过程，这份笔录作了非常生动有趣的描写。完全可以想象，庭审开始之后，原告黑压压挤作一堆，“喊叫惊天，厉声动地，齐言乱语，此曰除名，彼曰问罪，又曰你是钻天大王。一齐手舞足蹈，讲班顶子，若要吞人”。法庭秩序到了“无王无法的光景”。即便如此，承审法官仍不过是“先是从中喝斥，至此始行站立指挥，高声厉言：既如此，吾也不审了。将恁记了监，我详了，另委别的官审恁罢”。又说：“我堂规从来不像这样宽，今日因是宪件人多，上来不便就施打骂，总是恁照状质对。”我们在戏文里所能见到的咚咚衙鼓、阵阵堂威、啪啪怒棋的赫赫威严，已经毫无踪影，取而代之的，只是法官无可奈何而又声嘶力竭的样子。[1] 此类“咆哮公堂”的事情，后面还发生过一次。

[1] 在整个庭审中，虽说法官也喊了几次掌嘴，还厉声恶骂（非常粗鲁）了几回，但是均非针对原告“咆哮公堂”的行为。由此也可见出，面对人多势众的原告，法官不敢轻举妄动。

笔录写道："恁寅则挺身，手指众人，高声言道，兜不用说话了。众皆直身怒视，将有散意。庞公大喝道，恁要轰堂么？谁敢动，立刻拿了送监，问恁死罪。众方安稳，上下寂然。"事实上，在整个庭审过程中，原告始终不像单独告状的个人那样软弱和惊惧，而是态度强硬，说话既冲又刁，不时与法官顶撞。只有到了诬告之事真相大白的时候，原告的态度方才软了下来，齐声"求老爷的恩典"。聚众告状的好处，于此可见一斑。

值得指出的是，无论词状中的贫弱痴愚抑或庭审中的强硬蛮横，其实都是原告采取的一种诉讼策略。也就是说，在词状中原告之所以自称贫弱痴愚，乃是为了博得法官同情，以便感动法官，从而"诱使"法官受理案件；在庭审中原告之所以胆敢采取强硬态度，则是依仗人多势众的优势"逼迫"法官作出对自己有利的判断；一旦庭审局面发生了对自己不利的变化，原告马上叩头求饶，也是一种乡野小民"狡黠理性"的体现。

第四，利用"讼师"的诉讼策略。从本案法庭记录来看，虽然词状当中原告共有 64 人之多，但是，真正与本案有利害关系的原告似乎很少，他们都是状头（可能出自讼师的计谋）纠集或者随意添加进来的。[1] 因此，被告特别关心"谁是状头"（本案状头是刘尚绮、刘天允、刘天柱）的问题。而在"状头"背后，则

[1] 当然，是否除了几名"状头"之外，"原告"都被偷偷写进词状，邀到法庭听审，资料提供的信息不甚清楚。一如原告状头刘尚绮所说："不瞒老爷说，告状是人情愿，见不好缩了头了。"被告代理宋掌书也说："告状原数六十五人，皆是盗写，不知情，一样话，皆开了，没个为从的，案情不像。"就连庞公也承认："告状，先是好汉英雄来，今日见风不顺讲走，别兜（斗）草鸡了。"可以想象，其中不乏搭便车和瞎起哄的原告，如果官司赢了，好处均沾；案件输了，溜之大吉。在集体诉讼中，出现人心不齐之事在所难免。说到底，本案法官为了实现"大事化小，小事化了"之目的，对其他掺和进来的原告，也不甚在意。

有精通诉讼技巧和熟悉司法程序的讼师参与出谋策划，因而法官也曾追问："状是谁写的？是谁的主意？"显然，追问"谁的主意"之目的，无非为了揪出幕后指使的讼师。被告宋掌书认为，本案讼师有两个；法官庞公认定刘崇钫就是讼师，所以下令衙役"留住他，吾严审他"。这里，讼师确实给人教唆词讼，与衙门"作对"的印象，[1] 其与史料对讼师行为的描述颇为一致。

然而，值得指出的是，如若我们意欲准确理解有关讼师的形象和行为的话语叙述，首先必须注意话语表达上的贬抑与司法实践上的某种积极作用之间的背离。因为，宋代以后讼师的日趋活跃，基本上是顺应了社会经济发展和庶民文化兴起的需要。他们

[1] 对讼师之起源、形象、行为特征和司法功能，迄今为止，中外学者已有很多研究。例如，陈智超：《宋代的书铺与讼师》，载《刘子健博士颂寿纪念宋史研究论集选编》，日本同朋舍1989年版；戴建国：《宋代的公证机构——书铺》，载《宋代法制初探》，黑龙江人民出版社2000年版，第382~396页；裴汝成：《宋代"代写状人"和"写状钞书铺"》，载裴汝成：《半粟集》，河北大学出版社2000年版，第306~315页；郭东旭：《宋代之讼学》，载郭东旭：《宋朝法律史论》，河北大学出版社2001年版，第31~47页；陈景良：《讼学与讼师：宋代司法传统的诠释》，载《中西法律传统》（第1卷），中国政法大学出版社2001年版，第201~232页；梁治平：《法意与人情》，海天出版社1992年版，第172~181页；［日］夫马进：《明清时代的讼师与诉讼制度》，载［日］滋贺秀三等：《明清时期的民事审判与民间契约》，法律出版社1998年版，第389~430页；王亚新：《关于夫马进教授论文的解说》，载王亚新等编译，《明清时期的民事审判与民间契约》，第431~440页；Macauley，*Social Power and Legal Culture*：*Litigation Master in Late Imperial China*；邱澎生：《明清讼师的社会文化史：评Macauley专书》和《是敌是友？明清司法审判中的訟师与幕友》，打印稿，感谢邱澎生教授的赠阅论文；党江舟：《中国传统讼师文化研究》，中国政法大学2003年博士学位论文；徐忠明：《讼师的眼睛》，载高鸿钧主编：《清华法治论衡》（第4辑），清华大学出版社2004年版，第468~472页；陈宝良：《中国流氓史》，中国社会科学出版社1993年版，第116~120页、第173~178页；亦见陈宝良：《明代社会生活史》，中国社会科学出版社2004年版，第144~145页。关于"讼师秘本"的研究，参见［日］夫马进：《讼师秘本〈萧曹遗笔〉的出现》，载《日本学者考证中国法制史重要成果选译》（明清卷），第460~490页。［美］黄宗智：《民事审判与民间调解：清代的表达与实践》，中国社会科学出版社1998年版，第146~161页。补注：写完这段文字之后，笔者又读到了潘宇所著《明代讼师秘本研究》。参见潘宇：《明代讼师秘本研究》，中西法律文化比较研究国际学术研讨会会议论文，长春，2004年7月。

的存在，不仅为民众诉讼提供了某些法律帮助，而且对帝国衙门的司法活动也构成了一种制约力量。其次，除了关注讼师备受帝国法律的打压取缔、精英文化的贬抑辱骂、帝国官僚的追究惩罚，我们还要仔细审视民间通俗文化中的讼师形象和助讼行为的话语叙述。其实，在民间文化中，讼师并没有完全被刻画成一副惯于挑拨离间、精于阴谋诡计的可恶嘴脸；有时，他们当中也有“不畏强权”甚或“匡扶正义”的英雄好汉，譬如《四进士》中的讼师宋世杰，就是这样一个正面人物。[1] 最后，除了关注“他者”的叙述，我们也要留意讼师的“自我”叙述。例如，在《讼师秘本》中我们就能读到有关讼师的职业道德与自我约束的条条框框；其中，也有充满“自我”期许和颂扬的话语。[2] 由此，才能避免乃至改变我们对“讼师都是坏人”或“恶讼师”的刻板印象。有关讼师的文本，是丰富多彩的，话语表述也是充满张力的。据此，我们只有用这些充满张力的文本（帝国法律、司法判牍、精英著述、通俗文学、讼师秘本）来勾勒讼师的多元形象，才能理解讼师的行为模式，解释讼师的社会意义和法律价值。其实，本案原告之所以借助讼师的法律知识和诉讼技巧（计谋）与孔府代理人打官司，根本原因就是孔府的势力太过强大，假如没有一定的法律知识和诉讼技巧，这些尼山贫民似乎不能胜任这场官司。就此而言，讼师确实是传统中国社会的平民百姓可资利用的社会资源，一种专制帝国不愿提供的司法资源。

---

[1] 关于《四进士》所写的讼师宋世杰帮助寡妇杨素贞打官司的故事，参见刘烈茂等编：《车王府曲本菁华·明清卷》，中山大学出版社 1992 年版，第 223~230 页。

[2] 对此问题，学者尚未引起足够的重视，当然也有学者已经做了初步的分析。参见党江舟：《中国传统讼师文化研究》，中国政法大学 2003 年博士学位论文，第 142~152 页。

四、大事化小：帝国官僚的司法技艺

关于传统中国纠纷解决的制度、实践以及特征，已有不少学者进行过探讨，但是这些研究基本上只是将民事诉讼制度（笔者将要讨论的重点）当作刑事诉讼制度的“剩余”内容，仅仅附带提及而非专门论述。换句话说，尽管对传统中国（特别是清代）的司法制度与司法实践的研究已经不少，然而对民事诉讼（制度与实践）的专题研究却不多见。[1] 据此，为了深入解读“清厘邹县尼山祭学两田地亩争控案件”的法律意义，很有必要在总体上勾勒一下帝制中国的司法框架，提供一个分析问题的宏观语境。从研究方法和理论基础来看，这一概括至少必须注意两个方面的问题：一是比较法的视角；二是类型学的构想。[2]

如果我们意欲勾勒传统中国法律类型之特征，最佳办法，是

---

[1] 除了各种“通史”著作和单篇论文涉及中华帝国的司法审判制度，以我寓目的专著或文集而言，也有不少。通史性的著作有：徐朝阳：《中国诉讼法溯源》，台北，台湾商务印书馆1973年版；张晋藩主编：《中国民事诉讼制度史》，巴蜀书社1999年版；那思陆、欧阳正：《中国司法制度史》，台北，“国立”空中大学2001年版。断代性的著作有：王云海主编：《宋代司法制度》，河南大学出版社1992年版；杨雪峰：《明代的审判制度》，台北，黎明文化事业公司1978年版；尤韶华：《明代司法初考》，厦门大学出版社1998年版；那思陆：《明代中央司法审判制度》，台南，正典出版文化有限公司2002年版；那思陆：《清代中央司法审判制度》，台北，文史哲出版社1992年版；陶希圣：《清代州县衙门刑事审判制度及程序》，台北，食货出版社有限公司1972年版；那思陆：《清代州县衙门审判制度》，台北，文史哲出版社1982年版；郑秦：《清代司法审判制度研究》，湖南教育出版社1988年版；吴吉远：《清代地方政府的司法职能研究》，中国社会科学出版社1998年版；赵晓华：《晚清讼狱制度的社会考察》，中国人民大学出版社2001年版；［日］滋贺秀三等：《明清时期的民事审判与民间契约》，王亚新等编译，法律出版社1998年版；［美］黄宗智：《民事审判与民间调解：清代的表达与实践》；Brian E. Mcknight, *The Quality of Mercy: Amnesties and Traditional Chinese Justice*, Honolulu, The University Press of Hawaii, 1981.

[2] 需要说明的是，囿于篇幅，笔者在此只是以此作为思考和分析的一个背景，而不作具体论证。

将其置于比较视野之下予以观照，作出概括。对此，著名德国社会学家韦伯（Mak Weber）进行了有效的尝试，也产生了广泛的影响。[1] 深受韦伯影响的美国法学家昂格尔（Roberto M. Unger）指出：传统中国离“法律支配”很遥远，从而与西方法律文化处于“对极性差异”的位置，两者在诉讼构造上的差异，也是基于这一宏观背景。[2] 顺着这一理路，日本著名中国法律史学家滋贺秀三，对传统中国法律文化和司法构造的差异，作了经典性的解说。[3] 但是，这些研究多少有些西方中心主义的“情调”。克服这一困境的思路，达玛什卡（Mirjan R. Damaška）教授的下列意见值得参考。他说：“中国的司法制度和司法理念与西方是如此的不同，以至于任何带有西方特殊性印记的话语都有碍于我们理解那里的司法。”[4] 当然，达玛什卡所言针对的是当代中国司法特性的研究方法，不过，他的意见似乎更加适合于独具特色的传统中国的司法制度与司法理念。与此同时，达玛什卡教授从国家权力的不同构造的角度，建构了不同的司法类型。这一研究方

[1] 对韦伯的中西法律文化之比较研究，林端教授做了很好的整理和概括。参见林端：《韦伯论中国传统法律——韦伯比较社会学的批判》，台北，三民书局2003年版，特别是“自序与导论”第6~7页的表格，概括得非常清楚。

[2] See Roberto M. Unger, *Law in Modern Society: Toward a Criticism of Society Theory*, NewYork, The Free Press, 1985, pp. 48-58, 86-109, 120.

[3] 参见［日］滋贺秀三：《中国法文化的考察》，载［日］滋贺秀三等：《明清时期审判与民间契约》，王亚新等编译，法律出版社1998年版，第1~18页。

[4] ［美］达玛什卡：《司法和国家权力的多种面孔》，郑戈译，中国政法大学出版社2004年版，第3页。顺便指出，如何反省传统中国法律文化研究中的“西方中心主义”方法，已有学者进行专门的检讨。譬如，徐忠明在《思考与批评：解读中国法律文化》（法律出版社2000年版）一书的有些文章中，曾对“西方中心主义”的研究方法有所批评；林端：《韦伯论中国传统法律——韦伯比较社会学的批判》，台北，三民书局2003年版，特别是第四章；陈惠馨：《法史学的研究方法——从戴炎辉先生的相关研究谈起》，载台北“中国法制史学会”主编：《法制史研究》2003年第4期；林端：《固有法与继受法——戴炎辉法律史研究方法的社会学考察》，载台北“中国法制史学会”主编：《法制史研究》2003年第4期。

法，对笔者具有启发意义。

那么，帝制中国（秦汉以后，直至清末修律）的国家权力构造有些什么特征呢？

首先，秦汉以降的政治权力构造，具有“皇帝⟷官僚”与“地方/郡县⟷基层/乡里”的双重结构。[1] 无论儒家抑或法家，全都主张君主是统治权力的枢纽，可以“元首”来比喻君主；而官僚却属于政治机器的部件，可以“股肱”来比喻大臣。尽管两者彼此依赖，缺一不可，[2] 但是，总的趋势是“尊君卑臣”这一权力格局的愈演愈烈，及至明清时期，可谓登峰造极。[3] 皇帝作为帝国的元首、权力的枢纽，因而也是法律和政令的源泉。从终极角度看，皇帝可以超越于法律之上，所以皇权的运作，具有极大的能动性和不受约束性。[4] 至于郡县，作为帝国的正式地方权力机构，它们是实现中央集权统治的基本力量。对于郡县长官来讲，他们的基本任务是牧民，内容非常广泛，举凡税收、狱讼、农桑、治安、学校、邮驿、工程、祭祀，无所不包。[5]

[1] 需要说明的是，这里所谓的“郡县”，并非仅仅是指秦汉时期特定的郡县，而是宽泛地用来指称传统中国的地方政府的基本架构。就笔者在此所要讨论的司法问题而言，重点是指州县衙门。这是因为，作为“凡事胚胎始于州县”的地方政府，司法审判同样以州县为初审；而对民事案件来说，州县更有“自理”的权力。

[2] 据学者考证，这种君臣关系的比喻，在金文和《尚书》中即有。参见张分田：《中国帝王观念——社会普遍意识中的“尊君—罪臣”文化范式》，中国人民大学出版社2004年版，第459~460页。

[3] 对这一问题的详尽分析，参见余英时：《“君尊臣卑”下的君权与相权》，载余英时：《中国思想传统的现代诠释》，江苏人民出版社1989年版，第105~129页；张分田：《中国帝王观念——社会普遍意识中的“尊君—罪臣”文化范式》，中国人民大学出版社2004年版。

[4] 或许天道、民心、祖制家法、官僚体制可以成为介乎“抽象”和“具体”之间的约束力量，说到底，这些东西还是“软约束”而非“硬约束”，一切要看皇帝的态度和意愿。

[5] 关于清代州县衙门政务的概括讨论，参见瞿同祖：《清代地方政府》，范忠信、晏锋译，法律出版社2003年版，第192~281页；郭建：《帝国缩影：中国历史上的衙门》，学林出版社1999年版，第170~306页。

由于州县衙门直接面对（治理）百姓，因此也称“亲民官”或“父母官”。乡里组织虽然仅为“半官半民”或“亦官亦民”的基层社会，却具有非常严密的组织系统。秦汉时期的“乡、亭、里”这一组织架构以及相应的有秩、啬夫、三老、游徼、乡佐、里正、里佐之类的乡官系统，[1] 即是很好的例证。随着时代变迁，乡里组织及其管理人员也有相应变化，可是基本脉络和精神变化不大。到了笔者所要讨论的清代，承袭明代而来的里甲制和保甲制，成为帝国行政管理与社会控制的基本工具，由“催办钱粮，勾摄公事”可见一斑。而原本民间化的“乡约”组织，随着帝国控制的强化，被纳入官方化的体制。[2] 就此而言，中华帝国的政治权力构造，具有“科层+管理”的特性。

其次，基于道德和技术上的原因，中华帝国的政治权力特性又非上述框架所能涵盖。这是因为，前面勾勒的权力构造的轮廓，多半是法家思想的具体化和制度化。可是，传统中国的政治构造，毕竟不完全是法家思想的简单落实，儒家思想的深刻影响同样不可忽略。如果说法家“崇尚权势”的话，那么儒家可以说是“道德政治”的信仰者和践行者。因此，基于帝国官方意识形态（汉代以降，历朝历代都是如此。当然，真正成熟要到唐朝）的道德主义立场，儒家非常强调“民本”思想的政治意义。而且，出于“民本”政治的考虑，儒家主张政治行为必须以“爱民”为归依。随之而来的是：第一，儒家提倡“榜样”的治理模式。孔子说：“政者，正也。子帅以正，孰敢不正？”又讲：“君

---

[1] 对于秦汉乡里制度的精彩分析，参见秦晖：《政府与企业以外的现代化——中心公益事业史比较研究》，浙江人民出版社 1999 年版，第 72~77 页。

[2] 关于帝制中国乡里制度之变迁，参见赵秀玲：《中国乡里制度》，社科文献出版社 1998 年版，第 7~59 页。

子之德风，小人之德草，草上之风必偃。”[1] 第二，儒家追慕“无为”的政治理想。孔子说：“无为而治者，其舜也欤？夫何为哉？恭己正南面而已矣。”[2] 只有在这种情况下，孔子“为政以德，譬如北辰居其所而众星拱之”[3] 的和谐有序的局面才能出现。足见，儒家心目中的理想君主，犹如“北辰”那样居于统治的核心地位，君临臣民之上，但是并不专制独裁；君主是通过其个人的修养与民众产生相互影响，而不必以专制独裁的方法来统辖臣民，他与臣民之间的关系，具有非强迫性（说服与心服）的特点。另外，由于臣民也共同参与了道德秩序之创建，因此他们个体的自我实现，亦能与君主保持一致。[4] 这种“无为而治”（反干预和反管理）与“君子不器”（非专业化和非技术化）的权力构造与运作，有着浓厚的“外行+协作”色彩。但是在政治运作和司法实践中，儒家道德主义的治理模式，又非常重视移风易俗和说服教育，从而使其政治模式具有明显的“能动+说服”色彩。

最后，从传统中国政治权力的宏观架构来看，尤其是从战国时期（如秦国）法家的政治思想与政治实践来看，完全是一种“形式法律”和“文法之吏”治理的模式。而秦国之所以能在2000万人口中征调50万人筑长城，70万人修秦始皇陵墓，70万人造阿房宫，50万人戍五岭，并且持续发动规模巨大的征伐战争，与此同时，又能非常有效地及时地组织军事物资的征集和供

[1]《论语译注》，杨伯峻译注，中华书局1980年版，第129页。
[2]《论语译注》，杨伯峻译注，中华书局1980年版，第162页。
[3]《论语译注》，杨伯峻译注，中华书局1980年版，第11页。
[4] 参见［美］安哲乐：《主术：中国古代政治艺术之研究》，滕复译，北京大学出版社1995年版，第32~33页。

给，如果没有相当严密的法律体系、行政机构、乡里组织、什伍编制、户口登记这套制度和监督机制，那简直是毫无可能的事情。[1] 尽管晚清志士谭嗣同曾经作出“两千年之政，秦政也”[2] 的批判，秦政也确实对中华帝国的政治法律有过既深且钜的影响，但是，汉代儒家正统意识形态的重构，亦非仅是“挂羊头买狗肉”的冒牌宣传。[3] 换言之，儒家“无为”和“德治”的政治法律思想，也起了实质性的作用。根据“无为而成”[4] 的原则，儒家思想指导下的政府，必然采取“省俭”的治理模式。说到底，这也是“薄赋轻徭”这种税收政策（或者财政原则）的内在要求。诚如前面所说，传统中国（至少汉代以后）一直采取“精兵简政”的官僚体制。美国社会学家韩格理（Gary G. Hamilton）和我国法律社会学家瞿同祖提供的一组数据颇能说明问题：在1899年编订的《大清会典》中，一共只罗列了2万名官员，而当时人口总数约有4.5亿，平均2万人仅有1名官员；另据学者估算，约有150万名协助官僚体制日常运作的底层人员，包括胥吏、差役、师爷、仆役；两者相加，总数仍然有

[1] 参见秦晖：《吏治改革：历史与文化的反思》，载赵汀阳主编：《论证》（第3辑），广西师范大学出版社2003年版，第320页。事实上，对“秦简”中的法制史料的研究，已经充分地证明了这一特点。

[2] 蔡尚思、方行编：《谭嗣同全集》（修订本），中华书局1981年版，第337页。

[3] 例如，秦汉之际“由法吏向儒吏的转变”即是一个引人注目的事实，它对后世中国的政治、法律、司法的影响之深刻，已是学界的共识。相关研究，参见阎步克：《士大夫政治演生史稿》，北京大学出版社1996年版；余英时：《士与中国文化》，上海人民出版社1987年版，第139~151页；瞿同祖：《中国法律与中国社会》，中华书局1981年版，第328~346页。

[4] 参见《礼记·中庸》对“至诚”之特点的描述：“如此者，不见而章，不动而变，无为而成。”杨天宇撰：《礼记译注》，上海古籍出版社2004年版，第706页。《老子》第57章“我无为而民自化，我好静而民自正，我无事而民自富，我无欲而民自朴。”（汉）河上公等：《老子》，刘思禾校点，上海古籍出版社2013年版，第143页。

限，平均1万人只有3名政府的公家仆人。[1] 此外，根据《乾隆会典》统计，约有1436个州县衙门，而当时人口总数约有3亿，平均1个州县拥有20万人。[2] 每个州县长官有5或6名属员，各地互有差异，而且，在日常行政活动中，这些属员的作用不是很大。[3]

据此，学者认为，中国官员不是以完成皇帝命令为职志的行政人员，相对而言，官员为皇帝服务之处，在于把自己当作道德模范，以此教化百姓。[4] 韦伯甚至认为，在这种情况下，帝制中国的政治运作既非集约，亦非中央集权。[5] 这些推断似乎告诉我们，帝制中国的政治权力状况，很难胜任纷繁复杂的行政事务，那种所谓"积极干预"的能动主义的管理作风，也就无从谈起。然而，情况并非如此简单。为了克服权力配置与人口地域（或者行政事务）之间极不对称的困境，传统中国采取"抓大放小"的对策予以缓解。易言之，政府只管重大的事情，而对琐碎的事情，每每采取间接管理的模式，乃至采取放任自流的态度。顺便指出，传统中国政府之所以看起来特别重视刑事法和官僚法

---

[1] ［美］韩格理：《中国社会与经济》，张维安、陈介玄译，台北，联经出版事业公司1990年版，第120页。读者可以比较一下韩格理提供的法国人口与官僚的比例：1665年，人口2000万，官员4.6万人，每500人约有1个官员；1789年前夕，人口4000万，科层官员（包括小城书记和城门守卫）30万人，每1000人约有7.5个官员。19世纪与20世纪之交，欧洲国家人口与官员之比例：每1000人有20~30个官员。

[2] 参见瞿同祖：《清代地方政府》，法律出版社2003年版，第9页。

[3] 关于属官的介绍，参见瞿同祖：《清代地方政府》，范忠信、晏锋译，法律出版社2003年版，第17~28页。法国学者魏丕信认为，由于州县的政治与行政责任全完落在长官身上，所以"这些属员在日常行政事务中起不了太大作用"。［法］魏丕信：《18世纪中国的官僚制度与荒政》，徐建青译，江苏人民出版社2003年版，第69页。

[4] 参见韩格理：《中国社会与经济》，张维安、陈介玄译，台北，联经出版事业公司1990年版，第120页。

[5] 参见［德］韦伯：《韦伯作品集·Ⅲ·支配社会学》，康乐、简惠美译，广西师范大学出版社2004年版，第160页。

而轻视民事法和商事法、重视刑事审判而轻视民事审判，或多或少与“抓大放小”的治理模式相关。[1]

从司法制度设计及其运作来看，为了有效打击刑事犯罪——不仅侵犯民众的生命和财产，而且危及帝国的统治秩序和皇帝的绝对权威，国家必须采取积极干预的手段，予以严厉惩罚，因此，刑事诉讼程序有着鲜明的“科层式纠问型”特征。然而作为“鼠牙雀角之争”的民事纠纷，则被视为民间细故，不但国家无力积极干预和全面介入，有时，即便小民百姓抱着诉讼文书涌向衙门，州县官员也会推托和拒绝，既无心干预，亦无力干预。但是，由于帝国政府具有强烈的“秩序情结”，何况民事诉讼并非只是为了解决小民之间的纠纷，事实上，在解决纠纷过程中，承审官员还肩负着道德宣传与移风易俗的任务。这样看来，民事诉讼也就有了“能动式说服型”特征。这不仅意味着，自理词讼与审转案件属于两种不同的司法类型，还意味着，我们很难将帝制中国的司法制度与司法实践，归入单一的司法类型。

通过上面的简要分析，我们可以获得一些初步印象：一是出自法家之手设计的帝制中国政治权力的基本目的，即是确保皇权专制（这是秦王嬴政“更定名号”的深意所在）与维护中央集权（所谓“书同文”和“车同轨”就是很好的象征）的政治社会秩序。为了实现这一目标，法家非常关注形式法律、理性行政和精确管理的治理效能，企图把举国上下、事无巨细，一举纳入“法

[1] 需要说明两点：第一，我们很难得出帝制中国“重视刑事法和官僚法而轻视民事法”或者“重视刑事审判而轻视民事审判”的结论，因为无论怎样，这仅仅是上述权力结构的一种理性选择而已。第二，我们知道，皇帝最最关心的是如何维护权力，因而才有“王者之政莫急于盗贼”的法律思想；为了实现皇帝统治的意图，才有“明主治官不治民”的政治教条。这样一来，刑事法与官僚法之受到重视，也是理所当然的事情。

律的治理网络”[1]（如“皆有法式”“事皆决于法”等）当中。这一构想与“富国强兵”密切相联，也与各国争霸的“国际关系”息息相关。换言之，如果没有各国争霸的“国际”局势，那么“富国强兵”似乎不太可能成为迫在眉睫的国家大事，也无必要一味采取以酷刑峻罚为后盾的法律（或刑法）之治。二是秦朝二世速亡，可以说是“土崩”而非“瓦解”的结果——刑罚之治和横征暴敛之下社会基础的崩溃，[2]而非形式法律和官僚制度的瓦解。但是，它却给了汉朝一个重要启示：必须采取“刚柔相济”的治国之道。由此，经过短暂（黄老之治）的喘息，儒家道德主义的治理模式渐次抬头，终于成为帝国的意识形态。这样一来，秦朝“繁于秋荼，密于凝脂”[3]的法律体系，经过黄老“约法省刑”的清厘之后，如今开始承受儒家道德主义的重构。尽管“引经决狱”的意蕴丰富，可是重铸法律的道德精神，平衡法律逻辑（条文主义或形式逻辑）与情理逻辑（实质主义或辩证逻辑）之间的关系，乃是根本旨趣。从此，这一做法成为帝制中

[1] 或许，从“形式法治”来看，中国古代法家“以法治国”的思想，与现代法治理论具有相通的一面。如果这样的话，那么中国古代似乎也是一个法治的国家。譬如，苏力曾经指出：“当代中国对法治的呼唤，可以说就是对秩序的呼唤。”进而认为：“法治就是规则的统治。”由此，苏力得出“乡土社会内部的秩序是长期稳定的，并在这个意义上是‘法治化’的”的论断，所以“那种认为中国历史是没有法、法律或法治的历史的激动人心的理论是荒谬的……”参见苏力：《现代化进程中的中国法治》，载《学问中国》，江西教育出版社1998年版，第172页、第176页、第207~208页。这种“法治=秩序=规则”的化约论方程式，乃是非常典型的“形式法治”理论。也许，正是阳光底下没有什么新鲜事儿，洋人也有这样的说法。有关讨论，参见周天玮：《法治理想国——苏格拉底与孟子的虚拟对话》，商务印书馆2000年版。但在笔者看来，洋人提出“形式法治”的观点与中国固有的“法治”思想，语境和旨趣并不一样。

[2] 根据《汉书·刑法志》的记载，秦朝的峻法之治，终于导致“赭衣塞路，囹圄成市，天下愁怨，溃而叛之”的惨局。载邱汉平编：《历代刑法志》，群众出版社1988年版，第14页。

[3] 王利器校注：《盐铁论校注》，中华书局1992年版，第565页。

国司法实践的一贯传统。三是史书所谓“王者之政，莫急于盗贼”[1] 一言，非常准确地揭示了中华帝国法律的宗旨，即如何惩罚以“盗”与“贼”[2] 为中心的犯罪。完全可以想象，既然帝国法律的锋芒直指挑战“王者”政治秩序和社会秩序的犯罪，那么刑事诉讼必将成为整个司法制度的重心。[3] 由于传统中国的刑事审判旨在追究和惩罚冒犯帝国秩序的犯罪，因此，积极发挥国家权力的追诉功能乃是势所必然的事，而采取“纠问式”的诉讼程序也是顺理成章的事情。[4] 但是，直接挑战皇权的犯罪和危害他人生命财产的其他犯罪毕竟是少数。恰恰相反，在社会生活中，民事纠纷与民事诉讼倒是家常便饭。事实上，处理民事案件也是帝国衙门的日常工作。

---

[1] 参见《晋书·刑法志》，载邱汉平编：《历代刑法志》，群众出版社 1988 年版，第 46 页。

[2] 必须说明的是，在早期中国法律概念中，不仅“盗”和“贼”之间的内涵不同，而且它们与战国以后的用法也不相同。根据杜正胜考证：“封建时代政争杀害事件一般称作‘贼’，特殊场合才叫作‘盗’，或指平民，或指家臣，即使贵族也是甚为《春秋》所不齿者才书以‘盗’字。微贱小民犯上只合称‘盗’，不够资格曰‘贼’。说穿了，‘贼’还是带有浓厚贵族色彩的字眼呢！战国以下，一般杀伤便可判作‘贼’，这也是一项巨大的世变。”又说：“盗的另外意义是偷窃财货，……统治阶级不会有饿肚子的问题，小民穷途困厄乃出之以偷窃抢劫，故盗多指下层阶级而言。……盗经常和异乡人分不开，所以逃亡者也称作‘盗’。逃亡的人民聚集一起便是‘群盗’，靠著打家劫舍或抢夺过客商旅谋生。”由于春秋战国的时代变迁，“盗”和“贼”的意义也发生了变化；与此同时，“盗”和“贼”两字用语上的阶级差别也随之发生了变化。大体而言，盗指破坏财产权的犯罪，贼指危害生命权的犯罪。随着战国时代“编户齐民”社会的形成，李悝制定的《法经》直指盗贼犯罪乃是顺理成章的事情。不过，这时《盗》和《贼》法律的锋芒所指却是平民阶级。参见杜正胜：《传统法典始原——兼论李悝法经的问题》，载许倬云等：《中国历史论文集》，台北，商务印书馆 1986 年版，第 433~438 页；另见杜正胜：《编户齐民——传统政治社会结构之形成》，台北，联经出版公司 1990 年版，第 244~248 页。

[3] 《晋书·刑法志》关于“王者之政莫急于盗、贼，故其律始于《盗》、《贼》；盗、贼须劾捕，故著《囚》、《捕》二篇。……”的记载说明，无论实体法抑或程序法，重心都是如何对付“盗”和“贼”的犯罪。这种法律架构，也是后世中国法律的一个显著特征。参见邱汉平编：《历代刑法志》，群众出版社 1988 年版，第 46 页。

[4] 参见徐忠明：《论中国古代刑事审判传统》，载《法制与社会发展》2004 年第 1 期。

那么，传统中国民事诉讼究竟有些什么特征呢？

这里，笔者想先做一点点学术史的回顾。基于比较法律社会学的视野，韦伯认为帝制中国的司法制度具有“所罗门式审判”或者“卡迪式审判”[1] 的特征。他概括道：中国司法制度，是一种家父长制混合的类型，它模糊了司法与行政的分际，皇帝诏书内涵一半是教诲式的，另一半则是命令式的，其对司法的干预要么是普遍地加以干涉，要么是个案地加以干涉；而进行判决的过程，如果不是受到巫术的制约，就是以实质标准而非形式标准为取向。因此，以形式标准和经济上的“期盼”来加以考量的话，它是一种有着强烈非理性的，而且具体“衡平”的司法。[2] 顺着韦伯的思路，滋贺秀三对传统中国民事诉讼模式也有独到的概括，把它称为“父母官式诉讼”或者“教谕式调停”（didactic conciliation）。滋贺指出：与欧洲“竞技型诉讼”模式相对，传统中国诉讼模式的原型来自父母申斥子女的不良行为，调停兄弟姐妹之间的争执这种家庭作为，可以说是“父母官式”的诉讼模式。在民事诉讼中，州县长官不是依据法律作出裁决，而是按照“情理”这种缺乏规范化与确定性（实定化）的东西作出裁决。而所谓“情理”，简单说来就是“常识性的正义衡平感觉”，或者说是“中国式的理智（良知）”。因此，情理可以作为一种民事案件的普遍的审判基准。民事诉讼也非仅仅为了解决纠纷本身，而且关乎地方秩序和社会福利。在这种情况下，州县长官作

[1] 黄宗智称为“包青天式的审判”。参见［美］黄宗智：《民事审判与民间调解：清代的表达与实践》，中国社会科学出版社 1998 年版，第 214 页。

[2] 参见［德］韦伯：《经济与社会》（下卷），林荣远译，商务印书馆 1997 年版，第 170 页；译文有所调整，主要参考林端：《韦伯论中国传统法律——韦伯比较社会学的批判》，台北，三民书局 2003 年版，第 64 页。

出的裁判自然没有确定性与普遍性。[1] 无论韦伯还是滋贺秀三，他们对传统中国诉讼模式进行类型概括的基本视角，乃是作为对照类型的西方诉讼模式；这一类型概括的特定要素，就是法官（所罗门和父母官）裁判根据的规则是否具有普遍性以及裁决本身是否具有确定性。[2]

着眼于“传统中国法官的民事判决是否依据法律”这一问题，在日美中三国学者之间发生了激烈的争论。针对滋贺秀三的

[1] 对此问题的详尽分析，参见滋贺秀三的以下论文：《中国法文化的考察》，载［日］滋贺秀三等：《明清时期的民事审判与民间契约》，法律出版社 1998 年版，第 1~96 页；《清代诉讼制度之民事法源的概括性考察——情、理、法》；载［日］滋贺秀三等：《明清时期的民事审判与民间契约》，法律出版社 1998 年版，第 1~96 页；《清代诉讼制度之民事法源的考察——作为法源的习惯》，载王亚新、梁治平编：《明清时期的民事审判与民间契约》，法律出版社 1998 年版，第 1~96 页。另见林端：《韦伯论中国传统法律——韦伯比较社会学的批判》，台北，三民书局 2003 年版，第 58 页以下。在 2004 年 7 月 26~27 日吉林大学理论法学研究中心召开的“中西法律文化比较研究国际学术研讨会”上，承蒙张中秋教授见告，在一次学术会议上，滋贺教授已对原先的观点作了修正。滋贺提出：传统中国法官裁判的依据不仅仅是“情理”，而是“法律与情理之间的平衡”。尽管对于这一修正观点的论证细节不甚清楚，但是，我们还是可以看出，滋贺的修正观点旨在强调，法律在传统中国法官作出裁决时的重要意义。

[2] 这里，尚有两个问题须要澄清：问题之一，在韦伯所说的那种“所罗门/卡迪审判”模式中，法官裁判是否没有普遍性规则依据？进而，法官裁判本身是否也没有确定性可言？在笔者看来，为了彰显西方法律传统的特性——这是韦伯比较社会学研究的旨趣所在，韦伯或多或少地夸大了伊斯兰法官（卡迪）裁判案件的“不可琢磨”的风格。有关“卡迪审判”的概括，参见林端：《韦伯论中国传统法律——韦伯比较社会学的批判》，台北，三民书局 2003 年版，第 17~19 页。问题之二，在讨论法律与情理的关系时，滋贺秀三先生用了一个著名的比喻：国家制定的法律，好像漂浮在情理海洋上的冰山。参见［日］滋贺秀三等：《明清时期的民事审判与民间契约》，王亚新等编译，法律出版社 1998 年版，第 36 页。如果这一比喻恰当的话，那么我们可以认为，情理与法律具有共同的“质料”，只是由于“气温”的变化而使“冰与水”之间发生互动性的变化；换句话说，情理是法律的基础，法律则由情理凝聚而成。就此而言，强调法律的确定性而否认情理的确定性，究竟有何意义？不无疑问。另外，按照这一比喻，法律与情理之间的界线究竟何在？并不清楚。顺便指出，张伟仁认为：“至于将传统中国法律系统形容为‘情、理’汪洋中的冰山一角，则似乎把情、理与法对立起来，也很不妥，因为法律并非纯理性的产物，它与情、理有着密切的关系。”张伟仁：《学习法史三十年》，载《清华法学》（第 4 辑），清华大学出版社 2004 年版，第 284 页。在此，张伟仁把情理与法律对立起来加以体认，与滋贺秀三的原意似有区别；但是，他也认为情理与法律之间有着密切的关系。张伟仁的基本判断是：“在实务里，情、理、法三者不是对立，而是相辅相成的。”

"传统中国法官以情理为基准进行裁判"的意见，美国华裔历史学家黄宗智以淡新、宝坻、巴县三大档案为基本史料，得出了与滋贺先生绝然相反的结论。他认为，清代州县衙门审理的民事案件，绝大多数都是根据《大清律例》作出裁决的。根据黄宗智的统计，在"单方胜诉"的221例案件中，有170例按照《大清律例》的规定；在"无人胜诉"的33例案件中，有22例根据《大清律例》的规定。也就是说，在所有案件中，有87%的案件都是明确根据《大清律例》作出的判决。[1] 这样一来，黄宗智不仅反驳了滋贺的"情理说"，而且否定了滋贺的"调停说"，从而提出了"审判说"。需要说明的是，这场讨论还在继续，尚未达成共识。但是，争鸣本身显示出来的学术意义，值得我们予以热烈的关注。只是，这里不是展开详尽、深入评析的地方。[2] 无论怎

[1] 参见［美］黄宗智：《民事审判与民间调解：清代的表达与实践》，中国社会科学出版社1998年版，第78页。

[2] 涉及这一争论的研究很多，可以参考以下成果。

（1）支持黄宗智的意见。张晋藩先生认为："从现存司法档案中，可以看出依律例断案是最基本的形式。"具体而言，就是"有律例者依律例，无律例者依礼、俗"。参见张晋藩主编：《中国民事诉讼制度史》，巴蜀书社1999年版，第206～207页。何勤华认为，清代民事案件适用律例是主体。他指出，在蒯德模《吴中判牍》收录的44例中，其中38例都是依据律例规定和原则作出的判决，占85%；在董沛《汝东判语》著录的142例中，其中104例均是按照律例和原则作出的判决，占70%。何勤华：《清代法律渊源考》，载《中国社会科学》2001年第2期。李孝猛考察《汝东判语》之后指出：判语共有145个案件，判决依据是：法律60例，成案3例，情理24例，礼法19例，习惯2例，其他37例。参见李考猛：《中国十九世纪基层司法文化研究——以〈汝东判语〉文本为中心》，载《华东法律评论》（第2卷），法律出版社2003年版，第271～324页。这个数字可能有误，因为《汝东判语》共有142个案件，而非145个案件。林端支持黄宗智关于"清代法律制度不是韦伯意义上的形式主义和理性化的，但它显然也不是卡迪（卡迪）法。我希望我已经证明，它不是专横武断，反复无常和非理性的"。［美］黄宗智：《民事审判与民间调解：清代的表达与实践》，中国社会科学出版社1998年版，第214页。林端虽然同意黄宗智的结论，但是他认为黄宗智对韦伯尚有误解。参见林端：《韦伯论中国传统法律——韦伯比较社会学的批判》，台北，三民书局2003年版，第104页以下。另外，林端统计《淡新档案》中的222宗民事案件之后得出结论：其中53次提到律例，律4次，例49次。同上书，第131页。林端教授的研究具有如下特色：其一，他主张文化相对主义，从而反对韦伯等人的西方中心主义的中国传统法律研究。其二，作为一个法律社会学家，他非常重视奥地利法律社会学欧根·埃利希（Eugen Ehrlich）的"活法"（Living Law）理论，并

样，通过上面的简要介绍与注释的精细梳理，我们可以得出一些

把这一理论引入中国传统法律研究。其三，凭借上述学术背景，他提出法律“多值逻辑”的观点；在“多值逻辑”法律理论观照下，他认为“情、理”就是“活生生的法律”。当然，这个“多值逻辑”概念，不仅是指法律规范之多元，也包括了司法方式之多元。

（2）支持滋贺秀三的意见。曹文彦认为：在纠纷解决中，首先依据的是情（human sentiment），其次是理（reason），最后才是法（law），这是中国自古以来的传统。See Wen-yen Tsao，“*Equity in Chinese Customary Law*”，*in*：*Essays in Jurisprudence in Honor of Roscoe Pound*，Indianapolis/ New York：Bobbsmerrill，1962，pp. 13－21. 美国学者马克·阿里（Mark A. Allee）在仔细调查我国台湾地区淡水厅新竹县档案的 222 例民事案件记录后发现：其中以某种形式引用律例的只有 4 例，它们与判决结论有着直接关系的仅有 2 例而已。Mark A. Allee，“Code，Culture and Custom：Foundation of Civil Case Verdicts in a Nineteenth-Century Court”，in Civil Law in Qing and Republican China，ed. Bernhardt and Huang，Stanford，Stanford University Press，1994，pp. 122－141；Mark A. Allee，*Law and Society in Late Imperial China*：*North Taiwan in the nineteenth Century*，Stanford，Stanford University Press，1994. ［日］寺田浩明：《清代民事审判：性质及意义》，载《北大法律评论》（第 1 卷第 2 辑），法律出版社 1999 年版，第 610 页。针对阿里所谓“县官在裁决时很少援引律例条文”的观点，黄宗智认为，这并不意味着律例在审判中不起作用。因为在子民面前无所不知的父母官，没有必要援引律例来为自己的判决辩护。参见［美］黄宗智：《民事审判与民间调解：清代的表达与实践》，中国社会科学出版社 1998 年版，第 86～87 页。在笔者看来，这个没有必要征引律例为自己辩护的论断，可能并非那么简单。因为，它至少可以作三种解释：一是根本没有相关律例可资援引，所以没有援引；二是不予征引，就意味着是依据情理作出的裁判；三是虽有相关律例，但是承审官员因自己的权威地位而不予援引。

（3）或许，比较一下宋朝法官裁判依据的情况，也是很有意义的。王志强指出：在现存书判中，引述法律依据的有 159 件，涉及法律 197 条；其中判决结果与法律一致的有 89 件，占 56%；与法意不合的有 54 件，占 34%。书判中没有引述法律依据但可以考详的有 61 件，判决结果符合法意的有 22 件，占 36%；不合法意的有 38 件，占 62%。共计 220 件书判，判决结果与所引或所考法律依据一致的有 111 件，占 50%；与法意不合的 92 件，占 42%。可见，法律的作用是不可忽视的。此外，书判没有引述法律，且已不可考详而以其他理由裁判的有 156 件。然而，王志强同时也指出：（法官）虽然表面上引述法律依据，但是实际上却任意解释法律，在这种情况下，情理起了重要的作用；另外，即使是符合法律的裁判，情理也有重要意义。参见王志强：《南宋司法裁判中的价值取向》，载《中国社会科学》1998 年第 6 期；王志强：《〈名公书判清明集〉法律思想初探》，载《法学研究》1997 年第 5 期。

根据上述学者的研究成果，笔者认为，滋贺秀三的“情理说”值得重新考虑。或许，这也是他修订自己原有观点的原因所在。另外，黄宗智的观点也并非没有进一步研究的可能。其实，如果仔细审查黄宗智所谓“依法判决”的案件，我们还是可以发现不少例证都是间接的、暗示的。在这种情况下，我们也未尝不可以说，这些案件是根据“情理”作出的；毕竟，情理与法律之间往往难以给出“明晰”的界线。尽管如此，在传统中国民事诉讼中，法官基本上“依法判决”这一结论还是可以接受的，也是令人信服

初步的判断。其一，虽然刑事诉讼程序构成传统中国诉讼制度的基础，但是，民事诉讼并非只是刑事诉讼的“剩余”内容，无足轻重。其二，尽管刑事诉讼具有鲜明的“纠问”特色，不过，民事诉讼似乎只有较弱意义上的“纠问”色彩。其三，在刑事审判中，法官必须严格依法判决，而在民事审判中，法官却有相应的裁量权力，这时，情理起了非常重要的衡平作用。[1] 其四，如果民事审判尚须照顾法律（援引律例）的话，那么，在民事调解中，依法与否也就不是一个根本问题。[2] 其五，民事调解的旨

的。最后，必须指出的是，如果是着眼于审判，那么“依法判决”当然很重要；但是，如果是调解的话，调解是否依据法律也许就不是一个真问题，而是一个假问题。这是因为，基于“私法自治”的理论，原被双方在法庭上达成的关于纠纷解决的“合意”，自然可以“规避”法律的硬性规定。故而，如果把调解作为传统中国民事纠纷解决模式的特征，再来检讨裁决的法律依据问题，似乎理据不足，也意义不大。这方面的例证，参见前揭［日］寺田浩明：《中国清代的民事诉讼与“法之构筑”》，载易继明主编：《私法》（第3辑第2卷），第304~326页。

[1] 虽然刑事审判必须严格依法判决，但是，在司法实践中，同样也有“参酌”情理的做法。对此问题的讨论，参见沈小明：《〈盟水斋存牍〉所载强盗案件研究》，中山大学2003年硕士学位论文。张伟仁先生更有精辟的概括。他说：“在我看来，能纂入传统法典的条文，大多是合情合理的，只是在不同时代和环境里，人们对情理多少有些不同的解释。从前的地方官对于民事及轻微刑事案件，大多是依照他们当时认定的情理去判决的；审理较重的刑事案件时，这种情况较少，因为断罪必须援引律文，如援引错误，上司会下令重审或重判，如有严重出入人罪的情形，犯错的各级官员还会受到处分，是以他们时而会有削‘情’适‘法’之事。但是重大案件复核之时，情形又不同了。高层司法官员以及若干‘英明’的君主，往往将情、理、法综合参酌，对于他们认为不当的法律作出新的解释，甚至及时加以修正，并使其溯及既往而适用于本案。由此可见，在实务里，情、理、法三者不是对立，而是相辅相成的。”张伟仁：《学习法史三十年》，载许章润主编：《清华法学》（第4辑），清华大学出版社2004年版，第284页。

[2] 清代名幕汪辉祖说过：“勤于听断，善已。然有不必过分皂白，可归和睦者，则莫如亲友之调处。盖听断以法，而调处以情。法则泾渭不可不分，情则是非不妨稍借。理直者既通亲友之情，义曲者可免公庭之法。调人之所以设于周官也。或自矜明察，不准息销，似非安人之道。”（清）汪辉祖：《学治臆说》卷上《断案不如息案》，载官箴书集成编纂委员会编：《官箴书集成》（第5册），黄山书社1997年版，第277页。需要说明的是，汪辉祖所言的“调处”是指亲友（民间）调处而非官方调处，但是，两者包含的道理并无不同。另外，听断与调处的界限似乎就是法律与情理。当然，汪辉祖的说法有点绝对。

趣，在于平息两造矛盾和维护社会秩序。

有了这样一个基本的法律语境，我们再回头来讨论“尼山祭田纠纷”案件。

（1）本案调处的原因。通说认为，对于解决民事纠纷来说，无论民间抑或官方大多热衷于调处息讼，这是帝制中国司法实践的一个显著特征。[1] 一般来讲，唯有民间调解不成，两造方能诉诸官方。对于衙门来说，同样也是采取“先调解后审判”的程序。[2] 传统中国之所以特别重视调解息讼，显然是因为：第一，儒家倡导“和谐”社会伦理的影响。第二，谚语所谓“饿死不做贼，冤死不告状”这种“忍”的日常准则的规训。第三，维护民间“熟人社会”秩序的内在要求。如果“和谐”是一个积极的价值取向，那么“忍”就是一种消极的生活态度。[3] 而“熟人社会”制约人们撕破脸皮的，乃是实用主义生存哲学的体现。第四，官方鼓励民间调解和自行调解，既与秉承道德主义的意识形态有关，也与摆脱繁重的工作压力有关。在这种情况下，采取民间调解的方式，可以缓解两造冲突的程度，遏制纠纷的升级与恶化，从而保全双方的面子，维持日常生活秩序的安定与和谐。但是对于小民百姓来讲，衙门毕竟是一个可以“讲理”的地

[1] 对清代调解制度的研究，除了参考前述滋贺秀三、寺田浩明、郑秦、吴吉远、黄宗智等人的成果，还可参考美国学者柯恩（Jerome A. cohen）的文章，[美] 柯恩：《现代化前夕的中国调解》，载强世功编：《调解、法制与现代性：中国调解制度研究》，中国法制出版社 2001 年版，第 88~116 页。

[2] 需要说明的是，其一，这仅仅是一种司法惯习，在帝国法律中尚未见到类似的规定；其二，所谓“先调解后审判”的司法惯习，其实也无明确的阶段之分与原则之别，在“调解与审判”之间可谓伸缩自如。

[3] 号召以“忍”的态度与人相处，这大概是传统中国非常突出的伦理实践。有人还把各种“忍”的训诫与故事编入书籍，以广流播。参见（元）许名奎、吴亮：《忍经·劝忍百箴》，吉林摄影出版社 2003 年版。

方，也是一个比诸基层社会更有“权威”的所在，因此，一旦基层社会不能自行解决纠纷，诉诸衙门也是当然的选择。基于同样理由，衙门也不愿意看到民间矛盾升温、冲突扩大，故而用调解来“大事化小，小事化了”显得非常理性。

这些分析固然不错，但是，对于本案来说，邹县知县用调解这种方式来解决纠纷，似乎还有其他原因。我们知道，为了实现司法公正这一目标，法官的“超然”位置非常重要。故而，时无古今、地无中外，要求法官在待审案件中没有自己的利害关系，这是一条基本准则。[1] 回避制度的设定，也是为了实现这一

[1] 在西方法律史上，作为司法（正义）象征的“蒙眼”女神，她之所以蒙住眼睛，就是为了构筑一种“超然”的位置，与原被两造形成一种“区隔”的关系，从而保证法官的中立性与客观性，这是司法公正的内在要求。当然，正义女神之蒙眼，尚有更为丰富的意蕴。譬如，正义女神的“蒙眼布”既是司法程序的象征，也是司法智慧的隐语。详细讨论，参见冯象：《正义的蒙眼布》，载冯象：《政法笔记》，江苏人民出版社2004年版，第144~159页。其实，西方司法空间（法庭）的设置，也有同样的内涵。荷兰学者赫伊津哈关于西方“法庭”意涵的解说，就是一个很好的例证。他说：正义的宣判发生在“法庭”里，而“法庭”一词的全部意涵，乃是希腊文字 *ιεposXυXλos*，一个神圣的圆圈，它的意思是指在阿喀流斯之盾护卫下端坐其间的法官。换句话说，宣判正义的场所都是一个真实的 *temenos*，一个与凡界隔绝的封闭的圣地。一旦踏进圆圈，世俗的等级差别就被暂时取消；那些法官只要戴上假发，披上法袍，他们就超越了“日常生活”，成为另外一种“存在形式”。在“法庭”里，原被两造可以展开平等的竞争，而竞争的结果，也就是正义的宣告。参见［荷］赫伊津哈：《游戏的人》，多人译，中国美术学院出版社1996年版，第83~84页。赫伊津哈的描述，使笔者想到中国远古时代的著名“法官”——皋陶，也是一个戴着面具，扮成“獬豸”模样，踏入“圣地”进行司法审判的神性人物。据笔者看来，皋陶可能就是“巫师”与“法官”一身两任式的人物。参见徐忠明：《皋陶与“法”考论》，载徐忠明：《法学与文学之间》，中国政法大学出版社2000年版，第207页。这个圣地，或许就是祭祀“地母”的“社”。再者，古代中国真正可以称得上“法官”的人物，应该是御史，故而汉代以后我们可以看见御史头戴“法冠”和身穿“法袍”的形象。但是，御史又成了法官之上的法官，换句话说，他们成了专司法律监察的官僚。对帝制中国“法官”称谓的考证，参见陈景良：《法官小考》，未刊稿。关于“獬豸”和“法冠”之源流的考证，参见武树臣：《中国传统法律文化》，北京大学出版社1994年版，第124~138页。武树臣的考证，止于唐朝。其实，后来御史服饰依然绘有“獬豸”这一法律图腾。程树德：《说文稽古篇》，商务印书馆1930年版，第7页。指出：“前清凡执法者，犹用獬豸为补服。”明代亦然，譬如《金瓶梅》第49回写道：

目的。[1] 但是，从本案情形来看，承审法官庞爷曾经参与引发这起纠纷的“尼山封禁”之事。现在，他又参与案件的审理，与回避制度的基本精神不尽吻合。当然，对于乡野细民来讲，回避与否也许不是一个值得引起他们关注的问题，他们也不可能真正理解回避制度的深意所在，甚至他们根本没有这种法律意识。[2] 不过，我还是觉得，这种情况或许正是承审法官采取“调处策略”的重要原因。否则，庞爷在清厘案件事实后仅仅依据法律，即可作出“一刀两断”的裁判。这是爽快的办法，对于本案来说，这种做法也完全可能。但问题是，假如原告不依不饶，案件将会“上诉”上级衙门，这对庞爷可能产生不利的影响。他说

“宋御史与蔡御史都穿着大红獬豸绣服，乌纱皂履，鹤顶红带。”王汝梅校点：《金瓶梅》，齐鲁书社 1991 年版，第 718 页。更有把御史府称为獬豸府的例证。参见（明）冯梦龙：《警世恒言》第十一回《苏知县罗衫再合》，上海古籍出版社 1992 年版，第 99 页。吴奎的《墓志铭》也说包公“之总风宪，法冠白（豸角）立，（峨）然有不可凌之势”。杨国宜校注：《包拯集校注》，黄山书社 1999 年版，第 277 页。事实上，像《斩包勉》这种流传广泛乃至妇孺皆知的民间故事，只是为了彰显包公“大义灭亲”的精神，然而这是“强人所难”的倡议。因此，回避具有特别重要的意义。在桃应与孟子的对话中，我们可以发现这一制度设计的价值。桃应问：“舜为天子，皋陶为士，瞽瞍杀人，则如之何？”孟子答：“执之而已矣。”桃应问：“然则舜不禁与？”孟子答：“夫舜恶得而禁之？夫有所受之也。”桃应问：“然则舜如之何？”孟子答：“舜视弃天下犹弃敝屣也。窃负而逃，遵海滨而处，终身欣然，乐而忘天下。”参见《孟子译注》，杨伯峻译注，中华书局 1960 年版，第 317 页。可见，法官的独立与超然地位是何等重要。只有在这种情况下，法官进行中立与客观的审判才有可能。

[1] 在中华帝国时代，对官员回避（包括法官在内）问题进行了非常详尽的规范。对清代回避制度的讨论，参见魏秀梅：《清代之回避制度》，台北，“中央研究院”近代史研究所专刊第 66 本，1992 年版，第 217~234 页。

[2] 即使到了今天，我们还能遇到类似的问题——乡土社会的诉讼当事人不能理解“回避”制度的含义。譬如，杨柳在《法律的模糊产品》中写道：“当法官询问当事人是否需要回避时”，原告答道：“我不回避问题，来法庭就是要把问题说个清楚。”对此，杨柳做了这样的评论：回避制度与公正判决之间的关系，在原告看来是不需要关心的。尽管我们不能以今律古，但是，这个当代法律故事多少还是有些旁证价值和参考作用的。杨柳：《法律的模糊产品》，载《北大法律评论》（第 2 卷第 1 辑），法律出版社 1999 年版，第 208~225 页。

原告“忽然到院里告张无影的大谎状，伤这公府，捎这本府，挂这吾罡”的话，似乎与这种担心有关。而且，本案也确实是要“详复”上司的，他说：“抚台横竖候吾的详，叫原差将刘尚绮、刘天允、刘天柱押住候详。”可见，一旦庞爷不能理顺摆平这起非常特殊的纠纷，后果堪忧。与此相反，如若采取“大事化小，小事化无”的调处策略，他的压力将会减轻许多。这是因为，调处销案乃是出于两造的合意，至少在形式上是如此。这样一来，裁决结果的正当性问题也就可以顺利解决了。这是其一。

从法律社会学的角度看，某一案件的社会构成将会影响法官的公正裁判。与此相应，法官的社会出生（比如，法官所属的社会阶层、教育背景、与原被两造的关系，等等）同样也会影响裁判的结果。[1] 据笔者看来，本案的特定社会构成，乃是迫使承审法官庞爷采取“调处策略”的重要原因。通过前面的案情介绍，我们已经知道，虽然本案原告身份的社会构成非常一般，只是一些尼山附近的普通贫民而已，但是，它的特殊意义在于人多势众，具有放大纠纷的特殊效应，也是“将诉讼进行到底”的社会基础和物质源泉，俗话“人多力量大”和“众人拾柴火焰高”就是这个意思，而且又有诉讼专家（讼师）的出谋策划，再加

[1] 由于案件具有独特社会构成，从而影响公正审判的法律社会学分析，参见［美］布莱克：《社会学视野中的司法》，郭星华等译，法律出版社2002年版。在帝制时代，由于强调“礼治”的重要作用，因此，基于两造之特殊社会身份而采取不同的裁决原则，是司空见惯的事情。譬如著名清官海瑞就说：“窃谓凡讼之可疑者，与其屈兄，宁屈其弟；与其屈叔伯，宁屈其侄；与其屈贫民，宁屈富民；与其屈愚直，宁屈刁顽。事在争产业，与其屈小民，宁屈乡宦，以救弊也。事在争言貌，与其宁乡宦，宁屈小民，以存体也。上官意向在此，民俗趋之。为风俗计，不可不慎也。”（明）海瑞：《海瑞集》，陈义钟编校，中华书局1962年版，第117页。海瑞此言虽然是指在证据不足情况下的审案原则，但是，身份之于裁决的巨大影响也体现得非常清楚。

“闹”与“缠”的诉讼策略[1]——一种“问题化”的手段。如果法官处置不慎不当，很有可能酿成社会事端。这是法官不愿看到的结果，因为它将影响上司对承审法官的考评，进而影响他的仕途。本案被告的特殊社会构成在于：孔府不是一般意义上的名门望族，而是享有独特文化资本、社会资本、政治资本（既是资本也是权力，而且积累非常深厚），可以拟比州县衙门的品级地位，除了比不上皇室声势之外，再无别家的世袭贵胄。在某种意义上，即使皇室也不能与孔府相比；这是因为，皇室必须面对“风水轮流转，明年到我家”的命运，而汉代以降的孔府倒有“万世一系，永永尊戴”的世袭地位。据此，法官庞爷开口就说：原告告张无影的谎状，“伤这公府”。可见，地方官员对孔府体贴之深切，唯恐伤着圣门。在整个庭审过程中，法官维护孔府的尊严和利益的意图，同样昭然若揭。例如，“孔圣人是自古来头一个大圣人，这山是生育他的地方，难道该任意恁作践？”又如“吾这里将他们（原告）打了，小结了罢，省的露公爷一番形迹”。的确，公爷既是圣门后裔，又是“衍圣”代表，就像孔子拥有两个身体：一个是具体的肉身，另一个是抽象的精神——中国传统道德的典范和“道统”的象征。对于那些读圣人书出仕的儒吏来说，能不精心呵护？因此，如果把事情（纠纷）闹大了，那将必然牵连公爷，进而危及圣门的道德声誉。故而，针对

[1] 法庭记录提到的两次“闹”公堂，就是原告仗着人多势众才敢做的事情。另外，词状所谓“故于今春正二月间，身等六十余人两次控府不收，四次控县，县主实欲庇民而力不能”的自述，如果不是原告人多势众与讼师出谋策划，恐怕不至于“缠”到如此地步。这是因为，虽然“缠不像集体骚乱那样让政府感到十万火急，却也同样达到了让政府难以按照日常程序来处理问题的效果”。参见应星：《大河移民上访的故事》，三联书店 2001 年版，第 72 页。也就是说，尼山贫民（原告）“闹”和“缠”的诉讼策略，迫使法官不敢轻举妄动，不敢简单化地解决本次纠纷的办法。

宋掌书“刘姓告的俺事款俱是死罪，不正经反坐，实难甘心”的态度，庞爷说道：“依你这样说，势必到部，岂不叫公爷露番形迹？”恰恰相反，如若基于“大事化小，小事化无”的态度，采取调解方法来消解纠纷，那就可以避免这种“尴尬”（作为刑事案件，通过审转程序，直到北京刑部）的出现。这是其二。

（2）本案调处的技艺。前引汪辉祖所谓“听断以法，调处以情”的司法格言，其所强调的是衙门之外亲友邻里的调处息讼，借此缓解官府的压力，并且达到“和睦”乡里的效果。但是，一旦基层调解不成，对于官府来说，弄清案件的事实真相，作出“明白剖析”的裁决，是理所当然的事情。[1] 再者，即使不作“堂断”，而是进行调解，也非一味胡乱“和稀泥”，充当“和事佬”，[2] 沉湎于“情理”衡平与“道德”教谕。司法，作为一个各种权力（至少包括原被两造与法官三种权力）角逐的特定“场域”，[3] 从其基本原理来看，三者之间应该

［1］ 据说，这是清代普遍的做法。参见［美］黄宗智：《民事审判与民间调解：清代的表达与实践》，中国社会科学出版社 1998 年版，第 196~199 页。

［2］ 海瑞指出：“止讼。问之识者，多说是词讼作四六分问，方息得讼。谓与原告以六分理，亦必与被告以四分。与原告以六分罪，亦必与被告以四分。二人曲直不甚相远，可免愤激再讼。”可见，在帝制中国，解决纠纷过程中的“和稀泥”与“和事佬”的作派，恐怕并不鲜见。当然，海瑞坚决反对这种含糊其事的司法作风。他接着说，“然此虽止讼于一时，实动争讼于后。理曲健讼之人得一半直，缠得被诬人得一半罪，彼心快于是矣。下人揣知上人意向，讼繁兴矣。小官问事怕刁人，两可和解，俗以老人和事笑之。四六之说非和事老乎？易：‘噬嗑，亨。’健讼之人，正吾颐中之梗，利用刑狱也。可畏讼而含糊解之乎？君子之于天下曲曲直直，自有正理。四六之说，乡愿之道，兴讼启争，不可行也”。（明）海瑞：《海瑞集》，陈义钟编校，中华书局 1962 年版，第 117 页。

［3］ 所谓“场域”这个概念，借自法国著名学者布迪厄（Pierre Bourdieu）的著作。鉴于布迪厄的用法比较复杂，简要的梳理，参见朱国华：《权力的文化逻辑》，上海三联书店 2004 年版，第 180~189 页。布迪厄对“司法场域”的专题研究，涉及的内容远远超出笔者在此讨论的范围。参见［法］布迪厄：《法律的力量——迈向司法场域的社会学》，载《北大法律评论》（第 2 卷第 2 辑），法律出版社 2000 年版，第 496~545 页。

构成一个“等腰三角形”的关系。[1] 这种诉讼模式的结构图式——亦即原被两造进行角逐（竞技）的诉讼模式，乃是西方民事诉讼的原型。[2] 但是，中国帝制时代以前，原被两造本来也是处于这样一种竞技状态，而法官比较超脱，墨子记述的“神判”[3] 故事，多少给人一种法官“超然”的印象，况且“神判”原本就有程序正义的意味。[4] 另外，如果我们从发生学的角度来考察中西司法制度（包括民事诉讼）的兴起，就可以发现，倘若国家权力尚未足够强大，组织机构也未相对完备，那么，作为公共权力的国家不仅没有能力，而且也没有动机来干预两造之间的私人争执。就此而言，中西司法制度之间原本没有什么根本性的差异。只是，随着国家权力的逐步强化，基于国家（皇室）利益和社会利益的需要，那种“能动型”的司法模式，方才成为帝制

---

[1] 所谓“三者”也仅仅是一种理想的说法而已，其实，每个纠纷背后本身涉及的社会关系甚为复杂。

[2] 参见［日］滋贺秀三：《中国法文化的考察》，载［日］滋贺秀三等：《明清时期的民事审判与民间契约》，王亚新等编译，法律出版社1998年版，第1~18页。

[3] 这个故事的详情，参见吴毓江：《墨子校注》，孙启治点校，中华书局1993年版，第336~344页。必须说明的是，齐庄君作为一国君主，面对原（王里国）被（中里徼）两造争讼三年仍未了结的纠纷，之所以没有采取积极能动的做法，是因为担心出现“杀之恐不辜，释之恐失有罪”。故而，他叫人牵来一头神羊，让它担任法官，承审这起疑难案件，从而使自己脱身出来。我们不得不承认，他既是一个谦抑的国君，也是一个明智的国君。这里，神羊代表法律，代表实体正义，因为早期法律乃是司法审判的一个合乎正义的结果。可见，选择神羊来当法官，体现了实体正义，而把两造置于神羊跟前，可以避免人类理性认识的不足与偏颇，而给两造一个均等的审判机会，则体现了程序正义。

[4] 神判既有程序正义的意思，也有实体正义的内涵。参见［日］谷口安平：《程序正义》，载宋冰编：《秩序、正义与现代化——外国法学家在华演讲录》，中国政法大学出版社1998年版，第392~394页。

中国司法实践的一个独特景观。[1]

至于本案，虽然邹县知县庞爷的审理方式具有“能动型”色彩，但是，鉴于纠纷两造的特殊社会构成——原告人多势众、被告地位显赫，他并没有采取过分强硬的措施——譬如刑讯逼供。这被认为是“纠问式”司法模式的一个最为突出的特征。只是，在原告“蛮不讲理”或者“哄堂”的情况下，法官也会发布“掌嘴”的指令，并有恐吓、辱骂，甚至“拂然大怒，跳起拍案，手指高骂，气的颜色改变”的举止和情态。[2] 有时，即便原告哄堂，庞爷也仅仅是“始行站立指挥”，而且轻描淡写地说：“我堂规从来不像这样宽，今日因是宪件人多，上来不便就施打骂，总是恁照状质对。”其实，在庭审开始时，庞爷就说：“恁从实说出来，认个乡愚无知。恁是吾的赤子，吾好救恁。恁若再执迷不肯，曲阜姓宋的来了，恁就与他质审。”如此“爱与恨”交集之间，作为法官的庞爷确实透出“父母官”的风采。然而，在整个庭审过程中，承审法官的作用基本上保持在维护庭审秩序与遵循先原告后被告的“质审”程序上，与此同时，也没有“超

[1] 有人认为：“与欧洲相较而言，中国的弹劾式诉讼在历史上占据的地位和影响并不显眼，相反，纠问式在中国历史上第一个王朝——夏就初显端倪。‘刑起于兵’对纠问式在中国的起源进行了诠释。在周朝，纠问式诉讼基本上已经确立。”汪海燕：《刑事诉讼模式的演进》，中国政法大学 2003 年博士学位论文，第 5 页。

[2] 从帝国法律来看，无论刑事审判还是民事审判，刑讯逼供都是合法的手段。只是，在民事诉讼中，法官一般不太采取这种强硬的办法。参见［美］黄宗智：《民事审判与民间调解：清代的表达与实践》，中国社会科学出版社 1998 年版，第 154 页。在笔者看来，庞爷之所以会有暴跳如雷乃至掌嘴辱骂的行为，与他不够“超然”密切相关。因为本案缘起他“奉上行办”尼山封禁之事。在一定程度上，他也是被告。也就是说，在原告眼里，他在尼山封禁时设置的封界并不妥当。另外，本案又属“宪件”，即上司批给庞爷审理的案件，因此在审理完结之后，庞爷必须向上司报告审理结果，接受上司审查。另外，一旦原告不服上告，本案同样会受到上司审查，这时他负责的尼山封禁之事也有可能成为审查的对象。据此，这种内外压力使他失去了应有的耐心与沉着。

越”词状提出的诉讼请求的范围进行审理。[1] 这些现象多少说明，帝制时代法官进行民事审判的能动性还是相对有限的。这是其一。

细审这份庭审笔录，我们可以发现，由于县官庞爷从一开始就抱定“天下事，大事化为小事，小事化为无事”的宗旨。因此，在辩明事实真相的过程中，法官还是有意无意地掺和进了自己的审判意图——平息矛盾、化解纠纷、迅速详案。所以，他在表面上似乎没有考虑是否严格适用法律的问题，不像有些现代学者所谓“依法调解”——包括程序法和实体法。尤其是，随着庭审程序的逐步推进，具有能动色彩的司法风格渐渐地显露了出来，等到案件事实厘清完毕（真相大白）之后，庞爷也就“笑容可掬”地运用起“摆平理顺”的招数。他首先对原告下了一个基本的事实判断：“恁所告可算尽虚了。”具体来讲：“恁告的这张状，可是有影没有？冒宦，他们是七品官。朦咨呢，是公府久已行的。虐民，恁现在好好的。地呢，是他的，丈量没难为这恁。恣意横量数百顷，学田、祭田通共才量了十来多顷。封山八十余里，是吾封的，只几里，恁娄老爷的案又没有。上堂来，个个凶恶胡闹，要轰堂。姓宋的没点不是，恁为甚么告他们？恁说。”这时，原告默无一语，只求“老爷恩典”而已。可见，原告已经

[1] 就此而言，诉讼两造对民事诉讼享有非常重要的控制之权，这是对法官的司法“能动主义”的一种重要限制。因此，宋掌书说：“别说除名问罪不是吾，就是吾，恁状里没告这，也审不到状外去。”可见，法官的裁决必须根据词状提出的诉讼请求。仔细分析起来，笔者认为，两造控制民事诉讼的方式尚有以下两种：一是体现在“撤诉”上。是否准予撤诉，属于县官自由裁量的范围，当然，法官一般都会准予撤诉，同意销案。二是体现在“举证”上。在帝制中国，虽然我们没有发现“谁主张，谁举证”的原则，但是，在司法实践中，人们大多是采取“谁主张，谁举证”的做法。换句话说，法官很少原意采用主动调查取证的方法，这与刑事诉讼有着明显的不同。就此而言，跳出帝国法律的阈限，更多地探究一下司法实践，对我们理解传统中国的民事审判意义特别重大。在这方面，黄宗智提出“表达与实践”的思路，很有方法论的价值。

摆平。不过原告人数众多，法律难以责众，六十余人一并处罚，自然不是化解矛盾的办法。于是，庞爷就把矛盾指向讼师，也是把责任推给讼师。他说："恁这个讼师就该考八等，瞎帐使了恁的钱，混了恁了。"他又说道："吾看讼师就是你了。掌嘴，打嘴巴五个，留住他，吾严审他！"与此同时，庞爷又将"状头"（刘尚绮、刘天允、刘天柱）三人揪出关押起来，等待候详；而对其他状词开列的原告，一概开释不究。以致被告代理人宋掌书极不痛快，他说："没个为从的，案情不像。"但是，看到庞爷态度坚决，只好作罢。

如果从司法场域权力争夺的角度来考察，那么，在本案"摆平理顺"的过程中，庞爷还非常巧妙地使用了"微观权力"的操作技艺。一是权力的位置关系。法官作为一县百姓的父母官，庭审之时，想必端坐在高高的公案上听审问案；对于没有名位的原告来说，按照惯例必须跪着听审，从"垂首伏地"可以推测出来；虽说被告宋掌书也要跪着听审，然而他有过名位（进学做官）而且又是孔府家人，因此，庞爷对他特别关照。庞爷说："宋掌书，吾看你今日（6月13日）气色不好，昨日天气热，时候常（长），吾坐着还怪难，何况恁跪着呢。"[1] 一眼可知，这个诉讼"三角关系"不是"等腰"的，而是法官偏向被告的。确实，在整个庭审过程中，庞爷对原告既是"掌嘴"又是辱骂，而

[1] 在早些时候，笔者就对法庭仪式（建筑、陈设、语言）就有浓厚的兴趣。对此问题的简要分析，参见徐忠明：《包公杂剧与元代法律文化的初步研究》，载《南京大学法律评论》1996年秋季号和1997年春季号；更为详尽的讨论，参见徐忠明：《包公故事：一个考察中国法律文化的视角》，中国政法大学出版社2002年版，第402~439页。此外，参见强世功：《"法律"是如何实践的》，载王铭铭、王斯福主编：《乡土社会的秩序、公正与权威》，中国政法大学出版社1997年版，第491~496页。一般性的理论分析，参见邓少岭：《法律：仪式与戏剧》，载《清华法学》（第2辑），清华大学出版社2003年版，第77~93页。

对被告倒是客客气气。二是人情与面子。所谓人情、面子和脸面，乃是维持传统中国社会关系的重要准则和手段。[1] 利用人情与面子，则是庞爷调处本案的一种技艺。在本案庭审到了调处阶段，法官不紧不慢地与宋掌书叙起旧来。他说："往时来，吾还没留你饭呢？"宋掌书回答："前蒙优待是私情，今日听审是公事。这是朝廷法堂，理当跪着，就是太爷格外赏脸，也不敢当。太爷错看了，掌书深知理法，心里并无甚么不好处。"庞爷的意图，无非希望宋掌书看在往日彼此交情上，该收手时就收手。为了说服被告答应开释"状头"以外的其他原告，法官非常强调他们只是"乡愚无知"，而且他们已经表示"不屈，不敢再告状了"的意思。至于公爷那里如何交代，庞爷也对宋掌书作了交代："托你总是公爷前说好些，孔老爷俺是世谊，也说好些。人们是愚民，别了理他。"尽管宋掌书有些推诿，只说："落后不能挽回，负了太爷的吩咐。"对此，法官"半刻不语"，唯有勉强回应："也罢了，再凭公爷罢。"算是含糊过去。但是，临别还是不忘："回去替吾请公爷安，请学录孔老爷安。"可谓礼数周到！这是其二。

顺便指出，在本案调解过程中，我们确实没有读到援引法律的痕迹，这是否意味着法律毫无意义，不起作用？或者说，裁决只是依据"情理"作出的呢？非也。法官能够遵循"弄清事实真相"的审判原则——而非采取"含糊其事"的审判方法，很有耐心地，不辞辛劳地接连开庭审案三天，[2] 以致笔录发出"时将

---

[1] 关于"面子"和"脸面"的社会学与心理学研究，参见金耀基：《"面"、"耻"与中国人行为之分析》，载金耀基：《金耀基自选集》，上海教育出版社 2002 年版，第 140 页；翟学伟：《中国人行动的逻辑》，社会科学文献出版社 2001 年版，第 70~87 页；翟学伟：《中国社会中的日常权威——关系与权力的历史社会学研究》，社会科学文献出版社 2004 年版。对中国法律史上"脸面"问题的简要讨论，参考张守东：《鬼神与脸面之间》，载《清华法学》（第 1 卷第 1 期），清华大学出版社 2002 年版，第 317~319 页。

[2] 根据"庭审笔录"的记载，整个庭审从 6 月 11 日开始，到 6 月 13 日结束。

落日，听审终朝，实不堪命”的感慨，可谓兢兢业业，目的就是为了弄清事实真相。所谓“听断以法，调处以情；法则泾渭不可不分，情则是非不妨稍借”的格言表明，如果依法审判，那么弄清案件的事实真相，辨明纠纷的是非曲直，乃是必不可少的前提；而对调处来说，就没有这么严格的要求了。但问题是，调处能否取得成功，毕竟无法预测。据此，在审理过程中，无论调解抑或审判，弄清案件事实都是一个基本前提。对于调解来讲，弄清案件事实主要是为了防止万一调解不成而作的铺垫。也就是说，一旦调解失败，法官可以马上根据案件事实、引用法律作出裁判，而不至于重新调查案件事实，从而拖延庭审时间。至于“是非不妨稍借”，是指裁决之时的衡平，而非在此之前的“稍借”。基于这种理解，法律作为一条底线或者一个影子，始终暗地里指引着庞爷审理这起棘手的案件，并且起着重要的作用。[1]

---

[1] 就本案而言，法律在哪里？这确实是一个值得我们深思的问题。笔者认为，在案件审理过程中，法律之规范作用乃是逐步彰显出来的，而非自始就有的。另外，当我们追问“法律在哪里?”的时候，往往是采用一种“回溯”的方式来寻找的——比如，在《判决书》中寻找法律的痕迹，看看哪些法律条文被援引了。但是不要忘了，在《判决书》中出现的法律条文基本上是一种事后的包装。在这个意义上，法律只是一种修辞手段而已，一种给判决提供正当性和合法性的修辞手段。对于本案来讲，笔者说法律是一条底线或者一个影子，是指法官庞爷始终没有忘记法律的指引作用，否则大可不必弄清事实真相——至少是庞爷认定的真相，而让两造彼此让步，含糊结案也可。只是，后来庞爷的调解成功了，也就是说两造接受了庞爷的安排；在这种情况下，也就没有必要依法作出判决了；换句话说，是否引据法律已经没有什么意义了。据此，前引汪辉祖所谓“盖听断以法，而调处以情；法则泾渭不可不分，情则是非不妨稍借”说的就是这种情形。即便到了现代司法场域，作为“私法自治”的延伸，在民事调解时，一旦两造取得“合意”的调解结果，大抵也是不必完全符合法律规定的。另外，如果两造尤其是被告坚决不肯让步，决意要求法官依法判决，否则就要上告，那么，面对这种情形，庞爷恐怕不敢置法律于不顾。其实，这份法庭笔录说得非常清楚，作为“宪件”，本案也是必须“详报”上司（抚台）的。说到底，这也是一种民事诉讼的约束机制。当然，由于笔者没有机会读到最后的判决文书或者详案文书，不敢断言后来法官庞爷又是如何“制作”这些法律文书的。根据这一分析，笔者对寺田浩明的意见——民事纠纷的裁判依据不是法律，而是情理，实在不能苟同。寺田浩明的意见，参见［日］寺田浩明：《中国清代的民事诉讼与“法之构筑”——以〈淡新档案〉的一个事例作为素材》，载易继明主编：《私法》（第3辑第2卷），北京大学出版社2004年版，第304~326页。

如若不起作用的话，法官又何苦要费心劳神地查明案件的真相呢？从这一点来看，庞爷既没有充当“和事佬”，也没有胡乱“和稀泥”。这与海瑞批评的那种“四六审案”的司法惯习，似乎完全不同。

上述分析告诉我们，法官是否用调解方式来解决纠纷，除了维护伦理道德、安定社会秩序的考虑之外——本案确实受到了这些因素的深刻影响，还要考虑其他因素。譬如，对于待决案件来说，对案件社会构成的把握，对司法策略的考量，对调处技艺的运用，也是法官在解决纠纷时必须认真对待的重要问题。至于如何理解法律与情理之间的关系，如何把握两者之间的微妙平衡，不仅要看具体纠纷案件的社会构成，而且涉及法官本身的态度。此外，研究方法也是值得我们关注的问题。只有兼顾帝制时代法律实践的宏观语境与待决案件的特殊情况，我们才能准确把握和理解传统中国法官在调处与审判之间作出选择的用意。

结　语

首先，笔者郑重表明，尽管传统中国的刑事诉讼与民事诉讼没有一套法律制度上的基本框架结构加以区别，但是，这并不意味着两者之间没有差异，或者说民事诉讼只是刑事诉讼的“剩余”部分。事实上，在民事审判实践中渐次形成发展起来的一些习惯做法，已经非常有力地证明，作为解决“私人纠纷”的民事诉讼，与处理“官民冲突”的刑事诉讼相比，有其独特的程序结构、裁判风格和技艺策略。进而，基于帝制中国权力结构的特点及其无法超越（行政开支、机构设置、官员数量、人口总量）的限制，本着“抓大放小”的理念，与刑事诉讼具有强烈的“纠问”性格不同，民事诉讼的“纠问”色彩相对比较微弱。不必讳言，在民事诉讼中，确实不乏父母官（伦理角色和权力角色的综合体现）作出具有“能动主义”特点的说服和教谕，[1] 可是两造的民事诉讼权利（起诉、举证、撤诉、和解、上诉）并没有被完全剥夺。就此而言，帝国官僚的说服与两造的心服，他们之间形成的这种互动关系，也多少体现出“商谈”和“合意”的内涵。所谓“遵依甘结”也有这一意味。正是基于这样的考虑，笔者暂时把帝制中国的民事诉讼称为“能动式说服型”模式，而将刑事诉讼视为“科层式纠问型”模式。当然，这仅仅是一个初步的诉讼类型的概括。

其次，作为一篇个案研究的论文，何以把它写得如此复杂烦琐，读者可能感到有些不可思议。其实，笔者想把它当作一种研究方法和写作风格（叙事方式）的尝试。在此，笔者试图避免把传统中国的司法实践写得平整光滑、简练流畅，而又没有裂缝；恰恰相反，笔者想把原来被“制作”得光亮透明的一面诉讼历史的镜子，重新打碎，以期彰显其中的错综裂痕和破碎面相。据此，笔者不仅梳理了精英话语中的诉讼理想，而且描绘了帝国实

[1] 儒家提倡的“君子之德风，小人之德草，草上之风必偃”的治理模式，在笔者看来，就是官府“首倡”与民间“附和”关系的原型。季卫东教授指出：“现实中，确实存在‘耆老首倡，众人附和’这种长老者支配的现象。但因为可以‘说理’和‘告官’，所以当事人自己的意思也能得到相当程度的反映。”这是因为，如果“当事人不服调解，可以提起诉讼”。季卫东：《调解制度的法律发展机制》，载强世功编：《调解、法制与现代性》，中国法制出版社 2001 年版，第 48 页。对“首倡”与“附和”的深入分析，参见［日］寺田浩明：《权利与冤抑——清代听讼和民众的民事法秩序》，载［日］滋贺秀三等：《明清时期的民事审判与民间契约》，王亚新等编译，法律出版社 1998 年版，第 244~247 页。在讨论现代中国的纠纷解决问题时，日本学者高见泽磨提出了“说理与心服”的调解模式，并且认为“它与固有法时期的情况是一样的。”参见［日］高见泽磨：《现代中国的纠纷与法》，法律出版社 2003 年版，第 2 页。

践中的诉讼情形，进而深描了这份法庭笔录中的纠纷故事及其解决的技艺。另外，笔者不仅在正文中梳理中华帝国的政治结构、司法构筑、个案故事；而且在注释里加以展开，一则提供深入研究的文献资料和可能空间，二则阐述正文当中无法发挥的相关意见，从而形成正文与注释之间的"互文互补"关系。这样一来，帝制中国的政治、社会、经济、司法（刑事与民事）架构与纠纷个案处理之间的复杂局面，就被显示了出来——它们好像"百合"一样，由外到里被一瓣一瓣地展现了出来。通过这种方式，可以把宏观语境与具体个案结合起来考察。也就是说，既从宏观语境来解读具体个案，也从具体个案来深入把握宏观语境，从而进行"解释循环"意义上的相互理解。尽管如此，笔者也没有忘记整理一下传统中国诉讼模式，希望对个案研究起到相得益彰的效果。这是一种"复调"的研究思路，[1] 也是一种初步的尝试。

---

[1] 当然，这一"复调"意识受巴赫金（Mikahil Bakhtin）文艺理论的启发。对巴赫金复调理论的讨论，参见刘康：《对话的喧声：巴赫金的文化转型理论》，中国人民大学出版社 1995 年版。

依法判决？明清时期刑事诉讼的一个侧面*

关于明清时期中国的审判实践，逐渐引起了中国法律史学者的极大兴趣。由此，他们也进行了广泛的史料调查和仔细的实证研究。从相关学术成果来看，这些研究不仅利用了国家法和民间法的资料，而且还利用了判牍和档案的资料。尤为重要的是，由于它们涉及了明清时期司法实践的研究方法与审判模式的理论问题，从而，与以往那种“就事论事”，仅仅根据法律和史书来描述司法制度的研究方法形成了明显差异。这些研究引发了学者之间的热烈争论，拓展并深化了我们对于这一时期审判实践的认识。[1] 据笔者看来，它们完全可以用“令人瞩目”来形容。仔细考察这些成果，我们发现，除了审判程序之外，学者关注的一个重点问题即是：明清时期的审判实践是否遵循“依法判决”原则？

---

* 原载《法商研究》2005 年第 4 期，原文题为《明清刑事诉讼“依法判决”之辨析》。

[1] 这里，笔者想特别说明一下，所谓法律实践应该包括三个层面：一是帝国衙门的司法审判实践，这是笔者在此所要专门讨论的问题。二是民间社会解决纠纷的法律实践，因为一旦出现纠纷，很有可能先在民间进行调解息讼；如若不成，才会进入衙门寻求官方解决；有时，即使进入衙门之后，也会重新回到民间。三是民间社会日常生活中的法律实践，诸如为了交易签订契约之类；这些都是我们通过“诉状”与“判词”之类的法律文书可以观察到的民间社会的法律实践。可见，司法档案文书的研究，意义颇为重要。

一、民事审判的规范依据

说到“依法判决”问题，主要包括以下两个层面：民事审判是否遵循“依法判决”原则与刑事审判是否遵循“依法判决”原则。

首先，民事审判是否遵循“依法判决”原则。这是一个中国法律史学者争论非常激烈的问题。以滋贺秀三教授为代表的日本学者认为，在明清时期的民事审判中，情理是解决纠纷的基本准据；[1] 与此针锋相对的是，以黄宗智教授为代表的中美两国学者认为，尽管情理具有“衡平”作用，然而法律才是民事判决的主要依据。[2] 另外，还有学者认为，我们不应完全按照德国概念法学的理论（据笔者看来，这也是现代西方“形式主义”的法治理论，或者“自动售货机式”裁判的司法理论）来考量传统中国的

---

[1] 参见［日］滋贺秀三：《清代诉讼制度之民事法源的概括性考察——情、理、法》和《清代诉讼制度之法源的考察——作为法源的习惯》，载［日］滋贺秀三等：《明清时期的民事审判与民间契约》，王亚新等编译，法律出版社1998年版，第19~96页；［日］寺田浩明：《中国清代的民事诉讼与“法之构筑”——以〈淡新档案〉的一个事例作为素材》，载易继明主编：《私法》（第3辑第2卷），北京大学出版社2004年版，第304~326页；［日］寺田浩明：《关于清代听讼制度所见“自相矛盾”现象的理解》，载易继明主编：《私法》（第4辑第2卷），北京大学出版社2004年版，第431~461页。对日本学者之间争论的介绍，参见［日］寺田浩明：《日本的清代司法制度研究与对“法”的理解》，载［日］滋贺秀三等：《明清时期的民事审判与民间契约》，王亚新等编译，法律出版社1998年版，第112~138页。对日美两国学者争论的介绍，参见［日］寺田浩明：《清代民事审判：性质及意义——日美两国学者之间的争论》，载《北大法律评论》（第1卷第2辑），法律出版社1999年版，第603~617页；易平：《日美学者关于清代民事审判制度的争论》，载《中外法学》1999年第3期。

[2] 主要研究成果，参见［美］黄宗智：《民事审判与民间调解：清代的表达与实践》，中国社会科学出版社1998年版；何勤华：《清代法律渊源考》，载《中国社会科学》2001年第2期；李孝猛：《中国十九世纪基层司法文化研究——以〈汝东判语〉文本为中心》，载《华东法律评论》（第2卷），法律出版社2003年版，第271~324页。

民事审判，而是应当参考法律多元主义或“法律多值逻辑”的理论来解释这一问题。一望而知，这种观点多少有些“调和论”的味道，同时，还对“情理”进行了新的定义。[1] 不过，虽然学者的意见颇有分歧，但是，这些研究对于我们理解明清时期的民事审判可谓启发良多。鉴于这个问题不是笔者在此的论旨，所以在这里不拟展开讨论，而仅指出如下三点初步看法。

其一，这些争议与学者对“法律概念”的不同定义深有关系。比如，滋贺秀三观点的基础是德国概念法学，而林端教授的理论基础却是法律社会学。其二，这些争议与对“什么是依法判决”本身的不同理解也息息相关。事实上，又与对“法律”的不同定义有着密切关系，甚至可以说是对“法律”的不同理解的一个自然延伸。其三，寺田浩明通过仔细分析《淡新档案》以后指出，在明清时期民事审判中很难找到“法律”的痕迹。换言之，法律并不构成民事判决的准据。[2] 笔者认为，寺田浩明的意见或有商榷余地。[3]

根据笔者的研究，无论如何，法律都是“指引”司法官员裁决民事纠纷的一种“潜在”依据。易言之，尽管司法官员可能没有直接援引法律条文，但是这并不意味着法律不起作用。理由如下：第一，如果州县衙门通过调解方式解决民事纠纷，是否遵循

---

[1] 参见林端：《韦伯论中国传统法律——韦伯比较社会学的批判》，台北，三民书局2003年版。

[2] 详细的解释，参见［日］寺田浩明：《中国清代的民事诉讼与“法之构筑”——以〈淡新档案〉的一个事例作为素材》，载易继明主编：《私法》（第3辑第2卷），北京大学出版社2004年版，第304~326页；［日］寺田浩明：《关于清代听讼制度所见“自相矛盾”现象的理解》，载易继明主编：《私法》（第4辑第2卷），北京大学出版社2004年版，第431~461页。

[3] 参见徐忠明：《小事闹大与大事化小：解读一份清代民事调解的法庭记录》，载《法制与社会发展》2004年第6期。

法律应该不是问题；即使对于现代司法来讲，基于当事人“处分主义”原则，这种做法也属理所当然。第二，如果州县衙门作出的裁决能够为原被两造所接受，是否援引法律或者有无法律依据，应该不是根本问题。真正重要的是，第三，如果裁决不能被两造所认可，是否“依法判决”才会成为承审官员必须认真考虑的问题。因为，这意味着两造可能会上控到上级衙门，如果这样的话，初审判决是否符合法律或者有无法律依据，就会成为上级司法官员审查的一个重要内容。在这种情况下，由于来自上级司法“审查”的外部压力，下级司法官员就有必要认真对待民事判决涉及的事实问题和法律问题。否则，如果初审判决没有法律依据或者援引法律不当，很有可能遭到上级司法衙门的“驳案”或者发回重审，初审法官就可能要为此付出代价——承担一定的法律后果。据此，我们完全可以想象，对于下级司法官员来说，他们显然不会拿自己的前程去冒险。换句话说，由于诉讼两造是否上控在裁判作出之前承审官员并不知晓，因此，为了避免可能的上控，在作出裁判时考量法律依据也可谓是必要的防范措施。[1]这意味着，虽然裁判可以不引法律，裁判结果可能背离了法律规定，但预先却不能完全无视法律依据。但问题是，现今存留下来

---

[1] 笔者认为，在明清时期的裁决文书中特别强调原被两造无论愿意与否均要写上“遵依甘结”字样，这不仅是基于两造“说服—心服”的道德要求，更是出于司法官员“规避”日后两造可能翻案而采取的自我保护措施。在这种情况下，即使两造翻案上控，司法官员也有推诿裁决不当的借口。因为，毕竟在当日作出裁决时，两造曾经认同了这一裁决。既然如此，现在他们翻案上控，多少就有“刁讼”的嫌疑。据此，责任不在司法官员，而是两造的刁讼与好讼的习气。顺便指出，从“遵依甘结”中我们也可看出，在明清时期的司法实践中，原被两造对审判程序与裁决拥有一定程度的控制权或同意权。这或许就是季卫东教授把它称为“超当事人主义”的理由。参见季卫东：《中国司法的思维方式及其文化特征》，第三届“法律方法与法律思维”研讨会论文，乌鲁木齐，2004年8月。

的判牍文书和司法档案，往往缺乏完整的诉讼程序和司法管理的环节，以致我们难以看出，究竟哪些案件是迫于两造“上诉”压力而“依法判决”的。基于上述分析，在考察民事判决是否遵循法律时，除了考虑司法程序（上诉）以外，还要考虑司法管理（月报）这个制度因素。[1] 虽然民事“上诉”和“月报”与刑事“上控”和“审转”的作用相仿，但是，它们仍然有明显不同——民事上诉相对随机，月报作用并不明显，而刑事上控和审转程序则比较严格。因此笔者认为，上诉对于我们理解明清时期的民事审判是否“依法判决”是一个非常重要的因素，却被学者所忽略。第四，由于国家法对民事问题殊少规范，民间法又缺乏实定性，故而官员在裁决民事纠纷时往往找不到相关依据，这时情理就显得特别重要了。另外，由于民事关系大多用契约来安排，因此，按照契约的约定和缔约双方的中人、保人来证明，进而作出裁决倒是可以弥补法律的空缺。实际上，法官根据契约和中人、保人的见证作出裁决，乃是流行做法。

当我们追问民事判决是否遵循“依法判决”原则时，以下五点值得关注：其一，从实证研究来看，确实存在一些“依法判决”的统计数据。其二，如果滋贺秀三所谓“法律是情理海洋的冰山一角”的比喻真有道理，那么用“情理”来判决民事纠

[1] 在一般情况下，民事裁决只是定期上报，即“循环簿”制度，并不采用“必要复审”（审转）的司法程序办法。但是，对于两造的上告案件来说，情形有所不同。参见瞿同祖：《清代地方政府》，中国政法大学出版社 2003 年版，第 193~194 页。这里，“审转”是中国固有的法律术语，而“必要复审”则是日本学者的概括。参见［日］寺田浩明：《日本的清代司法制度研究与对“法”的理解》，载［日］滋贺秀三等：《明清时期的民事审判与民间契约》，王亚新等编译，法律出版社 1998 年版，第 116 页。所谓“必要复审”制度，是指徒刑以上案件的自动复审制度。

纷，其实与“依法判决”并没有根本性的差异。[1] 或许，这是林端提出“法律多值逻辑”的理由。其三，从司法技术上来讲，我们必须严格区分调解与审判之间的区别。这是因为，就民事调解而言，是否依法根本不是问题；而从民事审判来看，在不同语境下，法律就会成为司法官员必须认真考虑的重要因素。换句话说，如果两造不再上诉，诉讼就止结束。一般而言，民事案件的月报制度，主要是对积案进行形式审查，因此，是否援引法律不会引起上级衙门特别关注，但是，其对实体内容也非全然放任不管。与此相反，如果两造因不服而继续上诉，法律仍会成为司法官员必须考虑的一个关键因素。其四，在分析民事纠纷是否属于“依法判决”时，我们应该尽量避免黄宗智那种只要裁决结果与法律规定相符，就匆忙得出某某案件属于“依法判决”结论的研究方法。我们知道，有时，司法官员作出某种判决的依据，实际上并不是法律，而可能是常识和经验法则，尽管结论并无不同。这是因为，传统中国的所谓常识，既与情理难分，亦与法律相关。其五，对法律与情理的“属性”的理论认识，乃是我

[1] 在滋贺秀三看来，法律与情理乃是两种不同性质的规范。参见［日］滋贺秀三：《清代诉讼制度之民事法源的概括性考察——情、理、法》，载［日］滋贺秀三等：《明清时期的民事审判与民间契约》，王亚新等编译，第19~53页。据笔者的理解，法律属于国家意志的体现——国法，情理属于社会事实或者社会规范。但是，在中国古人眼里，法律是情理的表达——具体化和实定化。与此相关，日本学者宫崎市定认为，律只是违反礼的惩罚规则。参见［日］宫崎市定：《宋元时代的法制和审判机构》，载刘俊文主编：《日本学者研究中国史论著选译》（第8卷），中华书局1992年版，第252页以下。礼与情理之关系非常密切，中国先贤往往认为，礼法出于人情。有人曾说：礼是情理的表达。参见《礼：情理的表达》，香港中文大学1990年版。在此意义上，把情理与法律敲成两段似乎有些不妥。因此，张伟仁对滋贺秀三的意见不敢苟同。参见张伟仁：《学习法史三十年》，载《清华法学》（第4辑），清华大学出版社2004年版，第284页。实际上，我们从滋贺秀三的比喻中可以看出，水与冰同质，冰是水冷却到零度以下的产物；换句话说，情理与法律亦然，法律来自情理。

们理解明清司法审判的一个关键。也就是说，如果把情理看作一种“活法”，那么把情理作为判决的依据，也可以说是“依法判决”；如果将法律与情理视为两种截然相反的规范，那么将情理作为判决的依据，肯定不是“依法判决”。

综合上面的分析和笔者的研究，可以得出如下初步结论：民事案件—情理与刑事审判—法律，可谓两种“理想类型”的诉讼模式。[1] 因为属于理想类型，故而，民事审判的法律影响与刑事审判的情理平衡，均可以被忽略不计。所谓忽略不计，不是说这些因素不存在，而是为了凸显“民事审判—情理”与“刑事审判—法律”的类型特质。如果打通了理解，则可以说，清代中国民事审判与刑事审判都是“情理+法律”的类型。

其次，刑事审判是否遵循“依法判决”原则。对于那些主张民事审判“依法判决”的学者来说，刑事审判已经不是一个值得认真讨论的问题。可就否认民事审判“依法判决”的学者而言，他们也都承认明清时期的刑事审判基本上遵循了“依法判决”原则，甚至划分出了上面所谓的“民事裁判—情理”与“刑事裁判—法律”的两种对立模式。

笔者想追问的是：在刑事审判中，真的依法判决吗？怎样依法判决？为何依法判决？

二、刑事审判的法律依据

通过阅读明清时期司法判牍和档案资料涉及的刑事案件尤其

---

[1] 对此问题的概括性评论，参见［日］寺田浩明：《日本的清代司法制度研究与对“法”的理解》，载［日］滋贺秀三等：《明清时期的民事审判与民间契约》，王亚新等编译，法律出版社1998年版，第117~121页。

是命盗案件，中国法律史学者已经发现，这些判决文书基本上都明确征引了相关的法律条文，因此他们认为，明清时期刑事审判基本上遵循了“依法判决”原则。这一结论与以往那种专制政治之下法律只是“一纸空文”的通说有着明显不同。[1] 总体而言，这一判断可以成立。但是，如果我们进一步深究起来，所谓刑事审判“依法判决”似乎仍然是一个有待思考的问题。

根据现代学者的研究，司法实践中的案件大致可以分为两类：[2] 一类属于普通案件或者简单案件，笔者把它称为常规案件。对于这类案件来讲，由于犯罪事实与法律规范之间的关联一目了然，因此“依法判决”没有什么困难。另一类属于疑难案件，笔者把它称为非常规案件。由于这类案件在犯罪事实与法律规范之间难以建立简单明了的涵摄关系，因此，帝制时期把它称为“情轻法重”或者“情重法轻”的案件，事实上还包括“例无正条”的案件，所谓“例无专条，情节疑似”者是也。这些案件，既让司法官员感到头疼，亦是帝国司法管理特别关注的对象。至少，从汉代起，这类案件已经属于重点控制的对象，所谓

[1] 我们可以追问一下：帝制中国的皇帝是否真的那么专制？事实上，这是一个有待深入研究的话题。在笔者看来，虽然没有“刚性”的法律约束，但是皇帝也非人们想象的那样，可以毫无制约而任意妄为。相反，天道的力量、礼法的约束、民心的向背、祖宗的家法、官僚机构的抗衡，都是皇帝绝对不能无视的制衡力量。至于“王法”，虽然名义上是皇帝意志的体现；可是，对于每个皇帝来说，也是先在的东西，而且“皇帝只能宣称是人间既存秩序（如儒教）的宣告者、执行者与仲裁者，不曾说他是立法者。在儒家的法制观念中，人间所有的规范，包括法律在内，是来自于经典”。甘怀真：《皇权、礼仪与经典诠释——中国古代政治史研究》，台北，台湾大学出版社2004年版，第545页。

[2] 美国法学家德沃金对“疑难案件”的具体讨论，参见［美］罗纳德·德沃金：《法律帝国》，中国大百科全书出版社1996年版；［美］罗纳德·德沃金：《认真对待权利》，中国大百科全书出版社1998年版。

“狱疑上报具奏”[1] 的规定，已经显示出了帝国政府对这类案件在司法程序上的特殊安排。其后的历朝历代，均有类似的制度安排。由此可见，究竟应该怎样对待这类疑难案件，一直是帝制中国司法实践的一个关键问题。这种特殊的司法程序，既与慎重人命的司法伦理有关，也与控制司法官员的裁判权力有关，更与维护中央集权和专制皇权有关。

这里，我们先来考察一下普通案件。一般来说，这类案件的犯罪事实清楚，可资适用的法律条文也是文意清晰。因此，对于帝制时代的司法官员来说，裁判起来并无困难。尽管如此，在判决这类案件时，他们仍然有可能将法律搁置起来而不予理睬。并且，从实证资料来看，这种审判方式也非偶尔为之。尤为重要的是，作出如此判决的司法官员，他们既非墨吏赃官，也非不谙法律，更非昏聩糊涂。[2] 刚好相反，他们或者出于情理、道德方面的考量而置法律于不顾，或者为了息事宁人而曲法申情。[3] 当然，关键要看两造是否上诉。换言之，如果两造上诉，尤其是幕后有讼师襄助——借助法律知识、诉讼技巧、交通书吏和衙役的网络关系，等等——而采取上诉行动，那么司法官员面临的压力

[1] 参见《汉书·刑法志》，载邱汉平编：《历代刑法志》，群众出版社 1988 年版，第 21 页。

[2] 这种司法官员不仅现实生活中不乏其人，而且戏曲小说中也多有描绘。譬如，李潜夫《包待制智勘灰阑记》即有精彩刻画。戏曲所写郑州太守苏顺，便是一个“虽则居官，律令不晓；但要白银，官事便了”的贪污昏聩的糊涂官吏。参见吴白匋主编：《古代包公戏选》，黄山书社 1994 年版，第 174 页。

[3] 为了免致误会，笔者想稍事说明：笔者之所以仅仅讨论普通司法官员的常规审判活动，而不涉及其他贪污腐败和昏聩无能的司法官员的审判实践，是因为，这种分析更能显示帝制时期司法审判的一般情形，因而也就更有普遍意义。也就是说，对于贪官和庸吏来讲，无论循法抑或违法均属非常事态。

可能更大。[1] 这时，裁判案件是否援引法律，也就变得至关紧要。

为了便于说明问题，笔者想用三种常规案件来进行分析。

例一，明清时期司法实践中经常发生的诬告。鉴于帝制中国官方正统意识形态标榜“德治”“无讼”的信条，因此，深受儒家思想影响的司法官员，往往鄙视甚至反对小民百姓为了“争权夺利”而采取诉讼行动。但是，在日常社会生活中，乡民之间的争讼却又不可避免。[2] 尤其到了明清时期，随着社会经济的变迁——人地矛盾尖锐、物质资源匮乏、人口流动、商品交易频繁，等等，争讼渐次多了起来。在这种情况下，要使案件得到衙门受理，那就必须耸动官府，由此，小民百姓就会采取“架词设讼”的诉讼策略。[3] 有时，这种“架词设讼”的诉讼手段与诬告并没有明显的界限。[4] 有趣的是，我们经常发现，对“架词设讼”乃至诬告，司法官员往往基于“乡愚无知”的原因，或略

[1] 关于讼师在明清时期司法实践中作用的讨论，参见徐忠明：《讼师的眼睛》，载高鸿钧主编：《清华法治论衡》（第4辑），清华大学出版社2004年版，第468~472页。

[2] 例如，清代乾嘉学派的名家崔述在《讼论》中对民间诉讼即有比较豁达的论述。参见［清］崔述：《无闻集》卷二《讼论》；顾颉刚编订：《崔东壁遗书》，上海古籍出版社1983年版，第701页。关于崔述法律思想的讨论，参见陈景良：《崔述反“息讼”思想论略》，载《法商研究》2000年第5期。

[3] 在明清中国，小民百姓往往把“架词设讼”作为一种诉讼策略来运用。对此问题的详细讨论，参见徐忠明：《明清诉讼：官方的态度与民间的策略》，载《社会科学论坛》2004年第10期A版。

[4] 在法律上，教唆词讼如果“增减情罪”的话，与诬告同罪。参见《大明律》卷二二《教唆词讼》，怀效锋点校，法律出版社1999年版，第180页；《大清律例》卷三十《教唆词讼》，田涛、郑秦点校，法律出版社1999年版，第490~491页。在司法实践中，架词设讼与诬告在量刑上似乎有所不同。

予薄惩或一杖了之。[1] 就此而言，帝国法律中的相关规定并没有引起司法官员的足够重视，颜俊彦《盟水斋存牍》即是例证。至于此类案件是否遵循“依法判决”原则，事实上还要考虑其他诸多因素——诬告罪名之轻重，有无因而导致被诬告者死亡，由什么司法机构来审理，等等。一般来说，地方政府似乎并不那么严格遵循“依法判决”原则。与此相反，如果诬告案件上诉到刑部衙门，法律就会成为司法官员必须认真考虑的因素。[2]

例二，明清时期司法实践中的女性犯罪。帝制中国属于男权支配的社会，早在战国时代，韩非就把“妻顺夫”视为关乎国家治乱的一个根本因素。[3] 到了汉代，在《礼纬·含文嘉》中，而后在《白虎通义》中，更是明确提出“夫为妻纲”的礼教原则。从此，所谓“三纲六纪”也就成为中华帝国的“宪法”纲领。[4] 其后，随着宋明理学“饿死事极小，失节事极大”的广泛流传，屈服于“三从”（在家从父，出嫁从夫，夫死从子）下的女性，不仅没有独立的个体人格，而且也无现代法律上的完全行为能力。在这种情况下，除了杀人罪和奸非罪之外，对女性的普通犯罪，司法官员总是出于“女流无知”的歧视态度（笔者认

[1] 在中国法律史上，至少从商鞅确定“诬告反坐”原则起，对诬告罪的处罚，基本上都是根据所诬告的罪名来确定罪犯刑度之加减，而非属于司法官员可以自由裁量之权限。明清时期的法律规定，参见前揭《大明律》卷二二《诬告》，怀效锋点校，法律出版社 1999 年版，第 176~178 页；《大清律例》卷三十《诬告》，田涛、郑秦点校，法律出版社 1999 年版，第 481~486 页。在审判实践中，司法官员往往并不在意律例的具体规定，而是聊示薄惩，一般都是杖刑。对此，明代颜俊彦所著《盟水斋存牍》（中国政法大学法律古籍整理研究所整理标点，中国政法大学出版社 2002 年版）即有不少例证。

[2] 这是笔者读《盟水斋存牍》和《刑案汇览》有关“诬告”案件获得的一个初步印象。

[3] （清）王先慎：《韩非子集解》，钟哲点校，中华书局 1998 年版，第 466 页。

[4] 参见季乃礼：《三纲六纪与社会整合》，中国人民大学出版社 2003 年版。

为，也不乏保护弱者的意味）而作出稍事薄罚乃至免于惩罚的裁决。[1] 正因如此，女性常常成为乡野百姓用来实现“诬告”的一种工具——让女性出面诬告，借以规避诬告责任。

例三，明清时期司法实践中常见的笞杖犯罪。明清律例对笞杖案件刑度（等级）的规定非常仔细周密，但是，对小民百姓轻微（徒刑以下）的犯罪，司法官员基本不会拘泥于罪名轻重而作出严格量刑。恰恰相反，他们倒会根据手中掌握的“自理案件”裁量权限而进行酌情处理，乃至干脆认为“乡愚无知”而作出置法律于不顾的裁决——是否处罚以及如何处罚，全凭司法官员的个人偏好甚或喜怒好恶。另外，对那些“嚣讼”和“教唆词讼”的棍徒，虽然他们的行为可能并不一定构成犯罪，但是，司法官员也会出于感情上的厌恶与道德上的鄙视而给予严厉惩罚。[2] 最后，有些学者可能会从“不应为”这一口袋条款，来考量司法官员对笞杖案件的处理，将其视为“依法判决”似乎亦无问题。但必须指出的是，具有明确刑度规定的笞杖刑与作为口袋条款的笞杖刑，属于两种不同类型的刑罚。笞杖刑针对的均为具体犯罪，刑度也与犯罪情节对应，没有任何松动的余地。可是“不应为”附随的笞杖刑，并无相应的具体罪名，刑度也由司法官员根

[1] 这种情形，颜俊彦《盟水斋存牍》也有若干案件可证。具体讨论，参见黄艳芳：《从〈盟水斋存牍〉看明代妇女的法律地位》，中山大学2005年法学硕士学位论文。

[2] 事实上，涉及“教唆词讼”的棍徒扰害，属于口袋（概括性禁律）条款。参见王志强：《清代刑部的法律推理》，载王志强：《法律多元主义视角下的清代国家法》，北京大学出版社2003年版，第85页。

据情节来自由（酌情）裁量。[1]

当然，笔者并不是说，除了上述三个例证，其他案件就没有置法律于不顾的情形，完全没有那个意思。笔者只是希望这些例子能够说明，当我们力图证明明清时期的刑事诉讼基本上遵循了“依法判决”原则时，千万不要就此认为所有案件都是如此。在笔者看来，法律的抽象原则与司法实践之间的距离永远存在。事实上，在特别注重情理的审判作用的中华帝国，这种情形更加突出，即使对于刑事审判来说，也是如此。只是，鉴于来自审转程序的外部压力与司法管理的严格控制，以及案件本身的政治意义与社会影响，明清时期的司法官员在刑事审判时要比民事审判更加注重裁决的法律依据而已。换句话说，对于是否“依法判决”来说，在刑事审判与民事审判之间并无本质上的不同，只有程度上的差异。可见，这与前面关于两种诉讼模式——“理想类型”的概括有着很大的差异。

综上所述，我们可以得出一个基本推论：那些遵循“依法判决”原则的案件，基本上都是比较严重的刑事（命盗）犯罪。对于轻微的刑事案件来讲，在“有法与无法”之间、在“罪与非罪”之间、在“罚与不罚”之间、在“轻罚与重罚”之间，其实并无必须遵守的严格准则。至少，在裁决这类案件时司法官员拥

[1] 值得进一步申述的是：其一，对有些本不应该处以笞杖之刑（如徒刑以上）的犯罪，司法官员却一杖了之，从而与依法判决不合。其二，对本该处以笞杖之刑的犯罪，司法官员也没有根据笞杖的具体刑度进行处罚，也与依法判决相悖。但是，鉴于笞杖之刑属于州县衙门“自理案件”的范围，而且又有“不应为”的口袋条款，因此司法官员酌情给予“笞杖”的处罚，倒也算是依法判决。与此同时，我们马上可以发现另外一个很有意思的问题，亦即民事案件与徒刑以下刑事案件之间的界限非常模糊。关于清代口袋（概括性禁律）条款的简单分析，参见［美］布迪、莫里斯：《中华帝国的法律》，朱勇译，江苏人民出版社 1995 年版，第 431~434 页；王志强：《法律多元主义视角下的清代国家法》，北京大学出版社 2003 年版，第 85 页。

有较大的裁量权力。根本原因在于，笞杖案件属于地方州县衙门的自理范围，不受审转制度的严格约束；对于这类案件的原被两造来讲，他们一般也不会“越县经州”，不断上告。然而，这仅仅是问题的一个方面。说到底，从司法实践来看，即使是强盗重案，明清时期的司法官员也非一味地拘泥于律例条款，作出所谓“依法判决”的裁决。实际上，对于这类案件而言，他们同样可以（也会）综合情理给出非常灵活的裁断。[1] 有时，它与民事案件的处理虽有程度差异，但无根本不同。[2]

三、依法裁判的原因与技艺

也许，中国法律史学者有关刑事裁判基本遵循“依法判决”原则的印象，来自《刑案汇览》这类刑部直接介入审理的刑事案件裁判文书。[3] 在检阅《刑案汇览》时，我们确实可以发

---

[1] 这种情形，在颜俊彦的《盟水斋存牍》里也有若干案件可证。具体讨论，参见沈小明：《〈盟水斋存牍〉所载强盗案件研究》，中山大学2003年法学硕士学位论文。

[2] 学者通过仔细分析清代刑部“复审”的“威逼致死人命”案件（共60例）以后指出，清代刑部在裁判案件时虽然非常重视法律推理和法律论证，但是情理道德的作用依然不可忽视。参见郑志华：《试评情理法融会贯通的传统价值追求——对清代刑案裁判论证正当性的剖析》，载叶孝信、郭建主编：《中国法律史研究》，学林出版社2003年版，第273~320页。

[3] 参见（清）祝庆祺等编：《刑案汇览》（三编），北京古籍出版社2004年版。有关《刑案汇览》严格遵循“依法判决”原则的评论，参见［美］布迪、莫里斯：《中华帝国的法律》，朱勇译，江苏人民出版社1995年版，第443页；王志强：《清代刑部的法律推理》，载王志强：《法律多元主义视角下的清代国家法》，北京大学出版社2003年版，第73页。

现，收录其中的案件，在适用法律上显得特别严谨，可谓一丝不苟。[1] 然而，笔者想指出的是，第一，刑部直接介入审理的这类刑事案件的裁决，不是命盗案件，就是疑难案件——所谓“例无专条，情节疑似”的案件；[2] 况且，这类案件实际上都经过了级别繁多的审转复核程序。就此而言，它们能给我们留下“依法判决”的印象，是毫不奇怪的事情。第二，尤其是经由原被两造上诉，乃至京控的案件，[3] 对于来自上级的压力，司法官员绝对不敢小视。譬如，晚清轰动一时的“杨乃武与小白菜命案”，即是非常典型的例子。[4] 第三，刑部作为明清时期的最高司法（皇帝除外）机构，它所作出的判决（作为成案），虽然没有当然的司法效力，却有非常重要的指导意义和示范作用，有时，成案

[1] 就《刑案汇览》而言，作者对法律的异乎寻常的关注，我们从这些文书的写作风格中也能看出。具体来说，这些供给司法官员参考的案例汇编，往往一开始就讨论法律问题而非事实问题——这与刑部主要从事法律审而非事实审的制度安排以及《刑案汇览》基本上都是疑难案件，也有非常密切的关系。这种写作风格与明清时期习见的判牍文书有着明显的差异。据笔者看来，导致这种差异的原因，就是对法律的关注。

[2] 参见《刑案汇览凡例》，载（清）祝庆祺等编：《刑案汇览》，北京古籍出版社 2004 年版，第 2 页。

[3] 关于清代“京控”的讨论，参见［美］欧中坦：《千方百计上京城：清朝的京控》，载高道蕴、高鸿钧、贺卫方编：《美国学者论中国法律传统》，中国政法大学出版社 1994 年版，第 172~509 页；娄万锁：《清代直诉制度的运作及评价》，载叶孝信、郭建主编：《中国法律史研究》，学林出版社 2003 年版，第 254~272 页。

[4] 关于此案的资料和研究成果，See William P. Alford，“Of Arsenic and Old Laws：Looking Anew at Criminal Justice in Late Imperial China”，*California Law Review* 72，1984，pp. 1180-1156。周楞伽：《清末四大冤案》，群众出版社 1985 年版；汪半山：《杨乃武与小白菜案件真相》，群众出版社 1986 年版；陈尚凡等：《杨乃武冤狱》，岳麓书社 1986 年版；王策来：《杨乃武与小白菜真情披露》，中国检察出版社 2002 年版；孔志国：《法律和制度为什么被规避？——兼析晚清命案之鞫讯：从杨乃武案出发》，北京大学 2004 年硕士学位论文；杨昂：《不可能的任务：晚清冤狱之渊薮——以杨乃武小白菜案初审官刘锡彤为中心的分析》，中国法律史年会论文，海南，2004 年。

也有一定的法律效力。[1] 据此，刑部在引照法律时就会变得特别小心谨慎。[2] 第四，由于审转制度与司法责任的约束，判决是否援引法律，也会成为司法官员必须认真对待的问题。但是，我们也不应该忘记，在司法实践中，鉴于官僚制度本身的痼疾，官员产生衙门作风在所难免，因而，审转制度难免也会熏染“文牍主义”的弊害，成为一种多少带有形式主义的司法程序，因此，审转制度与司法责任的追究制度未必真能起到约束司法官员“依法判决”的作用。有时，我们也可以发现，即使审转制度下作出的裁决，它们的最终结果，也仅仅是“上报刑部知道”而已。据笔者看来，就算刑部的司法官员耐烦“较真”，其所关心的问题，恐怕未必就是地方司法官员适用法律是否准确，多少也有捍卫刑部自身权威的用意。特别是，对与人命无关的普通徒流案件，审转程序基本是在地方衙门运作，故而，监控作用不如想象的那么有效。何况《刑案汇览》都是经过严格挑选的案件，因此，以《刑案汇览》来证明刑事案件基本遵循“依法判决”原则，理由似乎并不充分。

作为对比，通过阅读《盟水斋存牍》这类地方司法官员制作的判牍文书，我们可以发现另一种稍有不同的景象。其中，不仅司法程序不像法律规定的那样规范，而且“依法判决”似乎也非这位判牍作者（明末广州府推官颜俊彦）特别小心在意的事情。

---

[1] 由刑部做出的“成案”，只有不确定的法律效力；换言之，成案的效力必须根据具体情况才能确定。有关讨论，参见王志强：《清代成案的效力和其运用中的论证方式》，载《法学研究》2003 年第 3 期；[日] 小口彦太：《清代中国刑事审判中成案的法源性》，载杨一凡主编：《中国法制史考证·丙编》（第 4 卷），中国社会科学出版社 2003 年版，第 285～207 页。

[2] 对刑部之所以严格援引法律的司法意义与政治作用，笔者在后面再予讨论。

或许，命盗案件可以除外。[1] 然则，原因又是什么？笔者觉得，鉴于命盗案件的被害人或者被害人家属往往都有上告的念头，这是一种潜在的压力，一旦他们感到判决不公，就会采取行动。因此，司法官员援引法律，也就显得特别重要。另外，待审案件罪名之轻重，也是考量司法官员是否遵循“依法判决”原则的关键因素。也就是说，徒刑以上案件尤其是命盗案件，由于受到审转制度的约束，所以司法官员也必须认真地考虑法律依据。

要之，在法律文本（理想）与司法运作（实践）相对良好（与吏治清明密切相关）的情形下，明清时期的审转制度对于司法官员严格遵循“依法判决”原则，确实起到了积极的作用。反之，如果司法运作不良（与吏治腐败脱不了干系）的话，那么繁复的审转程序不仅成为徒具形式的摆饰，而且也会增加诉讼两造的讼累。这时，审转程序的约束作用，也就无从发挥，或者说发挥得不那么有效。笔者认为，既然我们是考察司法实践，对司法的这种实际状况也就不能视而不见。

有了上述概括性的说明，我们再来考察一下刑部处理疑难案件的情形，看看这些案件是否严格遵循了“依法判决”原则。更为重要的是，司法官员又是怎样遵循“依法判决”原则的。

首先，笔者想说，其中刑部处理的绝大多数案件确实满足了“依法判决”的要求。对此，我们不但从西曹（刑部）法吏仔细勘比案件事实与律例条文中可以看出，而且，从他们认真检索律令条文和解释律例文意中也能发现，进而，从他们有时近乎“病态”的吹毛求疵的驳案中同样可以看出。其次，笔者还想指

[1] 这仅仅是笔者阅读《盟水斋存牍》之后获得的一个初步印象，仔细的分析有俟来日。由于当时未能逐个案件与明代律例进行仔细的对照研究，所以印象可能并不精确。

出，有些案件看似遵循了“依法判决”原则，但是，实际上却巧妙运用了法律的修辞技巧；或者说，仅仅是把法律作为一种修辞技巧。在表面上，司法官员确实颇为认真地，也颇为严格地援引了法律，但实际上仅仅是一种“包装”而已。仔细研究这种“依法判决”的技艺，对于我们理解明清时期的审判实践，意义不可小视。

这里，笔者并不打算面面俱到讨论所有涉及“依法判决”的侧面，[1] 而只是希望通过被学者称为“依法判决”但又非常特殊的案件事例，来分析明清时期的司法官员究竟是如何遵循“依法判决”原则以及他们为什么要遵循这一原则。

第一，如何“依法判决”——移情就法。记得法国作家福楼拜曾经讲过“没有两片相同的树叶”，案件事实也是如此，可谓千奇百怪。适成对照的是，法律条文总有一定数量，况且，人类预测事物与表达事物的能力均有一定限度，由此，势必造成“以有限待无穷，怠矣”的困境。[2] 就此而言，事实与法律之间永远存在无法消除的空隙与断裂。对于传统中国法律来说，这种困

---

[1] 这方面的具体讨论，参见邱澎生：《真相大白？明清刑案中的法律推理》，载熊秉真编：《让证据说话——中国篇》，台北，麦田出版公司 2001 年版，第 135~198 页；王志强：《清代刑部的法律推理》《清代成案的效力和其运用中的论证方式》，载王志强：《法律多元视角下的清代国家法》，北京大学出版社 2003 年版，第 68~123 页；［日］小口彦太：《清代中国刑事审判中成案的法源性》，载杨一凡主编：《中国法制史考证·丙编》（第 4 卷），中国社会科学出版社 2003 年版，第 285~307 页；郑志华：《试评情理法融会贯通的传统价值追求——对清代刑案裁判论证正当性的剖析》，载叶孝信、郭建主编：《中国法律史研究》，学林出版社 2003 年版，第 273~320 页；［美］布迪、莫里斯：《中华帝国的法律》，朱勇译，江苏人民出版社 1995 年版，第 359~448 页。

[2] 对此，中国古代先贤也有非常深刻的认识和阐述。这方面的言论与现代学者的讨论，参见［美］蓝德彰：《宋元法学中的“活法”》，载高道蕴等：《美国学者论中国法律传统》，中国政法大学出版社 1994 年版，第 302~349 页。

境更加明显、更加严重。这是因为，作为“权量轻重”的律典有着非常明确固定的“罪与罚”之间“一个萝卜一个坑”的对应关系。这种立法模式以及法律条文的具体与刚性的特征，[1] 必然导致待审案件事实与既有法律条文之间的严重脱节。也可以说，法律之网编织的越细越密，满足案件事实和具体情节的能力越差，空白与漏洞也就越多，而“情罪相符”恰恰又是传统中国法律的一个显著特征。不仅立法者这样规定，而且司法者也如此审判。这样一来，出现“例无正条”的概率也会相应增加。在这种情况下，“比附引律”在所难免。实质上，这是明清时期司法官员的一种基本的裁判技术，[2] 甚至不惜采取牵强附会的手段，即通过“移情就法”的手段来制造“依法裁判”的结果。这时，我们便可看到，法律确实构成了判决的基础，但它与一般意义上的“依法判决”却有巨大差异。

作为一种裁判手段的“移情就法”，实际上是明清时期地方司法官员非常重视的一种审判技巧，有关办案指南手册还会专门讨论这样的技巧。例如，当时颇为流行的幕学手册《刑幕要略》《办案要略》《居官资治录》《审看拟式》，均有这方面的论述。其中，还特别提到了“办案全要晓得剪裁”的技巧。而“剪裁之术”主要包括：其一，必须预先打算案件的出路和结穴；其

---

[1] 在笔者看来，这种律典特征与以下事实有关。一是与法律起源于裁判有关。由于律条源于案例，自然具体而又明确，想想英国的判例法即可理解。二是与法家“性恶论”和“专制论”有关。由于人性本恶，自然不可轻信；由于君主专制，自然要求严格控制官吏。两者结合，必然要求法律规定面面俱到，事皆有法。三是与“律”的含义也有关系。由于“律”是“权量轻重”的尺度，自然必须确定无疑，不留回旋余地。

[2] 关于清代司法实践中“比附引律”的讨论，参见［日］中村茂夫：《比附的功能》，载杨一凡主编：《中国法制史考证·丙编》（第4卷），中国社会科学出版社2003年版，第260~284页。也请参见前述王志强、郑志华、小口彦太诸位的论文。其实，比附引律乃是讨论明清法律推理的一个基本问题。

二，根据相关法律确定剪裁的内容；其三，为了达到预期目的，对各类证据进行精心剪裁，甚至伤痕和验尸报告同样可以剪裁。这样一来，司法官员不仅能把案件“制作”成为天衣无缝的铁案，而且又有峰回路转的余地，[1] 既不怕两造翻案，也不怕上司驳案。在笔者看来，地方司法官员如此办案的原因，无非为了避免上司尤其是刑部的驳案。由此可见，刑部之所以能够做到“依法判决”，与地方司法官员对案件事实的“建构”密不可分。不仅如此，即使刑部法吏，也会采取这种办案技术。譬如《刑案汇览》卷三十五“并无他故觌面亵狎追悔自尽”，就是一个极端的例子。也因此，王志强教授认为：“本案中‘追悔’的情节是在刑部和地方意见相持不下时被迫追加的事实。”[2] 我们不得不说，既然“依法判决”可以用“追加事实”的技术来实现，那么援引法律就更有可能是一个司法官员随意玩弄的阴谋。

原来，所谓“依法判决”就是如此被司法官员精心“制作”出来的。据笔者看来，这可能是一个颇有后现代意味的法律问题。事实上，除了这种“移情就法”“剪裁制作”的裁判案件以外，其他以牵强附会的手段援引法律或基于道德情理立场作出的

[1] 对此问题的详尽讨论，参见高浣月：《清代刑名幕友研究》，中国政法大学出版社 2000 年版，第 73~81 页；邱澎生：《真相大白？明清刑案中的法律推理》，载熊秉真编：《让证据说话——中国篇》，台北，麦田出版公司 2001 年版，第 172~177 页；王志强：《清代刑部的法律推理》，载王志强：《法律多元视角下的清代国家法》，北京大学出版社 2003 年版，第 73~79 页。

[2] 参见王志强：《清代刑部的法律推理》，载王志强：《法律多元视角下的清代国家法》，北京大学出版社 2003 年版，第 77 页。本案的具体内容，参见《刑案汇览》卷三十五，北京古籍出版社 2004 年版，第 1294 页。

判决也不少见。[1] 当然，笔者不是说，“移情就法”是明清时期裁判刑事案件的普遍情形，并没有这方面的直接证据。但是，既然地方司法官员把“剪裁”案件事实当作从事法律实务的一种必备技巧来传授、来讲究，而且还要著书立说，恐怕不能说“剪裁案件”仅仅是偶尔为之的例外，从而无须我们关注。在一般情况下，刑部官员只是根据地方司法官员题奏的经由他们“制作”的案件事实，来进行法律上的考量，刑部官员“斤斤计较”的是“情罪”是否相符，而非案件事实。据此，美国学者布迪和莫里斯指出：“对于绝大多数案件来说，刑部所关注的是对于被告是否给以与其罪行相适应的刑罚；至于确认被告是犯有罪刑，还是清白无辜，这个问题刑部很少考虑。”[2] 笔者认为，这一判断对于我们深入理解明清时期的司法官员如何“依法判决”很有帮助。虽然我们尚未发现《刑案汇览》是否存在大量“剪裁”案件事实的证据，然而，这并不意味着在明清时期的审判实践中就不存在这种做法。笔者的基本看法是，“剪裁”案件事实的操作，应该主要发生在地方司法官员的审判实践中，这是他们应对审转制度控制的一种策略。

作为司法裁判的技术，还有一种尚未引起学者注意的办法——制造疑案。当然，这种裁判技术在明清时期司法实践中是

[1] 具体的讨论，参见王志强：《清代刑部的法律推理》，载王志强：《法律多元视角下的清代国家法》，北京大学出版社 2003 年版，第 73 页以下；郑志华：《试评情理法融会贯通的传统价值追求——对清代刑案裁判论证正当性的剖析》，载叶孝信、郭建主编：《中国法律史研究》，学林出版社 2003 年版，第 273~320 页。

[2] [美] 布迪、莫里斯：《中华帝国的法律》，朱勇译，江苏人民出版社 1995 年版，第 398 页。

否具有普遍意义，目前笔者还不能肯定，[1] 但是，这种做法确实存在。而且，令人印象特别深刻的是，对于某些疑难案件来说，司法官员适用法律的方法，往往难以被我们这些现代读者所理解。例如，发生于清末光绪年间（1906~1908年）的一起曾经哄传一时的“春阿氏误杀亲夫”案件，[2] 我们把它称为“疑难案件”应该没有问题。值得追问的是：对这起疑难案件，清代司法官员（先是刑部审，后由法部审，审判机构的变化，与当时司法改革有关）究竟是怎样处理的呢？本案事实如下：起先，春阿氏与表兄弟聂玉吉毗邻而居，郎才女貌，两小无猜，青梅竹马，并有口头婚约；后来，聂玉吉父母双亡，家道衰落，春阿氏的母亲阿德氏决意悔婚。事实上，她原本就不同意这门由聂玉吉母亲额氏一厢情愿定下的亲事，因此，就把春阿氏许配给旗下领催（掌管文书）文光的儿子春英。婚后三月的一天深夜，不知何故，春英突然被人杀了，一起人命官司由此而起。根据档案资料显示，现场只有春阿氏，并无他人知晓，而春阿氏又不愿意供出真情，却一口咬定自己是误杀春英。按照清代法律规定，如果没有被告口供，一般不会定罪，尽管法律规定如果“众证明白，即

[1] 下面即将讨论的晚清“春阿氏误杀亲夫”的档案（中国第一历史档案馆，法部：编号24313）共有14起存案，即“春阿氏误杀亲夫”与其他13起存案，它们的性质是否相同尚待进一步考察。

[2] 有关这起案件的记载，参见中国第一历史档案馆所藏编号24313的档案。该档案的封面记有“法部审录司京畿科汇案#大理院知照春阿氏杀死亲夫等十四起存案事#光绪三十四年（1908）四月起至宣统元年（1909）四月十八日止”的字样，而“#”是笔者做的换行记号。

同狱成”，但是“非共犯有逃亡，并罪在军流以下，不轻用也”。[1] 由此我们可以推断，对于杀人案件来讲，必须众证与口供兼备；若没有其他证据而唯有被告口供，不得草率断罪。在本案中，除了春阿氏的口供，没有任何其他证据，从而成为“情节疑似”的案件。然而，案件不能久拖不决。对于本案来说，皇帝已有谕旨斥责办案不力，所以必须马上结案。在这种情况下，法部把它办成疑案悬置起来，即春阿氏候审待质，如果将来没有发现证据，就将春阿氏永远监禁。本案处理的特点，就是援引法律条文颇为严谨。[2] 其原因又何在？这是下面所要讨论的问题。

第二，为何“依法判决”——权力技术。至少，从唐朝以来，定罪量刑必须“俱引”相关法律条文，已是中国法律史上的一个基本传统，明清两朝亦不例外。[3] 我们完全可以想象，既然法律规定司法官员在定罪量刑时必须援引相关的律令条文，否则就要承担相应的法律责任；那么，在没有律令可资适用的情况下，作为理性人或者说谋求自身利益最大化的帝国法吏，就会想尽办法满足这一要求而不管采取什么手段和技术。由此，各种援

---

[1] 参见《清史稿》《刑法三》，载邱汉平编：《历代刑法志》，群众出版社 1988 年版，第 589 页。滋贺秀三教授把传统中国的证据规则称为“口供主义”原则，只有例外情况才允许根据不是口供的其他证据来断罪。参见［日］滋贺秀三：《中国法文化的考察》，载［日］滋贺秀三等：《明清时期的民事审判与民间契约》，王亚新等编译，法律出版社 1998 年版，第 10 页。

[2] 对于此案的详尽讨论，参见徐忠明：《办成“疑案”：对春阿氏杀夫案的分析——档案与文学以及法律与事实之间》，载《中外法学》2005 年第 3 期。

[3] 有人甚至认为，战国时期（秦简）已有类似的法律规定。参见栗劲：《秦律通论》，山东人民出版社 1985 年版，第 172～190 页。相关讨论，参见黄源盛：《传统中国“罪刑法定”的历史发展》，载黄源盛：《中国传统法制与思想》，台北，五南图书出版股份有限公司 1999 年版，第 427～434 页。关于明清法律的规定，参见《大明律》卷二八《断罪引律令》，怀效锋点校，法律出版社 1999 年版，第 221 页；《大清律例》卷三七《断罪引律令》，田涛、郑秦点校，第 595～596 页。

引乃至超越律例的手段和技术——比附律例（无论正常抑或牵强），参照成案，从律例中推导规则或者比照罪情，移情就法，等等，就被他们巧妙地发明了出来。这些做法之目的只有一个：制造“依法判决”的效果。其好处是，一来对原被两造与社会舆论有个交代，这与民本思想有关；二来使自己免遭上司的驳案，与审转程序相应；三来向皇帝表示自己恪尽职守的忠心，这与王法理念有关。不过，我们千万不可忘记，这些做法与司法官员的自身利益更是息息相关。

另外，明清时期的司法官员之所以极尽法律引证与法律推理之能事，是因为非此不能达到惩罚罪犯之目的。换句话说，为了实现惩罚“恶言恶行”之目的，为了谋求个案解决的妥当性与满足法律论证的正当性，以及取得情理与法律之间的协调性，如何援引律例条文，有时并非当时的司法官员特别小心在意的事情。更准确地说，司法官员在裁判文书中之所以征引某条律例，可能是因为该条律例的刑罚与待决案件被告的罪行比较吻合，至于和犯罪构成要件是否切合，就不在考虑范围之内了。有时，司法官员援引某条律例，可能仅仅是因为这样操作可以给人留下“依法判决”的印象。总之，只要有人犯罪，那就必须予以惩罚，至于有无律例依据，可以在所不问，或者把它当作疑难案件题奏皇帝，由他酌情处理。据笔者看来，这种做法实际上代表了一种惩罚中心主义的价值取向与司法态度。[1] 具体来说，只要有人被害

[1] 布迪和莫里斯在《中华帝国的法律》一书中指出：“在有些案件中，刑部援引某项法律，但后来又将其弃之不用；从这些案件中，我们可以看到司法机构审判案件时大胆地超越法律条款的现象。”［美］布迪、莫里斯：《中华帝国的法律》，江苏人民出版社1993年版，第417页。清代刑部法吏之所以这样判决，乃是为了取得“情罪相符”的效果。

被杀，那就必须有人偿命抵罪。[1] 这种惩罚理念，不仅包含了道德主义的诉求，而且包含了实用主义的态度，或者说是两者的奇妙结合。与此相关，不仅要紧紧揪住偿命抵罪不放，而且要做到“情罪相符”或者“罚当其罪”，这是传统中国数千年来一以贯之的惩罚理念，从而产生了实质正义而非形式正义的司法精神。审案之所以能够做到“罚当其罪”，是因为借助了情理平衡这一酌情处罚的裁判技术。总而言之，这是中国人思考问题的方式和正义观念的特色。

对于春阿氏杀夫案来说，由于没有确凿的证据，真凶自然不得而知；由于信奉明德慎罚的思想，对疑犯就不得草率定罪施罚；由于“有罪推定”的司法惯习，同样不能轻易放跑疑犯；进而，基于惩罚中心主义的价值取向以及真凶尚未落网接受审判，这意味着惩罚没有具体的对象，但仍不能轻易放走疑犯。在这些情形约束下，当时的法部对春阿氏的处理办法，可谓煞费苦心。这种做法，可以说既是出于慎重刑罚，也是出于维护法部官吏的自身利益。准确地说，是两者兼而有之。

结　语

通过上述讨论，笔者在此整理一下基本观点。

首先，以滋贺秀三为代表的日本中国法律史学者认为，明清时期中国的诉讼实践存在两种不同的类型：对于命盗案件来

---

[1] 《汉书·刑法志》所谓“杀人者死，伤人及盗抵罪”即是这个意思（参见邱汉平编：《历代刑法志》，群众出版社1988年版，第14页）。对这种严格报复刑思想的讨论，参见霍存福：《复仇、报复刑、报应说》，吉林人民出版社2005年版，第130~198页。

说，必须依法判决；而就民事案件来讲，情理是判决的基本准据。[1] 笔者认为，如果基于马克斯·韦伯类型学的研究取径，[2] 这一概括无疑具有相当的合理性和启发性。如果从融贯的角度来考察，笔者更愿意把刑事审判与民事审判置于同一维度来评判。例如，纯粹的民事诉讼、笞杖以下轻微的刑事案件，可以归为一类，即自理案件；徒刑以上案件和重大疑难案件，则另归一类。这样一来，民事案件→笞杖案件→徒刑以上命盗案件，无疑是一个不断延展的案件系列，其中不乏交叉案件。就“依法判决”而言，从民事案件到命盗案件，对“依法判决”的要求逐步增加，但是它们之间难以做出根本性的区别，只有处罚轻重上的差异。

具体而言，对纯粹的民事诉讼，尽管没有审转程序的制度约束，但是，原被两造上诉与月报备案的制度安排，依然具有某种司法管理和司法监督的作用。这意味着地方司法官员不得任意妄为，置法律于不顾。也就是说，如果违反月报制度，州县官员就有可能受到相应的处罚，由此可见，律例仍然是司法官员必须考虑的问题。[3] 这种说法，并不是要否定情理在民事案件裁决上的

[1] 对此问题的概括，参见［日］寺田浩明：《日本的清代司法制度研究与对“法”的理解》，载［日］滋贺秀三等：《明清时期的民事审判与民间契约》，王亚新等编译，法律出版社1998年版，第112~138页。在此，对其他论文不再俱引。

[2] 参见［德］马克斯·韦伯：《社会科学方法论》，朱红文等译，中国人民大学出版社1992年版。

[3] 相关内容，参见《大清律例》卷三十，“告状不受理”条，田涛、郑秦点校，法律出版社1999年版，第479页；（清）刚毅：《牧令须知》卷六《词讼月报》，载官箴书集成编纂委员会编：《官箴书集成》（第9册），黄山书社1997年版，第263~264页；（清）樊增祥：《樊山政书》卷十二《批石泉县词讼册》；邱澎生：《真相大白？明清刑案中的法律推理》，载熊秉真编：《让证据说话——中国篇》，台北，麦田出版公司2001年版。

准据作用，而是希望指出法律也非无关紧要的裁决依据。也就是说，笔者试图通过这样的思考来缓和滋贺秀三与黄宗智之间“过于对立”的认识。

对于州县自理词讼（笞杖案件）来讲，法律就更加重要了。所谓“嗣后均照律例办理，毋得意为重轻，致烦驳改不便”[1]的劝诫，恐怕不应把它当作形同虚设的倡议。在这个意义上，州县自理词讼月报制度与刑事案件审转制度，虽然在约束司法官员的程度上存在明显差异，可是两者并无本质上的不同。因此，黄宗智关于民事案件“依法判决”的观点有其道理。[2] 要言之，无论民事审判抑或刑事审判，鉴于其追求个案解决的惩罚妥当性与道德合理性，尤其是为了实现“情罪相符”和“罚当其罪”之目的，司法官员基于情理与平衡的技术作出酌情、合理、依法——“情法两尽”的裁决，这是完全可以理解的事情。

当然，这与民事法律关系与刑事法律关系的划分也大有关系。这里不便详细讨论。笔者的初步意见是：理论上，传统中国法律虽然没有严格划分民事法律关系与刑事法律关系，但是，它们仍有相应的区别。所谓“民间细故”的说法，多少也有与刑事法律关系进行区分的意思。就此而言，民事法律关系似有“私”的意味，而刑事法律关系则有“公”的属性。据笔者看来，对民事审判与刑事审判，我们也可以做出相应的区分。

[1] 参见《福建省例》卷二七《刑政例上·夫殴妻妾轻伤因而自尽照律勿论》，台北，大通书局1987年版，第843页，参见王志强：《法律多元视角下的清代国家法》，北京大学出版社2003年版，第95页。方大湜也说：“自理词讼，原不必事事照例。但本案情节，应用何律何例，必须考究明白，再就本地风俗，准情酌理而变通之，庶不与律例十分相背。”参见方大湜：《平平言》卷二，“本案用何律何例须考究明白”，载官箴书集成编纂委员会编：《官箴书集成》（第7册），黄山书社1997年版，第653页。

[2] 参见［美］黄宗智：《民事审判与民间调解：清代的表达与实践》的相关论述。

其次，基于慎重人命的考虑与司法集权的需要，刑事案件尤其是命盗案件受到了帝国司法程序上的严格控制，因此“依法判决”乃是基本原则。除了普通刑事（常规）案件，对疑难（非常规）案件的裁判是否援引法律，同样成为司法官员必须遵循的审判原则。但是，基于中国古人不仅把“犯罪”视为对他人生命财产的伤害，而且看作对皇帝权威的挑战，对帝国统治秩序的侵犯，乃至对宇宙秩序的破坏，故而，对犯罪的惩罚必须做到一丝不苟——准与狠。这样一来，势必把惩罚作为裁判的终极目的，将“罪·情”与刑罚轻重之间的切合性与妥当性视为裁判的内在要求。也因此，律例必须具有“计算”的性格，即在罪与罚之间进行精确的换算。而且，在律例不尽赅载的情况下，用比附律例来定罪量刑也是势所必然。更有进者，为了确保“罪与罚”之间的协调，在不同律例之间，乃至在律例之外考量轻重、上下计较、进而权衡情理作出“情法两尽”的裁决，乃是最佳结果。笔者认为，这是明清时期司法判决的根本特征。对此，《刑案汇览》曾有扼要阐述：“而其用之也，要在随时随事比附变通，期尽乎律例之用，而后可以剂情法之平。……不穷其理于律例之中，未足为明慎也；不通其意于律例之外，亦未足为明慎也。天下刑名汇于刑部，凡值省题达各案，刑部详加核义，苟有可疑，必援彼证此，称物而类比之，剖析毫厘，律例之用于是乎尽。情与法皆两得矣。”[1] 论述可谓透彻、精辟。事实上，在传统中国这样一个人情和道德社会里，法律源于情理，因此完全撇开情理来谈论“依法判决”问题，无论如何都是一种不得要领的

[1] 《刑案汇览序》，载（清）祝庆祺等编：《刑案汇览》（三编），北京古籍出版社 2004 年版，第 1 页。

想法。情理可以成为民事裁决的基准，同样也可以作为刑事案件乃至命盗案件的酌情依据。或许可以这么说，在裁判民事案件和轻微刑事案件时，情理相对比较明显，而法律则是一种潜在的指引和参考标准；在裁判命盗案件时，虽然法律得到了比较严格的援引，然而情理始终是刑部官员用来衡平罪罚的指南。据此，那种过分强调“民事审判—情理”与“刑事审判—法律”的理想建构图式，显然不能成为最佳解说。

就明清时期司法实践而言，在这种看似非常严谨的连类比附与彼此参证的过程中，学者所谓的“依法判决”原则，确实得到了彰显。可是我们也不应该忽略，这种做法实际上遮蔽了隐藏在法律背后的权力技术和利益动机。譬如，地方官员之所以采取“移情就法”（制造“依法判决”的假象）的裁决技术，无疑是为了避免上司驳案；当然，也可以就此堵住原被两造屡审屡翻的上告行动，尽量把案件消耗在他们的权力能够操控的地方衙门，以免带来不测，影响仕途。再如，刑部官员就案件事实和法律适用与地方官员“较真”死磕，亦非仅仅是为了慎重人命与维护帝国法律的统一实施，其实也有压抑地方衙门的意图；同时，还是他们用来彰显自身权力和法律知识优越的手段。这种“依法判决”的技术，也是刑部官员用来抗衡皇帝干预审判实践的一个有效办法。当然，对于常规案件来说，皇帝根本没有精力进行实质性的干预；[1] 而就疑难案件和重大案件来说，皇帝的干

[1] 对于皇帝来说，如何面对浩繁的案件，确实是个难题。根据郑秦的估算，在清朝，一般年份有死刑案件3000余件；以督抚和刑部两次具题来计算，就有6000多件专案题本。对于日理万机的皇帝来说，绝无可能亲自一一详览，所以“勾决”逐渐流为例行公事，但是，这不意味着皇帝放松了对司法权力的严密控制。这是因为，即使是这种例行公事式的批答题本，在清代也必定要奏达御前，经由皇帝同意。参见郑秦：《皇权与司法》，载郑秦：《清代法律制度研究》，中国政法大学出版社2000年版，第73~89页。

预亦非时时都能奏效。[1] 在这种情况下，笔者认为，对司法官员援引法律作出裁决的技术，我们或许可以把它视为一种有理甚至方便的论证手段和司法策略。就此而言，所谓“依法判决”就会大打折扣。不过，从通过“移情就法”“剪裁事实”来制造“依法裁判”的效果来看，是否正好说明“依法裁判”是明清时期审判实践的一条基本原则，司法官员都在努力实现这一原则。也正因如此，他们才会不惜通过看似不太光明正大的“移情就法”“剪裁事实”的技术，来达到这一目的。

综上所述，对于明清时期的司法官员来讲，“依法判决”有着多重功效。然而，从终极意义上来看，明清时期的“依法判决”与现代意义上的依法判决，有着很大差异。这是因为，就刑事审判而言，无论古今中外，实施惩罚均属审判的基本目的。只是，由于现代法律的抽象性与自治性的特征，那种只要达到惩罚目的而采用超越法律的裁判技术，无法获得普遍认同。当然，酌情处罚的现象也非毫无市场。譬如，美国盛行的辩诉交易制度，即有超越法律之外的性质；否则，控辩双方又何必进行罪刑之交易？事实上，这种做法违背了法治原则。这是一种惩罚的经济学，即惩罚的必要性、及时性与低成本的混合计算。

有人曾说：从司法与形式主义的角度来看，现代意义上的法治，实际上不过是一个“神话”而已。对于明清时期“依法判决”实践来讲，我们应该怎样评判呢？上面的讨论，仅仅是笔者的一些粗浅意见。或许，还有其他的不同解释。

[1] 对非常规案件中皇帝与官僚之间的权力游戏的讨论，参见［美］孔飞力：《叫魂：1768 年中国妖术大恐慌》，陈兼、刘昶译，上海三联书店 1999 年版。

参考书目

中　文

［1］《辞海》（缩印本），上海辞书出版社 1980 年版。

［2］《福建省例》，台北，大通书局 1987 年版。

［3］《高宗纯皇帝实录》卷三二三，载中华书局编：《清实录》（第 13 册），中华书局 1986 年版。

［4］《光绪南汇县志》卷二十，载《中国地方志集成·上海府县志辑》（第 5 册），上海书店 1991 年版。

［5］《光绪松江府续志》卷五，载《中国地方志集成·上海府县志辑》（第 3 册），上海书店 1991 年版。

［6］《光绪重修华亭县志》卷二三，载《中国地方志集成·上海府县志辑》（第 4 册），上海书店 1991 年版。

［7］《嘉庆松江府志（一）》，载《中国地方志集成·上海府县志辑》（第 1 册），上海书店 1991 年版。

［8］《教民榜文》，载《皇明制书》（第 2 册），杨一凡点校，社会科学文献出版社 2013 年版。

［9］《明太祖实录》卷四四，载“中央”研究院历史语言研究

所校勘:《明实录》(第3册),上海书店1984年版。

［10］《乾坤啸》,载《古本戏曲丛刊》编辑委员会编:《古本戏曲丛刊三集》(第20册),国家图书馆出版社2016年版。

［11］《清代诗文集汇编》,上海古籍出版社2010年版。

［12］《圣祖仁皇帝实录》卷一二三,载中华书局编:《清实录》(第5册),中华书局1985年版。

［13］《太宗文皇帝实录》卷五八,载中华书局编:《清实录》(第2册),中华书局1985年版。

［14］《现代汉语词典》,商务印书馆1983年版。

［15］［荷兰］埃哈德·布兰肯伯格:《作为法律文化指标的民事诉讼率》,袁开宇译,载［意］D. 奈尔肯编:《比较法律文化论》,高鸿钧、沈明译,清华大学出版社2003年版。

［16］［美］埃里克·A. 波斯纳:《法律与社会规范》,沈明译,中国政法大学出版社2004年版。

［17］［美］埃里克森:《无需法律的秩序——邻人如何解决纠纷》,苏力译,中国政法大学出版社2003年版。

［18］［德］埃利亚斯·卡内根:《群众与权力》,冯文光等译,中央编译出版社2003年版。

［19］(清)安和:《七尸八命》,法律出版社1998年版。

［20］(明)安遇时编集:《百家公案》,石雷校点,群众出版社1999年版。

［21］［美］安哲乐:《主术:中国古代政治艺术之研究》,滕复译,北京大学出版社1995年版。

［22］［日］岸本美绪:《妻可卖否?——明清时代的卖妻、典妻习惯》,李季桦译,载陈秋坤、洪丽完主编:《契约文书与社会生

活（1600—1900）》，台北，“中央”研究院台湾史研究所筹备处 2001 年版。

［23］［美］昂格尔：《现代社会中的法律》，吴玉章、周汉华译，译林出版社 2001 年版。

［24］［荷兰］巴克曼、德弗里斯：《大汉学家高罗佩传》，施辉业译，海南出版社 2011 年版。

［25］（唐）白居易：《白居易集》卷四十，岳麓书社 1992 年版。

［26］（汉）班固：《汉书》，中华书局 1962 年版。

［27］［美］包筠雅：《功过格——明清社会的道德秩序》，杜正贞、张林译，浙江人民出版社 1999 年版。

［28］（清）包世臣：《齐民四术》，中华书局 2001 年版。

［29］［美］本迪克斯：《马克斯·韦伯——思想肖像》，刘北成等译，上海人民出版社 2002 年版。

［30］［瑞典］宾德瑞特：《为何是基础规范——凯尔森学说的内涵》，李佳译，知识产权出版社 2016 年版。

［31］［美］波斯纳：《法律与文学》（增订版），李国庆译，中国政法大学出版社 2002 年版。

［32］（清）不著者：《刑幕要略》，载官箴书集成编纂委员会：《官箴书集成》（第 5 册），黄山书社 1997 年版。

［33］［美］布迪、莫里斯：《中华帝国的法律》，朱勇译，江苏人民出版社 1993 年版。

［34］［法］布迪厄：《法律的力量——迈向司法场域的社会学》，强世功译，载《北大法律评论》（第 2 卷第 2 辑），法律出版社 2002 年版。

[35]［英］布莱恩·特纳：《身体与社会》，马海量、赵国新译，春风文艺出版社2000年版。

[36]［美］布莱克：《社会学视野中的司法》，郭星华等译，法律出版社2002年版。

[37]［美］布鲁诺·赖德尔：《死刑的文化史》，郭二民编译，三联书店1992年版。

[38]［美］步德茂：《司法档案以及清代中国的法律、经济与社会研究》，邱澎生译，载台北"中国法制史学会"主编：《法制史研究》第4期，台北，成阳出版股份有限公司2003年版。

[39]蔡尚思、方行编：《谭嗣同全集》（修订本），中华书局1981年版。

[40]曹培：《清代州县民事诉讼初探》，载《中国法学》1984年第2期。

[41]曹树基：《中国人口史》（第5卷），《明清时期》，复旦大学出版社2001年版。

[42]曹亦冰：《侠义公案小说史》，浙江古籍出版社1998年版。

[43]曹亦冰：《侠义小说史话》，辽宁教育出版社2000年版。

[44]曹允源：《慎斋遗集序》，载《清代诗文集汇编》（第767册），上海古籍出版社2010年版。

[45]［美］曾小萍：《州县官的银两》，黄建中译，中国人民大学出版社2005年版。

[46]曾运乾：《尚书正读》，台北，华正书局1982年版。

[47]常建华：《乡约的推行与明朝对基层社会的治理》，载朱诚如、王天有主编：《明清论丛》（第4卷），紫禁城出版社2003年版。

［48］常建华：《明代宗族组织化研究》，故宫出版社 2012 年版。

［49］陈宝良：《中国流氓史》，中国社会科学出版社 1993 年版。

［50］陈宝良：《明代社会生活史》，中国社会科学出版社 2004 年版。

［51］陈聪富：《韦伯论形式理性之法律》，载豆瓣网，https：//www. douban. com/group/topic/2122272/，最后访问日期：2018 年 8 月 8 日。

［52］陈大康：《明代小说史》，上海文艺出版社 2000 年版。

［53］陈惠馨：《法史学的研究方法——从戴炎辉先生的相关研究谈起》，载台北“中国法制史学会”主编：《法制史研究》（第 4 期），台北，成阳出版股份有限公司 2003 年版。

［54］陈景良：《法官小考》，打印稿。

［55］陈景良：《崔述反“息讼”思想论略》，载《法商研究》2000 年第 5 期。

［56］陈景良：《讼学与讼师：宋代司法传统的诠释》，载《中西法律传统》（第 1 卷），中国政法大学出版社 2001 年版。

［57］陈景良：《讼学、讼师与士大夫——宋代司法传统的转型及其意义》，载《河南省政法管理干部学院学报》2002 年第 1 期。

［58］（清）陈康祺：《郎潜纪闻初笔二笔三笔》，晋石点校，中华书局 1984 年版。

［59］（清）陈夔龙：《蕉梦亭杂记》，中华书局 2007 年版。

［60］陈灵海：《〈抱冲斋诗集〉所见清代刑官生涯志业》，载《学术月刊》2018 年第 11 期。

［61］陈平原：《千古文人侠客梦》，载陈平原：《陈平原小说史

论集——武侠小说类型研究》（中），河北人民出版社 1997 年版。

［62］陈其南：《家族、社会与国家——传统中国“家国”意识的形成及其超克》，载［日］首藤明和、宋金文编：《中日家族研究》，浙江大学出版社 2013 年版。

［63］《韩非子集释》，陈奇猷校注，上海人民出版社 1974 年版。

［64］陈全伦等编：《徐公谚词》，齐鲁书社 2001 年版。

［65］陈山：《中国武侠史》，三联书店 1992 年版。

［66］《杨乃武冤狱》，陈尚凡整理，朱寿鹏辑，岳麓书社 1986 年版。

［67］陈霞：《道教劝善书研究》，巴蜀书社 1999 年版。

［68］陈新宇：《从比附援引到罪刑法定——以规则的分析与案例的论证为中心》，北京大学出版社 2007 年版。

［69］陈焰：《“三言两拍”公案故事研究：从中国法律史视角的考察》，中山大学 2003 年硕士学位论文。

［70］（明）陈玉秀选校：《律条公案》，载古本小说集成委员会编：《古本小说集成》（第 4 辑第 21 册），上海古籍出版社 1994 年版。

［71］陈煜：《〈大清律例〉的完善述略》，“中国法律史：史料与方法”国际学术研讨会论文，广州，2014 年 12 月 12~14 日。

［72］陈致：《余英时访谈录》，中华书局 2012 年版。

［73］陈智超：《宋代的书铺与讼师》，载《刘子健博士颂寿纪念宋史研究论集选编》，同朋舍 1989 年版。

［74］（宋）程颢、程颐：《二程遗书》，上海古籍出版社 2000 年版。

［75］程苗：《韦伯形式理性法理论之评析——兼论建构充分理

性的中国法》，吉林大学 2011 年博士学位论文。

［76］程树德：《说文稽古篇》，商务印书馆 1930 年版。

［77］《宋元小说家话本集》，程毅中辑注，齐鲁书社 2000 年版。

［78］［日］川岛武宜：《现代化与法》，王志安、渠涛译，中国政法大学出版社 1994 年版。

［79］［英］崔瑞德、［美］牟复礼编：《剑桥中国明代史：1368—1644 年》（下卷），杨品泉等译，中国社会科学出版社 2006 年版。

［80］（清）崔述著，顾颉刚编订：《崔东壁遗书》，上海古籍出版社 1983 年版。

［81］［美］达玛什卡：《司法和国家权力的多种面孔》，郑戈译，中国政法大学出版社 2004 年版。

［82］［法］达维德：《当代主要法律体系》，漆竹生译，上海译文出版社 1984 年版。

［83］［英］斯普林克尔：《清代法制导论——从社会学角度加以分析》，张守东译，中国政法大学出版社 2000 年版。

［84］［日］大木雅夫：《东西方的法观念比较》，华夏、战宪斌译，北京大学出版社 2004 年版。

［85］戴东雄：《中世纪意大利法学与德国的继受罗马法》，台北，元照出版有限公司 1999 年版。

［86］戴建国：《宋代的公证机构——书铺》，载戴建国：《宋代法制初探》，黑龙江人民出版社 2000 年版。

［87］戴炎辉：《清代台湾之乡治》，台北，联经出版公司 1979 年版。

［88］党江舟：《中国传统讼师文化研究》，中国政法大学 2003

年博士学位论文。

［89］邓建鹏：《健讼与息讼——中国传统诉讼文化的矛盾解析》，载许章润主编：《清华法学》（第 4 卷），清华大学出版社 2004 年版。

［90］［美］邓肯·肯尼迪：《韦伯关于西方思想现代模式系统的社会学研究》，载［美］查尔斯·卡米克、菲利普·戈尔斯基、戴维·特鲁贝克编：《马克斯·韦伯的〈经济与社会〉：评论指针》，王迪译，上海三联书店 2010 年版。

［91］邓少岭：《法律：仪式与戏剧》，载《清华法学》2003 年第 2 辑。

［92］邓云乡：《汪辉祖及其著述》，载邓云乡：《水流云在杂稿》，北岳文艺出版社 1992 年版。

［93］丁肇琴：《俗文学中的包公》，台北，文津出版社 2000 年版。

［94］董家遵：《历代节烈妇女的统计》，载鲍家麟主编：《中国妇女史论集》，台北，稻乡出版社 1988 年版。

［95］董建辉：《明清乡约：理论演进与实践发展》，厦门大学出版社 2008 年版。

［96］（明）董说：《七国考》，中华书局 1956 年版。

［97］［法］杜尔凯姆：《自杀论》，钟旭辉等译，浙江人民出版社 1988 年版。

［98］杜金：《清代司法官员的法律知识研究》，中山大学 2010 年博士学位论文。

［99］杜金、徐忠明：《读律生涯：清代刑部官员的职业素养》，载《法制与社会发展》2012 年第 3 期。

［100］［美］杜赞奇：《从民族国家拯救历史：民族主义话语与中国现代史研究》，王宪明译，社会科学文献出版社 2003 年版。

［101］杜正胜：《传统法典始原——兼论李悝法经的问题》，载许倬云等：《中国历史论文集》，台北，商务印书馆 1986 年版。

［102］杜正胜：《编户齐民——传统政治社会结构之形成》，台北，联经出版公司 1990 年版。

［103］段塔丽：《唐代妇女地位研究》，人民出版社 2000 年版。

［104］（清）法良编：《先仲兄少司寇公年谱》，载北京图书馆编：《北京图书馆藏珍本年谱丛刊》（第 138 册），北京图书馆出版社 1999 年版。

［105］（清）樊增祥：《樊山政书》，那思陆、孙家红点校，中华书局 2007 年版。

［106］（南朝宋）范晔撰：《后汉书》，中华书局 2000 年版。

［107］（清）方苞：《方苞集》，上海古籍出版社 1983 年版。

［108］（清）方大湜：《平平言》，载官箴书集成编纂委员会：《官箴书集成》（第 7 册），黄山书社 1997 年版。

［109］（唐）房玄龄：《晋书》，中华书局 1974 年版。

［110］费孝通：《乡土中国》，三联书店 1985 年版。

［111］《包公案》，冯不异校点，宝文堂书店出版 1985 年版。

［112］（明）冯梦龙：《喻世明言》，陕西人民出版社 1985 年版。

［113］（明）冯梦龙：《警世恒言》，上海古籍出版社 1992 年版。

［114］（明）冯梦龙：《醒世恒言》，阳羡生校点，上海古籍出版社 2012 年版。

［115］冯象：《正义的蒙眼布》，载冯象：《政法笔记》，江苏人民出版社 2004 年版。

［116］［日］夫马进：《明清时代的讼师与诉讼制度》，载［日］滋贺秀三等：《明清时期的民事审判与民间契约》，王亚新等编译，法律出版社 1998 年版。

［117］［日］夫马进：《讼师秘本〈萧曹遗笔〉的出现》，载［日］寺田浩明主编：《日本学者考证中国法制史重要成果选译·明清卷》，郑民钦译，中国社会科学出版社 2003 年版。

［118］［英］弗兰克·帕金：《马克斯·韦伯》，刘东、谢维和译，译林出版社 2011 年版。

［119］甘怀真：《皇权、礼仪与经典诠释——中国古代政治史研究》，台北，台湾大学出版社 2004 年版。

［120］（清）刚毅：《牧令须知》，载官箴书集成编纂委员会：《官箴书集成》（第 5 册），黄山书社 1997 年版。

［121］高鸿钧：《伊斯兰法：传统与现代化》（修订版），清华大学出版社 2004 年版。

［122］高鸿钧：《无话可说与有何可说之间：评张伟仁先生〈中国传统的司法与法学〉》，载《政法论坛》2006 年第 5 期。

［123］高浣月：《清代刑名幕友研究》，中国政法大学出版社 2000 年版。

［124］［日］高见泽磨：《现代中国的纠纷与法》，何勤华、李秀清、曲阳译，法律出版社 2003 年版。

［125］高世瑜：《中国古代妇女社会地位的两重性》，载周积明、宋德金主编：《中国社会史论》（上卷），湖北教育出版社 2000 年版。

［126］（明）葛天民：《明镜公案》，载古本小说集成委员会编：《古本小说集成》（第4辑第20册），上海古籍出版社1994年版。

［127］耿淑艳：《岭南孤本圣谕宣讲小说〈谏果回甘〉》，载《岭南文史》2007年第1期。

［128］耿淑艳：《岭南晚清小说家邵彬儒生平著作考》，载《文献》2007年第3期。

［129］耿淑艳：《论岭南小说〈俗话倾谈〉之文体形态》，载《广州大学学报（社会科学版）》2007年第3期。

［130］耿淑艳：《圣谕宣讲小说：一种被湮没的小说类型》，载《学术研究》2007年第4期。

［131］耿淑艳：《稀见岭南晚清圣谕宣讲小说〈宣讲博闻录〉》，载《韩山师范学院学报》2007年第5期。

［132］耿淑艳：《一部被湮没的岭南晚清小说〈宣讲余言〉》，载《广州大学学报（社会科学版）》2007年第8期。

［133］耿云志、李国彤编：《胡适传记作品全编》，东方出版中心1999年版。

［134］［日］宫崎市定：《宋元时代的法制和审判机构》，姚荣涛、徐世虹译，载刘俊文主编：《日本学者研究中国史论著选译》第8卷《法律制度》，中华书局1992年版。

［135］［法］巩涛：《失礼的对话：清代的法律和习惯并未融汇成民法》，邓建鹏译，载《北大法律评论》2009年第10卷第1辑。

［136］［日］沟口雄三：《中国与日本“公私”观念之比较》，贺跃夫译，载《二十一世纪》1994年总第21期。

［137］［日］谷井阳子：《清代则例省例考》，载［日］寺田浩明主编：《日本学者考证中国法制史重要成果选译·明清卷》，郑民钦等译，中国社会科学出版社 2003 年版。

［138］顾颉刚、刘起釪：《尚书校释译论》，中华书局 2005 年版。

［139］（清）官修：《钦定大清会典则例》卷一二五，载《景印文渊阁四库全书》（第 623 册），台北，台湾商务印书馆 1986 年版。

［140］（清）官修：《钦定大清会典则例》卷七一，礼部“乡饮酒礼”，载《景印文渊阁四库全书》（第 622 册），台北，台湾商务印书馆 1986 年版。

［141］《大元通制条格》，郭成伟点校，法律出版社 1999 年版。

［142］郭东旭：《宋代之讼学》，载郭东旭：《宋朝法律史论》，河北大学出版社 2001 年版。

［143］郭建：《帝国缩影：中国历史上的衙门》，学林出版社 1999 年版。

［144］郭松义：《伦理与生活：清代的婚姻关系》，商务印书馆 2000 年版。

［145］郭嵩焘：《御史潘斯濂所陈两条始终办理情形片》，载郭嵩焘著：《郭嵩焘奏稿》，杨坚点校，岳麓书社 1983 年版。

［146］郭英德：《元杂剧与元代社会》，北京师范大学出版社 1996 年版。

［147］郭英德、长胜：《也说“衙内”》，载《广西师范大学学报》1985 年第 1 期。

［148］郭于华：《“弱者的武器”与“隐蔽的文本”——研究农民反抗的底层视角》，载《读书》2002 年第 7 期。

［149］哈恩忠选编：《乾隆朝乡饮酒礼史料》，载《历史档案》2002 年第 3 期。

［150］（明）海瑞：《海瑞集》，陈义钟编校，中华书局 1962 年版。

［151］［美］韩格理：《中国社会与经济》，张维安、陈介玄译，台北，联经出版事业公司 1990 年版。

［152］韩秀桃：《〈教民榜文〉所见明初基层里老人理讼制度》，载《法学研究》2000 年第 3 期。

［153］韩秀桃：《明清徽州的民间纠纷及其解决》，安徽大学出版社 2004 年版。

［154］［美］郝大维、安乐哲：《先贤的民主——杜威、孔子与中国民主之希望》，何刚强译，江苏人民出版社 2004 年版。

［155］［美］何炳棣：《1368—1953 中国人口研究》，葛剑雄译，上海古籍出版社 1989 年版。

［156］［美］何炳棣：《明初以降人口及其相关问题：1368—1953》，葛剑雄译，三联书店 2000 年版。

［157］何朝晖：《明代县政研究》，北京大学出版社 2006 年版。

［158］何勤华：《中国法学史》，法律出版社 2000 年版。

［159］何勤华：《清代法律渊源考》，载《中国社会科学》2001 年第 2 期。

［160］何蓉：《马克斯·韦伯的方法论：基于渊源的再研究》，载《社会理论》2001 年第 1 期。

［161］（五代）和凝、和㠓：《疑狱集》，中国书店 2018 年版。

［162］［荷兰］赫伊津哈：《游戏的人》，多人译，中国美术学院出版社 1996 年版。

［163］胡适：《〈宋人话本八种〉序》，载黄保定、季维龙编：《胡适书评序跋集》，岳麓书社 1987 年版。

［164］胡适：《〈三侠五义〉序》，载姜义华主编：《胡适学术文集》（下），中华书局 1998 年版。

［165］（清）胡思敬：《国闻备乘》，中华书局 2007 年版。

［166］（宋）胡太初：《昼帘绪论》，载《景印文渊阁四库全书》（第 602 册），台北，商务印书馆 1986 年版。

［167］《大明律》，怀效锋点校，法律出版社 1999 年版。

［168］黄晖：《论衡校释》，中华书局 1990 年版。

［169］（清）黄爵滋：《黄少司寇（爵滋）奏疏》，载《近代中国史料丛刊续辑》，台北，文海出版社 1974 年版。

［170］（清）黄六鸿：《福惠全书》，载官箴书集成编纂委员会：《官箴书集成》（第 3 册），黄山书社 1997 年版。

［171］黄岩柏：《中国公案小说史》，辽宁人民出版社 1991 年版。

［172］黄艳芳：《从〈盟水斋存牍〉看明代妇女的法律地位》，中山大学 2004 年法学硕士学位论文。

［173］黄源盛：《传统中国“罪刑法定”的历史发展》，载黄源盛：《中国传统法制与思想》，台北，五南图书出版公司 1999 年版。

［174］［美］黄宗智：《民事审判与民间调解：清代的表达与实践》，中国社会科学出版社 1998 年版。

［175］［美］黄宗智：《法典、习俗与司法实践：清代与民国的比较》，上海书店出版社 2003 年版。

［176］霍存福：《复仇、报复刑、报应说》，吉林人民出版社

2005 年版。

［177］［美］霍尔姆斯、桑斯坦：《权利的成本——为什么自由依赖于税》，毕竞悦译，北京大学出版社 2004 年版。

［178］［美］吉尔伯特·罗兹曼主编：《中国的现代化》，国家社会科学基金“比较现代化”课题组译，江苏人民出版社 1998 年版。

［179］（元）纪君祥：《赵氏孤儿》，载徐燕平编注：《元杂剧公案卷》，华夏出版社 2000 年版。

［180］季乃礼：《三纲六纪与社会整合》，中国人民大学出版社 2003 年版。

［181］季卫东：《法律解释的真谛》，载季卫东：《法治秩序的建构》，中国政法大学出版社 1999 年版。

［182］季卫东：《调解制度的法律发展机制》，载强世功编：《调解、法制与现代性：中国调解制度研究》，中国法制出版社 2001 年版。

［183］季卫东：《中国司法的思维方式及其文化特征》，第三届“法律方法与法律思维”研讨会论文，乌鲁木齐，2004 年 8 月 25～29 日。

［184］江晓原：《性张力下的中国人》，上海人民出版社 1995 年版。

［185］蒋礼鸿：《商君书锥指》，中华书局 1986 年版。

［186］蒋铁初：《中国古代审判中的狱贵初情》，载《法学研究》2013 年第 5 期。

［187］金观涛、刘青峰：《近代中国“权利”观念的演变——从晚清到〈新青年〉》，载《“中央研究院”近代史研究所集刊》

（台北）第 32 期。

［188］金观涛、刘青峰：《兴盛与危机：论中国社会超稳定结构》，法律出版社 2011 年版。

［189］金耀基：《“面”、“耻”与中国人行为之分析》，载《金耀基自选集》，上海教育出版社 2002 年版。

［190］［日］酒井忠夫：《功过格的研究》，许洋生译，载刘俊文主编：《日本学者研究中国史论著选译》（第 7 卷），中华书局 1993 年版。

［191］［奥］凯尔森：《纯粹法理论》，张书友译，中国法制出版社 2008 年版。

［192］康第：《解析李约瑟之谜：明朝白银、海洋贸易与制度内卷》，重庆出版社 2018 年版。

［193］康正果：《重审风月鉴：性与中国古典文学》，辽宁教育出版社 1998 年版。

［194］康正果：《身体和情欲》，上海文艺出版社 2001 年版。

［195］［美］柯恩：《现代化前夕的中国调解》，王笑红译，载强世功编：《调解、法制与现代性：中国调解制度研究》，中国法制出版社 2001 年版。

［196］［英］科特纳：《性崇拜》，方智弘译，湖南文艺出版社 1988 年版。

［197］［德］克斯勒：《马克斯·韦伯的生平、著述及影响》，郭锋译，法律出版社 2004 年版。

［198］（汉）孔安国传，（唐）孔颖达正义：《尚书正义·大禹谟》，上海古籍出版社 2008 年版。

［199］［美］孔飞力：《叫魂：1768 年中国妖术大恐慌》，陈

兼、刘昶译，上海三联书店 1999 年版。

［200］孔志国：《法律和制度为什么被规避？——兼析晚清命案之鞫讯：从杨乃武案出发》，北京大学 2004 年硕士学位论文。

［201］［美］莱文：《对于韦伯理性行动的持久挑战》，载［美］查尔斯·卡米克、菲利普·戈尔斯基、戴维·特鲁贝克编：《马克斯·韦伯的〈经济与社会〉：评论指针》，王迪译，上海三联书店 2010 年版。

［202］（明）兰陵笑笑生：《金瓶梅》，张道深评，王汝梅等校点，齐鲁书社 1991 年版。

［203］［美］蓝德彰：《宋元法学中的“活法”》，李明德、李涵译，载高道蕴、高鸿钧、贺卫方编：《美国学者论中国法律传统》，中国政法大学出版社 1994 年版。

［204］（明）雷梦麟：《读律琐言》，怀效锋、李俊点校，法律出版社 2000 年版。

［205］（清）冷佛：《春阿氏》，松颐校释，吉林文史出版社 1987 年版。

［206］李敖：《且从青史看青楼》，中国华侨出版社 1993 年版。

［207］李敖：《中国性命研究》，中国友谊出版公司 1993 年版。

［208］（唐）李百药：《北齐书》，中华书局 1972 年版。

［209］（清）李伯元：《活地狱》，上海书店 1994 年版。

［210］（明）李春芳编次：《海刚峰先生居官公案》，载古本小说集成委员会编：《古本小说集成》（第 3 辑第 18 册），上海古籍出版社 1994 年版。

［211］（唐）李德裕：《李德裕文集外集》，载傅璇琮、周建国校笺：《李德裕文集校笺》，河北教育出版社 2000 年版。

[212] 李典蓉:《清朝京控制度研究》，上海古籍出版社 2011 年版。

[213]（清）李光庭、王有光:《乡言解颐·吴下谚联》，石继昌点校，中华书局 1982 年版。

[214] 李贵连:《话说“权利”》，载《北大法律评论》（第 1 卷第 1 辑），法律出版社 1998 年版。

[215] 李怀印:《中国乡村治理之传统形式：河北省获鹿县之实例》，载［美］黄宗智主编:《中国乡村研究》（第 1 辑），商务印书馆 2003 年版。

[216] 李猛:《拯救谁的历史?》，载《二十一世纪》1998 年 10 月号。

[217] 李猛:《理性化的命运与人的自由：韦伯的问题与困境》，载《思想与社会》第 1 辑《韦伯：法律与价值》，上海人民出版社 2001 年版。

[218] 李明:《清代律例馆考述》，载《清史研究》2016 年第 3 期。

[219] 李鹏年等:《清代中央国家机关概述》，紫禁城出版社 1989 年版。

[220]（明）李清:《折狱新语》，吉林人民出版社 1989 年版。

[221] 李孝猛:《中国十九世纪基层司法文化研究——以〈汝东判语〉文本为中心》，载《华东法律评论》2003 年第 2 卷。

[222]（唐）李延寿:《南史》，中华书局 2000 年版。

[223]（宋）李廌、朱弁、陈鹄:《师友谈记·曲洧旧闻·西塘集耆旧续闻》，孔凡礼点校，中华书局 2002 年版。

[224]（清）李雨堂:《万花楼》，华夏出版社 1995 年版。

［225］（清）李雨堂：《狄青五虎将》，新疆人民出版社、新世纪出版社 2001 年版。

［226］［英］李约瑟：《中国古代科学思想史》，陈立夫主译，江西人民出版社 1990 年版。

［227］［英］李约瑟：《文明的滴定》，张卜天译，商务印书馆 2016 年版。

［228］栗劲：《秦律通论》，山东人民出版社 1985 年版。

［229］梁方仲：《明代粮长制度》，上海人民出版社 2001 年版。

［230］梁启雄：《韩子浅解》，中华书局 2009 年版。

［231］梁漱溟：《中国文化要义》，学林出版社 1987 年版。

［232］（清）梁延年编撰：《圣谕像解》，线装书局 1995 年版。

［233］（清）梁章钜、郑珍：《称谓录亲属记》，中华书局 1996 年版。

［234］梁治平：《法意与人情》，海天出版社 1992 年版。

［235］梁治平：《说“治”》，载梁治平：《法辨——中国法的过去、现在与未来》，贵州人民出版社 1992 年版。

［236］梁治平：《清代习惯法：社会与国家》，中国政法大学出版社 1996 年版。

［237］梁治平：《寻求自然秩序中的和谐——中国传统法律文化研究》，中国政法大学出版社 1997 年版。

［238］［美］列文森：《儒教中国及其现代命运》，郑大华、任菁译，中国社会科学出版社 2000 年版。

［239］林端：《固有法与继受法——戴炎辉法律史研究方法的社会学考察》，载台北“中国法制史学会”主编：《法制史研究》第 4 期，台北，成阳出版股份有限公司 2003 年版。

［240］林端：《韦伯论中国传统法律——韦伯比较社会学的批判》，台北，三民书局有限公司 2003 年版。

［241］林格：《韦伯学术思想评传》，马乐乐译，北京大学出版社 2011 年版。

［242］林乾：《传统中国的权与法》，法律出版社 2013 年版。

［243］［日］铃木秀光：《恭请王命考——清代死刑判决的"权宜"与"定例"》，吕文利、袁野译，载《内蒙古师范大学学报（哲学社会科学版）》2009 年第 4 期。

［244］［日］铃木秀光：《杖毙考——清代中期死刑案件处理的一项考察》，娜鹤雅译，载张世明等编：《世界学者论中国传统法律文化》，法律出版社 2009 年版。

［245］（明）凌濛初：《初刻拍案惊奇》，中华书局 2001 年版。

［246］（明）凌濛初：《二刻拍案惊奇》，中华书局 2001 年版。

［247］（清）刘鹗：《老残游记》，齐鲁书社 1981 年版。

［248］刘广安、沈成宝：《清代法律体系辨析》，中国政法大学出版社 2017 年版。

［249］刘恒妏：《由包公系列小说看传统中国的正义观》，载《月旦法学杂志》1999 年第 10 期。

［250］（清）刘衡：《庸吏庸言》，载官箴书集成编纂委员会：《官箴书集成》（第 6 册），黄山书社 1997 年版。

［251］（明）刘基：《书苏伯修御史断狱记后》，载《景印文渊阁四库全书》（第 1225 册），台北，商务印书馆 1986 年版。

［252］刘俊文撰：《唐律疏义笺解》，中华书局 1996 年版。

［253］《唐律疏议》，刘俊文点校，中华书局 1983 年版。

［254］刘康：《对话的喧声：巴赫金的文化转型理论》，中国

人民大学出版社 1995 年版。

［255］刘烈茂等主编：《车王府曲本菁华·宋卷》，中山大学出版社 1991 年版。

［256］刘鹏九主编：《内乡县衙与衙门文化》，中州古籍出版社 1999 年版。

［257］刘平：《被遗忘的战争——咸丰同治年间广东土客大械斗研究》，商务印书馆 2003 年版。

［258］刘荣军：《程序保障的理论视角》，法律出版社 1999 年版。

［259］《老子》，刘思禾校点，上海古籍出版社 2013 年版。

［260］（唐）刘肃：《大唐新语》，许德楠、李鼎霞点校，中华书局 1984 年版。

［261］刘伟航：《三国伦理研究》，巴蜀书社 2002 年版。

［262］（明）刘夏：《陈言时事五十条》，载翟清福主编：《明代基本史料丛刊·文集卷·刘尚宾文续集》（第 71 册），线装书局 2013 年版。

［263］刘兴汉：《“因果报应”观念与中国话本小说》，载《吉林大学社会科学学报》1997 年第 5 期。

［264］刘泽华、张荣明等：《公私观念与中国社会》，中国人民大学出版社 2003 年版。

［265］刘重来、徐适端、郑家福等编：《明实录类纂·司法监察卷》，武汉出版社 1994 年版。

［266］娄万锁：《清代直诉制度的运作及评价》，载叶孝信、郭建主编：《中国法律史研究》，学林出版社 2003 年版。

［267］［美］罗杰·伯科威茨：《科学的馈赠——现代法律是

如何演变为实在法的？》，田夫、徐丽丽译，法律出版社 2011 年版。

［268］［美］罗纳德·德沃金：《法律帝国》，李常青译，中国大百科全书出版社 1996 年版。

［269］［美］罗纳德·德沃金：《认真对待权利》，信春鹰、吴玉章译，中国大百科全书出版社 1998 年版。

［270］吕斌：《论斌良山水诗的绘画美》，载《满族研究》2010 年第 1 期。

［271］吕斌：《从斌良边塞诗透视清中叶西部历史》，载《安徽文学》2014 年第 3 期。

［272］吕美颐：《中国历史上的女性群体》，载周积明、宋德金主编：《中国社会史论》（上卷），湖北教育出版社 2000 年版。

［273］吕思勉：《吕思勉读史札记》（增订本），上海古籍出版社 2005 年版。

［274］马建石、杨育堂主编：《大清律例通考校注》，中国政法大学出版社 1992 年版。

［275］［德］马克斯·韦伯：《社会科学方法论》，朱红文等译，中国人民大学出版社 1992 年版。

［276］［德］马克斯·韦伯：《经济与社会》，林荣远译，商务印书馆 1997 年版。

［277］［德］马克斯·韦伯：《论经济与社会中的法律》，张乃根译，中国大百科全书出版社 1998 年版。

［278］［德］马克斯·韦伯：《韦伯作品集·Ⅲ·支配社会学》，康乐、简惠美译，广西师范大学出版社 2004 年版。

［279］［德］马克斯·韦伯：《韦伯作品集·Ⅰ·学术与政治》，钱永祥等译，广西师范大学出版社 2004 年版。

［280］［德］马克斯·韦伯：《韦伯作品集·Ⅴ·中国的宗教 宗教的世界》，康乐、简惠美译，广西师范大学出版社 2004 年版。

［281］［德］马克斯·韦伯：《韦伯作品集·Ⅷ·宗教社会学》，康乐、简惠美译，广西师范大学出版社 2005 年版。

［282］［德］马克斯·韦伯：《韦伯作品集·Ⅸ·法律社会学》，康乐、简惠美译，广西师范大学出版社 2005 年版。

［283］［德］马克斯·韦伯：《韦伯作品集·Ⅹ·印度的宗教——印度教与佛教》，康乐、简惠美译，广西师范大学出版社 2005 年版。

［284］［德］马克斯·韦伯：《韦伯作品集·Ⅺ·古犹太教》，康乐、简惠美译，广西师范大学出版社 2007 年版。

［285］［德］马克斯·韦伯：《经济与社会》，阎克文译，上海世纪出版集团 2010 年版。

［286］［德］马克斯·韦伯：《罗谢与肯尼士和历史的国民经济学之逻辑问题》，载［德］马克斯·韦伯：《韦伯方法论文集》，张旺山译，台北，联经出版事业股份有限公司 2013 年版。

［287］［德］马克斯·韦伯：《社会科学的社会政策的知识的“客观性”》，载［德］马克斯·韦伯：《韦伯方法论文集》，张旺山译，台北，联经出版事业股份有限公司 2013 年版。

［288］［德］马克斯·韦伯：《新教伦理与资本主义精神》，阎克文译，上海人民出版社 2017 年版。

［289］马明贤：《伊斯兰法：传统与新衍》，商务印书馆 2011 年版。

［290］［德］玛丽安妮·韦伯：《马克斯·韦伯传》，阎克文、

王利平、姚中秋译，江苏人民出版社 2002 年版。

［291］［美］迈克尔·E. 泰格：《法律与资本主义的兴起》，纪琨译，上海辞书出版社 2014 年版。

［292］毛亦可：《清代六部司官的“乌布”》，载《清史研究》2014 年第 3 期。

［293］［英］梅因：《古代法》，沈景一译，商务印书馆 1961 年版。

［294］孟犁野：《中国公案小说艺术发展史》，警官教育出版社 1996 年版。

［295］孟昭华等：《中国婚姻与婚姻管理史》，中国社会出版社 1992 年版。

［296］［美］米尔伊安·R. 达玛什卡：《司法和国家权力的多种面孔——比较视野中的法律程序》，郑戈译，中国政法大学出版社 2015 年版。

［297］苗怀明：《中国古代公案小说史论》，南京大学出版社 2005 年版。

［298］苗书梅：《宋代官员的选任和管理制度》，河南大学出版社 1996 年版。

［299］牟世安：《太平天国》，上海人民出版社 1959 年版。

［300］［日］牧野僎：《汉代的复仇》，载［日］籾山明主编：《日本学者考证中国法制史重要成果选译·通代先秦秦汉卷》，徐世虹译，中国社会科学出版社 2003 年版。

［301］那思陆：《清代州县衙门审判制度》，台北，文史哲出版社 1982 年版。

［302］那思陆：《清代中央司法审判制度》，台北，文史哲出

版社 1992 年版。

［303］那思陆：《明代中央司法审判制度》，台南，正典出版文化有限公司 2002 年版。

［304］那思陆、欧阳正：《中国司法制度史》，台北，空中大学 2001 年版。

［305］［美］娜塔莉·泽蒙·戴维斯：《档案中的虚构——十六世纪法国司法档案中的赦罪故事及故事的叙述者》，杨逸鸿译，台北，麦田出版社 2001 年版。

［306］（明）宁静子：《详刑公案》，载古本小说集成委员会编：《古本小说集成》（第 1 辑第 66 册），上海古籍出版社 1994 年版。

［307］［美］诺内特、塞尔兹尼克：《转变中的法律与社会》，张志铭译，中国政法大学出版社 1994 年版。

［308］（宋）欧阳修：《欧阳文忠公全集》，河南人民出版社 2018 年版。

［309］［美］欧中坦：《千方百计上京城：清朝的京控》，载高道蕴、高鸿钧、贺卫方编：《美国学者论中国法律传统》（增订版），清华大学出版社 2004 年版。

［310］（清）潘荣陛、富察敦崇：《帝京岁时纪胜燕京岁时记》，北京古籍出版社 1981 年版。

［311］潘宇：《明代讼师秘本研究》，“中西法律文化比较研究”国际学术研讨会论文，长春，2004 年 7 月 26~27 日。

［312］泮伟江：《当代中国法治的分析与建构》，中国法制出版社 2012 年版。

［313］裴汝成：《宋代“代写状人”和“写状钞书铺”》，载

裴汝成:《半粟集》,河北大学出版社 2000 年版。

[314] [美] 彭慕兰:《大分流:欧洲、中国及现代世界经济的发展》,史建云译,江苏人民出版社 2003 年版。

[315] [美] 彭慕兰:《转变中的帝国:中华帝国末期的法律、社会、商业化和国家形成》,姚斌译,载刘东主编:《中国学术》2003 年第 3 期。

[316] 蒲坚主编:《中国古代法制丛钞·肆》,光明日报出版社 2001 年版。

[317] (清) 浦琳:《清风闸》,北京师范大学出版社 1992 年版。

[318] (清) 钱大昕:《十驾斋养新录》,江苏古籍出版社 2000 年版。

[319] (清) 钱泮:《钱南园先生遗集》,载《续修四库全书》编纂委员会:《续修四库全书》(第 1461 册),上海古籍出版社 1995 年版。

[320] 钱穆:《儒礼杂议之一——非斗》,载钱穆:《中国学术思想史论丛》卷二,安徽教育出版社 2004 年版。

[321] 钱穆:《释侠》,载钱穆:《中国学术思想史论丛》卷二,安徽教育出版社 2004 年版。

[322] 钱穆:《中国历代政治得失》,生活·读书·新知三联书店 2012 年版。

[323] 钱锺书:《管锥编》,中华书局 1986 年版。

[324] (清) 乾隆官修:《十通·清朝通典》,浙江古籍出版社 2000 年版。

[325] 强世功:《“法律”是如何实践的》,载王铭铭、王斯福

主编：《乡土社会的秩序、公正与权威》，中国政法大学出版社 1997 年版。

［326］［法］乔治·米诺瓦：《自杀的历史》，林佶等译，经济日报出版社 2003 年版。

［327］［法］乔治·维加埃罗主编：《身体的历史》卷一“从文艺复兴到启蒙运动”，张竝、赵济鸿译，华东师范大学出版社 2013 年版。

［328］秦晖：《政府与企业以外的现代化——中心公益事业史比较研究》，浙江人民出版社 1999 年版。

［329］秦晖：《吏治改革：历史与文化的反思》，载赵汀阳主编：《论证》（第 3 辑），广西师范大学出版社 2003 年版。

［330］秦晖、金雁：《田园诗与狂想曲——关中模式与前近代社会的再认识》，中央编译出版社 1996 年版。

［331］邱汉平编：《历代刑法志》，群众出版社 1988 年版。

［332］邱澎生：《明清讼师的社会文化史：评 Macauley 专书》，未刊稿。

［333］邱澎生：《是敌是友？明清司法审判中的訟师与幕友》，未刊稿。

［334］邱澎生：《真相大白？——明清刑案中的法律推理》，载熊秉真编：《让证据说话——中国篇》，台北，麦田出版公司 2001 年版。

［335］邱澎生：《当法律遇上经济：明清中国的商业法律》，台北，五南图书出版公司 2008 年版。

［336］瞿同祖：《中国法律与中国社会》，中华书局 1981 年版。

［337］瞿同祖：《清代地方政府》，范忠信等译，法律出版社

2003 年版。

[338]（明）阙名：《认金梳孤儿寻母记》，载《孤本元明杂剧》（第 23 册），上海涵芬楼藏版，商务印书馆 1914 年版。

[339]［德］桑巴特：《现代资本主义》，李季译，商务印书馆 1958 年版。

[340]［日］山本进：《清代社会经济史》，李继锋、李天逸译，山东画报出版社 2012 年版。

[341]［英］山姆·威姆斯特：《理解韦伯》，童庆平译，中央编译出版社 2016 年版。

[342]［日］上田信：《被展示的尸体》，王晓葵译，载孙江主编：《事件·记忆·叙述》，浙江人民出版社 2004 年版。

[343] 邵鸿：《利益与秩序——嘉庆二十四年湖南省湘潭县的土客仇杀事件》，载《历史人类学学刊》2003 年第 1 卷第 1 期。

[344] 佘芄琥：《〈奇冤报〉与清官戏》，载刘烈茂、郭精锐等著：《车王府曲本研究》，广东人民出版社 2000 年版。

[345]（清）沈家本：《历代刑法考》，中华书局 1985 年版。

[346]（清）沈家本：《刑案删存》载徐世虹编：《沈家本全集》（第 2 卷），中国政法大学出版社 2010 年版。

[347] 沈小明：《〈盟水斋存牍〉所载强盗案件研究》，中山大学 2003 年硕士学位论文。

[348]（清）沈之奇：《大清律辑注》，怀效锋、刘俊点校，法律出版社 2000 年版。

[349]［德］施路赫特：《理性化与官僚化——对韦伯之研究与诠释》，顾忠华译，广西师范大学出版社 2004 年版。

[350]（明）施耐庵：《水浒传》，商务印书馆 2016 年版。

［351］施晔：《荷兰汉学家高罗佩研究》，上海古籍出版社2017年版。

［352］（清）石玉昆：《三侠五义》，华夏出版社1994年版。

［353］［美］史蒂文·苏本、玛格瑞特·伍：《美国民事诉讼的真谛》，蔡彦敏、徐卉译，法律出版社2002年版。

［354］［美］史华兹：《古代中国的思想世界》，程钢译，江苏人民出版社2004年版。

［355］舒国滢：《19世纪德国“学说汇编”体系的形成与发展——基于欧陆近代法学知识谱系的考察》，载《中外法学》2016年第1期。

［356］舒国滢：《中国法学之问题——中国法律知识谱系的梳理》，载《清华法学》2018年第3期。

［357］睡虎地秦墓竹简整理小组：《睡虎地秦墓竹简》，文物出版社1978年版。

［358］（宋）司马光：《涑水记闻》，中华书局1989年版。

［359］（汉）司马迁：《史记》，中华书局1998年版。

［360］［英］S. 斯普林克尔：《清代法制导论》，张守东译，中国政法大学出版社2000年版。

［361］四川大学历史系、四川省档案馆编：《清代乾嘉道巴县档案选编》，四川大学出版社1989年版、1996年版。

［362］四川省档案馆编：《清代巴县档案汇编（乾隆卷）》，档案出版社1991年版。

［363］寺田浩明：「清代の省例」、『中国法制史——基本資料の研究』、東大出版会、1993。

［364］［日］寺田浩明：《清代民事审判：性质及意义——日

美两国学者之间的争论》，王亚新译，载《北京大学法律评论》第1卷第2辑，法律出版社1999年版。

［365］［日］寺田浩明：《超越民间法论》，吴博译，载谢晖、陈金钊主编：《民间法》（第3卷），济南：山东人民出版社2004年版。

［366］［日］寺田浩明：《中国清代的民事诉讼与“法之构筑”——以〈淡新档案〉的一个事例作为素材》，李力译，载易继明主编：《私法》（第3辑第2卷），北京大学出版社2004年版。

［367］［日］寺田浩明：《关于清代听讼制度所见“自相矛盾”现象的理解》，郑芙蓉译，载易继明主编：《私法》（第4辑第2卷），北京大学出版社2004年版。

［368］［日］寺田浩明：《“非规则型法”之概念——以清代中国法为素材》，魏敏译，载［日］寺田浩明：《权利与冤抑——寺田浩明中国法史论集》，王亚新等译，清华大学出版社2012年版。

［369］［日］寺田浩明：《清代土地法秩序“惯例”的结构》，王莉莉译，载［日］寺田浩明：《权利与冤抑——寺田浩明中国法史论集》，王亚新等译，清华大学出版社2012年版。

［370］［日］寺田浩明：《清代刑事审判中律例作用的再考察——关于实定法的“非规则”形态》，曹阳译，载［日］寺田浩明：《权利与冤抑——寺田浩明中国法史论集》，王亚新等译，清华大学出版社2012年版。

［371］［日］寺田浩明：《权利与冤抑——清代听讼和民众的民事法秩序》，王亚新译，载［日］寺田浩明：《权利与冤抑——寺田浩明中国法史论集》，王亚新等译，清华大学出版社2012年版。

［372］［日］寺田浩明：《日本的清代司法制度研究与对“法”的理解》，载［日］寺田浩明：《权利与冤抑——寺田浩明中国法史论集》，王亚新等译，清华大学出版社 2012 年版。

［373］（清）宋恕：《六字课斋卑议》，载胡珠生编：《宋恕卷》（上册），中华书局 1993 年版。

［374］苏力：《现代化进程中的中国法治》，载《学问中国》，江西教育出版社 1998 年版。

［375］苏力：《法律与科技问题法理学重构》，载《中国社会科学》1999 年第 5 期。

［376］苏亦工：《明清律典与条例》，中国政法大学出版社 2000 年版。

［377］（清）孙承泽：《春明梦余录》，王剑英点校，北京出版社 2018 年版。

［378］孙家红：《清代的死刑监候》，社会科学文献出版社 2007 年版。

［379］孙楷第：《包公案与包公案故事》，载孙楷第：《沧州后集》，中华书局 1985 年版。

［380］孙铁刚：《秦汉时代士和侠的式微》，载《“国立”台湾大学历史学系学报》1975 年第 2 期。

［381］（清）孙雄辑：《道咸同光四朝诗史》甲集卷六，载《续修四库全书》（第 1628 册），上海古籍出版社 1995 年版。

［382］孙逊：《中国古代小说与宗教》，复旦大学出版社 2000 年版。

［383］（清）孙诒让：《周礼正义》，王文锦、陈玉霞点校，中华书局 1987 年版。

［384］谭嗣同：《仁学》（卷上），载谭嗣同：《谭嗣同全集》，生活·读书·新知三联书店 1954 年版。

［385］谭正璧编：《三言两拍资料》，上海古籍出版社 1980 年版。

［386］［美］唐·布莱克：《社会学视野中的司法》，郭星华等译，法律出版社 2002 年版。

［387］《胡适口述自传》，唐德刚译注，华东师范大学出版社 1993 年版。

［388］唐德刚：《胡适杂忆》（增订本），华东师范大学出版社 1999 年版。

［389］［美］唐纳德·J. 蒙罗：《早期中国“人”的观念》，庄国雄、陶梨铭译，上海古籍出版社 1994 年版。

［390］陶希圣：《清代州县衙门刑事审判制度及程序》，台北，食货出版社有限公司 1972 年版。

［391］杨天宇撰：《礼记译注》，上海古籍出版社 2004 年版。

［392］［日］田上信：《海与帝国：明清时代》，高莹莹译，广西师范大学出版社 2014 年版。

［393］田涛：《梦到酣时不愿醒——黄岩诉讼档案及黄岩调查报告前言》，载田涛：《第二法门》，法律出版社 2004 年版。

［394］田涛、［美］宋格文、郑秦编著：《田藏契约文书粹编》，中华书局 2001 年版。

［395］《大清律例》，田涛、郑秦点校，法律出版社 1999 年版。

［396］（元）脱脱等：《宋史》，中华书局 1985 年版。

［397］完颜绍元：《千秋教化》，福建人民出版社 2004 年版。

［398］汪半山：《杨乃武与小白菜案件真相》，群众出版社

1986 年版。

[399] 汪海燕：《刑事诉讼模式的演进》，中国政法大学 2003 博士学位论文。

[400] （清）汪辉祖：《学治臆说》，载官箴书集成编纂委员会编：《官箴书集成》（第 5 册），黄山书社 1997 年版。

[401] （清）汪辉祖：《学治说赘》，载官箴书集成编纂委员会编：《官箴书集成》（第 5 册），黄山书社 1997 年版。

[402] （清）汪辉祖、蒯德模：《病榻梦痕录 · 双节堂庸训 · 吴中判牍》，梁文生、李雅旺校注，江西人民出版社 2012 年版。

[403] 王瑷玲：《洗冤补恨——清初公案剧之艺术特质与其文化意涵》，载熊秉真主编：《让证据说话——中国篇》，台北，麦田出版公司 2001 年版。

[404] 王策来编著：《杨乃武与小白菜案真情披露》，中国检察出版社 2002 年版。

[405] 王尔敏：《清廷〈圣谕广训〉之颁行及民间之宣讲拾遗》，载周振鹤撰集：《圣谕广训：集解与研究》，顾美华点校，上海书店出版社 2006 年版。

[406] 王兰荫：《明代之乡约与民众教育》，载吴智和主编：《明史研究论丛》（第 2 辑），台北，大立出版社 1984 年版。

[407] 王立、刘卫英编著：《中国古代复仇故事大观》，学林出版社 1998 年版。

[408]《盐铁论校注》，王利器校注，中华书局 1992 年版。

[409] 王敏远：《一个谬误、两句废话、三种学说——对案件事实及证据的哲学、历史学分析》，载王敏远编：《公法》（第 4

卷），法律出版社 2003 年版。

［410］王明编：《太平经合校》，中华书局 1960 年版。

［411］（清）王鸣盛：《尚书后案》，顾宝田、刘连朋点校，北京大学出版社 2012 年版。

［412］王泰升：《台湾法律史概论》，台北，元照出版公司 2001 年版。

［413］（清）王先谦：《荀子集解》，沈啸寰、王星贤点校，中华书局 1988 年版。

［414］（清）王先慎：《韩非子集解》，钟哲点校，中华书局 1998 年版。

［415］王亚南：《中国官僚政治研究》，中国社会科学出版社 1981 年版。

［416］王亚新：《关于夫马进教授论文的解说》，载［日］滋贺秀三、寺田浩明、岸本美绪、夫马进：《明清时期的民事审判与民间契约》，王亚新等译，法律出版社 1998 年版。

［417］王雁：《晚清中下层京官的日常生活》，华东师范大学 2017 博士学位论文。

［418］王引萍：《三言因果报应与编撰意图论析》，载《固原师专学报》1998 年第 5 期。

［419］王跃生：《十八世纪中国婚姻家庭研究：建立在 1781—1791 年个案基础上的分析》，法律出版社 2000 年版。

［420］王云海主编：《宋代司法制度》，河南大学出版社 1992 年版。

［421］（清）王恽：《秋涧集》，载《景印文渊阁四库全书》（第 1200 册），台北，商务印书馆 2008 年版。

［422］王志强：《〈名公书判清明集〉法律思想初探》，载《法学研究》1997 年第 5 期。

［423］王志强：《南宋司法裁判中的价值取向》，载《中国社会科学》1998 年第 6 期。

［424］王志强：《清代成案的效力和其运用中的论证方式》，载王志强：《法律多元视角下的清代国家法》，北京大学出版社 2003 年版。

［425］王志强：《清代刑部的法律推理》，载王志强：《法律多元主义视角下的清代国家法》，北京大学出版社 2003 年版。

［426］王志强：《制定法在中国古代司法判决中的适用》，载《法学研究》2006 年第 5 期。

［427］王志强：《清代国家法：多元差异与集权统一》，中国社会科学文献出版社 2017 年版。

［428］王志强：《“非规则型法”：贡献、反思与追问》，载《华东政法大学学报》2018 年第 2 期。

［429］王子今：《权力的黑光——中国封建政治迷信批判》，中共中央党校出版社 1994 年版。

［430］［法］魏丕信：《18 世纪中国的官僚制度与荒政》，徐建青译，江苏人民出版社 2003 年版。

［431］魏秀梅：《清代之回避制度》，载“中央”研究院近代史研究所专刊第 66 本。

［432］吴白匋主编：《古代包公戏选》，黄山书社 1994 年版。

［433］吴存存：《明清社会性爱风气》，人民文学出版社 2000 年版。

［434］吴飞：《“分叉历史”中的“大写历史”》，载《近代中

国的国家形象与国家认同》，上海古籍出版社 2003 年版。

［435］吴吉远：《清代地方政府的司法职能研究》，中国社会科学出版社 1998 年版。

［436］（清）吴敬梓：《儒林外史》，人民文学出版社 1962 年版。

［437］（明）吴迁：《新民公案》，时代文艺出版社 2003 年版。

［438］（清）吴庆坻：《蕉廊脞録》，刘承幹校，张文其、刘德麟点校，中华书局 1990 年版。

［439］吴毓江撰：《墨子校注》，孙启治点校，中华书局 1993 年版。

［440］武树臣：《中国传统法律文化》，北京大学出版社 1994 年版。

［441］［德］西美尔：《货币哲学》，陈戎女等译，华夏出版社 2002 年版。

［442］［日］西田太一郎：《中国刑法史研究》，段秋关译，北京大学出版社 1985 年版。

［443］（清）西周生：《醒世姻缘传》，翟冰校点，齐鲁书社 1993 年版。

［444］（清）夏仁虎：《旧京琐记》，北京古籍出版社 1986 年版。

［445］夏晓虹：《古典新义：晚清人对经典的解说——以班昭与〈女诫〉为中心》，载刘东主编：《中国学术》（第 2 辑），商务印书馆 2000 年版。

［446］香港中文大学校外进修部主编：《礼：情理的表达》，香港中文大学 1990 年版。

［447］［美］萧公权：《调争解纷——帝制时代中国社会的和解》，载［美］汪荣祖编：《中国现代学术经典·萧公权卷》，河北教育出版社1999年版。

［448］［美］萧公权：《中国乡村：论19世纪的帝国控制》，张皓、张升译，台北，联经出版事业股份有限公司2014年版。

［449］［日］小野四平：《中国近代白话短篇小说研究》，施小炜等译，上海古籍出版社1997年版。

［450］徐昌、杨海：《妓女史》，上海文艺出版社1995年版。

［451］徐朝阳：《中国诉讼法溯源》，台北，商务印书馆1973年版。

［452］徐道邻：《法学家苏东坡》，载徐道邻著：《中国法制史论集》，台北，志文出版社1975年版。

［453］（清）徐栋：《牧令书》，载官箴书集成编纂委员会：《官箴书集成》（第7册），黄山书社1997年版。

［454］（清）徐庚陛：《不自慊斋漫存》，台北，文海出版社1972年版。

［455］徐国栋：《共和晚期希腊哲学对罗马法之技术和内容的影响》，载《中国社会科学》2003年第5期。

［456］（清）徐宏先：《修律自愧文》，载（清）贺长龄、魏源辑：《清经世文编》卷九一，中华书局1992年版。

［457］（清）徐珂编撰：《清稗类钞》，中华书局1984年版。

［458］《康熙起居注》，徐尚定标点，东方出版社2014年版。

［459］徐世昌辑：《晚晴簃诗汇》，中国书店1989年版。

［460］《元杂剧公案卷》，徐燕平编注，华夏出版社2000年版。

[461] 徐忠明:《包公杂剧与元代法律文化的初步研究》,载《南京大学法律评论》1996年秋季号、1997年春季号。

[462] 徐忠明:《“天人合一”与中国古代法律观念》,载韩延龙主编:《法律史论集》(第1卷),法律出版社1998年版。

[463] 徐忠明:《试论中国古代廉政法制及其成败原因》,载《学术研究》1999年第1期。

[464] 徐忠明:《唐朝法律的特点及其历史地位》,载陈鹏生主编:《中国法制通史》(第4卷),法律出版社1999年版。

[465] 徐忠明:《辨异与解释:中国传统法律文化的类型研究及其局限》,载徐忠明著:《思考与批评:解读中国法律文化》,法律出版社2000年版。

[466] 徐忠明:《从明清小说看中国古人的诉讼观念》,载徐忠明:《法学与文学之间》,中国政法大学出版社2000年版。

[467] 徐忠明:《皋陶与“法”考论》,载徐忠明:《法学与文学之间》,中国政法大学出版社2000年版。

[468] 徐忠明:《思考与批评:解读中国法律文化》,法律出版社2000年版。

[469] 徐忠明:《中国传统法律文化视野中的清官司法》,载徐忠明:《法学与文学之间》,中国政法大学出版社2000年版。

[470] 徐忠明:《包公故事:一个考察中国法律文化的视角》,中国政法大学出版社2002年版。

[471] 徐忠明:《论中国古代刑事审判传统》,载《法制与社会发展》2004年第1期。

[472] 徐忠明:《民间社会的法律意识》,载叶孝信主编:《中国法律思想史》,复旦大学出版社2004年版。

［473］徐忠明：《明清诉讼：官方的态度与民间的策略》，载《社会科学论坛》2004 年第 10 期。

［474］徐忠明：《权利与伸冤：传统中国诉讼意识的解释》，载《中山大学学报》2004 年第 4 期。

［475］徐忠明：《讼师的眼睛》，载高鸿钧主编：《清华法治论衡》（第 4 辑），清华大学出版社 2004 年版。

［476］徐忠明：《小事闹大与大事化小：解读一份清代民事调解的法庭记录》，载《法制与社会发展》2004 年第 6 期。

［477］徐忠明：《办成“疑案”：对春阿氏杀夫案的分析——档案与文学以及法律与事实之间》，载《中外法学》2005 年第 3 期。

［478］徐忠明：《关于“灋”的故事：早期中国司法的起源与观念》，载徐忠明：《案例、故事与明清时期的司法文化》，法律出版社 2006 年版。

［479］徐忠明：《道与器：关于“律”的文化解说》，载《吉林大学社会科学学报》2008 年第 5 期。

［480］徐忠明：《情感、循吏与明清时期司法实践》，上海三联书店 2009 年版。

［481］徐忠明：《明清时期的“依法裁判”：一个伪问题?》，载《法律科学》2010 年第 1 期。

［482］徐忠明：《明镜高悬：中国法律文化的多维观照》，广西师范大学出版社 2014 年版。

［483］徐忠明：《内结与外结：清代司法场域的权力游戏》，载《政法论坛》2014 年第 1 期。

［484］徐忠明：《晚清河南王树汶案的黑幕与平反》，载《法

制与社会发展》2014 年第 2 期。

［485］徐忠明：《明清时期法律知识的生产、传播与接受——以法律书籍的“序跋”为中心》，载《华南师范大学学报》2015 年第 1 期。

［486］徐忠明：《明清司法的构造、理念与机制：一个论纲》，载何勤华主编：《外国法制史研究》（第 18 卷），法律出版社 2016 年版。

［487］徐忠明、杜金：《清代司法官员知识结构的考察》，载《华东政法学院学报》2006 年第 5 期。

［488］徐忠明、杜金：《清代诉讼风气的实证分析与文化解释——以地方志为中心的考察》，载《清华法学》2007 年创刊号。

［489］徐忠明、杜金：《传播与阅读：明清法律知识史》，北京大学出版社 2012 年版。

［490］许富宏：《慎子集校集注》，中华书局 2013 年版。

［491］（元）许名奎、吴亮：《忍经·劝忍百箴》，吉林摄影出版社 2003 年版。

［492］（汉）许慎：《说文解字》，中华书局 1963 年版。

［493］《宋刑统》，薛梅卿点校，法律出版社 1999 年版。

［494］薛涌：《学而时习之》，新星出版社 2007 年版。

［495］（清）薛允升：《读例存疑点注》，胡星桥、邓又天点校，中国人民公安大学出版社 1994 年版。

［496］（清）薛允升：《唐明律合编》，怀效锋、李鸣点校，法律出版社 1999 年版。

［497］（汉）荀悦：《汉纪》，载《两汉纪》（上），张烈点校，中华书局 2002 年版。

［498］（汉）荀悦：《申鉴》，上海古籍出版社 1990 年版。

［499］［美］亚当斯：《家长统治——近代早期欧洲的父权制和家产制》，载［美］查尔斯·卡米克、菲利普·戈尔斯基、戴维·特鲁贝克编：《马克斯·韦伯的〈经济与社会〉：评论指针》，王迪译，上海三联书店 2010 年版。

［500］严耕望：《中国地方行政制度史：秦汉地方行政制度》（甲部），台北，“中央”研究院历史语言研究所 1997 年版。

［501］阎步克：《士大夫政治演生史稿》，北京大学出版社 1996 年版。

［502］（明）颜俊彦：《盟水斋存牍》，中国政法大学出版社 2002 年版。

［503］颜天佑：《从天道观念的转变看窦娥冤》，载颜天佑：《元杂剧八论》，台北，文史哲出版社 1996 年版。

［504］《孟子译注》，杨伯峻译注，中华书局 1960 年版。

［505］《论语译注》，杨伯峻译注，中华书局 1980 年版。

［506］杨伯峻编著：《春秋左传注》（修订本），中华书局 1990 年版。

［507］《包拯集校注》，杨国宜校注，黄山书社 1999 年版。

［508］［美］杨联陞：《中国文化报、保、包之意义》，香港中文大学出版社 1978 年版。

［509］［美］杨联陞：《中国制度史研究》，彭刚、程钢译，江苏人民出版社 2007 年版。

［510］杨柳：《法律的模糊产品》，载《北大法律评论》（第 2 卷第 1 辑），法律出版社 1999 年版。

［511］杨绪容：《百家公案研究》，上海古籍出版社 2005 年版。

［512］杨雪峰：《明代的审判制度》，台北，黎明文化事业公司1978年版。

［513］杨一凡：《明初重典考》，湖南人民出版社1984年版。

［514］杨一凡：《〈大诰〉考》，载杨一凡：《明代立法研究》，中国社会科学出版社2013年版。

［515］杨一凡：《明代榜例考》，载杨一凡：《明代立法研究》，中国社会科学出版社2013年版。

［516］杨一凡、刘笃才：《清代例考》，载杨一凡、刘笃才：《历代例考》，社会科学文献出版社2012年版。

［517］（清）姚文然：《律心律意说》，载（清）贺长龄、魏源辑：《清经世文编》卷九一，中华书局1992年版。

［518］（清）姚莹：《后湘诗集·续集》，载《续修四库全书》编纂委员会：《续修四库全书》（第1513册），上海古籍出版社1995年版。

［519］叶渭渠主编：《芥川龙之介作品集·小说卷》，中国世界语出版社1998年版。

［520］叶秀山：《说“诚”》，赵汀阳主编：《论证》（第2辑），广西师范大学出版社2002年版。

［521］（明）佚名：《详情公案》，载古本小说集成委员会编：《古本小说集成》（第4辑第20册），上海古籍出版社1994年版。

［522］（明）佚名：《神明公案》，载古本小说集成委员会编：《古本小说集成》（第5辑第2册），上海古籍出版社1994年版。

［523］（明）佚名：《龙图公案》，群众出版社1999年版。

［524］（清）佚名：《缙绅全书（清光绪二十六年夏）》，载清华大学图书馆、科技史暨古文献研究所编：《清代缙绅录集成》

（第 68 册），大象出版社 2008 年版。

［525］（清）佚名编：《光绪丁酉科拔贡夏仁虎硃卷》，载顾廷龙主编：《清代硃卷集成》（第 388 册），台北，成文出版社有限公司 1992 年版。

［526］易平：《日美学者关于清代民事审判制度的争论》，载《中外法学》1999 年第 3 期。

［527］（汉）应劭：《风俗通义校注》，王利器校注，中华书局 2010 年版。

［528］应星：《大河移民上访的故事》，生活·读书·新知三联书店 2001 年版。

［529］尤韶华：《明代司法初考》，厦门大学出版社 1998 年版。

［530］（清）游戏主人、程世爵：《笑林广记》，中央民族大学出版社 2002 年版。

［531］游子安：《劝化金箴——清代善书研究》，天津人民出版社 1999 年版。

［532］（明）余显功编：《天启崇祯年间潘氏不平鸣稿》，南京大学历史系资料室藏编号“屯”2026。

［533］（明）余象斗：《皇明诸司公案》，载古本小说集成委员会编：《古本小说集成》（第 1 辑第 64 册），上海古籍出版社 1994 年版。

［534］（明）余象斗：《廉明公案》，群众出版社 1999 年版。

［535］余英时：《士与中国文化》，上海人民出版社 1987 年版。

［536］余英时：《中国思想传统的现代诠释》，江苏人民出版社 1989 年版。

［537］余英时：《现代儒家的回顾与展望》，生活·读书·新

知三联书店 2004 年版。

［538］俞江：《“契约”与“合同”之辨——以清代契约文书为出发点》，载《中国社会科学》2003 年第 6 期。

［539］（清）俞正燮：《癸巳类稿》，涂小马等点校，辽宁教育出版社 2001 年版。

［540］愚墨：《武松：好汉还是贼盗?》，载《中山大学法律评论》1999 年第 1 卷。

［541］愚墨：《礼法的话语与实践：水浒与女性》，载《中山大学法律评论》2000 年第 1 卷。

［542］（金）元好问：《续夷坚志》，常振国点校，中华书局 1986 年版。

［543］（明）袁宏道：《袁宏道集笺校》，钱伯城校笺，上海古籍出版社 1981 年版。

［544］（清）袁守定：《图民录》，载官箴书集成编纂委员会：《官箴书集成》（第 5 册），黄山书社 1997 年版。

［545］袁兆春：《乾隆年间孔府清厘邹县尼山祭学两田地亩争控案摘选》，载韩延龙主编：《法律史论集》（第 4 卷），法律出版社 2002 年版。

［546］（清）允祹：《钦定大清会典》卷三十二，礼部“乡饮酒礼”，载《景印文渊阁四库全书》（第 619 册），台北，商务印书馆 1986 年版。

［547］（明）臧晋叔编：《元曲选》，中华书局 1958 年版。

［548］翟学伟：《中国人行动的逻辑》，社会科学文献出版社 2001 年版。

［549］翟学伟：《中国社会中的日常权威——关系与权力的历

史社会学研究》，社会科学文献出版社 2004 年版。

[550] 张晨：《试论清代中央六部书吏》，载《湖北社会科学》2013 年第 6 期。

[551] 张传玺主编：《中国历代契约会编考释》，北京大学出版社 1995 年版。

[552] 张德胜：《儒家伦理与秩序情结：中国思想的社会学诠释》，台北，巨流图书公司 1989 年版。

[553] 张分田：《中国帝王观念——社会普遍意识中的“尊君—罪臣”文化范式》，中国人民大学出版社 2004 年版。

[554] （明）张瀚：《松窗梦语》，上海古籍出版社 1986 年版。

[555] 张晋藩：《中国法制史》（高等学校文科教材），群众出版社 1991 年版。

[556] 张晋藩：《中国民事诉讼制度史》，巴蜀书社 1999 年版。

[557] 张晋藩：《明清律“讲读律令”的启示》，载《比较法研究》2011 年第 1 期。

[558] 张全民：《中国古代直诉中的自残现象试探》，载《法学研究》2002 年第 1 期。

[559] 张世明：《乾嘉时期恭请王命旗牌先行正法之制的宽严张弛》，载《内蒙古师范大学学报》（哲学社会科学版）2009 年第 4 期。

[560] 张守东：《鬼神与脸面之间》，载《清华法学》第 1 卷第 1 期，清华大学出版社 2002 年版。

[561] （清）张廷玉等撰：《明史》，中华书局 1974 年版。

[562] （清）张维屏辑：《国朝诗人征略二编》卷六二，载《清代传记丛刊》（第 23 册），台北，明文书局 1985 年版。

[563] 张维迎、邓峰：《信息、激励与连带责任——对中国古代连坐、保甲制度的法和经济学解释》，载张维迎：《信息、信任与法律》，三联书店 2003 年版。

[564] 张伟仁：《学习法史三十年》，载许章润主编：《清华法学》（第 4 辑），清华大学出版社 2004 年版。

[565] 张伟仁：《中国传统的司法与法学》，载《现代法学》2006 年第 5 期

[566] 张锡田：《论清代文档管理中的书吏之害》，载《中山大学学报》1999 年第 4 期。

[567] 张显清、林金树主编：《明代政治史》，广西师范大学出版社 2003 年版。

[568] 张小军：《象征地权与文化经济——福建阳村的历史地权个案研究》，《中国社会科学》2004 年第 3 期。

[569]（明）张萱：《西园闻见录》，载《明代传记丛刊》（第 124 册），台北，明文书局 1991 年版。

[570] 张宇燕：《从孟子的井田制看产权理论》，载张宇燕：《说服自我》，生活·读书·新知三联书店 1997 年版。

[571]（清）张之洞：《请严定械斗专条折》，载王树枏编：《张文襄公全集》卷十四，台北，文海出版社 1970 年版。

[572]（清）张之洞：《（光绪）顺天府志》，载《中国地方志集成·北京府县志辑》（第 3 册），上海书店出版社 2002 年版。

[573] 张志林、陈少明：《反本质主义与知识问题——维特根斯坦后期哲学的扩展研究》，广东人民出版社 1995 年版。

[574]（唐）张鷟：《龙筋凤髓判校注》，田涛、郭成伟校注，中国政法大学出版社 1996 年版。

[575]（清）赵尔巽等撰：《清史稿》，中华书局1977年版。

[576] 赵华富：《从徽州谱牒看宗族对违法者的惩治》，载赵华富：《徽州宗族论集》，人民出版社2011年版。

[577] 赵靖主编：《中国经济思想通史》（第1卷），北京大学出版社1991年版。

[578] 赵世瑜：《吏与中国传统社会》，浙江人民出版社1994年版。

[579] 赵晓华：《晚清讼狱制度的社会考察》，中国人民大学出版社2001年版。

[580] 赵秀玲：《中国乡里制度》，社会科学文献出版社1998年版。

[581] 赵彦昌、赵松：《试论清代书吏对文书档案工作的危害》，载《文化学刊》2007年第4期。

[582]（宋）真德秀：《潭州谕俗文》，载《全宋文》（第313册），上海辞书出版社，安徽教育出版社2006年版。

[583] 郑定、杨昂：《不可能的任务：晚清冤狱之渊薮——以杨乃武小白菜案初审官刘锡彤为中心的分析》，载《法学家》2005年第2期。

[584] 郑戈：《法律与现代人的命运：马克斯·韦伯法律思想研究导论》，法律出版社2006年版。

[585] 郑虎文：《吞松阁集》，载四库未收书辑刊编纂委员会编、罗琳主编：《四库未收书辑刊》（第10辑第14册），北京出版社1997年版。

[586]（宋）郑克编撰：《折狱龟鉴译注》，刘俊文译注，上海古籍出版社1988年版。

[587] 郑秦：《清代司法审判制度研究》，湖南教育出版社1988年版。

[588] 郑秦：《清代法律制度研究》，中国政法大学出版社2000年版。

[589] 郑小悠：《“吏无脸”——清代刑部书吏研究》，载《河北法学》2015年第2期。

[590] 郑小悠：《清代法制体系中“部权特重”现象的形成与强化》，载《江汉学术》2015年第4期。

[591] 郑小悠：《清代刑部司官的选任、补缺与差委》，载《清史研究》2015年第4期。

[592] 郑小悠：《清代刑部官员的法律素养》，载《史林》2016年第3期。

[593] 郑小悠：《清代刑部之堂司关系》，载《史学月刊》2017年第1期。

[594] 郑振铎：《元代“公案剧”产生的原因及其特质》，载郑振铎：《郑振铎文集》(第5卷)，人民文学出版社1988年版。

[595] 郑振满：《明清福建家族组织与社会变迁》，中国人民大学出版社2009年版。

[596] 郑志华：《试评情理法融会贯通的传统价值追求——对清代刑案裁判论证正当性的剖析》，载叶孝信、郭建主编：《中国法律史研究》，学林出版社2003年版。

[597] [日] 中岛乐章：《明代后期徽州乡村社会的纠纷处理》，载 [日] 寺田浩明主编：《日本学者考证中国法制史重要成果选译·明清卷》，郑民钦译，中国社会科学出版社2003年版。

[598] [日] 中岛乐章：《明代乡村纠纷与秩序》，郭万平、高

飞译，江苏人民出版社 2010 年版。

［599］中国第一历史档案馆编：《雍正朝汉文朱批奏折汇编》，江苏古籍出版社 1989 年版。

［600］《名公书判清明集》，中国社会科学院历史研究所宋辽金元史研究室点校，中华书局 1987 年版。

［601］钟毓龙：《科场回忆录》，浙江古籍出版社 1987 年版。

［602］周楞伽：《清末四大冤案》，群众出版社 1985 年版。

［603］周松：《瓜尔佳・斌良的悼亡诗词小识》，载《美与时代》2018 年第 6 期。

［604］周天玮：《法治理想国——苏格拉底与孟子的虚拟对话》，商务印书馆 2000 年版。

［605］（清）周洵：《蜀海丛谈》，巴蜀书社 1986 年版。

［606］《周易译注》，周振甫译注，中华书局 1991 年版。

［607］《诗经译注》，周振甫译注，中华书局 2002 年版。

［608］周振鹤：《圣谕、〈圣谕广训〉及其相关的文化现象》，载周振鹤撰集：《圣谕广训：集解与研究》，顾美华点校，上海书店出版社 2006 年版。

［609］朱东润：《说“衙内”》，载朱东润：《中国文学论集・卷二》，中华书局 1983 年版。

［610］朱国华：《权力的文化逻辑》，上海三联书店 2004 年版。

［611］（清）朱训诰：《问刑详慎疏》，载（清）贺长龄、魏源辑：《清经世文编》卷九三，中华书局 1992 年版。

［612］《明成化说唱词话丛刊》，朱一玄校点，中州古籍出版社 1997 年版。

［613］朱勇：《清代宗族法研究》，湖南教育出版社 1987 年版。

［614］朱勇：《中国古代法律的自然主义特征》，载《中国社会科学》1991 年第 5 期。

［615］（清）祝庆祺等编：《刑案汇览三编》，北京古籍出版社 2004 年版。

［616］庄吉发：《故宫博物院典藏清代台湾司法档案》，载台北“中国法制史学会”主编：《法制史研究》创刊号，台北，顺清文化事业有限公司 2000 年版。

［617］庄吉发：《故宫档案与清朝法制史研究》，载台北“中国法制史学会”主编：《法制史研究》第 4 期，台北，成阳出版股份有限公司 2003 年版。

［618］［日］滋贺秀三：《清代中国の法と裁判》，創文社 1984 年版。

［619］［日］滋贺秀三：《清代诉讼制度之法源的考察——作为法源的习惯》，载［日］滋贺秀三等：《明清时期的民事审判与民间契约》，王亚新等编译，法律出版社 1998 年版。

［620］［日］滋贺秀三：《清代诉讼制度之民事法源的概括性考察——情、理、法》，载［日］滋贺秀三等：《明清时期的民事审判与民间契约》，王亚新等编译，法律出版社 1998 年版。

［621］［日］滋贺秀三：《中国法文化的考察》，载［日］滋贺秀三等：《明清时期的民事审判与民间契约》，王亚新等编译，法律出版社 1998 年版。

［622］［日］佐伯富：《清雍正朝的养廉银研究》，郑梁生译，台北，商务印书馆 1996 年版。

外 文

[1] Alford, William P., "Of Arsenic and Old Laws: Looking Anew at Criminal Justice in Late Imperial China", *California Law Review*, Vol. 72, 1984, pp. 1180-1232.

[2] Allee, Mark A., "Code, Culture and Custom: Foundations of Civil Case Verdicts in a Nineteenth-Century Court", in Bernhardt and Huang, eds. *Civil Law in Qing and Republican China*, Stanford, Stanford University Press, 1994, pp. 122-141.

[3] Allee, Mark A., *Law and Local Society in Late Imperial China: Northern Taiwan in the Nineteenth Century*, Stanford, Stanford University Press, 1994.

[4] Buoye, Thomas M., *Manslaughter, Markets, and Moral Economy: Violent Disputes over Property Rights in Eighteenth-century China*, Cambridge, Cambridge University Press, 2000.

[5] Huang, Philip C. C., *Civil Justice in China: Representation and Practice in the Qing*, Stanford, Stanford University Press, 1996.

[6] Kantorowicz, Ernst H., *The King's Two Bodies: A Study in Mediaeval Political Theology*, Princeton, Princeton University Press, 1997.

[7] Kronman, Anthony T., *Max Weber*, Stanford, Stanford University Press, 1983.

[8] Macauley Melissa, *Society Power and Legal Culture: Litigation Masters in Late Imperial China*, Stanford, Stanford University

Press, 1998.

[9] Mcknight, Brian E., *The Quality of Mercy: Amnesties and Traditional Chinese Justice*, Honolulu, University Press of Hawaii, 1981.

[10] Olson, Walter K., *The Litigation Explosion: What Happened When America Unleashed the Lawsuit*, Dutton, Truman Talley Books, 1991.

[11] Rawski, Evelyn Sakakida, *Education and Popular Literacy in Ch'ing China*, Ann Arbor, The University of Michigan Press, 1979.

[12] Reed, Bradly W. , *Talons and Teeth: County Clerks and Runners in the Qing Dynasty*, Stanford, Stanford University Press, 2000.

[13] Sommer, Matthew H., *Sex, Law and Society in Late Imperial China*, Stanford, Stanford University Press, 2000.

[14] Tsao, Wen-yen, "Equity in Chinese Customary Law", in *Essays in Jurisprudence in Honor of Roscoe Pound*, Indianapolis/ New York, Bobbsmerrill, 1962, pp. 13-21.

[15] Unger, Roberto M., *Law in Modern Society: Toward a Criticism of Society Theory*, New York, The Free Press, 1985.

后　记

修订版编完了，应该说明一下编辑和修订情况。

第一，调整结构。本稿第一版，由“司法档案与文学故事”“民间诉讼与官方裁判”两编以及“附录”“代序”组成；这个修订版，则由“法律修辞与文学故事”“程序构造与司法文化”“民间诉讼与官方裁判”三编组成。

第二，增删论文。删掉了第一版第一编《杨乃武冤案平反的背后：经济、文化、社会资本的考察》《办成疑案：对春阿氏杀夫案的新文化史分析》《娱乐与讽刺：明清时期民间法律意识的另类叙事》，附录《瀍的故事：早期中国司法的起源与理念》《古典中国的刑事审判传统：关于成因与特征的考察》《古典中国的死刑：一个思想史与文化史的考察》，代序《中国法律史研究的可能前景：超越西方，回归本土?》，共七篇。这么修订的原因在于，有些论文已经收入其他书稿，如杨乃武案、春阿氏案；有些论文与本书稿主题不相吻合，如娱乐与讽刺、瀍的故事、刑事审判传统、古典中国死刑、中国法律史研究的可能前景。修订版增补了第二编的两篇论文，即《明清司法的构造、理念与机制：一个论纲》《写诗与读律：清代刑部官员的法律素养》，它们在一定程度上反映了我的思考和研究。此外，删掉了第一版介绍原书内容的后记。上述增删，意在把主题集中到明清司法（文化、制度与实践）上来，在一定程度上也使个案分析与整体研究得以相互发明。

第三，修订文字。在校读书稿第一版时，笔者随手做了一些文字改动。大致包括，改订第一版的讹误和疏漏；增补《依法判决？明清时期刑事诉讼的一个侧面》各节小标题，使其与其他论文保持统一；修改若干表达不够准确和稍显烦琐的文字。

第四，重编参考文献。鉴于修订版与第一版收入的论文做了很大调整，因此，第一版的参考文献自然就不能再用了。在修订本稿时，我请黄艺卉博士重新编制了参考文献。

收入本书稿的论文，最早的一篇写于 1999 年寒假，最后的一篇写于 2019 年寒假，相距整整 20 年。其间，我对明清司法（制度与实践）的理解，发生了一些变化，然而在修订书稿时，我并没有进行任何改动。不做改动的好处是，可以保持原貌，使读者能够看出我学术思考的变化轨迹；坏处是，在阅读时可能会产生前后观点不协调的感觉。此外，由于收入本书稿论文的主题相近或相关，并且写作当时各有自身的完整结构，所以收入本书稿的论文之间会有内容方面的某些重复。这次修订，我也未做删减，以免伤筋动骨，破坏论文本身的论证脉络与完整结构。另外，经过增删之后的书稿，文化研究意味弱了，社科研究倾向重了，但书名仍保留了“司法文化”字样，以免给读者留下旧作“假冒”新书的印象。

首先，我要特别感谢法律出版社的高山先生，他建议我出版本书稿的修订版，使我有机会对书稿进行全面修订；还要感谢杜金副教授，对修订版提出了很好的建议；感谢黄艺卉博士，为书稿重新编制了参考文献，校对了烦琐的注释；一如既往，还要感谢我的妻子蒋艳波医生，退休之后专心操持家务，使我能够安心教书和读书。本书稿中的疏漏错误，由我负责。

是为后记。

中山大学康乐园寓所

2019 年 6 月 8 日

法律文化研究文丛

第一辑

（中国政法大学出版社出版）

清代习惯法：社会与国家　梁治平 著
法律多元：从日本法律文化迈向一般理论　[日]千叶正士 著　强士功 等译
乡土社会的秩序、公正与权威　王铭铭　[英]王斯福 主编
中国法律教育之路　贺卫方 编
欧洲法学史导论　[葡]叶士朋 著　吕平义　苏　健 译
法治、启蒙与现代法的精神　陈弘毅 著
明清公牍秘本　郭成伟　田　涛 点校整理
清代法制导论：从社会学角度加以分析　[英]S.斯普林克尔 著　张守东 译
法治在中国：制度、话语与实践　梁治平 编
儒家伦理与法律文化：社会学观点的探索　林　端 著
法辨：中国法的过去、现在与未来　梁治平 著
寻求自然秩序中的和谐：中国传统法律文化研究　梁治平 著
法制与治理：国家转型中的法律　强世功 著
法理学的世界　陈弘毅 著
法律与宗教　[美]哈罗德·J.伯尔曼 著　梁治平 译
法治及其本土资源　苏　力 著
东西方之间的法律哲学：吴经熊早期法律哲学思想之比较研究　[奥]田默迪 著
论当代中国的普通法教育　何美欢 著
论私力救济　徐　昕 著

法治与文明秩序　於兴中 著
日本法与日本社会　[日]六本佳平 著　刘银良 译
韦伯论中国传统法律：韦伯比较社会学的批判　林　端 著

第二辑

（广西师范大学出版社出版）

满地江湖吾尚在：章太炎与近代中国（1895—1916）　孙德鹏 著
迷信与暴力：历史中的宣誓、决斗、神判与酷刑　[美]亨利·查尔斯·李 著　X.Li 译
明清法律运作中的权力与文化　邱澎生　陈熙远 编
沈家本传（修订本）　李贵连 著
动物社群：一种政治的动物权利理论　[加] 苏·唐纳森、威尔·金里卡 著　王　珀 译

第三辑

（法律出版社出版）

明清法律与社会变迁　邱澎生　何志辉 编
眼睛就是一切："法"的语词与源流辨析　金　敏 著
案例、故事与明清时期的司法文化（修订版）　徐忠明 著
思想与实践：宋元明法律文化变迁（即将出版）　蓝德彰 著　姜永琳　吴艳红 编
明清时期的民事审判与民间契约（增订版）（即将出版）　王亚新　梁治平　赵　晶 编
法学知识的壮游——近代中法法学交流史（即将出版）　朱明哲 著